당하기 전에 꼭 알아야 할

생활법률
상식사전

제5차 개정판

일러두기

- 이 책에 나오는 판례, 법령 등과 자료는 2024년 8월을 기준으로 했습니다. 법이 바뀌거나 판례가 변경되면 책을 증쇄할 때마다 곧바로 새로운 사항을 반영하겠습니다.
- 본문의 표기와 띄어쓰기는 한글 맞춤법과 표준어 규정을 따르는 것을 원칙으로 하되, 법조문이나 법률용어로 굳어진 표현은 그대로 사용했습니다.
- 판례와 법률의 인용은 기본적으로 원문의 표현을 살렸습니다. 다만 법률 글의 특성상 긴 문장이나 어려운 용어가 등장하는 경우에는 원문의 의미를 훼손하지 않는 범위 안에서 문장을 나누거나 일상생활에서 쓰는 쉬운 말로 바꿨습니다.
- 본문에 나오는 사람의 이름은 공인이나 유명인을 제외하고는 모두 가명·익명을 사용했음을 알려드립니다.
- 책을 읽은 뒤 의문·의견이나 반론이 있으시면 연락을 주십시오. 언제든지 환영합니다.
  (jundorapa@gmail.com)

제5차
개정판

당하기 전에 꼭 알아야 할

생활
법률
상식
사전

김용국 지음

한 집에 한 권은
꼭 챙겨둬야 할
'대한민국 법률상식서'

"법에 당하지 말고,
법을 적극 이용하라!"

위즈덤하우스

초판이 나왔을 때 30대 청년이었던 제가 어느덧 50대 중년이 되었습니다. 이 책으로 독자들과 소통한 지도 13년이 넘었습니다. 독자 여러분의 애정과 성원이 있었기에 가능한 일이었습니다.

독자들로부터 좀 더 다양한 분야의 법률상식을 담아달라는 요청을 꾸준히 받아왔습니다. 그래서 새로운 원고를 대폭 보강하였습니다. 제5차 개정판에서는 스토킹범죄, 반려동물사고, 여행 관련 법률, 안락사와 존엄사, 상가임대차와 권리금 문제 등을 새로운 꼭지로 추가했습니다. 또한 부동산 명의신탁, 검·경 수사권 조정, 사실혼과 법률혼, 전자소송, 공탁 절차, 성년후견제도, 인터넷 링크 등 온라인상의 법률문제 등도 새로 다루었습니다. 기존의 원고나 자료를 최근 법령에 맞게 대폭 수정·교체하고 최신 판례를 추가하는 작업도 소홀히 하지 않았습니다.

분량이 늘어나는 건 불가피했습니다만, 원고를 최대한 '다이어트'하여 술술 읽히는 책이 되도록 노력했습니다. 이 한 권으로 사회생활에서 벌어질 수 있는 다양한 법률문제나 분쟁을 해결할 수 있도록 구성했습니다. 스테디셀러로 만들어주신 독자 여러분께 앞으로도 돈이 아깝지 않은 책을 만들겠다는 약속을 드립니다(2024년 8월 기준 법령 반영).

2023년 3월

김용국

2010년 1월 초판이 나온 뒤 10년이 흘렀습니다. 꾸준히 사랑해주신 독자들의 성원에 힘입어 '10주년 기념 개정판'을 세상에 내놓습니다.

시대에 따라 법도 변합니다. 10년 전만 해도 짓궂은 장난이나 관행 정도로 치부되던 일들이 지금은 자유와 권리를 침해하는 불법이 되거나 소송감이 되기도 합니다. 법을 모르고선 더 이상 살 수 없습니다. 법은 결코 무지에 관용을 베풀지 않기 때문입니다.

저는 일반인이 꼭 알아야 할 법률상식을 이 한 권에 담기 위해, 책을 새로 쓴다는 자세로 작업에 임했습니다. 기존 원고의 상당 부분을 수정·보강하였고, 각종 통계와 판례도 최신 내용으로 과감하게 바꾸었습니다. 새로운 꼭지도 보태서 분량은 다소 늘어났지만 어떤 법률서적보다 쉽고 재밌고 일상생활에 도움이 되는 책을 만들기 위해 최선을 다했습니다. 거창하고 어려운 이론 대신 쉬운 설명과 실제 사례를 중심으로 한 구성은 다른 책과 대비되는 이 책만의 장점입니다. 이번에도 수천 개의 판례를 뒤져서 그중 가장 적절하고 생생한 예시를 골라 소개했습니다.

이 책은 민사와 형사, 고소와 고발 등 법률지식을 알고 싶은 분들부터 각종 소송이나 이혼, 상속, 파산 등으로 실제 법적 분쟁을 겪고 있거나 준비 중인 분들까지 누구에게나 도움이 되도록 구성했습니다. 법률용어 설명은 물론, 최신 법률정보와 판례, 법률상식, 재판 서류 작성 요령까지 담았습니다. 특히 성적 자유 보장이 갈수록 강조되는 최근의 흐름을 반영하여 성인지감수성, 카메라 불법촬영, 성희롱·성범죄, 리얼돌 논란 등 성(性)과 법률의 문제를 사례 위주로 자세하게 정리했고, 온라인과 현실공간을 가리지 않고 발생하는 명예훼손·저작권, 초상권·음성권(도청) 관련 분쟁도 비중 있게 다뤘습니다. 의료사고와 교통(음주)사고, 반려견 사고 등도 법의 잣대로 해결하는 방법을 담았습니다.

　독자들이 관심 있는 정보를 빨리 찾을 수 있도록 [차례]를 더 상세하게 기록하였으며, 책 말미에 수록된 [법률용어로 찾아보기]도 보강하였습니다.

　이 책을 통해 사람들이 법에 당하지 않고 되레 법을 적극 활용하게 된다면 더 이상 바랄 것이 없겠습니다.《생활법률 상식사전》이 10년, 20년이 지나도 쓸모 있고 사랑받는 책이 되도록 노력하겠습니다.

2020년 1월

김용국

2016년 가을 이후 다시 개정 작업을 했습니다. 바삐 흘러가는 세상에서 2년이란 시간은 짧지 않았습니다. 이번에도 법령과 통계, 판례 변경에 따라 원고를 대폭 수정했고 어떤 분야는 다시 집필하다시피 했습니다. 특히 중점을 둔 부분은 ▲필수 법률용어 추가 ▲무고죄, 디지털성폭력, 명예훼손, 대리운전 등 시사 분야 개정 ▲개인회생, 약식명령 등 민·형사 개정 사항 반영 ▲변호사(로스쿨), 판사 선발 관련 내용 보완 ▲국민참여재판, 헌법재판의 최근 정보·판례 정리 등입니다.

공식 개정은 세 번째인데, 틈틈이 부분 개정한 사례까지 포함하면 그동안 개정 작업은 열 차례가 훨씬 넘습니다. 시중에 나온 어떤 법률 서적보다 새롭고 정확한 내용을 유지해왔다고 자부합니다. 이른바 '법관 블랙리스트', '재판거래 의혹'이라는 말이 상징하듯 요즘 법원의 신뢰가 무너지고 있습니다. 과연 법이, 그리고 법을 판단하는 법원이 우리의 권리를 지켜줄 수 있을지 의문이 들기도 합니다. 이럴 때일수록 시민들이 법에 관심을 가져야 합니다. 더는 그들만의 리그가 되어서는 안 되기 때문입니다.

독자 여러분의 꾸준한 사랑에 감사드립니다.

2018년 9월

김용국

2010년 1월 《생활법률 상식사전》 초판이 세상에 나온 뒤 독자들의 과분한 사랑을 받았습니다. 출간 직후 베스트셀러 대열에 들면서 여기저기서 원고 청탁과 강의 요청을 받는 등 유명세(?)를 치르기도 했습니다.

그동안 1년에 몇 차례씩 책을 다시 찍을 때마다 틈틈이 내용을 수정했고, 2013년엔 개정판을 내면서 상당한 내용을 보강했습니다. 하지만 그 정도로는 법과 시대의 변화를 따라가기가 벅찼습니다. 게다가 이 책을 스테디셀러로 만들어주신 독자들에게 보답하겠다는 욕심(!)까지 더해져 약 7년 만에 전면 개정판을 냈습니다.

2013년 개정판에는 친고죄 폐지 등 성범죄 관련 법, 저작권, 국민참여재판, 전자장치 부착 등과 관련된 법률, 민법·형법 등의 개정 사항을 주로 반영했습니다.

이번 전면 개정판에서는 2016년 8월 말 기준으로 법령과 판례를 고치고 각종 통계와 자료, 표도 추가하거나 다시 정리했습니다. 이혼, 상속, 국민참여재판 분야는 내용을 보충했습니다. 본문에 있는 사소한 오류들을 바로잡았고 실생활에 도움이 될 만한 채무자 재산 파악(재산명시, 재산조회), 가족관계 절차(성본변경, 친양자 입양 등)는 원고를 새로 작성했습니다.

또 실제 재판에 도움이 되도록 전·현직 판사와 변호사들을 추가로 인터뷰했습니다. 책 후반부에는 판사들이 전하는 재판 승소 노하우, 서류 작성 방법, 법정 진술 요령 등을 담았습니다. 그러다 보니 분량이 초판보다 조금 늘어나게 됐습니다. 대신 어려운 내용이나 해묵은 사례는 좀 더 쉬운 말과 참신한 사례로 바꾸어서 더 만만한 책이 되도록 노력했습니다.

초판이 나왔을 때보다 대한민국 변호사가 갑절로 늘어났지만, 대중에게 여전히 법은 두렵고 어렵고 비싼 존재입니다. 법이 누구에게나 가까운 세상이 될 때까지 법으로 소통하는 일을 더 열심히 하겠다는 약속을 드립니다.

이 책이 탄생하기 전부터 조언과 감수를 도맡아 해주신 문형배 부산가정법원장, 이정렬 전 부장판사를 비롯한 판사, 변호사, 법원 가족 여러분과 꾸준한 성원을 보내주신 독자 여러분께 감사드립니다. 독자들께 보답하는 뜻으로 쇄가 바뀔 때마다 새로운 법률정보와 사례를 꾸준히 반영하겠습니다.

초판이 나왔을 때 제게 내색은 안 했지만 누구보다 아들을 자랑스러워하셨던 아버지를 이제는 뵐 수 없습니다. 하늘에서 흐뭇하게 지켜보고 계실 김순태 선생께 이 책을 바칩니다.

2016년 9월
김용국

'사람들이 법을 좀 더 쉽고 친근하게 여기게 할 수는 없을까?'

'일반 상식보다 재밌고, 실생활에 도움이 되는 법률책을 만들 수는 없을까?'

몇 년간 이런 고민을 해왔습니다. 고민 끝에 직접 펜을 들었고, 끝내 한 권의 책을 만들게 됐습니다. 저는 사람들이 법을 쉽고 만만한 것으로 여겼으면 하는 바람을 이 책에 담았습니다.

법원에서 일한 지 이제 10년도 넘었습니다. 그동안 법정 안팎에서 만난 분들이 아마도 수만 명은 족히 될 겁니다. 그분들에게서 제일 많이 들었던 첫마디는 "제가 법을 잘 몰라서요"였습니다. 그 말을 들으면서 생각했습니다. 모르는 것까지는 좋은데 그 무지를 당연한 것으로 받아들여도 될까? 모르면 배워야 하지 않을까? 하지만 서점에 나가보니 일반인이 법을 쉽게 배우고 익힐 만한 마땅한 책이 눈에 띄지 않았습니다. 어쩌면 그들이 모를 만도 하다는 생각이 들었습니다. 그리고 그 생각은 좀 더 쉽게, 좀 더 실용적으로, 좀 더 생생하게 책을 써야겠다는 결심으로 이어졌습니다.

꼭 죄를 지은 것이 아니더라도 경찰서나 법원에 들락거린 경험이 누구에게나 한두 번은 있을 것입니다. 교통사고 때문일 수도 있고, 빌려준 돈을 못 받아서일 수도 있고, 세금 문제 때문일 수도 있고, 사기를 당했기 때문일 수도 있습니다. 자기 자신이 아니라도 부모, 형제, 친구들 가운데서 크고 작은 법률적 분쟁에 휘말린 경우를 종종 봤을 것입니다. 곰곰 생각해보면 인생이라는 것이 이렇게 항상 법과 얽혀 있지요. 그런데 법 앞에만 서면 주눅이 들고, 억울해하면서도 스스로 알아보려는 사람은 많지 않습니다.

법과 법원을 바라보는 보통 사람들의 시선이 곱지 않다는 것을 잘 알고 있습니다. 즉 법이란 게 원래 '있는 사람들'을 위한 제도가 아니냐는 것이지요. 물론 그 말이 완전히 틀렸다고 볼 수는 없습니다. 돈이 많을수록 양질의 법률 서비스를 통해 사건을 원만하게 해결할 가능성이 크기 때문입니다. 하지만 좀 더 현실적이고 엄밀하게 말한다면 법률 분쟁에서 억울하다고 하는 사람들의 문제는 '돈'에 있다기보다는 '노력'에 있습니다. 법률이 실생활에서 어떤 행위를 범죄로 보는지, 고소나 고발을 하거나 당했을 때 어떻게 처신해야 하는지 기초적인 지식이 없는 경우가 다반사입니다. 안타깝지만, 양심을 지키고 정직하게 살아간다고 해서 재판에서 이길 수는 없습니다. 법을 외면한다고 해서 법의 적용을 받지 않는 것도 아닙니다. 양심만을 믿고 별다른 준비 없이 재판에 임하는 건, 오프사이드나 핸들링과 같은 규칙을 전혀 모른 채 축구 시합에 나가는 것과 별반 다르지 않습니다.

그동안 법원에서 일하면서 안타까운 사람들을 수없이 보아왔습니다. 충분히 이길 수 있는 재판에서도 방심했다가 패소한 40대 남성, 억지 민사·형사소송을 남발하다가 되레 감옥에 간 50대 여성, 경매 절차에서 서류 한 장을 제때 써내지 못해 전셋돈을 날린 60대 세입자, 아무 생각 없이 댓글을 달았다가 전과자가 된 20대 네티즌, 그리고 요절한 아버지의 사채 때문에 졸지에 피고가 된 초등학생까지. 당사자들은 "법이 왜 이 모양이냐?"며 분개할지 모르지만, 법에 조금만 관심을 가졌더라면 그러한 불상사를 충분히 막을 수 있었을 것입니다.

　이 책을 쓰면서 세운 세 가지 원칙은 '쉽게', '재밌게', '실생활에 도움이 되게'였습니다. 이 원칙을 지키기 위해 어려운 법률용어와 절차를 소화하여 최대한 쉬운 말로 풀어 썼고, 수천 개의 판례를 뒤져 생생한 사례들을 소개하는 방법을 택했습니다. 총 3부 9개 장으로 구성된 이 책은 독자들이 어느 쪽을 먼저 펴더라도 이해하는 데 지장이 없게 했으며, 관심 있는 분야를 빨리 찾을 수 있도록 차례와는 별도로 '법률용어로 찾아보기'를 넣었습니다. 이 책에는 법률에 대한 기본상식을 비롯하여 민·형사 소송 요령, 형사고소 대처 방법, 이혼·상속과 관련한 오해와 진실, 행정소송, 헌법재판, 배심재판 등 실생활에서 벌어질 수 있는 내용 대부분을 담았습니다. 특히 3장에서는 최근 관심사로 떠오르고 있는 (사이버) 명예훼손과 저작권, 무고죄, 초상권 등을 철저하게 분석했습니다. 또 8장에서는 판사들의 속내를 엿볼 수 있도록 그들이 직접 들려준 솔직한 얘기를 담았고, 9장에서는 나름대로 터득한 재판 비법을 공개했습니다. 이런 내용이 실제 소송 중인 분들에게 도움이 됐으면 좋겠습니다.

　이 책이 기존의 생활법률 서적과 확실하게 차별화되는 점은 이론 중심, 법률용어 중심의 서술 방식을 피하고, 전문가의 시각과 전문용어가 아닌 일반인의 눈과 말로 소통하기 위해 노력했다는 사실입니다. 법은 소수 전문가의 전유물이 아니라 대중의 것이어야 한다고 믿기 때문입니다. 쉽고 만만한 법을 찾아 길을 떠나는 당신에게 이 책이 나침반이 될 수 있기를 진심으로 바랍니다.

2010년 1월

김용국

차례

1부 │ 법으로 들어가는 관문, 이것만은 알고 가자

1장 │ 아는 만큼 보이는 '법'

2장 | 법원·검찰 가기 전 알아야 할 '법'

5장 | 민사소송, 양심보다 노력에 달렸다

1부

법으로
들어가는 관문,
이것만은
알고 가자

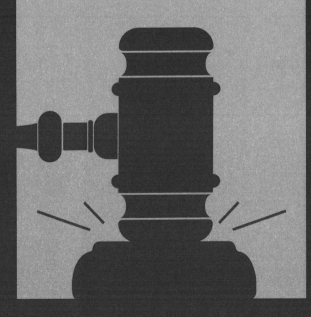

아는 만큼
보이는
'법'

01

나 홀로 소송, 알고 나서 덤벼라

소송을 하기 전에 꼭 알아야 할 몇 가지 상식

재판에서 "법을 몰랐다"는 말은 통하지 않는다

요즘 들어 변호사나 법무사 등 법률 전문가의 도움 없이 '나 홀로 소송'을 하는 사람이 늘고 있다. 법률정보가 갈수록 공개되고 인터넷이 발달하면서 나타나는 자연스러운 현상이다. 일반인에게 생소한 법률용어와 재판 절차를 스스로 터득해가면서 자신의 권리를 찾는 사람들을 보면, 한마디로 대단하다.

하지만 모든 일에는 명암이 있는 법. 단순히 비용을 아낀다는 이유만으로 충분한 준비나 법률지식 없이 무작정 덤볐다가는 낭패를 보기 십상이다. 절차를 잘 몰라서 불필요하게 재판을 오래 끌게 되거나, 이길 수 있는 소송도 패소하여 손해를 보는 경우도 적지 않다. 심지어는 적절한 법률적 대응을 하지 못해 형사처벌을 받는 사람도 있다. 더욱 심각한 것은 재판을 제대로 해보기도 전에 속수무책으로 당하는 경우다.

'억지소송'에 대응하지 않다가 패소판결 받기도

사례 1

중소기업에 물건을 납품하는 A씨는 졸지에 생돈 4000만 원을 물어주게 생겼다. 거래처 중 한 곳인 B회사 쪽에서 소송을 걸어왔는데, 그대로 방치한 탓이다. 소장의 요지는 'A씨가 제공한 물건에 하자가 생겨서 B회사가 손해를 입었으므로 4000만 원을 배상하라'는 것이었다. B회사의 주장은 억지였다. 이를 잘 알고 있는 A씨는 법원에서 알아서 판단해주겠거니 생각하고 아무런 대응을 하지 않았다. 그런데 한 달 후 법원은 B회사의 손을 들어주는 원고 승소판결을 내렸다.

어떻게 된 일일까? 뒤늦게 법률사무소를 찾은 A씨는 자신을 원망했다. 민사소송법에는 소장을 받은 피고가 30일 이내에 답변서를 내지 않으면 원고의 주장을 인정하는 것으로 보고 변론 없이 바로 판결을 내릴 수 있다고 되어 있다(민사소송법 제256조 1항, 제257조 1항 참조). A씨는 그제야 자신이 '무변론판결'을 받았다는 것을 알게 됐다.

A씨는 부랴부랴 변호사를 선임하여 항소장을 제출했다. 항소심에서 1심 판결을 뒤집을 수 있으리라 기대하지만, 진작 대응하지 못한 것이 후회됐다. 만일 A씨가 1심 법원에 답변서 한 장만 제대로 써냈더라면? 결과는 180도 달라졌을 것이다. B회사에 입증책임이 생기기 때문이다.

A씨 정도는 아니라도 승소를 예상하고 방심한 나머지, 재판에 불출석하거나 소극적으로 대응했다가 패소판결을 받기도 한다. 민사재판에서

침묵은 금이 아니다. '당연히 이기는 소송'은 없다.

무신경 때문에 교도소에 간 C씨

<table>
<tr><td>

사례 2

홈쇼핑을 운영하는 C씨는 사업 자금을 빌렸다가 제때 갚지 않아서 채권자들에게 사기죄로 고소당했다. 1심 법원은 C씨가 애초부터 돈을 갚을 의사가 없었고, 능력이 되면서도 고의로 돈을 갚지 않았다고 판단하고 징역 1년을 선고했다. 하지만 법정구속은 하지 않았다. 항소심에서 C씨가 피해자들과 합의해서 선처를 받을 기회를 준 셈이다. 그런데 항소장을 내고 약 한 달이 지난 후, 법원에서 C씨에게 항소기각 결정문을 보내왔다. C씨가 법원의 소송기록 접수 통지를 받고도 항소이유서를 제때(법으로 정한 20일 이내) 써내지 않았기 때문이다. C씨는 재판 한번 제대로 받아보지 못하고 교도소로 가게 됐다.

</td></tr>
</table>

문제는 A씨, C씨의 경우처럼 법정에서 충분히 다퉈볼 만한 사안인데도 '잘되겠지' 하고 크게 신경 쓰지 않다가 자신의 권리를 찾지 못하는 사례가 부지기수라는 데 있다.

형사사건에서 약식명령을 받은 다음에 제때 정식재판을 청구하지 않아 전과자가 되는 사람, 민사소송에서 상소·이의 신청 기간을 넘기는 바람에 자신의 권리를 잃게 되는 사람, 법원의 보정명령을 받고 방치했다가 소송이 각하되는 사람이 의외로 많다. 당사자는 억울하기 짝이 없겠지만, 양쪽이 치열하게 싸우는 법정에서 "법을 잘 몰랐다"는 말은 통하지 않는다.

3년 만에 의료소송 일부 승소… 몸도 마음도 지쳐

이와는 달리 D씨와 같이 재판에 모든 노력을 기울였지만, 원하는 결과를 온전히 얻지 못해 안타까운 사람들도 더러 있다.

사례 3

> D씨는 감격적인 승소판결을 받아냈다. 소송을 시작한 지 3년 만이다. D씨는 E병원의 오진으로 병세가 악화됐고 후유증까지 생겼다. D씨는 이 같은 사실을 알게 된 후 E병원 쪽에 항의했다. 그러나 병원이 책임을 인정하지 않자 결국 D씨는 소송을 걸었다. 이때부터 혼자서 자신의 진료기록을 검토하고 의학 서적과 법률 서적을 찾아가면서 공부를 했다. 대법원까지 간 후에야 D씨는 비로소 일부 승소판결을 얻을 수 있었다. D씨는 병원의 책임을 밝혀냈지만, 한편으로 기쁨 못지않게 허탈한 심정을 감출 수 없었다.

재판을 끝낸 D씨는 이미 지칠 대로 지쳐 있었다. 송사 3년 동안 직장과 가정생활에 끼친 지장도 이만저만이 아니었다. 게다가 판결로 받게 된 손해배상 금액도 D씨가 받은 상처와 그동안의 노력에 비하면 터무니없이 적었다. 법원은 병원 측의 책임을 일부만 인정했다. D씨의 입증이 부족했다고 본 것이다. 이쯤 되면 재판에서 이겨도 이긴 것이 아니다.

가끔 언론은 나 홀로 소송에서 어렵사리 승소한 당사자를 인간 승리 사례로 추켜세우지만, 그 이면에 당사자에게 몸과 마음의 고통이 고스란히 남아 있다는 사실은 모른 체한다. 결과론이긴 하지만, D씨가 의료분쟁에 해박한 변호사나 법무사의 도움을 얻었다면 어땠을까? 아마도 병원 측의 책임을 입증하는 데도 훨씬 수월했을 테고 지금보다 마음의 부담도 덜했으리라.

혼자 해결할 수 있는 재판인지 잘 판단하고 준비하라

나 홀로 소송을 잘하기 위해서는 무엇이 필요할까? 우선, 치밀한 사전준비다. 다음으로, 이 사건이 스스로 해결할 수 있는 재판인지 아닌지를 잘 판단하는 것도 중요하다. 또한 혼자서도 이길 가능성이 있는지, 재판에 투자할 시간적인 여유가 되는지도 충분히 검토해야 한다.

판단이 섰다면 재판과 관련된 기본 법률지식을 갖추고 수시로 자신의 재판이 어떻게 진행되고 있는지 점검한다. 인터넷에서 법원 홈페이지를 비롯하여 각종 법률 사이트를 뒤져보면 이 정도 사항은 충분히 파악할 수 있다.

대부분의 재판은 시간과 노력의 싸움이다. 자신에게 유리한 자료를 빠짐없이 챙기고 법원에서 요청한 사항은 반드시 기간을 지켜 이행한다. 법원에서 보낸 서류에 적힌 유의사항을 꼼꼼히 읽어보고, 의심이 가는 점은 법원에 전화로 확인한다. 법정에 몇 번 왔다 갔다 하는 수고도 감수해야 한다. 한 번이라도 재판에 빠지면 그만큼 승소 가능성은 작아진다. 일반인의 예상과는 달리, 재판에선 유능한 변호사나 현명한 판사 못지않게 주장과 입증을 잘하는 당사자의 역할이 크다.

민사재판에서 판사는 중립이 원칙이다. 다만 판사들이 법정에서 법을 잘 모르는 당사자들에게 입증 방법에 관해 간접적으로 조언을 해주거나 힌트를 줄 때가 종종 있다. 특히 "주장을 정확하게 정리하라"거나 "증인 신청, 문서제출, 사실조회 등을 검토하라"고 판사가 권유한다면 잘 새겨들어야 한다. 이런 사실을 전혀 눈치채지 못하고, 증인을 세우거나 추가 자료를 내기는커녕 기존의 주장만을 되풀이하는 사람은 재판 결과가 불리할 수밖에 없다.

감당할 수 없다면 차라리 전문가를 찾아라

이런 노력을 할 자신이 없다면 아예 처음부터 전문가를 찾는 편이 낫다. 스스로 감당하기 어려운 소송은 과감하게 법률사무소의 문을 두드려야 한다. 일반적으로 의료·건축·토지소송 등 전문 분야, 입증이 어려운 손해배상 사건, 거액이 걸린 소송 등은 변호사를 찾아가길 권한다. 또한 형사사건으로 구속될 위기에 처해 있다면 어떤 방식으로든 법률자문을 구하라. 나 홀로 등기도 마찬가지다. 말소등기, 표시변경등기 등 간단한 등기는 등기소에서 제공하는 양식을 작성한 후 세금과 수수료를 납부하면 손쉽게 처리할 수 있다. 하루 이틀 정도 시간을 투자할 여유가 있고 발품을 들일 자신이 있다면 나 홀로 등기를 해도 무방하다.

하지만 현실적으로는 일반인이 하기 어렵거나 시간이 많이 드는 까다로운 등기도 적지 않다. 특히 상속등기, 외국인·재외국민이 관여된 등기는 서류작성과 각종 자료 준비 등이 복잡하므로 법무사에게 맡기는 편이 낫다. 채권매입비용, 각종 세금, 등기 수수료 등 필수적으로 발생하는 금액을 제외하면 법무사 수수료는 생각보다 많지 않다. 비용이 부담스럽다면 여러 법무사를 들러 비교해봐도 좋다.

나 홀로 소송이 증가하는 이면에는 법률 전문가들을 향한 불신이 자리 잡고 있다는 점도 부인하기 어렵다. 법원을 찾은 민원인 상당수는 법률 전문가의 서비스가 비싸고 불친절하다고 지적한다. 심지어는 변호사나 법무사에게 맡겼더니 "내 재판 결과보다는 돈에만 관심이 있더라"며 하소연하는 사람도 있다. 극소수이긴 하지만 의뢰인 중에는 변호사나 법무사가 자신을 위해 제출한 서류를 법원에 와서 복사해 가는 경우도 종종 있다. 이유를 물어보면 "변호사(법무사)를 믿을 수가 없고, 재판 진행 상황을 잘 가르쳐주지 않기 때문"이라고 답변한다. 이쯤 되면 비용을 지불하고 서비스를 받는 사람들의 심정이 어떨지 짐작이 간다.

우리나라의 민·형사 소송 건수는 600만여 건에 달한다. 이 중 민사사건이 약 70%를 차지한다. 소송이 아닌 등기 사건도 1000만 건이 넘는다. 어림잡아도 1년에 수백만 명이 법원을 찾게 되는 셈이다. 이런 상황에서 선택과 책임을 법률 소비자의 몫으로만 돌리는 건 적절치 않다.

변호사 3만 명 시대, 법률 서비스 현주소는

2023년 2월 기준 대한변호사협회에 등록된 변호사는 3만 3055명이다. 이 중 휴업 중이거나 개업을 하지 않은 준회원 5226명을 제외하더라도 약 2만 8000명의 변호사가 활동 중이다. 2023년 2월 현재 전국의 법무사는 약 7500명이다.

변호사와 법무사의 숫자를 합치면 3만 5000명이니 법률 전문가 1명당 국민 약 1500명을 담당하는 셈이다. 법학전문대학원(로스쿨)이 생기면서 변호사 숫자가 크게 늘어난 결과가 이렇다. 법률 전문가들 입장에서 본다면 예전에 비해 수입이 많이 줄었겠지만, 인구 대비 법원 사건 수를 고려할 때 결코 법률 시장이 좁다고 보기는 어렵다. 변호사, 법무사도 적극적으로 나서야 한다. 고객유치를 위해 서비스의 질을 높여야 한다. 개인적으로는 나 홀로 소송이 계속 늘어나는 것보다 송사를 법률 전문가에게 저렴한 비용으로 맡기는 문화가 정착되는 게 이상적이라고 생각한다. 법률 전문가들도 지금보다 문턱을 낮추고 찾아가는 서비스를 해야 할 때가 왔다.

법률 소비자인 국민들이 법률 절차를 잘 몰라 자신의 권리를 빼앗겨서는 안 되지만, 복잡한 소송을 혼자 해결하겠다고 생업을 포기한 채 송사에 매달리는 것도 결코 권장할 일은 아니다. 앞으로는 유능하고 믿음직한 변호사, 실력 있는 법무사에게 맡겼더니 싼값에 편하게 법률 서비스를 받을 수 있었다고 자랑하는 사람들이 많아졌으면 좋겠다. 소송구조나 법률구조 외에, 경제적으로 어렵지만 승소 가능성이 있는 사람을 국가가 지원하는 제도도 지금보다 늘어나야 한다.

나 홀로 소송을 하겠다면 단단히 각오하고 제대로 준비해서 시작해야 한다. 만일 그럴 자신이 없다면 차라리 유능하고 저렴한 법률 전문가를 활용하는 편이 낫다.

나 홀로 소송, 알고 나서 덤벼야 한다.

나 홀로 소송, 여기서 도움을 얻을 수 있다

살다 보면 '무료'라는 말을 듣고 혹했다가 실망하는 경험을 한두 번은 하게 된다. 법률 서비스도 마찬가지다. 무료 법률상담은 분명히 한계가 있다는 점을 기억하자. 비용을 적게 들이고 소송을 하려면 고생을 감수해야 한다. 나 홀로 소송을 할 때 도움을 얻을 수 있는 몇 곳을 소개한다.

우선, 대법원이 운영하는 대한민국법원 홈페이지(scourt.go.kr)가 있다. 〈대국민서비스〉에는 웬만한 법률정보가 다 들어 있다. '사건검색'을 하면 자신의 사건 진행 상황을 한눈에 파악할 수 있다. '전자민원센터'에서는 각종 소송절차, 각종 양식 작성 요령 등의 도움을, '나홀로소송'에서는 소송의 준비부터 판결 후 강제집행 방법까지 정보를 얻을 수 있다. '인터넷등기소'를 찾아가면 법인·부동산 등기사항증명서(등기부) 발급뿐 아니라 등기서류 작성과 관련된 안내가 가능하고, '법원경매정보'와 '종합법률정보'에서도 유용한 정보를 찾을 수 있다. 이와 연계된 전자소송 사이트(ecfs.scourt.go.kr)에 접속하면 법원을 방문하지 않고도 인터넷을 통해 소장과 소송서류 제출, 소송비용 납부 등을 진행할 수 있다. 법원에 직접 접수하는 것보다 비용이 저렴한데, 본인 명의의 공인인증서 발급은 필수다. 대법원에서 운영하기 때문에 신뢰도가 높지만, 원하는 지식과 정보는 시간을 들여 직접 터득해야 한다.

대한법률구조공단(klac.or.kr)을 찾는 것도 도움이 된다. 공단은 저소득 계층과 가정폭력, 체불임금 관련 피해자들에게 무료로 소송대리를 해주고 단순한 사건은 서류 작성도 대행해준다. 일반인도 저렴한 가격으로 변호사를 선임할 수 있다. 홈페이지나 전화(국번 없이 132번)를 통해 상담을 받을 수도 있다. 단, 자신의 돈으로 변호사를 선임할 계획이라면 공단 변호사와 일반 변호사의 법률 서비스 수준을 비교해보는 것이 좋다.

형사재판을 받고 있다면 국선변호인제도를 이용할 수도 있다. 피고인이 빈곤, 기타의 사유로 변호인을 선임할 수 없을 때 법원에 신청하면 심사를 거쳐 국선변호인을 선임해준다. 최근에는 국선변호인 선정 요건이 예전보다 완화됐다. 대부분의 법원에 국선 전담변호인이 선정되어 있어서 나 홀로 소송을 하는 것보다 훨씬 유리하다. 성범죄 피해자라면 피해자 국선변호사제도를 통해 무료로 변호사의 도움을 얻는 방법이 있다.

법무부 형사사법포털(kics.go.kr)에선 경찰, 검찰, 법원 단계의 형사사법 정보를 한눈에 볼 수 있다. 사건 검색과 진행 상황 조회, 피해자 지원 서비스 등을 제공한다.

그 밖에 시청·구청이나 공공기관, 시민단체에서 하는 무료상담, 변호사협회와 법무사협회 등에서 운영하는 법률상담도 확인해볼 필요가 있다. 하지만 무료 법률상담을 앞세우며 이득을 취하려는 곳도 있으니 주의해야 한다.

법률상식, 결론 정해놓고 질문하지 말라

법적 분쟁 초기 대처 시 주의사항… 인터넷 정보 맹신도 금물

법이란 어렵고 두렵고 힘들다. 보통 사람들에겐 그렇다. 마치 한밤중에 어두컴컴한 동굴 속을 걷는 기분이리라. 혹시 웅덩이나 비탈은 없는지, 제대로 가고 있는지, 도대체 이 동굴은 언제 끝나는지 두려울 수밖에 없다.

그래서 일반인은 법적 분쟁이 생겼을 때 변호사나 법무사 등 다양한 전문가들에게 묻고 또 묻게 된다. 그런데 자문을 구하는 방식에 문제가 있는 이들이 많다.

가장 위험한 부류는 어설프게 알고 있는 내용으로 스스로 결론을 내려놓고 법적 분쟁에 대처하는 사람들이다. 예컨대 "이러저러한 내용으로 고소가 가능한지"를 질문해놓고, 법을 아는 사람들이 부정적으로 답변하면 "포털 사이트 검색해보니 가능하다던데요"라거나 "제가 아는 변호사가 된다고 말했는데요"라고 반박하는 이들이다. 또 섣부른 정보를 맹신한 나머지 "○○죄는 기껏해야 벌금형 정도"라거나 "▲▲한 행위는 □□죄가 되지 않는다"는 식의 말을 확신하는 이들도 위험하기는 마찬가지다. 그러면 애초에 조언이나 자문을 구할 필요가 없다.

법을 적용하는 과정은 복잡다단하기 때문에 한마디로 정답을 내릴 수 없다. 소송에는 변수가 많다. 돈을 분명히 빌려주고도 증거가 부족해 못 받는 경우도 있고, 억울하게 돈을 물어주게 되는 일도 생긴다. 사소한 잘못을 방치해 전과자가 되기도 한다. 벌금형을 예상했지만 징역형이 나올 수 있다. 두 명이 한날한시에 같은 죄를 저질렀어도 나이, 전과 유무, 범죄 가담 정도, 합의 여부 등에 따라 서로 형이 달라지기도 한다. 법전과 현실은 다르다. 그래서 법을 많이 아는 사람일수록 신중하게 답변할 수밖에 없다.

법 적용 과정은 복잡다단… 어설픈 지식은 독이 될 수도

한 가지 예를 보자. 단체 채팅방에서 언쟁을 벌이다가 실수로 거친 말을 뱉고 말았다. 상대가 법적 조치를 취하겠다고 했을 때 어떻게 해야 할까? 누군가로부터 "아무 일 없을 것이다"라는 답변을 들었다면 심리적 위안이 될지는 모르겠다. 하지만 채팅방에서 남을 비방하거나 욕설을 하면 형사상 명예훼손이나 모욕이 될 수도 있고, 민사상 위자료를 지급해야 하는 경우도 생긴다. 성적인 욕설을 했다면 성범죄(통신매체이용음란죄) 전과자로 전락할 위험도 있다. 설사 상대의 잘못이 더 크더라도 우리가 생각하는 '정당방위'나 '정당행위'가 적용되기란 쉽지 않다. 이럴 경우는 섣부른 법적 지식을 앞세워 "법대로 맞서겠다"고 하기 전에, 진심 어린 사과로 고소를 막는 것이 상책일 수도 있다.

스스로 답을 알고 있다면 굳이 물을 필요가 없다. 자신이 아는 대로 소송을 하면 된다. 잘 모른다면, 열린 마음으로 묻고 답해야 한다. 자문을 구할 때는 최소한 스스로 기본 정보나 지식은 익히고 물으라. 그래야 진지한 답변, 도움이 되는 조언을 얻을 수 있다. 자신에게 유리한 답변을 정해놓고 질문하지 말라. 아무 도움도 안 된다. 어설픈 지식은 오히려 독이 될 수 있다. 무료상담을 받건 변호사를 선임하건 마찬가지다.

또 한 가지, 인터넷에는 올바른 정보보다 잘못된 지식이 훨씬 많다. 검증되지 않은 정보, 무책임한 답변이 넘쳐난다. 맹신은 금물이다. 법 조항과 판례 찾아보기, 전문 서적 읽기, 전문가 조언 등 다양한 방식으로 확인하고 또 확인해볼 것을 권한다.

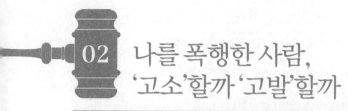

02

나를 폭행한 사람, '고소'할까 '고발'할까

[법률용어 1] 피가 되고 살이 되는 법률 기초 다지기

법률용어, 얼마나 알고 있나요

- 피고 – 피고인 – 피의자
- 기소유예 – 선고유예 – 집행유예
- 항소 – 상소 – 상고 – 항고
- 고발 – 고소 – 기소 – 제소

언뜻 보면 모두 아는 낱말 같다. 그런데 막상 구별해서 설명하려면 생각처럼 쉽지 않다. 이해를 돕기 위해 선택형 문제로 접근해보자. 다음 사례를 읽고 괄호 안에서 알맞은 말을 골라보자.

A씨와 B씨는 직장 선후배 사이인데 항상 티격태격하면서 지냈다. 평소 선배 A씨에게 불만이 많던 B씨는 술에 취해 막말을 했다. "야, 네가 그리 잘났어? 나이도 어린 게 선배면 다야?" B씨는 급기야 A씨 멱살을 잡아 흔들고 주먹까지 날렸다. 참다못한 A씨도 B씨를 밀치는 등 드잡이를 벌였다. 일이 커지자 경찰까지 출동하게 됐다.

경찰서에 간 두 사람은 서로 상대방을 상해죄로 (고소, 고발, 제소)했다. 사건을 담당한 형사는 다음 날 두 사람을 (피의자, 피고인) 신분으로 조사한 뒤 사건을 검찰에 넘겼다.

검찰은 A씨에 대해서는 B씨의 폭행을 방어한 측면이 강하고 멱살만 잡았던 점을 고려하여 (기소유예, 선고유예) 처분을 내렸다. 그러나 B씨에 대해서는 A씨에게 상처를 입혔고 싸움을 유도하는 등 죄가 인정된다고 본 검사가 상해죄 혐의로 법원에 (기소, 제소)했다. B씨는 (피고인, 피고) 신분으로 형사법정에 섰다. B씨는 술김에 실수했다며 선처를 호소했으나 1심 법원은 징역 6개월에 (집행유예, 기소유예, 선고유예) 1년을 선고했다. B씨는 판결에 승복할 수 없다면서 2심 법원에 (항소, 항고, 상고)했다.

피해자가 "처벌해달라"고 하면 '고소', 제삼자가 하면 '고발'

형사사건에서 흔하게 등장하는 말이 고소와 고발이다. 두 용어는 수사기관(경찰 또는 검찰)에 죄를 지은 사람을 처벌해달라고 한 의사표시라는 점에서는 같다.

하지만 고소가 형사사건의 피해자(또는 법정대리인)가 직접 하는 것이라면, 고발은 제삼자가 하는 것이다. 형사소송법에는 "범죄로 인한 피해자는 고소할 수 있다"(제223조), "누구든지 범죄가 있다고 사료하는 때는 고발할 수 있다"(제234조)고 되어 있다. 수사기관이 아닌 법원 등 다른 기관에 제출한 '진정'이나 단순한 범죄 '신고'는 고소나 고발로 볼 수 없다.

쉬운 예를 들어보자. 어느 유명 여배우는 자신과 관련한 악성 루머를 퍼뜨린 네티즌을 명예훼손 혐의로 '고소'했고, 한 시민단체는 어느 대기업이 비자금을 조성하고 관련 기관에 로비 자금을 사용한 의혹이 있다며 기업 총수를 업무상 횡령 등의 혐의로 검찰에 '고발'했다. 그리고 비밀침해죄, 모욕죄 등은 피해자의 고소가 있어야만 가해자를 처벌할 수 있는데 이런 범죄를 '친고죄'라고 한다.

수사기관의 '피의자'가 법원으로 오면 '피고인'

유명 방송인이 경찰서 포토라인에 모습을 드러냈다. 그는 전날 밤 빗길에서 교통사고를 냈는데, 당시 음주운전을 했다는 의혹과 사고 후 아무런 조치를 하지 않고 현장을 떠났다는 의심을 받고 경찰의 출석요구를 받은 것이다. 이렇게 수사기관으로부터 범죄를 저질렀다는 의심을 받는 사람이 바로 피의자다.

피의자가 경찰, 검찰 등에서 혐의가 인정되어 재판에 넘겨지면 신분이 피고인으로 바뀐다. 수사기관의 사건을 법원으로 넘기는 것을 기소(공소제기)라고 하는데, 기소 여부가 피의자와 피고인을 정하는 기준이 된다. 기소권은 검찰이 갖고 있는 막강한 권한이다. 다만 고위공직자의 범죄에 대해서는 공수처(고위공직자범죄수사처)가 수사, 기소권을 갖는 것을 골자로 하는 공수처법이 2019년 12월 국회를 통과했다. 공수처가 설치된 현재는 판사, 검사, 경찰 고위직 등에 대해서는 공수처가 기소권을 갖는다. 한편 기소와 달리 제소는 국가가 아닌 개인이 원고의 자격으로 법원에 민사소송, 행정소송 등을 제기하는 것을 의미한다.

정리하자면, 범죄를 저질렀다는 의심을 받는 사람이 수사 단계에 있으면 피의자, 법원으로 넘어오면 피고인이 된다. 형사 피고인에게 가장 중요한 것 두 가지는 무죄 추정의 원칙과 묵비권이다. 이것은 헌법에도 나와 있다. "형사 피고인은 유죄의 판결이 확정될 때까지는 무죄로 추정"(제27조 4항)되며 "모든 국민은 자기에게 불리한 진술을 강요당하지 아니한다"(제12조 2항)는 조항이다. 피의자 또는 피고인이 반드시 범죄자를 의미하는 건 아니라는 사실을 명심하자.

또 한 가지. 형사사건의 '피고인'과 피고는 엄연히 다른 뜻으로 쓰인다. 개인 간의 민사사건에서 소송을 당한 사람이 '피고'다. 민사사건은 원고의 청구가 옳은가 그른가를 따지는 재판으로, 자신의 뜻과는 관계없이 상대방(원고)이 소송을 걸어오면 피고가 된다. 피고는 죄를 지은 사람이나 나쁜 사람이라는 의미가 아니다.

때로는 국가가 피고가 되는 경우도 있다. 일례로 군사정권 시대 구속영장도 없이 수사기관에 불법구금을 당한 시민이 '대한민국'을 피고로 삼은 민사소송에서 승소해 국가로부터 손해배상금을 받기도 했다.

기소유예는 검사가, 선고유예·집행유예는 판사가

법에는 범죄자의 처벌을 유보하는 여러 가지 제도가 있다. 범행 동기나 범죄 후 정황, 피해자의 의사 등을 살펴보아 굳이 처벌할 필요가 없을 때

선처할 수 있는 장치를 마련해두었다. 대표적인 것이 기소유예, 선고유예, 집행유예다.

먼저 기소유예는 검찰의 권한이다. 피의자의 범죄사실은 인정되지만 사건이 가볍거나 우발적으로 죄를 저지른 경우, 굳이 재판까지 갈 필요가 없다고 보고 기소 자체를 하지 않는 것이다. 예를 들어 가난한 엄마가 배고파 우는 아들에게 먹이려고 가게에서 빵 한 개를 훔쳤다고 가정하자. 그전까지 아무런 전과가 없었다면, 검사가 기소유예 처분으로 사건을 종결할 가능성이 크다.

반면, 선고유예와 집행유예는 판사가 판결 선고와 동시에 내린다. 선고유예는 경미한 범인에게 일정 기간 형의 선고를 미루고, 유예 기간(2년)이 지나면 형이 없던 것(면소)으로 보는 제도다. 선고유예는 1년 이하 징역이나 벌금형을 선고하면서 '뉘우치는 정상(사정)이 뚜렷할 때' 가능하다. 대법원은 "반성의 정도를 포함하여 양형의 조건을 종합적으로 참작해볼 때 형을 선고하지 않더라도 피고인이 다시 범행을 저지르지 않으리라는 사정이 현저하게 기대되는 경우"라고 해석한다.

많은 사람이 잘 알고 있는 집행유예는 3년 이하의 징역·금고를 선고하면서 일정 기간(최단 1년~최장 5년) 형의 집행을 미루는 것이다. 예컨대 '징역 1년에 집행유예 3년'이라면 1년간 교도소 생활을 해야 하지만 3년간 아무 탈 없이 지내면 징역살이를 한 것으로 본다는 뜻이다. 2018년부터는 벌금형에도 집행유예가 도입됐다. 500만 원 이하의 벌금형을 선고할 경우 정상참작 사유가 있을 때 판사는 징역형과 마찬가지로 집행을 유예할 수 있다.

집행유예 기간을 무사히 넘기면 감옥살이를 하거나 벌금을 내지 않아도 된다. 단, 징역·금고형 판결 확정 시부터 집행 종료·면제 후 3년 내에 저지른 범죄에 대해서는 집행유예를 선고할 수 없다. 또한 집행유예 기간 중 저지른 고의 범죄로 징역형이 확정되면 집행유예는 효력을 잃게 되어 애초에 선고한 형량이 살아난다. 집행유예 조건으로 판사가 부과한 보호관찰, 사회봉사 명령 등을 위반해도 집행유예가 취소될 수 있으니 주의해야 한다.

기소유예, 선고유예, 집행유예를 결정할 때 기준이 되는 것은 형법 제51조(양형의 조건)다. 형을 정할 때는 ▲범인의 연령, 성행, 지능과 환경 ▲피해자에 대한 관계 ▲범행의 동기, 수단과 결과 ▲범행 후의 정황을 참작하도록 규정하고 있다.

기소유예 처분은 검사의 권한으로, 재판을 하지 않기에 전과가 되지 않는다. 이와 달리 선고유예와 집행유예는 엄연한 유죄판결이라는 점에서 기소유예와는 상당한 차이가 있다.

1심판결에 불만 → 2심은 '항소' → 3심은 '상고'

우리나라는 3심제를 두고 있다. 재판에 불만이 있으면 2심, 3심 등 상급 법원에 다시 재판을 해달라고 요구할 수 있다. 이것을 통틀어 상소라고 한다. 상소에는 1심 판결에 불복하여 2심 법원에 하는 항소와 대법원에 하는 상고가 있다.

상소를 제기하는 기간은 형사와 민사에 차이가 있다. 형사사건은 법정에서 판결을 선고한 날을 기준으로 1주일 내에 법원에 상소장(항소장, 상고장)을 제출해야 한다. 민사사건은 판결문을 직접 받은 날(송달일)로부터 2주 이내에 법원에 제출하면 된다.

한편 항고는 판결이 아닌 법원의 결정, 명령에 대해 불복하는 방법이다(판결·결정·명령의 차이점은 9장 5절을 참고하기 바란다). 항고는 검찰의 불기소처분에 대하여 피해자가 검찰에 불복하는 절차를 의미하기도 한다.

형사사건에서는 상소권 보장을 위해 상급심에서 원심보다 더 무거운 형을 선고할 수 없는 것이 원칙이다. 이른바 불이익변경금지의 원칙이다. 예컨대 1심에서 징역 1년 판결을 받고 항소한 피고인에게 항소심은 무죄를 선고하거나, 징역 1년 이하 또는 벌금형만을 선고할 수 있다.

다만 이 원칙은 피고인이(또는 피고인을 위해) 상소한 사건에만 적용되고 검사 상소나 쌍방 상소 사건에선 적용되지 않는다.

또한 벌금형 약식명령에 정식재판을 청구할 경우도 주의해야 한다. 약식명령의 벌금액보다 정식재판의 판결 벌금 액수가 더 많을 수도 있다(약식명령의 벌금형을 정식재판에서 징역형으로 높이는 것은 불가능하지만, 벌금 액수를 증액하는 것은 가능하다).

형사사건에서 피해자는 당사자가 아니므로 상소권이 없다(필요하다면 검찰을 통해 상소를 바란다는 의견을 개진할 수는 있다).

일반인이 복잡한 법률용어를 다 알 필요도 없거니와, 굳이 외울 이유도 없다. 하지만 기본적인 용어를 이해하면 자신의 권리를 지키는 데 도움이 된다. 때로는 법을 아는 것도 힘이다.

(지금까지의 설명을 읽고 문제에 대한 정답을 짐작했으리라 생각한다. 확실하게 짚어준다면, 모든 문제의 괄호 안에 있는 용어 중에서 제일 앞쪽에 있는 단어가 정답이다.)

상해와 폭행, 어떻게 다를까

상해와 폭행은 어떻게 다를까. 거기서 거기라고 여길 수 있지만 법에선 상당한 차이가 있다.

상해와 폭행은 모두 신체에 대한 침해를 내용으로 하는 범죄인데, 형법은 폭행과 상해를 구별하고 있다. "사람의 신체를 상해한" 상해죄(최장 징역 7년)의 형량이 "사람의 신체에 대해 폭행을 가한" 폭행죄(최장 징역 2년)보다 더 높다.

상해죄는 신체의 '건강'을, 폭행죄는 신체의 '건재'를 보호하기 위한 조항으로 본다. 쉽게 얘기해서 신체가 부러지는 등 이상이 생겨서 완전성이 침해되었다면 상해고, 타인에게 육체적 고통을 주거나 위협을 주는 정도로 물리력을 행사했다면 폭행이 된다. 상해죄의 행위는 폭행뿐 아니라 협박 등 유·무형적 방법을 모두 포함하지만 폭행죄는 물리적 방법에 한한다. 상해는 미수범도 처벌하지만 폭행은 미수죄가 없다. 또한 반의사불벌죄(피해자의 의사에 반해 처벌할 수 없는 범죄)는 폭행죄만 해당한다. 따라서 단순 폭행사건은 피해자와 합의를 하면 처벌 자체를 면할 수 있다. 상해사건은 합의를 해도 양형에 참작이 될 뿐 기소와 처벌이 가능하다.

폭행의 예를 들어보자. 다른 사람의 빰을 때리거나 얼굴에 침을 뱉는 행동, 수염을 강제로 자르는 것, 물건을 던지거나 손발을 휘두르는 것 등이 있다. 확성기로 사람이 고통을 느낄 정도의 소음을 내는 것, 물을 끼얹는 행위도 폭행이 될 수 있다. 상해는 멍이 들 정도로 때리는 등 신체나 도구로 타인의 신체에 상처를 입히는 것이 대표적이다. 성병을 감염시키거나, 보행 불능, 수면 장애, 식욕 감퇴를 일으킨 경우도 판례는 상해로 본다.

좀 거칠게 표현한다면 전치 몇 주 이상의 진단이 나올 정도로 타인을 공격했다면 상해, 그냥 아프거나 불쾌할 정도로 때렸다면 폭행으로 이해하면 된다.

상소하면 더 유리한 판결 나올 가능성은?

삼세판. 우리나라 재판은 3심제다. 1심 판결이 2심에서 뒤집히기도 하고, 2심 판결을 3심(대법원)이 깨기도 한다. 상소(항소, 상고)하면 더 유리한 판결이 나올 가능성은 얼마나 될까. 통계를 보면 가능성은 높지 않다. 민사재판은 오히려 금전적 손실이 더 늘어날 수도 있다. 형사와 민사를 나누어서 알아보자.

먼저, 형사사건이다. 최근 10년(2012~2021년 기준)동안 1심 형사판결(한해 평균 약 25만 건)에 불복, 항소한 사건은 한 해 평균 9만 건이 넘었다. 항소율은 39.6%로 1심 판결 10건 중에 4건 꼴로 항소한 셈이다. 그중에서 항소가 일부라도 인용(파기)된 경우는 30% 중반 정도다. 2021년 기준 항소심에서 판결로 종결된 6만 8455건 중에서 2만 4590건(파기율 35.9%)이 1심과 2심의 결론이 달랐다. 이 중 유죄와 무죄의 결론이 뒤바뀐 사례는 극소수에 불과하다. 절대 다수는 피고인이 태도를 바꾸어 범죄를 인정하고 반성하거나 피해자와 합의를 보는 등의 사정으로 형이 깎인 경우다.

항소심에서 뒤집힐 가능성은 갈수록 낮아질 전망이다. 특별한 잘못이 없다면 1심 판결을 존중한다는 게 법원의 기본 방향이기 때문이다. 대법원은 "1심과 비교하여 양형의 조건에 변화가 없고 1심의 양형이 재량의 합리적인 범위를 벗어나지 아니하는 경우 이를 존중함이 타당하다"고 판시한다.

상고심에서 결론이 뒤바뀌는 비율은 극히 낮다. 상고심은 법률심(사건의 사실관계가 아니라 법리해석이 맞는지에 대해서만 심리하는 재판)이 원칙이므로 상고이유가 제한적이다. 하급심의 법령 적용 위반 등만 다툴 수 있을 뿐이어서 잘못된 사실관계를 바로잡기는 어렵다. 형이 무겁다는 '양형부당' 주장도 사형, 무기, 징역 10년 이상의 중형만 가능하다. 대법원에 올라온 약 2만여 건의 형사사건 중 파기되는 경우는 1~2%대에 불과하다. 2021년 기준 2만 680건 중에서 파기판결은 361건에 그쳤다.

형사재판은 불이익변경금지원칙 때문에 피고인만 상소한 사건에서 원심판결보다 무거운 형을 선고하지 못한다. 민사보다 상소율이 높은 이유도 그 때문이다. 다만 검사만 상소한 사건이나 피고인과 검사 모두 상소한 사건은 하급심보다 더 무거운 형이 나올 수도 있다.

이번엔 민사사건을 살펴보자. 최근 10년간 1심 판결의 항소율은 8.4%, 2심 판결의 상고율은 31.7%였다. 재판에 걸린 금액이 클수록 상소율은 더 높았다. 한 해 평균 항소사건은 5만 2214건, 상고사건은 1만 1665건에 달한다.

먼저, 항소심이다. 2021년 기준, 2심에서 조정·화해 등 당사자끼리 원만하게 합의한 경우가 약 17%였고, 판결로 1심의 결과가 뒤집힌 사례는 20%가 조금 넘었다(원고 기준 전부 패소 5.7%, 전부 승소 2.0%, 일부승소 14.4%). 원고 일부 승소판결 중에는 1심과 2심의 금액 차이가 거의 없는 경우도 많으므로 실제 파기율은 그다지 높지 않다.

3심(상고심)의 경우 파기율은 2.3%에 불과했다. 대법원에 올라온 1만 9161건 중 444건만이 결론이 달라졌을 뿐 나머지 사건은 그대로였다. 법원은 민사에서도 1심 재판역량을 강화하겠다는 입장이다. 요행을 바라면서 상소를 해서는 큰 이득이 없다.

　더욱이 민사사건은 상소심에서 지면 패소자의 부담이 눈덩이처럼 불어난다. 예를 들어 1심에서 패소한 뒤 대법원까지 가서도 결과가 달라지지 않았다면 원금과 그때까지의 이자(또는 지연손해금)는 물론 상대방의 1심, 2심, 3심 소송비용까지 추가로 부담해야 한다. 불필요한 상소는 자제하는 게 바람직하다.

　만일 상소를 하려면 전략을 잘 세워야 한다. 원심보다 몇 배의 노력도 필요하다. 법원은 당사자의 상소이유를 토대로 판결을 하는 것이 원칙이다. 자신에게 유리한 자료, 증인 등 증거와 타당한 주장을 적극적으로 준비하지 않으면 판결이 뒤바뀌는 일은 거의 없다. 형사사건에서는 무죄를 내세울지, 아니면 범죄를 인정하고 감형에 집중할지를 선택하는 것이 좋다.

　특히 3심인 상고심은 사실상 서류재판이다. 상고이유를 중심으로 1, 2심의 재판기록을 살펴서 법률적 문제가 없는지를 검토하는 것에 중점을 둔다. 새로운 증인, 증거를 신청할 수도 없다. 파기율도 극히 낮다. 재판에서 최종 승자가 되는 길은 1심과 2심, 특히 1심 재판의 대응에 달려 있다고 해도 과언이 아니다.

03

도박 빚은 '무효', 미성년자 돈거래는 '취소'

[법률용어 2] 유사한 법률용어를 구분하는 방법

'선의 vs 악의', '무효 vs 취소', '각하 vs 기각', '벌금 vs 범칙금'

"피고는 원고의 행위가 무효라고 주장하고, ○○법에서 정한 제삼자는 선의의 제삼자를 의미하는데, 원고는 악의의 제삼자에 해당하므로 (…)."

"(…) 원고의 손해배상청구 부분의 소는 부적법하여 각하하고, 원고의 피고에 대한 청구는 위 인정 범위 내에서 이유 있어 이를 인용하고, 나머지 청구는 모두 기각하기로 한다."

법원 판결문의 일부다. 법으로 들어가는 최초의 관문에는 어렵고 딱딱한 법률용어가 기다리고 있다. 아는 사람끼리는 통하겠지만 일반인은 주눅 들기 십상이다.

법률용어가 어려운 이유는 무엇일까? 우선 일제강점기의 영향이 크다. 1912년에 만들어진 '조선민사령(朝鮮民事令)'은 일본의 법을 우리나라에 그대로 적용하는 근거가 됐다. 현재까지도 적지 않은 법률용어가 일본의 것과 같거나 비슷하다. 게다가 법조인의 직역(職域) 이기주의도 한몫을 하고 있다고 본다. 지금은 사법시험제도 대신 법학전문대학원(로스쿨)제도가 도입돼 법조인 되는 길이 상대적으로 수월해졌고 법조인의 숫자도 훨씬 늘었지만, 과거 사법시험 합격자 수는 한 해에 수십 명에서 수백 명에 불과했다. 특권층이라 할 수 있는 법조인들에게 법학은 쉬워야 할 필요가 별로 없었던 듯하다.

최근 법제처와 대법원 등에서 법률용어를 쉬운 우리말로 바꾸기 위한 노력을 꾸준히 하고 있다. 늦은 감은 있지만 다행이다. 그래도 최소한의 기본적인 용어는 알아야 한다. 재판에서 손해를 보지 않기 위해서는 어쩔 수 없다. 일상생활과 밀접한 연관이 있는 법률 유사용어 몇 가지를 소개한다.

법률에서 '선의'는 '좋은 뜻'이 아니다

국어사전을 찾아보면 선의(善意)는 '좋은 뜻, 착한 마음'으로, 악의(惡意)는 '좋지 않은 뜻, 나쁜 마음'이라고 나온다. 하지만 법에서는 선의와 악의를 이런 도덕적 의미로 사용하는 경우가 거의 없다.

법률에서 선의란 어떤 사정(사실)을 모르고 있다는 말이고, 악의란 어떤 사정을 알고 있음을 뜻한다. 이렇게 구분하는 이유는 선의인가 악의인가에 따라 결과(법률효과)가 다르기 때문이다. 어떤 사정을 모르는 당사자나 제삼자의 거래상 안전을 보호하기 위한 개념이 되기도 한다.

A씨는 급매물로 나온 B씨 소유의 아파트가 마음에 들어 계약을 하고 싶었다. 문제는 세금이었다. 집을 한 채 더 보유했다가는 훨씬 많은 세금을 내야 했다. A씨는 지인 C씨에게 "명의를 좀 빌려달라"고 부탁해 승낙을 얻었다. 돈은 A씨가 내고 B씨와 C씨가 부동산 매매계약을 체결한 뒤 C씨 명의로 아파트 이전등기까지 마쳤다.

이 사례는 명의신탁, 그중에서도 계약명의신탁에 해당한다(명의신탁과 관련해서는 5장 4절의 〈더 알아보기〉 참고). 이때 B씨(매도인)와 C씨(명의수탁자) 사이의 매매계약이나 이전등기는 유효할까. 관건은 매도인 B씨가 선의였는지, 악의였는지에 달렸다. B씨가 매매계약 당시 선의였다면, 즉 A씨와 C씨 사이에 명의를 빌려주기로 한 약속을 몰랐다면 매매계약도, 이전등기도 유효하다. 아파트는 C씨의 소유가 된다. 이와 달리 B씨가 악의였다면(즉 명의신탁약정을 알고 협조해주었다면) 모두 무효다. 이때는 여전히 B씨에게 소유권이 있다(법에서 금지하는 명의신탁약정은 무효이기 때문에 명의신탁자 A씨는 어느 경우도 소유자가 될 수 없다. 다만 C씨에게 매수자금 등을 돌려달라고 청구할 수 있을 뿐이다).

도박 빚은 '무효', 미성년자 금전거래는 '취소'

무효나 취소는 법률행위의 효과를 소멸시킨다는 점에서는 같다. 그런데 무효는 애초부터 효과가 없는 것이고, 취소는 취소권을 행사할 때 비로소 효과가 생긴다는 차이가 있다.

무효란 어떤 법률효과가 아예 처음부터 생기지 않는 것을 말한다. 무효인 행위의 예를 들어보자. 돈을 받고 유부남의 첩이 되기로 한 계약, 도박 빚을 부동산으로 갚기로 한 약속 등은 사회질서에 어긋난다. 1년에 수백 퍼센트의 이자를 내기로 한 금전거래 등은 불공정한 법률행위다. 애초부터 무효다. 무효 거래나 계약을 했다면 의무를 이행하지 않아도 된다.

취소는 어떤 행위가 일단 유효한 것으로 보되, 취소의 의사표시를 통해 소급하여 효력을 부정하는 것이다. 취소할 수 있는 행위로는 미성년자가 부모의 동의 없이 한 행위, 착오·사기·협박에 의한 행위 등이 있다. 예컨대 고장 난 노트북을 신상품이라는 말에 속아 정가에 구입한 경우, 토지 거래 시 "집을 지을 수 있다"는 소유자·공인중개사의 말을 믿고 계약했는데 실제로는 땅이 도로에 편입된 경우 등은 취소할 수 있다.

사례 2

고등학생인 D군은 부모가 준 수학여행 비용으로 고가의 게임기를 샀다. 완구점 주인은 아무것도 묻지 않고 D군에게 게임기를 팔았다. D군의 부모는 완구점을 찾아가 따졌다. 법적으로 돈을 돌려받을 수 있을까?

이때 D군의 부모는 완구점 주인에게 취소권을 행사할 수 있다. 민법 제5조에 따르면 미성년자가 법정대리인의 동의를 얻지 않고 한 법률행위는 취소할 수 있기 때문이다(단, 용돈처럼 처분을 허락한 재산은 미성년자라도 자유롭게 사용할 수 있다). 취소권을 행사한다면 D군의 부모는 게임기를 반환하고 돈을 돌려받을 수 있게 되며, D군은 애초에 게임기를 사지 않은 상태가 된다.

하지만 D군의 부모가 아들에게 게임기를 선물한 셈 치고 그냥 놔둘 수도 있다. D군의 부모가 취소권을 행사하지 않고 유효한 거래로 인정해주는 것을 '추인'이라고 한다. 추인을 통해 게임기의 거래는 유효한 거래가 된다. 애초부터 효과가 없느냐(무효), 당사자가 효력이 없다는 의사표시를 할 때까지는 유효한 것으로 보느냐(취소), 이것이 무효와 취소가 다른 점이다.

흠 있는 소송은 '각하', 패소판결은 '기각'

재판을 걸었는데 기각이나 각하됐다는 통지를 받을 때가 있다. 이것은 일단 청구(또는 신청)가 재판에서 받아들여지지 않았다는 말이다. 하지만 기각과 각하는 약간 차이가 있다.

각하는 실체적인 내용을 따지기 전에 소송의 형식이 제대로 갖추어지지 않은 경우에 주로 사용된다. 예를 들어 민사소송비용인 인지대를 제때 내지 않거나, 보정명령을 받고서도 정해진 기간 안에 서류를 보완하지 않으면 법원은 소장 각하 명령을 내리게 된다. 또한 기간이 지난 다음에 재심(또는 상소)을 청구하거나 이미 이혼한 사람이 이혼소송을 냈다면 부적법한 소로서 각하를 면치 못한다. 이렇듯 각하는 형식적인 흠결로 재판이 종료되는 경우가 많다.

이와 달리 기각은 일단 소송의 형식적 요건은 갖췄으나, 내용을 따져보니 청구하는 내용이 옳지 않다는 뜻이다. 예컨대 돈을 빌려준 것이 아니라 그냥 주기로 했으면서 대여금 소송을 내거나, 채무자가 빌린 돈을 갚지 않는다고 (보증을 선 적도 없는) 채무자의 아들에게 청구한 사람은 법원에서 기각 판결을 받게 된다. "원고의 청구를 기각한다"는 말은 원고 패소판결을 의미한다(반대로 승소판결의 이유에는 "원고의 청구를 '인용'한다"

는 표현이 나온다). 한편 1심(2심)에서 패소한 사람이 항소(상고)했으나 받아들여지지 않은 것을 '항소(상고)기각'이라고 한다. 다시 말해 '항소 기각 = 항소인 패소'가 된다.

　정리하자면, 일단 요건을 제대로 갖추지 못한 소송은 각하를, 요건은 갖췄으나 청구 내용이 정당하지 않으면 기각을 당한다(그런데 형사사건에서는 형식적 흠결에 대해서도 기각이라는 용어를 사용하기도 한다).

벌금, 범칙금, 과료, 과태료의 차이는?

빈번하게 사용하지만 구별이 어려운 용어들은 또 있다. 바로 벌금, 범칙금, 과료, 과태료다. 모두 금전을 내게 하는 방식으로 공적 의무 위반자에게 제재를 가하는 제도다. 그런데 세부적인 내용을 살펴보면 각각은 다소 차이가 있다.

　벌금은 사형, 징역형 등과 함께 대표적인 형벌의 하나다. 벌금형은 재산형으로, 전과의 일종이다(자세한 사항은 6장 3절 참고).

　범칙금은 형사절차에 앞서 사건을 신속, 간편하게 처리하기 위해 경찰서장 등이 위반자에게 일정액을 납부하게 하는 돈이다. 예를 들어 노상방뇨, 암표거래 같은 경범죄와 단순한 교통신호 위반 등은 범칙금 대상이다. 속된 말로 '경찰이 딱지를 끊는' 경우다. 범칙금 미납 시 즉결심판에 넘겨져 벌금이 부과되는 경우도 있으니 유의하자.

　과료는 벌금과 마찬가지로 재산형의 일종이다. 벌금과 다른 점은 액수다. 벌금의 부과액이 5만 원 이상인 것과 달리, 과료는 2000원 이상 5만원 미만이다. 형사재판에서 벌금형이나 과료형에 불복하려면 항소(또는 상고)를 제기할 수 있다.

과태료는 국가·공공단체가 과하는 금전적인 제재다. 형벌은 아니고 일종의 행정처분이다. 예를 들어 금연구역 흡연 시, 주정차 위반 시, 과속 카메라 적발 시 부과된다. 행정처분인 과태료 처분에는 법원에 재판을 신청, 불복할 수 있다.

04 그녀의 도둑질, 이젠 과거를 묻지 마세요

[법률용어 3] 각종 시효와 불복기간 알아보기

공소시효, 형의 시효, 소멸시효, 취득시효… 도대체 뭐기에

공소시효, 형의 시효, 소멸시효, 취득시효….

법에서 말하는 시효는 많기도 하다. 도대체 무슨 뜻인지 이해하기도 힘들고 구별하기도 어렵다. 그래도 이 험난한 세상을 헤쳐나가려면 아는 게 힘이다.

시효란 일정한 사실 상태가 일정 기간 계속되는 경우에 이것이 진실된 것인지를 묻지 않고 현 상태를 그대로 존중해주는 제도다. 거칠게 표현하자면 '세월이 오래 지났으니 과거를 묻지 않겠다'라는 제도가 법에도 있다는 말이다.

아무래도 사례를 들어 하나씩 설명하는 것이 좋겠다. 일단 공소시효와 형의 시효는 형사사건, 소멸시효와 취득시효는 민사사건과 관계있다는 점만 기억하자.

공소시효: 묵은 범죄는 처벌할 수 없다

> **사례 1**
>
> 소심녀 씨는 고등학생 때 호기심에 액세서리 가게에서 물건을 훔친 적이 있다. 벌써 8년 전의 일이다. 그날 그녀는 가게에서 너무나 맘에 드는 머리핀과 반지를 발견한 나머지 주인 몰래 슬쩍 챙기고 말았다. 불행히도 그 광경을 휴대전화로 찍은 사람이 있었으니 바로 같은 학교의 강한남이었다. 평소 그녀를 짝사랑하던 그는 강력한 무기를 쥐게 됐다. "나를 만나주지 않으면 경찰에 신고하겠어. 절도죄는 감옥 갈 수도 있다던데 알아서 해."
>
> 평소 한번 한다면 끝장을 보고 마는 강한남의 성격을 잘 아는 소심녀는 울며 겨자 먹기로 데이트 약속에 응했다. 그것도 무려 8년 동안이나. 한 번의 실수가 인생의 발목을 잡고 있다는 생각이 든 소심녀는 마침내 절교를 선언했다. 하지만 이제는 경찰서에서 언제 연락이 올지 몰라 가슴 졸이는 날들이 이어지고 있다.

도둑질은 분명히 잘못된 일이다. 그렇다고 언제까지 불안에 떨고 있어야만 할까? 이제 소심녀는 걱정하지 않아도 된다. 만일 지금 강한남이 경찰에 신고한다고 하더라도 형사책임을 물을 수 없다. 절도죄는 죄를 저지른 후 7년이 지나면 처벌할 수 없다. 이 사실을 소심녀는 미처 몰랐던 것이다.

이것이 공소시효다. 공소시효란 어떤 죄에 대하여 일정 기간 검사가 기소를 하지 않는 경우 범죄의 책임을 더는 물을 수 없게 하는 제도다. 세월이 지나면 진실을 밝히기 힘들고, 범죄자도 오랜 기간 처벌 못지않은 고통을 겪었을 것으로 보고 더는 문제 삼지 않겠다는 뜻이 담겨 있다.

공소시효는 범죄를 끝마친 때로부터 진행된다. 단, 형사처벌을 피하기 위해 외국에 도피한 기간은 포함되지 않는다. 공소시효는 범죄의 법정형에 따라 차이가 있다. 형사소송법 제249조 1항에 나오는 공소시효 기간은 다음과 같다.

❶ 사형에 해당하는 범죄에는 25년(단, 2015년 7월 이후 살인범죄의 공소시효는 폐지됨)

❷ 무기징역 또는 무기금고에 해당하는 범죄에는 15년

❸ 장기 10년 이상의 징역 또는 금고에 해당하는 범죄에는 10년

❹ 장기 10년 미만의 징역 또는 금고에 해당하는 범죄에는 7년

❺ 장기 5년 미만의 징역 또는 금고, 장기 10년 이상의 자격정지 또는 벌금에 해당하는 범죄에는 5년

❻ 장기 5년 이상의 자격정지에 해당하는 범죄에는 3년

❼ 장기 5년 미만의 자격정지, 구류, 과료 또는 몰수에 해당하는 범죄에는 1년

이 조항을 적용해보면 사형선고가 가능한 간첩죄나 방화치사죄는 공소시효가 25년이 되고, 법정형이 무기형인 현주건조물방화·화폐위조·강도상해죄는 15년이 된다. 사기·무고·강간죄는 10년, 절도·상해·횡령·배임죄는 7년, 폭행·명예훼손 등은 5년이 적용된다.

이렇게 공소시효 기간이 길게 바뀐 건 최근의 일이다. 2008년 이전까지는 사형 범죄에 15년, 무기 범죄에 10년 등으로 비교적 짧았다. 그런데 영화 〈살인의 추억〉의 배경이 된 화성 연쇄살인사건을 비롯하여 우리 사회에 강력범죄와 흉악범죄가 자주 일어나면서 공소시효를 늘려야 한다

는 주장이 끊임없이 제기됐고, 그 결과 지금과 같이 개정됐다.

특히 2015년 7월부터는 법을 개정, 사람을 살해하여 사형에 해당하는 범죄를 저지른 경우 공소시효를 폐지했다. 중대 범죄로부터 국민의 생명을 보호하기 위해서다(다만 화성 연쇄살인사건 등 법 개정 전에 이미 공소시효가 완성된 사건은 범죄자를 잡더라도 처벌할 수 없다. 형벌불소급의 원칙 때문이다).

또한 강간살인, 장애인·16세 미만 미성년자 대상 성범죄도 공소시효가 적용되지 않는다. 공소시효제도를 보면서 진실을 밝히는 것이 우선인지, 법적 안정성이 우선인지 생각해보게 된다.

형의 시효: 형의 집행에도 유효 기간이 있다

이와 구별할 것이 '형의 시효'다. 형의 시효는 유죄판결을 받은 사람이 형의 집행을 받지 않은 채 일정한 기간이 지나면 면제되는 것을 말한다. 형의 집행이란 징역형을 받은 사람은 교도소에 가두고, 벌금형을 받은 사람에게는 벌금을 받아내는 것을 뜻한다.

형의 시효 기간을 각각 살펴보면 사형은 30년, 무기징역은 20년, 징역 10년 이상은 15년, 징역 3년 이상은 10년, 3년 미만의 징역은 5년, 벌금은 3년 등이다. 쉽게 얘기해서 징역 1년 판결을 받고서 5년간 숨어 있으면 감옥에 가지 않고, 벌금형을 받았을 때 벌금을 내지 않고 3년만 버티면 된다는 말이다.

하지만 형의 시효를 넘기기란 쉽지 않다. 징역형을 선고받은 사람은 재판 중에 이미 교도소에 갇혀 있거나 법정에서 바로 구속되는 경우가 대부분이기 때문이다. 벌금형도 시효가 지나기 전에 검찰이 재산압류 조치 등 강제처분을 하거나 벌금 미납자에 대해 지명수배를 내리고 있다.

소멸시효: 권리 위에 잠자는 자는 보호받지 못한다

> **사례 2**
>
> 회사원 성실한 씨는 2020년 1월 인터넷 게임을 개발하는 A회사에 근무했다. 하지만 밤샘 근무가 너무 잦고 월급도 제때 나오지 않아 6개월 만에 그만두게 됐다. 사표를 내면서 석 달 치 밀린 월급 1000만 원을 달라고 하니 사장은 "지금 회사에 자금이 부족하니 형편이 풀리면 바로 주겠다"고 약속했다. 어려운 회사 사정을 뻔히 알고 있던 성실한 씨는 그 말을 믿고 일단 짐을 쌌다.
>
> 그는 B회사로 일터를 옮겨 정신없이 일했는데, '바로 주겠다'던 A회사 사장은 감감무소식이었다. 직장생활과 청춘사업으로 바쁘게 지내다 보니 못 받은 월급을 잊고 지냈다. 그러던 중 결혼 날짜를 잡게 됐고 당장 목돈이 필요했다. 2023년 12월 성씨는 A회사 사장을 찾아갔다가 "밀린 월급을 줄 수 없다"는 답변을 들었다. 사장의 말은 충격적이었다. "자네가 나에게 월급을 청구할 수 있는 기간은 3년인데, 이미 3년이 지났잖아."

정말로 황당한 일이다. 하지만 실제로 이런 일이 자주 벌어진다. "권리 위에 잠자는 자는 보호받지 못한다"는 법언이 있다. 이 말을 잘 설명해주는 것이 소멸시효다. 소멸시효는 일정 기간 권리를 행사하지 않으면 그 권리가 사라지도록 만든 제도다.

소멸시효 기간은 권리의 종류에 따라 다르다. 저당권, 전세권 등은 20년, 일반채권(채권이란 다른 사람에게 특정한 행위를 청구할 수 있는 권리를 말한다. 예를 들어 빌려준 돈을 달라고 하거나 특정한 물건을 넘겨달라고 할 수 있는 권리 등이다)과 판결을 받은 채권은 10년이다. 상사채권(상법상의 상행위로 생긴 채권)은 5년에 해당한다. 3년과 1년짜리 단기 소멸시효도 있다. 의사의 치

료비·이자·사용료·임금·퇴직금·공사비·물건값 등은 3년 안에 청구해
야 하고, 음식값·술값·숙박료·입장료·연예인 임금 등은 1년이 지나면
법적으로는 받지 못한다. 자세한 사항은 다음의 표와 같다.

▼ 각종 소멸시효 기간

기간	대상	세부 사항
20년	• 채권 및 소유권 이외 재산권	저당권, 전세권 등(일반적인 채권은 10년이며, 소유권은 소멸시효가 없음)
10년	• 일반채권 • 판결로 확정된 채권 • 파산절차로 확정된 채권	재판상 화해, 조정결정, 지급명령 등 판결과 동일한 효력이 있는 것도 포함
5년	• 상사채권	상법상의 상행위로 생긴 채권
3년	• 임금, 퇴직금, 부양료 • 도급, 공사비 • 생산물 및 상품의 대가	기타 1년 이내 기간으로 정한 금전 또는 물건의 지급을 목적으로 한 채권 포함
1년	• 여관 숙박료 • 음식값, 입장료 • 연예인, 노역인 임금	의복, 침구, 장구 기타 동산의 사용료 채권도 1년

　따라서 받을 돈이 있다면 마냥 시간만 흘러가게 해서는 안 된다. 권리
를 찾기 위해 뭔가 행동으로 옮겨야 한다. 민법에는 소멸시효를 멈추게
하는 방법이 있다.

민법 제168조(소멸시효의 중단 사유)
❶ 청구
❷ 압류 또는 가압류, 가처분
❸ 승인

여기서 청구란 소송을 제기하는 것을 말한다. 소송에는 조정신청, 지급명령신청 등도 포함된다. 내용증명을 보내는 방법(법률상 '최고'라고 한다)도 있는데, 이때는 6개월 내에 소송을 제기하거나 가압류를 해두어야만 시효가 멈춘다. 소송을 통해 판결을 받으면 채무 종류와 관계없이 다시 10년이라는 시간을 벌게 된다.

승인이란 상대방이 채무를 인정하는 것을 뜻한다. 예를 들어 채무자가 나중에 돈을 돌려주겠다고 약속했거나 일부를 갚았다면 채무를 승인한 것으로 본다. 채무승인을 했다는 사실은 돈을 받을 사람이 입증해야 하기 때문에 서류로 남겨놓는 것이 좋다. 시효가 중단되면 다시 처음부터 시효가 진행된다.

[사례 2]를 보면 성실한 씨의 임금채권은 3년의 소멸시효에 걸린다. 따라서 3년이 되기 전에 일단 소송을 걸었다면 후회할 일은 없었을 것이다. 그것이 어려웠다면 중간에 내용증명을 보내거나 사장에게 각서 하나만 받아두었더라도 상황은 달라졌으리라.

야박한 일인지 모르지만 혹시 1년이 지난 외상 술값을 달라는 사람이 있다면 소멸시효를 먼저 떠올려보라. 도의적으로는 갚아야겠지만 법적으로는 책임을 질 필요가 없다. 이런 일로 소송을 당했다면, 채무를 벗어나려는 사람이 소멸시효가 지났다는 사실을 법정에서 직접 주장해야만 한다.

취득시효: 일정 기간 소유의사로 점유하면 소유권이 생긴다

마지막으로 취득시효가 있다. 취득시효란 일정 기간 물건을 점유하면 권리가 없더라도 재산을 취득하게 되는 제도다. 민법에는 "20년간 소유의 의사로 평온·공연하게 부동산을 점유하는 자는 등기함으로써 그 소유권을 취득한다"(제245조 1항)고 되어 있다. 쉽게 말해서 어떤 땅을 20년간 다른 사람의 방해를 받지 않고 자기 땅처럼 소유할 의사로 이용해왔다면 땅주인이 될 자격을 얻는다. 20년이 지났을 때 등기부상 소유자에게 등기를 넘겨달라고 요청하거나 재판에서 승소하여 이전등기를 한 때 소유권을 취득한다. 그러나 20년이 지났어도 실제 소유자에게 양해를 받아 사용했거나 임대를 한 사람은 소유자가 될 수 없다.

자기 이름으로 등기가 된 부동산은 설사 잘못된 등기라도 10년간 소유의 의사로 평온·공연하게 선의이며 과실 없이 점유했다면 소유권을 갖게 된다. 동산(토지, 건물과 같은 부동산을 제외한 모든 물건)의 경우에는 과실 여부에 따라 5년(무과실), 10년이 지나면 권리를 갖는다.

취득시효는 등기가 되지 않은 조상의 땅을 국가로부터 돌려받는 과정에서, 명의신탁된 부동산을 둘러싼 분쟁에서 주로 문제가 된다. 수십 년간 군사지역 근처에 방치되어 있었거나 측량이 제대로 되지 않은 땅을 두고 누구에게 소유권이 있는지를 가릴 때도 적용되는 개념이다. 일반인 사이에 취득시효로 분쟁이 생기는 일은 흔치 않다.

시효의 개념은 어려운 것이 사실이다. 하지만 공소시효와 소멸시효는 우리 생활과 밀접한 관련이 있으니 알아두는 게 좋다. 나를 폭행한 사람이 5년 넘게 숨어 있으면 처벌을 못 하고, 피 같은 내 퇴직금은 3년이 지나면 받을 수 없다.

불복기간 지나면 땅을 치고 후회해도 소용없다

"현명한 판사님께. 저는 얼마 전 폭행죄로 벌금 50만 원짜리 약식명령을 받은 나억울입니다. 판사님, 저는 사람을 때린 적이 없습니다. 길을 가다가 술 취한 사람이 멱살을 잡기에 무심결에 손을 뿌리쳤고 그 사람이 스스로 넘어졌을 뿐입니다. 하늘에 두고 맹세합니다. 그런데도 검사는 저를 폭행 혐의로 약식기소했고 판사님은 벌금형을 때렸지요. 너무 억울해서 대법원까지 가더라도 무죄를 꼭 밝히고 싶은 심정입니다. 서류를 받고 열흘 후 정식재판을 청구하려고 법원을 찾았더니 직원이 이미 늦었다고 합니다. 판사님, 방법이 없을까요."

나억울 씨는 현명한 판사에게 이런 편지를 보냈다. 지푸라기라도 잡고 싶은 마음으로 판사의 인정에 호소하고 싶었다. 딱한 사연을 보니 판사도 마음이 편치 않았다. 하지만 판사가 공식 문서가 아닌 편지로 답장을 줄 수는 없었다. 대신 마음속으로 이렇게 답을 보냈다.

"나억울 씨께. 편지를 보니 저도 안타까운 마음이 듭니다. 약식명령은 검찰의 서류만 보고 하는 재판입니다. 그래서 법에서는 약식명령에 수긍하지 못하는 분들이 정식재판을 청구할 수 있는 길을 열어두었습니다. 그 기간은 1주일입니다. 나억울 씨는 그 기간을 이미 넘긴 다음에 법원을 찾으셨군요. 제 마음 같아서야 정식재판을 받게 해드리고 싶지만 그건 판사의 권한으로도 할 수 없는 일입니다. 제아무리 판사라도 법을 뛰어넘는 일을 할 수는 없는 노릇이지요. 물론 나억울 씨가 유죄인지 무죄인지는 재판을 해봐야 알겠지만 기회를 놓쳐버리셨군요. 유감스럽지만 제가 도와드릴 방법이 없습니다."

나억울 씨와 비슷한 사례로 법원에 항의와 하소연을 늘어놓는 시민은 셀 수 없을 정도다. 어떤 재판이건 이의를 하거나 불복할 길이 있다. 항소와 상고, 이의신청, 정식재판 청구 따위가 그런 것이다. 법에는 불복할 방법과 함께 기간이 정해져 있다. 법에 나오는 각종 기간은 공정한 재판을 하기 위한 일종의 규칙이자 약속이다. 이 약속을 어기는 건 시합을 하기도 전에 기권패를 당하는 격이다. 판사라도 마음대로 바꿀 수가 없다.

한 가지 비유를 해보자. 전국에서 손꼽히는 수재인 고등학교 3학년 학생이 대입 수능시험 접수일을 놓쳐버렸다. 시험만 보면 어디든 합격할 수 있는 실력을 갖춘 인재라 한들 그를 구제해줄 사람이 있을까? 어디에도 없다. 법은 더 엄격하다.

그렇다면 기간을 넘기지 않고 권리를 행사할 수 있는 길은 없을까? 가장 좋은 방법은 법원에서 보낸 문서를 꼼꼼하게 읽어보는 것이다. 판결문, 각종 결정문 등 사건을 종결짓는 서류를 받았다면 우선 내용에 동의하는지를 살펴볼 필요가 있다. 동의하지 못한다면 불복 방법과 기간을 알아본다. 법원 문서에는 이의신청이나 불복을 할 수 있는 기본적인 안내 문구가 인쇄되어 있다. 예를 들어 "이 서류를 받은 날로부터 2주 내에 법원에 ○○○를 제출하여야 합니다"와 같은 식이다. 그것만으론 이해가 가지 않는다면 해당 재판부 사무실로 전화를 걸어 문의해본다.

기간 계산에서 첫날은 들어가지 않는다(이것을 '초일불산입'이라고 한다). 따라서 12월 1일 서류를 받았는데 불복기간이 1주일이라면 8일까지 법원에 내면 된다. 마지막 날이 토요일, 휴일인 경우 그다음 날까지다. 유의할 점은 정해진 기간 안에 해당 법원에 서류가 도착해야 한다는 사실이다. 우편으로 부쳤다면 부친 날(우체국 소인이 찍힌 날)이 아니라 우편물이 법원에 도착한 날이 기준이 된다. 실수로 다른 법원으로 보냈다면 해당 법원에 도착한 날짜를 기준으로 삼는다.

▼ 꼭 알아두어야 할 불복·이의신청 기간

민사·가사재판

받은 서류 명칭	불복·이의신청 기간	제출할 서류
판결문	받은 날 기준 14일	항소장(2심), 상고장(3심)
이행권고, 지급명령	받은 날 기준 14일	이의신청서
강제조정, 화해권고	받은 날 기준 14일	이의신청서
소장	받은 날 기준 30일	답변서
결정, 명령	받은 날 기준 7일	즉시항고장
상속포기, 한정승인	사망일(또는 상속을 알게 된 날) 기준 3개월	심판청구서

형사재판

받은 서류 명칭	불복·이의신청 기간	제출할 서류
판결문	선고한 날 기준 7일	항소장(2심), 상고장(3심)
약식명령	받은 날 기준 7일	정식재판 청구서
소송기록접수 통지	(상소심에서) 받은 날 기준 20일	항소이유서(2심), 상고이유서(3심)

따라서 법원에 서류를 낼 때는 될 수 있으면 직접 내거나 충분한 시간을 두고 접수하는 것이 안전하다. 전자소송은 시스템에 접속하여 문서를 전송한 시점이 기준이다.

기본적인 기간 몇 가지는 기억해두자. 가장 많이 쓰는 것이 판결에 불복하는 항소와 상고다. 민사와 형사가 조금 다르다. 민사는 2주, 형사는 1주 내에 서류를 제출해야 한다. 또 민사재판에서는 대부분 서류를 받은 날을 기준으로 하는 반면, 형사재판은 법정에서 선고한 날이 기준이 된다.

법원에 서류를 낼 때는 반드시 날짜를 지키자. 미리미리 여유 있게 준비하자. 뒤늦게 땅을 치고 후회해도 소용없다. 재판을 열어보지도 못한 채 당신이 밝히고 싶은 진실이 영원히 묻힐 수도 있다.

약식재판 절차와 즉결심판 절차

한 해 수사기관에 접수되는 형사사건은 수백만 건이다. 그중 법원으로 오는 사건도 100만 건을 넘나든다. 모든 사건을 동일하게 법정에서 정식으로 재판을 연다고 가정하면 지금보다 몇 배의 판사와 법원 직원이 필요할 것이다. 경미한 형사사건을 간편한 절차로 종결하기 위한 제도가 있다. 약식재판 절차와 즉결심판 절차다.

1. 약식재판

약식재판이란 검사의 청구에 따라 정식재판절차가 아닌 약식명령에 의하여 형벌을 정하는 절차를 말한다. 벌금형 이하 간단한 사건을 대상으로 한다.

검사는 혐의가 인정된다고 판단한 사건을 법원에 기소하는데 비교적 가벼운 범죄는 약식으로 기소한다. 이때 법원도 판결 대신 약식명령을 내리게 된다. 통상의 형사재판이 공개된 법정에서 검사와 피고인의 공방을 통해 이루어지는 데 반해, 약식재판절차는 검사가 제출한 범죄사실과 증거서류만을 토대로 재판한다. 쉽게 말해 서류재판이다. 벌금형 등 죄가 가벼운 사건을 놓고 검사와 피고인이 법정공방을 벌이는 것보다는 신속하게 처리하는 것이 타당하다는 취지에서 만들어진 제도다.

피고인 입장에서는 법정에 나갈 필요가 없다는 장점이 있다. 판사의 약식명령이 부당하다고 생각되면 서류를 받은 날부터 1주일 내에 법원에 정식재판을 청구할 수 있다. 그러면 약식명령은 효력을 잃게 되며, 비로소 재판이 시작된다. 이때 정식재판 판결의 벌금 액수가 약식명령 때보다 많아질 수도 있으니 주의해야 한다. 한 해 법원이 처리하는 약식명령 사건은 약 60만 건에 이른다. 10년(2012~2021년) 통계를 보면 2012년이 75만여 건으로 가장 많았고 2021년이 38만여 건으로 가장 적었다.

2. 즉결심판

경미한 범죄에 대한 재판으로 즉결심판(즉심)도 있다. 즉심이란 20만 원 이하의 벌금, 구류 등에 처할 가벼운 범죄를 신속하게 처리하기 위해 도입된 제도다. 즉심은 무전취식, 광고물 무단부착 등 주로 경범죄처벌법에 해당하는 범죄를 대상으로 한다.

간편한 형사재판이라는 점에서 약식명령절차와 유사하지만 다른 점도 있다. 약식절차가 검사의 청구로 피고인의 출석 없이 서류재판으로 진행되는 것에 반해, 즉심은 경찰서장의 청구로 피고인을 법정에 출석시켜 재판한다. 즉심은 재판 당일 판사가 형을 선고하는데, 피고인은 이때부터 7일 안에 정식재판을 청구할 수 있다. 즉심으로 처리되는 사건은 한 해 평균 6만여 건에 달하며 그중 80% 정도는 벌금형이 선고된다.

2장

법원·검찰 가기 전 알아야 할 '법'

01 '묻지도 따지지도 않는' 변호사는 피하라

손해 보지 않고 변호사 선임하는 비법

소송절차를 간편하게 하여 전문가 없이 당사자가 직접 소송을 할 수 있어야 한다, 이렇게 생각하는 사람이 많다. 일리는 있다. 소수 법률가가 법률정보를 독점하는 구조는 분명 개선해야 한다. 하지만 수십 년간 이어져 온 우리나라의 사법구조를 완전히 뜯어고치지 않는 한 당사자 소송의 대중화는 어렵다고 본다. 재판으로 밥을 먹고 사는 판사들이나 법원 직원들도 직접 소송을 하는 경우는 많지 않다. 왜 그럴까? 소송절차가 번거롭고 법정에 직접 출석해야 하는 등 개인이 신경 쓸 일이 많다는 걸 잘 알기 때문이다.

현재의 소송제도에 만족하는 것은 아니지만, 나 홀로 소송이 늘어나기보다는 송사를 법률 전문가에게 합리적인 비용으로 맡기는 문화가 정착되어야 한다고 본다. 부동산 거래를 하거나 전셋집을 구할 때 으레 공인중개사를 통하듯, 송사(특히 거액의 소송이나 전문분야의 소송)가 생기면 자연스럽게 변호사나 법무사를 찾는 문화가 형성되기를 바란다.

물론 전제 조건은 법률 서비스의 개선이다. 경제적으로 어려운 사람들이 부담 없이 법률 서비스를 받을 수 있게끔 제도가 정비되어야 하고, 법률 전문가들도 문턱을 더 낮추고 법률 소비자인 국민들에게 찾아가는 서비스를 해야 한다.

그렇다면 유능한 변호사, 좋은 변호사는 어떤 사람이고 어떻게 찾을 수 있을까? 이 질문은 어느 병원, 어느 의사가 좋으냐는 물음보다 훨씬 추상적이고 답하기 곤란한 것이 사실이다. 오히려 '나쁜 변호사'를 피하는 편이 더 현명하다고 말하고 싶다. 일단 다음에 소개하는 유형의 변호사는 경계해야 한다.

이런 변호사는 경계하고 피하라

1. 과도한 비용을 요구하는 변호사

돈이 많은 사람이야 변호사가 얼마를 제시하건 상관이 없겠지만, 대다수 서민에게는 수임료와 소송비용이 주요 관심사다. 아무리 유능한 변호사라도 감당하기 어려울 정도로 과도한 비용을 요구한다면 일단 경계해야 한다. 또한 법률사무소에서 "이 건은 난해한 소송이니 승소 시 ○○%를 달라"라고 제안했다면 얼른 계산기를 두드려봐야 한다.

사람들이 소송까지 가는 이유는 십중팔구 돈 때문이다. 그런데 변호사 비용으로 지출되는 액수가 너무 많다면, 재판에 이겨도 이긴 것이 아니다. 따라서 선임 계약서에 도장을 찍기 전에 신중해야 한다.

비용이 적당한지 알아보려면 법률사무소를 여러 군데 돌아다니는 수밖에 없다. 그러다 보면 법률정보도 얻게 되고, 자기 소송의 난이도도 어느 정도 알게 될 것이다. 변호사와 선임 계약서를 작성할 때는 성공 사례금(단, 형사사건에서 성공 보수금 약정은 "선량하고 건전한 사회질서에 어긋난다"고 대법원이 무효로 판결함에 따라 2015년 7월 이후부터는 무효다) 등 추가로 지불해야 하는 금액이 있는지, 있다면 얼마인지 반드시 확인하여야 훗날 불미스러운 일을 막을 수 있다. 직접 발품을 팔기 힘들다면 법조계에 종사하는 주변 사람들에게 변호사를 소개받는 것도 하나의 방법이다.

2. 재판장·법원 직원과의 친분을 앞세우는 변호사

실제로 이런 일이 있었다. A변호사는 B씨의 형사사건을 맡았다. 착수금과 수임료 명목으로 800만 원을 받았으나 B씨의 구속영장이 기각되자 수임료를 더 받고 싶은 욕심이 생겼다. 그래서 "판사에게 접대를 해야 한다"며 네 차례에 걸쳐 수천만 원을 받았다. 물론 A변호사의 말은 새빨간 거짓말이었다. 그는 B씨의 고소로 법원에서 징역형을 선고받았다가 항소 끝에 집행유예 판결로 가까스로 감옥행을 면했다.

　요즘엔 드문 일이긴 하지만, 법원(재판장이나 법원 직원 등)에 로비를 해야 한다며 의뢰인에게 돈을 받는 경우가 아직도 완전히 사라지진 않았다. 판사들은 이런 변호사들 때문에 사법 불신의 골이 더 깊어진다고 불만이 많다. 2016년에도 부장판사 출신 변호사가 피고인 석방 명목으로 수십억 원대의 수임료를 받은 사실이 알려져 법조비리 사건으로 비화한 적이 있다. 이런 일 때문에 법원이나 검찰에 로비가 통한다고 믿는 사람들이 적지 않으리라고 본다. 사실 여부를 떠나 수억 원의 수임료를 갖다 바칠 능력이 안 된다면 이런 기대는 언감생심 꿈도 꾸지 말자.

단언하건대 특정 사건을 청탁한다는 명목으로 변호사가 법원에 돈을 들고 오는 일은 없다. 수백만 원, 수천만 원의 '떡값'에 눈이 멀어 자신의 인생을 걸 만큼 무모한 판사나 법원 직원들도 이젠 없다(2016년 9월 '김영란법'이 시행된 이후부터 부정한 청탁은 금전 수수와 관계없이 하는 사람, 받는 사람 모두 제재를 받는다).

판사나 법원 직원과의 친분관계를 과시하는 사람은 일단 의심해야 한다. 친분관계로 해결할 수 있는 소송이 있기나 한지도 의문이지만, 설사 있다고 하더라도 수천 건 아니 수만 건 중에 1건 있을까 말까다. 이것도 승소 가능성이 있을 때나 할 얘기다. 어차피 안 되는 소송이라면 접대비로 얼마를 갖다 바친들 재판의 결과를 뒤집긴 어렵다.

3. 승소를 호언장담하는 법률사무소

법률사무소 중에는 사건 내용에 대해 '묻지도 따지지도 않고' 이길 수 있다고 호언장담하는 곳이 있다. 의뢰인에게 재판에 승소하리라는 자신감을 심어주는 것은 좋지만, 객관적인 증거나 상황을 냉정하게 따져보지도 않고 큰소리를 친다면 뭔가 문제가 있다.

주된 이유를 꼽자면, 법률사무소 쪽에서는 일단 사건을 수임하면 승소·패소와 관계없이 수입이 생기므로 무리해서라도 '호객 행위'를 하려는 욕심 때문이 아닐까 싶다. 어느 판사는 "재판을 해보면 판사도 결과를 예상하지 못할 때가 많고, 선고하는 순간까지 결론이 왔다 갔다 하는 사건도 많다"며 승소를 장담할 수 있는 사건은 많지 않다고 말했다. 법리적으로는 승소할 수 있는 사건인데 실제 재판에서는 입증에 실패하거나 불성실한 변론으로 패소하는 경우도 종종 볼 수 있다.

양심적인 법률사무소라면 "당신이 재판을 하게 된다면 이러저러한 증거가 유리하게 작용하여 승소할 수 있지만, 상대방이 이런저런 주장을 하면서 반대 증거를 제시한다면 불리해질 수도 있다"라고 의뢰인에게 냉정하게 설명해주어야 한다.

4. 의뢰인과 직접 상담하지 않고 권위의식을 앞세우는 변호사

과거엔 사법시험에 합격하여 사법연수원 2년 과정을 마쳐야 변호사 자격이 생겼다. 그런데 사법시험의 폐단이 지적되면서 2009년부터는 법학전문대학원(로스쿨) 3년 과정을 수료하고 자격시험에 합격하면 변호사가 될 수 있다. 한동안 로스쿨제도와 병행된 사법시험제도는 2017년 마지막 합격자 배출을 끝으로 완전히 폐지됐다.

변호사는 사법시험에 합격했거나 로스쿨을 마치고 변호사 시험에 합격한 법률 전문가, 그 이상도 이하도 아니다. 그런데 일반인은 여타 분야의 전문가보다 변호사를 어렵게 생각하는 경향이 있다. 어떤 사람은 재판이 끝날 때까지 자신의 사건을 맡은 변호사와 대화 한마디 못 해봤다고 불만을 호소하기도 한다. 대부분의 변호사는 시간에 쫓기는 것이 사실이지만, 사건 의뢰인과 상담이 불가능할 정도로 바쁘지는 않다. 만일 그 정도로 바쁘다거나 그 밖의 이유로 변호사를 만날 수 없다면 차라리 다른 변호사를 찾아가는 것이 상책이다. 의뢰인에게 성실하지 않은 변호사가 재판에 성실하게 임할 가능성은 작기 때문이다. 특히 사건을 처음 의뢰할 때는 법률사무소 직원보다는 변호사를 직접 면담하는 것이 좋다. 병원에 가면 의사에게 직접 진료를 받는 것과 같은 이치다.

한편 언론을 통해 유명세를 탄 변호사들을 선호하는 사람들이 많다.

유명하다고 해서 전부 유능하다는 보장이 없고, 변론을 충실히 하리라는 보장은 더더욱 없다. 오히려 본업인 변호사 업무보다 다른 일에 더 시간을 뺏길 가능성도 있으니 신중하게 선택해야 한다.

변호사 앞에서 '아는 척', '있는 척'은 금물

나쁜 변호사를 피해야 한다고 설명했지만, 세상에는 이런 불성실한 변호사만 있는 것은 아니다. 대다수의 변호사는 성실하게 변론하기 위해 야근도 마다하지 않는다. 변호사 3만 명 시대를 맞이하면서 다양한 분야에서 다양한 능력을 가진 변호사들이 늘어나리라 믿는다.

끝으로 변호사를 선임할 때 의뢰인이 조심해야 할 점 두 가지를 소개한다.

첫째, 변호사 앞에서 너무 아는 척하지 말 것. 변호사가 속으로 '그렇게 잘났으면 당신이 직접 소송하지?'라고 생각할지도 모른다. 전문가 앞에서 하는 '아는 척'은 무덤을 파는 행위다. 설사 법률에 대해 많이 알더라도 겸손할 필요가 있다. 재판에 꼭 필요한 자료나 주장이 있다면 서면으로 요지를 잘 정리해서 변호사에게 전달하면 된다.

둘째, 변호사 앞에서 너무 있는 척하지 말 것. 돈이 없는데 억울해 보이는 사람과 돈이 많아 보이면서도 돈을 받기 위해 재판까지 하려는 사람이 있다면 누구를 더 도와주고 싶겠는가. 당신이 변호사라면 과연 누구에게 수임료를 더 많이 받을까? 한번 생각해보기 바란다.

현직 판사가 말하는 변호사 활용 방법

법정에서 "'자살'을 거꾸로 하면 '살자'가 된다"며 방화로 목숨을 끊으려 시도한 피고인을 격려한 판사가 있었다. 바로 문형배 전 판사(현재 헌법재판소 헌법재판관)다.

그는 재판 당사자들에게 책을 선물하는 판사로도 유명했다. 그는 보통 사람들도 법을 제대로 알고 잘 활용해야 한다고 역설해왔다. 그의 도움을 얻어 '변호사 100% 활용하는 법'을 공개한다.

1. 전문 변호사를 찾는다

변호사라고 모든 법을 알 수는 없다. 조세, 교통사고, 의료 등의 분야는 전문 변호사가 낫다. 법률 전문 사이트에서 검색해보거나 주변에 법을 잘 아는 사람들에게 도움을 얻는다.

2. 증거를 모두 챙겨 간다

재판의 승패는 증거에 있다. 현재 확보할 수 있는 증거들은 전부 가지고 가서 상담을 받는다. 아무래도 확보한 증거를 가지고 변호사와 직접 상담을 해야 승소 가능성, 추가 증거 확보 요령, 소요 시간 등에 관해 믿음직한 설명을 들을 수 있다.

3. 보수와 비용을 명확히 한다

특히 변호사 수임료 중에서 성공 보수의 의미를 명확히 해야 한다. 또한 변호사에게는 1심, 2심, 3심 등 심급마다 비용을 따로 지불해야 한다는 점에도 유의해야 한다.

4. 변호사를 선임한 이후에도 계속 관심을 갖는다

사건을 가장 잘 알고 있는 사람은 당사자다. 사건을 변호사에게만 맡길 것이 아니라 꾸준히 관심을 가져야 한다. 변호사가 사실 확인, 증거 확보를 요청할 때는 적극 협조한다. 법원이 조정을 권유한다면 법정에 직접 출석하여 판사로부터 충분한 설명을 들은 다음 변호사에게 조언을 구한다.

*덧붙여, 중요한 점 한 가지를 기억하자

변호사를 선임한 후에는 변호사와 신뢰관계를 형성해야 한다. 변호사와 의뢰인은 한배를 탄 사이다. 사건과 관련해서 의뢰인은 솔직해야 한다. 자신에게 불리한 내용이나 약점도 가감없이 변호사에게 밝혀야 한다. 변호사가 미리 알아야 법률적인 방어를 준비할 수 있다. 이런 약점을 숨겼다가 재판 도중 상대방이 먼저 물고 늘어지면 변호사도 대응하기 어렵다.

02 돈을 받으려고 경찰서에 고소했다고?

민사소송과 형사소송, 번지수가 다르다

사례 1

회사원 A씨는 직장 동료가 돈이 급하다기에 1000만 원을 빌려주었다. 동료는 사정이 좋아진 것 같은데도 1년이 지나도록 돈 갚을 생각을 하지 않는다. 그뿐 아니라 새 차를 뽑고 해외여행을 가고 남들 할 건 다 한다. 아무리 독촉해도 말로만 "알았다"고 할 뿐 차일피일 미루기만 하니 괘씸하기 짝이 없다. '콩밥'이라도 먹여야 정신 차릴까.

사례 2

퇴직 교사 B씨는 "좋은 사업 아이템이 있으니 투자하라"는 친구의 권유에 퇴직금을 몽땅 내주었다. 성공하면 곧 두 배로 불려준다고 호언장담하던 친구는 1년 만에 투자금을 다 까먹어버렸단다. 이익금은 고사하고 원금 회수도 불가능해진 상황. 이제 보니 애초부터 퇴직금을 노리고 딴짓을 하고 있었던 건 아닌지 의심마저 든다.

만일 당신이 A씨나 B씨라면 어떻게 하겠는가.

❶ 대화로 슬기롭게 해결한다.
❷ 주먹이나 힘(?)을 써서 돈을 돌려받는다.
❸ 법의 도움을 받는다.

물론 정답은 없다. 그래도 굳이 해설을 붙이자면 1번은 도덕책에서나 볼 수 있는 현실성 없는 방안이다. 그리고 2번은 효과는 있을지 몰라도 뒷감당이 곤란한, 위험한 방법이다. 만일 3번을 선택했다면 다시 한번 묻는다. 구체적으로 어떻게 법의 도움을 받겠는가?

❶ 법원에 소장을 낸다.
❷ 경찰서에 고소장을 낸다.
❸ 변호사를 찾아간다.

법을 조금 아는 사람이라면 1번을 택하리라. 그게 가장 합법적인 권리 구제 수단이기 때문이다. 하지만 대다수는 2번과 같이 경찰서로 향하고 싶다는 유혹을 뿌리칠 수 없을 것이다. 그래야 돈을 빨리 돌려받는 것으로 알고 있기 때문이다. 3번을 고른 사람은? 이 글을 읽는 대신 변호사에게 직접 상담을 받아 보라.

적지 않은 사람이 상대방에게 돈을 받아내거나 보복하는 수단으로 형사고소를 택한다. 한 해에 고소당하는 사람만 50만 명에 달한다. 고소는 정말로 손쉬운 해결책일까?

민사와 형사, 번지수를 잘 찾아야 한다

먼저 짚어야 할 점이 있다. 많은 이들이 소장과 고소장의 차이를 구별하지 못하고, 민사소송과 형사소송을 혼동한다. 이 점부터 살펴보자.

민사소송은 개인과 개인 사이의 다툼을 해결하는 방법이다. 예를 들어 월급이나 빌려준 돈을 제때 주지 않을 때, 물건값이나 공사대금 또는 전세보증금을 받지 못했을 때, 그 밖에 상대방이 계약을 어기거나 손해를 입혔을 때를 떠올려보면 된다.

민사소송은 권리를 주장하는 사람이 법원에 소송을 내야 시작된다. 이때 법원에 제출하는 서류가 '소장'이다. 소장에는 원고(소를 제기하는 사람)가 피고(소송을 당하는 사람)에게 무엇을 어떤 근거로 청구하는지를 밝혀야 한다.

민사소송에서 국가(법원)는 사건에 직접 개입하지 않는 것이 원칙이다. 대신 당사자들의 주장과 증거를 바탕으로 누구 말이 맞는지 판결한다. 민사에서는 누구나 원고가 될 수 있고, 피고가 될 수 있다. 대통령이건 국회의원이건 연예인이건 소송을 당하면 피고가 되고, 소송을 걸면 원고가 된다.

몇 년 전 중견작가 C시인이 과거 문단 내 성폭력을 폭로한 내용이 언론에 보도돼 큰 파문이 일었다. 그러자 가해자로 지목된 D시인은 "허위

사실로 명예가 실추됐다"면서 C시인과 언론사 등을 상대로 거액의 손해배상청구소송을 냈다(이 사건은 "C시인의 폭로에 공익성과 신빙성이 인정된다"며 법원이 원고패소 판결을 확정했다). 당시 일부 언론은 'C시인이 고소당했다'고 보도했지만 이는 잘못된 표현이다. 민사에서는 '고소'를 당할 일이 없다. 민사소송을 제기하면 '제소', 당하면 '피소'라고 하는 게 옳다. 민사소송에서 졌다고 해서 전과자가 되는 것도 아니다. 게다가 최근에는 터무니없는 소송도 많기 때문에 상대에게 법적으로 책임질 일을 하지 않았다면 두려워하거나 수치스러워할 필요도 없다. 만일 소송 도중에 당사자끼리 합의를 보고 취하를 한다면 재판 자체도 중단된다. 법원도 더는 관여할 여지가 없게 된다.

이와 달리 형사소송은 처음부터 국가(수사기관)가 적극적으로 개입한다. 형사는 국가가 법률로 범죄라고 규정해놓은 것을 누군가가 행동으로 옮겼을 때 형벌권을 행사하는 것이다. 살인, 강도, 강간, 폭행, 절도, 사기 등의 범죄를 놓고 유죄냐 무죄냐를 다투는 일이 형사재판이다.

형사재판의 당사자는 범죄를 처벌하려는 검사와 이에 맞서 자신의 혐의를 벗으려는 피고인(그리고 조력자인 변호인)이다. 형사사건의 피해자는 당사자가 되지 못한다. 대신 피해자는 수사기관에 범죄자를 처벌해달라는 의사표시를 할 수 있는데 이것을 '고소'라고 하고, 고소 내용을 적은 서류가 바로 '고소장'이다.

법원이 당사자들을 부르는 방식도 다르다. 민사사건은 원고와 피고에게 재판에 출석하라고 '통지'하지만, 형사사건에서는 피고인을 '소환'함으로써 강제성을 띤다. 형사 피고인이 불출석하면 원칙적으로 재판을 열지 못한다.

소장은 법원에, 고소장은 경찰에

소장과 고소장의 차이는 민사냐, 형사냐의 차이만 있는 것이 아니다. 소장을 내면 법원은 판결을 해야 한다. 법원은 원고의 청구가 타당한지를 밝힐 의무가 있다는 말이다. 대신 소장에는 청구하는 금액에 따라 인지대 등 소송비용을 국가에 납부해야 한다. 반면, 고소장은 수사기관에 수사를 촉구하는 뜻을 담은 서류일 뿐이다. 고소장을 냈더라도 반드시 형사법정까지 간다는 보장은 없다.

형사사건을 수사 단계에서 재판(법원)으로 넘기는 것(기소)은 현행법상 검사의 고유 권한이다. 피해자가 비장한 심정으로 고소장을 냈다고 하더라도 검사가 죄가 되지 않는다고 판단하면 기소 없이 사건이 종결될 수도 있다.

민사와 형사가 전혀 관계가 없는 별개의 절차라고 할 수는 없다. 어떤 행위는 민·형사상 책임을 함께 묻기도 한다. 만일 다른 사람을 때려 상해를 입혔다면 형사처벌을 받는 것은 물론, 동시에 민사로도 손해배상책임(치료비, 위자료 등)을 지게 된다. 직원의 월급을 제때 주지 않은 사장이나 회사 공금을 빼돌린 직원은 근로기준법 위반과 횡령죄로 형사법정의 피고인으로 서게 되고, 더불어 민사재판의 피고가 되어 돈을 지급하라는 판결을 받을 수 있다. 형사재판에서 유죄로 인정된 내용은 민사재판에서 유력한 증거로 사용되기도 한다(다만 일반적으로 범죄자를 처벌하는 형사재판은 민사보다 훨씬 엄격한 증거를 요구하므로 민사와 형사의 결론이 항상 같지는 않다).

기억할 것이 있다. 설사 형사처벌을 받았더라도 상대방이 순순히 돈을 주지 않는다면 민사상 책임을 묻기 위해선 별도로 민사소송을 제기해야 한다(예외적으로, 형사재판의 특수한 제도로 배상명령이 있다. 배상명령이란 형사절차에서 범죄로 발생한 직접적인 물적 피해나 치료비 손해배상을 명하는 것을 말한다. 예컨대 사기, 횡령, 절도와 같은 금전범죄의 피해액이나 상해 치료비 등을 받기 위해 피해자가 별도의 민사소송 제기 없이 형사절차에서 배상을 받는 절차다. 피해자는 1심부터 2심 재판 변론종결 전까지 형사재판부에 배상신청을 할 수 있고, 법원은 유죄판결과 동시에 배상명령을 선고한다. 피해자는 배상명령이 기재된 형사판결로 피고인의 재산에 강제집행을 할 수 있다. 다만 배상신청은 피해 금액이 확실하게 특정되어야 하고 형사재판이 지연될 우려가 없어야 가능하다. 손해 입증에 시간이 걸리거나 손해액 산정이 복잡한 경우, 정신적 손해 등을 청구할 경우에는 별도로 민사소송을 제기해야 한다).

형사고소, 재산범죄 비중 높아… 민사로 해결할 수도

고소사건의 상당수는 민사로 해결할 수 있는 것들이다. 대부분의 고소는 사기, 횡령 등 재산범죄에 집중돼 있다. 게다가 피고소인 중에서 실제 처벌을 받는 사람은 5분의 1도 채 되지 않는다. 이런 추세를 보면 개인의 채권·채무 관계를 해결하기 위해 수사기관을 끌어들이는 경향이 있는 것이 사실이다.

다시 앞의 사례로 가보자. A씨나 B씨가 경찰서에 고소장을 냈다면 어떤 결과가 나왔을까? 우선 고소를 하기 위해서는 피고소인의 행위가 범죄가 되어야 한다는 점을 염두에 두자.

A씨에게 돈을 갚지 않고 있는 직장 동료는 사기를 친 것일까? 사기죄는 처음부터 돈을 갚을 뜻도, 능력도 없었을 때라야 처벌할 수 있다. 사기란 사람을 속여서(기망해서) 재산상의 이익을 얻는 것을 말한다. 판례에

따르면 기망은 "재산상의 거래 관계에서 서로 지켜야 할 신의와 성실의 의무를 저버리는 모든 적극적 및 소극적 행위로서 사람으로 하여금 착오를 일으키게 하는 것"을 말한다.

단순히 돈을 늦게 갚는다는 사실만으로는 죄가 성립되기 어렵다. 대법원의 판례는 "사기죄의 주관적 구성 요건인 편취의 범의(범죄임을 알고서 그 행위를 하려는 의사)는 피고인이 자백하지 않는 이상 범행 전후 피고인의 재력, 환경, 범행의 내용, 거래의 이행 과정 등과 같은 객관적 사정 등을 종합하여 판단할 수밖에 없다"(대법원 2004도3515 판결 등)는 입장이다. 사기죄를 입증하기란 그리 쉽지 않다.

B씨의 친구도 사기나 업무상 횡령죄로 의심을 살 수는 있다. 그러나 그가 처음에는 사업에 성공할 가능성이 있다고 믿었고, 실제로 돈을 빼돌리지 않고 정상적으로 사업에 투자했다면 형사책임을 묻기는 어려울 것으로 보인다.

금전관계에서 대여(대출)와 투자는 차원이 다르다. 대여는 최소한 원금이 보장되는 반면, 투자는 수익발생이 불확실하다. 즉 사업의 성패에 따라 이득뿐만 아니라 원금의 손실까지 감수하는 것이 투자다. 물론 투자원금을 보장하는 약정도 가능하지만, 이것도 문서로 확실히 남겼을 때라야 할 수 있는 얘기다. 따라서 투자를 했다면 일정한 지분을 갖거나 사업에 관여하거나 담보를 확보하거나, 기타 계약 조건으로 여러 가지 안전장치를 마련해놓아야 한다. 막연하게 돈만 건넸다가는 나중에 금전의 성격을 밝히기가 쉽지 않다. 돈거래가 투자가 아니라 대여였다는 사실은 돈을 건넨 쪽에서 입증해야 한다.

물론 형사고소가 상대방을 심리적으로 압박하여 문제를 해결하는 수단이 된다는 점은 부인할 수 없다. 하지만 섣불리 고소했다가는 오히려 일을 그르칠 수 있다. 상대방이 무혐의나 무죄로 밝혀지는 날에는 되레 무고죄로 역공을 당하거나 민사소송에 악영향을 미칠 수 있다. 소송은 애초에 번지수를 잘 찾아야 한다. 돈을 받으려면 법원에 소장을 내서 민사소송을 통해 답을 찾고, 범죄자를 벌하려면 고소장을 내서 검사의 기소를 통해 상대방을 처벌받게 하는 것이 올바른 방법이다. 특히 금전 문제라면, 비록 상대방이 괘씸하더라도 형사고소만이 능사가 아니다.

고소장과 소장,
어떻게 작성하고 어디에 제출하나

형사사건의 고소장

한밤중에 서울 종로 거리를 걷다가 마포에 사는 사람에게 폭행을 당했다면 어디에 고소를 해야 할까? 이때는 종로나 마포 관할 경찰서를 찾아야 한다.

고소장은 피고소인이 현재 있는 곳이나 주소지, 범죄가 일어난 곳을 관할하는 수사기관(경찰과 검찰)에 제출하도록 되어 있다. 최근 검경수사권 조정으로 인해 대부분의 범죄는 경찰이 수사를 개시하므로 고소장은 경찰서에 제출하는 것이 일반적이다.

고소장에 특별한 형식이 필요한 것은 아니다. 피고소인(고소당하는 사람)이 누구인지 밝히고 처벌 의사와 범죄사실을 적으면 된다. 고소장을 작성할 때는 육하원칙에 맞게 시간 순서대로 정확하게 적는 것이 중요하다. 주관적인 감정에 치우쳐 상대방을 비난하거나 과장된 표현을 쓰는 것은 삼가야 한다. 또한 확실하지 않은 사항은 섣불리 기재하지 않도록 한다. 사실관계를 차분하게 확인한 뒤 고소인 조사 때 진술하거나, 필요하다면 나중에 추가로 서류에 적어 제출하면 된다.

경찰이나 검찰은 고소장이 접수되면 고소 내용을 보충하기 위해 고소인을 다시 불러 조사를 하며, 필요한 경우 피해자와 가해자의 대질신문을 하는 방식으로 수사를 진행한다.

민사사건의 소장

반면 민사사건의 소장은 조금 어렵고 엄격하다. 소장에는 일정한 형식이 있다. 우선 당사자의 이름과 주소, 청구취지, 청구원인을 반드시 적어야 한다. 청구취지란 원고가 소송을 통해 얻고자 하는 결론을 말한다. 예를 들어 '1000만 원을 지급하라', '건물을 인도하라' 같은 문구가 청구취지에 해당한다. 청구원인이란 어떤 근거로 피고에게 청구하는지를 밝히는 것을 말한다. 청구원인에는 육하원칙에 따라 원고와 피고가 어떤 권리와 의무가 있는지를 적어야 한다. 소장을 접수하려면 청구금액에 맞는 인지대금과 우편 송달료를 내야 한다.

소장 접수 시 관할도 조금 복잡하다. 서울 서초구에 사는 A씨는 경기도 안양시에 사는 B씨에게 돈을 빌려줬다. A씨가 대여금 소송을 하려면 어느 법원에 소장을 내야 할까? 관할의 대원칙은 "피고의 보통재판적이 있는 곳의 법원"(민사소송법 제2조)이다. 보통재판적이란 주소지를 말한다. 개인은 주민등록상 주소, 회사는 본점 주소다. A씨는 B씨의 주소지인 안양(수원지방법원 안양지원)에 소장을 내는 것이 원칙이다.

그런데 돈을 빌려준 사람이 채무자의 주소지에서만 소송을 해야 할까? 그렇지는 않다. 민법에서 채무변제는 갚을 장소를 따로 약속하지 않았다면 채권자의 현주소에서 하도록 되어 있다. 돈 갚을 사람이 와서 갚는 것, 이것을 지참채무라고 한다. 재산권에 관한 소는 의무이행지의 법원에 제기할 수 있으므로 A씨는 자신의 주소지를 관할하는 서울중앙지방법원에 소송을 제기할 수도 있다.

이 외에도 어음·수표 사건은 지급지, 불법행위에 관한 소송은 불법행위를 한 곳의 관할법원에 소장을 낼 수 있다. 또한 부동산 소송은 부동산 소재지, 상속에 관한 소송은 피상속인(사망한 사람)의 최후 주소지 법원도 관할이 있다. 당사자들이 어느 법원에서 소송을 하기로 서면으로 합의했다면 합의관할이 생겨 그 법원에서도 소송을 할 수 있다.

소장이나 고소장을 낼 때는 증거서류를 함께 제출하는 것이 좋다. 사건 진행 상황에 따라 추가 자료를 내도 무방하다. 고소장과 소장은 각각 대검찰청(spo.go.kr)과 대한민국법원 홈페이지(scourt.go.kr)에서 양식을 내려받을 수 있다.

사기, 당하지 않는 게 상책이다

한 해 35만 건, 1분 30초마다 한 건씩 발생하고, 1년 피해액이 40조 원 (2020년 경찰 통계)에 달하는 범죄는 무엇일까? 바로 사기죄다. 최근 소액의 인터넷 거래 사기부터 보이스피싱, 부동산 분양, 투자, 각종 컨설팅을 내세운 크고 작은 사기범죄가 늘고 있다.

대검찰청이 발행한 〈2021 범죄백서〉에 따르면 1년간 범죄 건수는 171만 4579건(2020년 기준)에 달한다. 재산범죄(65만 9058건) 중 사기가 35만 4154건으로 53.7%를 차지했다. 재산범죄자 두 명 중 한 명은 사기범이라는 뜻인데 10년 전에 비해 10만 건 이상이 늘었다. 실제로 재판까지 가는 기소율은 25.4%, 4명 중 1명꼴이었다. 사기 범죄 중에서 최근 급증하는 유형은 물건 거래 등으로 꼬드겨 돈만 받거나, 상대에게 속임수를 쓰는 수법이다.

사기범의 재범률은 77%에 이른다는 통계도 있다. 처벌 가능성이 작고, 설사 처벌을 받더라도 수익이 남기 때문이다. 사회 곳곳에 숨어 있는 사기꾼들을 조심하는 수밖에 없다. 사기를 당한 다음 후회해도 이미 늦다.

사기란 정확하게 어떤 죄이고 어떤 벌을 받을까? 형법 제347조는 이렇게 되어 있다. "사람을 기망해 재물의 교부를 받거나 재산상의 이득을 취득한 자는 10년 이하의 징역 또는 2000만 원 이하의 벌금에 처한다."

사기죄는 '가해자의 속임수→상대방의 착오→재산상 처분 행위→이익 취득'의 형태로 이어지는 구조다. 예를 들어 중고물품 거래로 송금을 받은 뒤 물건을 보내주지 않는 행위, 건물을 팔겠다고 돈을 받아놓고 부동산을 넘겨주지 않는 행위, 백화점이 가짜 가격을 붙여놓고 세일을 가장하는 행위, 주식투자로 불려주겠다던 돈을 실제로는 유흥에 탕진해버린 행위 등이 모두 사기죄에 해당한다.

그러나 단순히 형편이 어려워져서 돈을 제때 갚지 않았다면 사기가 성립될 수 없고, 민사상 채무불이행에 불과하다. 또한 정상적인 사업에 돈을 투자했으나 결과적으로 사업이 실패해서 원금을 날린 경우라면 상대에게 법적 책임을 묻기는 어렵다.

현직 검사가 쓴 책으로 주목을 받았던 《검사내전》(저자 김웅)에는 이런 구절이 나온다. "약속을 지키지 않은 것을 다 사기로 친다면 남산타워에 걸린 저 많은 사랑의 자물쇠들은 사기의 징표들이다."

사기 입증이 어렵다는 점을 방증하는 표현이다. 사기는 처음부터 돈을 떼먹을 의도가 있어야 하고, 상대방을 속여야만 처벌이 된다. 돈거래나 투자는 믿을 만한 사람과, 자신이 감당할 수 있는 범위 안에서만 하는 것이 옳다.

사기죄로 고소했지만 무죄가 나오는 사례도 적지 않다. 아파트 상가에서 장사를 하던 A씨는 "가게 운영을 위해 돈이 필요하다"며 B씨에게 수천만 원을 빌렸는데 장사가 망하고 말았다. B씨는 처음부터 돈을 갚을 의사가 없었다면서 고소를 했으나 법원은 무죄를 선고했다.

A씨가 돈을 제때 갚지 않은 것은 사실이지만 B씨를 속일 의사가 없었다고 법원은 판단했다. ▲당시 A씨가 빌린 돈은 정상적인 변제가 불가능할 정도의 과도한 금액이 아니었고 ▲실제로 용도에 맞게 돈을 사용했으며 ▲A씨의 직업과 재정 상황 등을 나름대로 파악한 상태에서 B씨가 돈을 빌려주었을 가능성이 크다고 본 것이다.

그러면 사기에 어떻게 대처하면 좋을까? 우선 돈을 빌려주거나 투자할 때는 보수적으로, 신중하게 결정해야 한다. 사업이나 거래를 하면서 일방적으로 손해를 보고 타인을 도와주는 일은 결코 없다. 투자 기회나 사업 아이템을 "당신에게만 특별히 제공한다"는 말도 맹신해서는 안 된다. 또한 재력을 과시하는 사람이나 정치인이나 유명인 등을 내세워서 현혹하는 경우도 주의해야 한다. 더 나아가 대통령의 친인척을 안다거나 대통령실, 장관, 국정원 등 고위공직자를 내세운다면 100% 사기다.

금전거래에서 사기 피해를 줄이려면 감당할 수 있는 돈을 합리적인 범위 내에서 투입해야 한다. 가끔 보면 퇴직금을 몽땅 사업에 투자해서 전 재산을 날리는 사람이 있다. 사업이 뭔지도 모르면서 동업자의 꼬임에 넘어가 명의만 빌려주는 이른바 '바지사장' 노릇을 하다가 한 푼도 건지지 못한 경우도 있다. 사업이 잘못되거나 범죄에 악용되면 명의를 빌려준 사람이 처벌을 받게 된다. 예컨대 회사가 망하면 횡령이나 임금체불로 형사처벌을 받을 수 있고, 세금이나 직원 월급도 명목상 사장이 책임을 지게 되는 경우가 많다. 손해배상책임도 대표의 몫이다.

계약서는 꼼꼼히 확인하라. 나중에 재판까지 갈 경우 계약서 조항이 발목을 잡는 경우도 많다. 예를 들어 손실이 나도 투자금은 돌려받지 못한다든지, 중간에 계약을 해지했을 때 일방적으로 불리하다든지 하는 조항은 없는지 눈여겨보자. 재판에 갈 경우는 구두 약속보다 계약서 조항이 더 유력한 증거가 된다.

2020년 경찰청 통계에 따르면 사기 범죄로 인한 재산피해는 40조 3139억 원이고, 회수금액은 1조 949억 원이었다. 회수율은 고작 2.71%에 그쳤다. 사기를 당했다고 판단되면 곧바로 민·형사상 조치를 취해야 한다. 조금만 기다려달라는 사기꾼의 말만 믿고 허송세월하다가는 때를 놓친다. 재산이 한 푼이라도 남아 있을 때 법적 조치를 취하라. 필요하다면 상대방 재산(부동산이나 예금통장 등)에 가압류를 해서 재산을 빼돌리지 못하게 해둔다. 상대에게 재산이 없다면 승소 판결문은 한낱 종잇조각에 불과하다.

사기가 명백한 경우 형사고소를 통해 수사기관의 조사를 받게 하고, 죄가 인정될 경우에는 형사법정에 세울 수 있다. 이때 사기범이 처벌을 피하거나 형량을 줄이고자 피해자와 합의를 시도하는 경우가 있다. 피해액이 어느 정도 회복된다면 합의를 할 필요가 있지만 말만 앞세운 합의 시도(예컨대 "고소 취소나 합의를 해주면 갚겠다")에는 응하지 않는 것이 좋다.

마지막으로 꼭 한 가지 주의할 점이 있다. 돈을 못 받거나 사기를 당했을 때 '불법'을 동원해서는 안 된다. 폭력을 사용하거나, 불법으로 개인정보를 취득하거나 협박하는 심부름센터 또는 흥신소 같은 곳을 이용하다가는 돈도 못 받고 되레 전과자가 될 수 있다. 채권추심도 합법적인 방법으로 해야 한다. 사기를 당했다면 전문가의 상담을 거쳐 철저하게 사실에 근거해서 수사기관에 고소장을 제출하거나, 법원에 민사소송을 제기해야 한다. 1년에 30만 건이 넘는 사기범죄, 조심하고 당하지 않는 게 상책이다.

[민사 vs 형사] 훔쳤지만 절도죄는 아니다?

민사와 형사 '입증 정도'가 달라… 결론 상반된 판결도

민사는 개인이 자신의 권리를 구제받기 위해 법원에 소송을 제기하는 절차고, 형사는 국가가 범죄자를 처벌하기 위해 형벌권을 행사하는 절차다.

민사와 형사는 서로 독립적인 절차지만 서로 밀접하게 영향을 미칠 수 있다. 예를 들어 형사재판에서 상해죄로 유죄판결을 받은 사람은 민사소송에서 폭행과 관련된 손해를 배상하라는 판결을 받을 가능성이 크다. 민사(또는 형사)의 사건 기록과 판결 내용은 형사(또는 민사)재판에서 유력한 증거로 사용될 수 있다.

하지만 항상 똑같은 결론이 나오는 것은 아니다. 예컨대 배우자 있는 여자 A와 외도를 한 남성 B의 행위는 어떨까. 간통죄가 폐지되어 형사상으로는 범죄가 아니다. 하지만 민사상으로는 A의 배우자에게 정신적 고통을 주었으므로 위자료를 지급해야 하는 불법행위다.

민사와 형사는 입증의 정도도 다르다. 민사보다 형사에서 훨씬 엄격한 증거를 요구한다. 민사재판이 "통상인이라면 의심을 품지 않을 정도"(대법원 2008다6755 판결 등)라면, 형사재판은 "법관으로 하여금 합리적인 의심을 할 여지가 없을 정도"의 강한 입증을 요구한다.

천문학적인 가치가 있다고 평가되지만 행방이 묘연한 '훈민정음해례본' 상주본을 둘러싼 분쟁도 민·형사상 결론이 상반될 수 있음을 보여준다. 상주본을 소장하고 있다는 P씨는 민·형사 소송을 겪었다. 민사에선 P씨가 상주본을 훔친 것으로 인정, 법원은 원래 소유자인 C씨(현재 사망)에게 반환하라고 판결했다. C씨가 생전에 문화재청에 기증의사를 밝혔기에 현재 법적인 소유권은 국가에 있다. 반면 형사에선 기나긴 공방 끝에 "P씨가 훔쳤다는 증거가 부족하다"며 무죄판결이 확정됐다. (민사에선) 물건을 훔쳤으므로 돌려줘야 하지만 (형사에선) 그렇다고 절도죄는 아니라는, 일반인이 다소 납득하기 어려운 결론이 나온 것이다. 이 재판에서 대법원은 "형사법원은 증거에 의하여 민사판결의 확정 사실과 다른 사실을 인정할 수 있다"고 판시했다. 민사와 형사에서 요구하는 입증의 강도가 다르다는 뜻이다.

미국의 미식축구 스타 출신의 방송인 O.J. 심슨의 아내 살인 혐의 재판도 민·형사 판결의 결론이 엇갈렸다. 형사에선 변호인단의 유죄 증거 흠집 내기 전략 등이 주효해 무죄판결이 내려졌지만, 민사에선 거액의 손해배상책임을 인정하는 판결이 나왔다.

민사사건에서는 원고와 피고의 증거를 놓고 누가 더 증거가 많은지, 믿을 만한지를 판단한다. 만일 원고와 피고의 입증 정도가 51:49라면 법원은 원고의 손을 들어줄 수밖에 없다. 판례는 민사의 입증에 대해 "모든 증거를 종합적으로 검토하여 볼 때 어떤 사실이 있었다는 점을 시인할 수 있는 고도의 개연성을 증명하는 것"으로 "통상인이라면 의심을 품지 않을 정도"가 필요하다고 해석한다.

반면, 형사재판에서 유죄인정은 엄격한 증명이 필요하다. 형사소송법 제307조 2항도 "범죄사실의 인정은 합리적인 의심이 없는 정도의 증명에 이르러야 한다"고 규정하고 있다. 쉽게 말해 '유죄일 수 있다(가능성)'라거나 '유죄일 것이다(개연성)' 정도로는 어림없다는 얘기다. 판례도 마찬가지다.

"형사재판에서 공소가 제기된 범죄사실에 대한 증명책임은 검사에게 있고, 유죄의 인정은 법관으로 하여금 합리적인 의심을 할 여지가 없을 정도로 공소사실이 진실한 것이라는 확신을 가지게 하는 증명력을 가진 증거에 의하여야 하므로, 그와 같은 증거가 없다면 설령 피고인에게 유죄의 의심이 간다고 하더라도 피고인의 이익으로 판단할 수밖에 없다."(대법원 2009도1151 판결 등)

따라서 형사에선 100을 기준으로 검사의 유죄 입증이 51 정도라면 유죄가 될 수 없다. 유죄가 되려면 최소한 90~95에는 이르러야 하고, 때에 따라서는 99 이상을 요구할 수도 있다. "의심스러울 때는 피고인의 이익으로", "열 사람의 범인을 놓치는 한이 있더라도 한 사람의 죄 없는 자를 벌해서는 안 된다"는 법언은 이런 원칙을 뒷받침한다. 흉악한 범죄 혐의로 중형을 선고받았던 피고인이 상급심에서 무죄를 받기도 하는데, 판사가 보기에 합리적 의심을 품을 여지가 있다고 판단한 사례가 대부분이다.

무죄가 반드시 피고인의 결백을 의미하지는 않는다. 유죄의 증거 또는 증인에 의심이 가거나 유죄 확신이 부족하다면 판사는 무죄를 선고할 수밖에 없다. 이 때문에 대중의 공분을 살 정도의 범죄혐의로 비난받던 피고인이, 증거가 부족하거나 판사에게 합리적 의심이 남아서 무죄판결을 받는 일도 종종 발생한다. 그래서 ① 죄가 없다는 의미의 무죄(Innocent)와

② 유죄를 선고할 수 없는 경우(Not guilty)를 구별해야 한다는 주장도 있다. 진실을 밝히기 위해서 수사기관의 과학수사와 증거 확보가 갈수록 중요해진다.

▼ 민사소송과 형사소송의 차이

구분	민사소송	형사소송
재판 목적	개인이 자신의 권리를 구제	국가가 범죄자를 처벌
재판 당사자	원고(소를 제기한 사람) vs 피고 (원고의 자격에는 제한이 없고, 권리를 찾겠다는 사람은 누구나 소송을 제기할 수 있음)	검사 vs 피고인 (국가기관인 검사만이 기소할 수 있고 피해자는 수사기관을 통해 처벌 의사를 밝힐 수 있을 뿐임)
재판 비용	개인 부담이 원칙(패소자 부담)	국가 부담이 원칙
재판 대상	개인의 권리와 관계되는 것 예) 대여금, 공사대금, 손해배상, 계약금 등	국가가 만든 형벌과 관계되는 것 예) 폭행, 강도, 공무집행방해, 살인, 사기, 횡령 등
재판 과정	• 원고와 피고가 서류와 법정 진술로 공방 • 피고가 법정에 나오지 않거나 혹은 다투지 않으면 원고의 청구를 인정하는 것으로 간주 • 원고는 언제든지 소를 취하할 수도 있음	• 검사와 피고인이 법정에서 공방 • 피고인 불출석 시 재판이 진행되지 않는 것이 원칙 • 검사가 피고인의 유죄를 입증하지 못하면 무죄(검사에게 입증책임)
판결 내용 (주문)	원고의 청구가 정당한지 판단 예) 피고는 원고에게 1000만 원을 지급하라, 원고의 청구를 기각한다	피고인의 유무죄를 판단 예) 징역 1년, 벌금 100만 원, 무죄
판결 효과	판결을 근거로 피고의 재산에 강제집행을 할 수 있으나, 피고가 패소해도 사회활동에 불이익은 없음	판결대로 국가가 강제로 형벌권을 행사(교도소에 가두거나 벌금을 징수)하며, 피고인은 전과자가 됨

03 1만 원으로 1000만 원 돌려받는 법

소송 전에 내용증명 우편으로 제압하자

사례 1

상인자 씨는 시장에서 자그마한 가게에 세를 얻어 과일 장사를 했다. 계약 기간 2년이 다 됐는데도 매달 50만 원 월세 내기도 버거울 정도로 벌이가 시원찮았다. 건강도 나빠져서 장사를 접어야 할 형편이었다. 그런데 가게 주인 안정직 씨에게 보증금 1000만 원을 돌려달라고 요구했다가 핀잔만 들어야 했다. 주인은 "새로 세입자를 들여놓고 나가는 것이 시장의 관행"이라고 했다. 그런 법이 어디 있느냐고 따졌지만 안씨는 요지부동이었다. 새로운 세입자에게 돈을 받아서 나가든지 아니면 세를 물고 계속 장사를 하든지 알아서 하란다.

상씨는 법학전문대학원에 다니는 아들 전현명 씨에게 이 사실을 털어놨다. 전씨는 "어머니, 저에게 맡겨주세요"라고 큰소리쳤다. 상씨는 속는 셈 치고 아들이 하는 대로 지켜보기로 했다. 놀랍게도 보름 후 상씨의 통장에는 1000만 원이 고스란히 입금되어 있었다.

이 문제를 해결한 건 달랑 종이 한 장이었다. 바로 내용증명 우편이다. 아들이 주인에게 '보증금을 반환하지 않으면 소송을 제기할 계획이니 빨리 돌려달라'는 취지로 내용증명 우편을 보냈던 것이다. 이 서류를 받은 안씨는 법정에 나갈 일이 걱정되어 더는 딴소리를 하지 못하고 돈을 부쳐주었다.

이런 경우 내용증명 우편은 어떤 소송보다 강력한 힘을 발휘한다. 만일 상씨가 곧바로 임대차보증금 반환소송을 했다고 가정해보자. 소장을 작성하는 데 적지 않은 시간과 비용이 들었을 테고, 또 판결을 받기까지는 최소한 몇 달은 족히 걸렸을 것이다. 그동안 월세는 월세대로 까먹었을 테고 말이다. 하지만 내용증명을 쓰는 데 걸린 시간은 한나절, 들어간 비용은 1만 원 안짝이었다.

금전 관련 사건에 효과적인 내용증명 우편

내용증명을 아주 특별한 양식의 서류로 여기는 사람들이 많다. 하지만 알고 보면 그리 특별할 것도 없다. 내용증명 우편이란 발송인이 누구에게 어떤 내용의 문서를 언제 발송했다는 사실을 공적으로 증명해주는 특수우편제도다.

우체국이 문서 내용과 발송 사실을 증명해준다. 말은 주고받는 사람들끼리만 기억할 뿐 근거가 남지 않는다. 글이라 할지라도 개인끼리만 주고받는다면 그 사실을 인정받지 못할 수가 있다. 내용증명 우편은 내 의사를 상대방에게 정확하게 전달하고, 그것을 나중에까지 확인받을 수 있다는 이점이 있다.

내용증명 우편은 주로 금전과 관련하여 상대방에게 이행을 촉구할 때 많이 사용되는데, 내용증명 우편이 효과를 볼 수 있는 대표적인 사례는 다음과 같다.

- 상대방이 제때 돈을 갚지 않거나 계약을 이행하지 않을 때
- 부동산 매매계약 후 매도인이 소유권이전등기를 해주지 않을 때
- 전세보증금을 제때 돌려받지 못했을 때
- 방문판매, 인터넷 쇼핑 등으로 물건을 구입한 뒤 반품(청약철회)을 할 때
- 채권의 양도사실을 통지할 때
- 소송 전에 마지막으로 상대방 의사를 확인하고 싶을 때
- 계약 해제(또는 해지) 의사표시를 분명히 하고 싶을 때

내용증명 우편은 상대방에게 어떤 사실을 통지하는 차원을 넘어 최후 통첩의 수단이 될 수도 있다. 순순히 의무를 이행하지 않으면 법대로 할 테니 그전에 좋게 처리하라는 뜻도 된다. 훗날 재판이 벌어지면 내용증명은 유용한 증거로 쓰일 수도 있다. 법적으로 소멸시효를 중단하는 수단도 된다.

하지만 내용증명 우편은 '언제 어떤 서류를 누구에게 보냈다'라는 사실만을 확인해주기 때문에 강제력이 있거나 그 자체로 특별한 효력이 있는 서류는 아니다. 속된 말로 '배 째라'고 나오는 비양심적인 사람에게는 통하지 않는다. 이때는 소송으로 해결할 수밖에 없다.

그렇더라도 내용증명 우편이 상대방을 심리적으로 압박하는 수단으로 의외로 큰 효과를 보고 있다는 점은 확실하다. 싸우지 않고 이기는 자가 현명하다. 내용증명 우편은 싸우지 않고 이기는 효과적인 방법이 될

수 있다. 1만 원 정도로 송사가 되기 전에 분쟁을 해결할 수 있다면 어쨌 거나 남는 장사 아닐까.

내용증명 우편, 어떻게 작성하고 어떻게 보내나

인터넷 사이트나 대서소 등을 통해 내용증명 우편을 작성하려면 수만 원 부터 수십만 원까지 든다고 한다. 법률사무소에선 그보다 더 받는다. 서 류 작성에 자신 없는 사람은 남의 힘을 빌려야겠지만 조금만 노력하면 직접 작성할 수도 있다.

내용증명 우편을 쓰는 데는 특별한 형식이 필요하지 않다. A4 용지에 보내는 사람과 받는 사람, 문서 제목 등을 표시하고 육하원칙에 따라 정 확하고 간결하게 본문을 써 내려가면 된다.

이때 주의사항 한 가지가 있는데, 받는 사람에게 악감정을 드러내거나 상대방을 기분 나쁘게 할 표현을 쓸 필요는 전혀 없다. 내용증명 우편을 보내는 이유는 소송으로 가기 전에 깔끔하게 해결하기 위해서인데 상대 방을 자극했다가는 오히려 일을 그르칠 수도 있다. 자기주장만 정확하게 전달하면 된다.

내용증명 우편에는 '언제까지 어떤 의무를 이행하거나 답변을 달라'는 내용을 포함시켜야 상대방의 행동을 끌어낼 수 있다는 점도 기억하자. 기한은 통상 2주 전후가 적당하다. 또한 금전과 관련된 일이라면 계좌번 호, 연락처 등도 함께 적는 것이 좋다.

마지막 부분에는 보낸 날짜를 쓰고 보내는 사람의 이름 옆에 도장을 찍는다. 문서가 두 장 이상이면 앞문서와 뒷문서 사이에도 도장(간인)을 찍는다.

작성을 마쳤으면 똑같은 서류를 총 3부(본인 보관용, 상대방 발송용, 우체국 보관용)를 들고 우체국으로 가면 된다. 인터넷 우체국(epost.go.kr)에 회원으로 가입한 사람은 컴퓨터로도 편리하게 내용증명 우편을 보낼 수 있다.

상대방이 서류 받은 사실 확인하려면 배달증명을

내용증명처럼 특수한 우편제도로 배달증명도 있다. 배달증명이란 상대방이 서류를 언제 받았는지를 우체국에서 확인해주는 제도다. 내용증명이 어떤 서류를 보낸 사실을 확인해주는 것이라면 배달증명은 받은 사실과 받은 날짜를 증명해주는 것이다. 법에서는 상대방이 통지를 받았는지, 받았다면 언제인지를 따지는 경우(계약 해제·해지, 채권양도 통지 등)도 있기 때문에 내용증명 우편을 보낼 때는 되도록 배달증명을 함께 신청하는 것이 좋다.

내용증명 서류를 분실했을 경우 3년까지 재증명을 청구할 수 있고, 배달증명은 1년 안에 배달 내용을 다시 확인할 수 있다.

내용증명

받는 사람(임대인): 안정직(601111-1234567)
주소: 서울 희망구 행복로 1길 100
보내는 사람(임차인): 상인자(501111-2345678)
주소: 서울 희망구 행복로 2길 200

임대차보증금 반환 촉구

1. 귀하의 건강을 기원합니다. 귀하와 본인은 아래와 같은 내용으로 상가 임대차계약을 체결한 바 있습니다.
   임대인: 안정직, 임차인: 상인자
   임대차부동산: 서울시 희망구 행복로 1길 100 상가 1층 1호(면적 50㎡)
   임대차보증금: 10,000,000원, 월차임(월세): 500,000원
   계약기간: 2년(2020년 1월 1일부터 2022년 12월 31일까지)

2. 본인은 계약기간이 만료되기 3개월 전부터 귀하에게 위 계약을 연장할 의사가 없음을 이미 여러 차례 밝힌 바 있습니다. 그런데도 귀하는 계약이 만료된 이후 현재까지 임대차보증금을 돌려주지 않고 있습니다.

3. 더구나 본인은 2022년 12월 31일 위 상가에 있던 모든 짐을 비우고 청소까지 마쳤으며 열쇠도 반납했습니다. 임대인은 임차인의 부동산 인도 절차와 동시에 임대차보증금을 반환해야 할 의무가 있습니다. 따라서 귀하에게 마지막으로 임대차보증금을 돌려달라고 촉구합니다.

4. 귀하께서 2주 내에(2023년 1월 24일까지) 보증금을 돌려주지 않는다면 본인은 소송을 제기할 수밖에 없습니다. 이때는 임대차보증금 외에도 소송비용과 본인이 입은 손해액까지 귀하가 부담하게 되니 그전에 해결되기를 진심으로 바랍니다.
   (입금계좌: 123-45-67890 행복은행, 예금주: 상인자)

2023년 1월 10일
작성자(임차인) 상인자 (인)

04 미투, 성인지감수성, 스토킹…
올바른 성문화는?

[최근 이슈와 법 1] 성적 자유 · 스토킹범죄와 법률

'성적 만족' 없어도 성적 자유 침해 행위는 범죄

'미투 운동(Me Too movement)'이 우리 사회를 휩쓸었던 적이 있다. 사회관계망서비스(SNS)를 중심으로 문화·예술계 내부의 성폭력을 고발하던 목소리에서 출발했지만 사회 곳곳에 드리워진 성적 불평등의 민낯을 속속 드러나게 했다.

개인의 성적 자유가 갈수록 중시되면서 이를 침해하는 행동에 대한 책임도 커지고 있다. 예전에는 짓궂은 장난 정도로 치부되던 행동이 최근엔 성범죄나 스토킹범죄로 규정되기도 한다. 성폭력이나 스토킹은 악한 사람들만이 저지르는 흉악한 범죄가 아니다. 상대에 대한 존중과 배려 없이 무심코 한 행동으로 법정에 서는 경우도 적지 않다.

60대 청소부 A씨는 자신의 청소구역인 화장실에서 여자아이들이 손가락
으로 서로 몸을 찌르며 노는 것을 봤다. A씨는 무심결에 자신도 B양(7세)의
배와 엉덩이를 한 차례씩 손가락으로 가볍게 찔렀다. 장난삼아 한 행동이었
지만 이를 알게 된 B양의 부모가 경찰에 신고하면서 사태가 심각해졌다.

판례에 따르면 성추행은 "객관적으로 일반인에게 성적 수치심이나 혐
오감을 일으키게 하고 선량한 성적 도덕관념에 반하는 행위로서 피해자
의 성적 자유를 침해하는 것"으로 해석된다. 성별과 나이를 떠나 다른 사
람의 가슴, 손, 엉덩이 등 신체를 함부로 만지는 것은 위험하다. 그렇다면
60대 노인이 공개된 장소에서 7세 여자아이의 몸을 손가락으로 찌른 행
위는 성추행에 해당할까? 법원은 "그렇다"고 했다.

법원은 "B양 입장에서 보면 처음 보는 A씨로부터 기습적으로 신체적
접촉을 강제당한 것"이라며 "이는 B양이 의도하거나 원하지 아니한 강요
된 행위이고 특히 항문 주위는 성적 수치심을 일으킬 수 있는 민감한 부
위에 해당한다"며 다음과 같이 판시했다.

"비록 성적인 만족을 위한 행위가 아니라도 친분관계 없는 여자아이를 상대로 불
시에 두 손을 모아 항문 주위와 배를 찌른 행위는 성적 도덕관념에 반하고 정신적, 육
체적으로 미숙한 B양의 성적 정체성의 형성에 부정적 영향을 미치는 행위다."

성적 목적이 없었다고 하더라도 상대의 의사에 반하여 성적으로 민감
한 부위를 접촉한 행위는 강제추행이다. 특히 성적 가치관이 형성되지

않은 미성년자를 대상으로 한 범죄는 특별법이 적용되므로 처벌 수위가 높다. A씨는 징역 2년 6개월에 집행유예 3년이라는 중형을 선고받았다.

아이들이 귀엽다면서 무턱대고 몸을 쓰다듬거나 볼을 비비거나 뽀뽀를 하는 경우가 있는데, 이런 행동도 형사사건에 휘말릴 수 있다. 건물 엘리베이터 앞에서 지나가는 초등학생 여자아이의 턱과 볼을 만진 중년 남성이 징역형 처벌을 받은 사례도 있다.

한편 성적 수치심을 주지 않는 '똥침'도 범죄가 될 수 있다. 햄버거 가게에서 주문한 햄버거를 기다리던 여성에게 똥침을 놓은 남성이 폭행죄로 벌금형 처벌을 받은 사례가 있다. 만일 피해자가 다쳤다면 상해죄 적용도 가능하다. 똥침을 학창 시절 추억쯤으로 여기는 사람이 있겠지만 현실에서는 더 이상 장난이 아니다.

부부·연인 사이도 '성적자기결정권' 침해는 범죄

> **사례 2**
>
> C씨는 자신의 집에서 여자친구인 D씨와 함께 즐거운 시간을 보내다가 사소한 문제로 다투게 됐다. D씨가 화가 나서 가려고 하자 C씨는 "지금 가면 안 된다. 외롭다"며 붙잡고 신체 접촉을 시도했다. D씨가 "하는 순간 끝"이라고 경고했으나, 연인 사이라서 괜찮다고 여긴 C씨는 D씨를 침대에 눕힌 뒤 성관계를 했다.

> **사례 3**
>
> 주점에서 술을 마시던 E씨(남)는 옆자리에 있던 F씨에게 호감을 갖고 합석을

하게 됐다. 두 사람은 밤 11시에 술자리를 마치고 인적 없는 인근 건물 옥상 으로 올라가서 입을 맞췄는데 E씨는 그 이상(?)을 원했다. 성관계를 맺은 두 사람은 웃으며 손을 잡고 옥상에서 내려왔다. 그런데 이틀 후 F씨는 성 폭행을 당했다며 E씨를 고소했다. E씨는 "때리거나 협박한 적이 없다"며 억울함을 호소했다.

C씨와 E씨는 어떻게 됐을까? 강간죄로 처벌을 받았다. 공교롭게도 두 사람의 최종 형량은 징역 1년 6개월로 같았다.

먼저 C씨의 사례다. D씨의 고소로 법정에 선 C씨는 "우리 둘은 연인 사이이며, 당시 동의를 받은 것"이라고 주장했으나 법원은 받아들이지 않 았다. 연인 관계였더라도 당시 D씨가 자발적으로 성관계를 가질 상황이 아니었고, 장소는 C씨 집이었으며, C씨가 건장한 남자인 점을 고려, 성 폭행이 성립한다고 법원은 판단했다.

E씨의 경우는 어떨까? F씨가 성관계에 동의하지는 않았지만 둘은 서 로 호감을 갖고 있었다. 게다가 강간, 강제추행이 성립하려면 폭행이나 협박과 같은 '유형력'이 있어야 하는데 E씨는 완력을 사용하지도 않았다. 이런 까닭에 1심에선 무죄판결이 나왔다. 그러나 2심과 3심은 "피해자가 범행 현장을 벗어날 수 있었다거나 피해자가 사력을 다하여 반항하지 않 았다는 사정만으로 가해자의 폭행·협박이 피해자의 항거를 현저히 곤 란하게 할 정도에 이르지 않았다고 섣불리 단정하여서는 안 된다"(대법원 2005도3071 판결 등)며 당시 구체적인 상황을 판단 기준으로 삼았다.

성범죄 피해자의 입장에선 공포심이나 공황상태 등으로 아예 저항 자 체를 포기할 수도 있다. 또한 추가 피해를 막기 위해 가해자를 안심시키는 행동을 할 수도 있다. 법원은 "E씨로서는 인적이 드문 장소에서 더 무거운 피해를 당하거나 변고가 발생할 가능성 등을 회피하기 위해 현장을 벗어나거나 사력을 다하여 반항하지 않았던 것으로 보인다"고 판단했다. 이런 맥락에서 보면 F씨가 E씨의 손을 잡거나 웃은 사실을 '피해자답지 못하다'고 평가할 수는 없다는 뜻이다. 법원은 E씨의 행동을 "왜곡된 성적 충동"으로 인한 성범죄로 규정했다.

사실 이성 간의 신체 접촉이 어디까지 가능한지는 어려운 문제다. 커플마다 특수성이 있을 테고, 남자와 여자의 생각이 또 다르기 때문이다. 하지만 두 가지는 기억하자. 첫째, 결혼한 부부와 달리 연인 사이에서는 동거하거나 성관계를 맺어야 할 법적 의무가 없다. 어느 한쪽이 성적 접촉을 강요할 권리도 없다. 성관계를 해온 사이라도 원치 않는 상황에서 신체 접촉을 했다면 성범죄가 될 수 있다.

둘째, 사람은 누구나 성적인 문제를 스스로 결정할 권리가 있다. 성적자기결정권이란 자기운명결정권(헌법에 보장된 행복추구권을 실현하기 위하여 자기운명을 스스로 결정할 권리)의 일종으로 성행위를 할지 안 할지, 한다면 누구와 할지를 스스로 결정할 권리를 말한다. 소극적으로는 자신이 원치 않는 성관계를 거부할 권리, 적극적으로는 자신이 원하는 성생활을 스스로 결정할 권리다. 쉽게 말해 잠자리를 할 상대와 방식과 시기를 결정할 권리가 누구에게나 있다는 뜻이다. 법원은 심지어 부부 사이에도 성적자기결정권이 있다고 본다. 대법원은 남편이 아내의 반대 의사를 무시하고 강제로 성관계를 맺었다면 강간이 성립한다고 판시했다.

남녀가 합의하여 함께 모텔에 들어갔더라도 곧바로 성관계에 동의한 것으로 받아들여선 안 된다. 원하지 않는 성적 접촉은 언제, 어디서나 거부할 권리가 있기 때문이다.

성폭행의 판단 기준을 상대방의 동의 여부로 삼아서, 동의 없는 성적 행위를 이른바 '비동의간음죄'로 처벌해야 한다는 주장이 있다. 하지만 현행법상 동의 없는 성관계 자체가 처벌 대상은 아니다. 강간이나 강제추행이 성립하려면 '폭행 또는 협박'이 필요하다. 다만 최근 판례는 "(폭행·협박이) 상대방의 항거를 곤란하게 할 정도로 강력할 것이 요구되지 않는다"며 과거보다 완화된 입장을 보인다. 예컨대 직접 폭력을 행사하지 않았더라도 가해자의 언행 때문에 피해자가 심리적으로 위축되거나 공포를 느껴서 성적 행위에 저항을 하지 못한 경우에도 성폭행이 인정된다. 피해자의 침묵을 동의로 받아들였다간 E씨처럼 성범죄자가 될 수도 있다.

또한 상대가 술이나 약에 취해 정상적인 판단이 어려운 상황에서 일방적으로 성적인 접촉을 하면 명백한 범죄(준강간 또는 준강제추행)이다. 잠자리도 명시적인 동의가 필요하다. 성적자기결정권은 누구에게나 어떤 상황에서도 유효하기 때문이다.

대법원이 '성인지감수성' 강조한 까닭

최근 법원은 성폭력 사건에서 '성인지감수성'을 강조하고 있다. 가해자의 시선보다 피해자의 입장에서 사건을 바라보고, 2차 피해가 발생하거나 가해자 중심적인 사고가 작동하지 않도록 피해자를 살피라는 뜻이다. 법원 판결에 성인지감수성이라는 개념이 처음 등장한 건 2018년이다. 대학교수가 여성 제자들을 성희롱(성적 언행이나 성적 요구 등으로 상대방에게 성적 굴욕감이나 혐오감을 느끼게 하는 육체적·언어적·시각적 행위)했다는 폭로가 발단이 된 소송에서다.

대학교수 G씨는 여학생들에게 "뽀뽀해주면 추천서를 만들어주겠다", "나랑 사귀자" 등의 부적절한 발언과 볼에 뽀뽀하거나 어깨동무를 하는 등 부적절한 행동을 했다는 징계사유로 해임처분됐다.

그는 징계가 부당하다며 대학을 상대로 해임 취소 행정소송을 제기했다. 법원의 결론은 엇갈렸다. '해임이 정당하다'고 본 1심과 달리, 2심(서울고법)은 '해임까지는 부당하다'고 상반된 판단을 했다.

2심은 G교수가 평소 1:1로 적극적인 교수 방법을 취한 점에 주목하면서 "불필요한 신체적 접촉을 했던 것은 부적절하나, 성적 굴욕감이나 혐오감을 느낄 정도는 아니었다"고 했다. 피해를 당했다고 주장한 이후에도 G교수의 강의를 수강한 여학생들의 '뒤늦은' 진술에도 의문을 제기했다. 따라서 "G교수가 학생들과 수시로 격의 없이 대화·농담을 하며 친밀하게 지내던 중에 고의 없이 이루어진 일이고, 여학생들로서도 당시에는 별다른 문제점을 느끼지 못하고 있다가 짧게는 3개월 길게는 1년 이상 세월이 흐른 후에 한 여학생의 문제제기로 신고하게 된 것"이라며 해임은 지나치다고 판결했다. 사건은 대법원까지 올라갔다.

대법원은 2심 판결의 문제점을 꼬집었다. 대법원은 피해자의 진술을 섣불리 배척해서는 안 된다면서 성희롱·성범죄 소송에서 법원이 "성차별 문제를 이해하고 양성평등을 실현할 수 있도록 '성인지감수성'을 잃지 않아야 한다"고 강조했다.

성인지감수성이란 일반적으로 '남자와 여자 사이의 성별 불균형을 인식하고 성차별 요소를 감지해내는 민감성' 정도로 이해할 수 있다. 성범죄가 발생하면 주로 피해자가 되는 여성이 느끼는 어려움과 재판·수사 과정에서의 수치심을 고려할 필요가 있다는 뜻이다. 단적인 예로, 성범죄 피해자가 당시에 웃고 있었다, 성관계 후 상대의 손을 잡고 나왔다, 머리카락이 단정했다, 사건 뒤 애교 섞인 문자를 보냈다, 적극적으로 항의하지 않았다 등과 같은 표면적인 현상만으로 '성범죄 피해자답지 못하다'는 이유를 들어 피해자를 불신하지 말라는 것이다. 성인지감수성을 언급한 건 성희롱·성범죄 사실을 밝히는 과정에서 피해자가 부정적 여론, 불이익, 정신적 피해 등 '2차 피해'를 입지 않도록 유념하라는 경고기도 하다.

"(성범죄) 피해자는 2차 피해에 대한 불안감이나 두려움으로 인하여 피해를 당한 후에도 가해자와 종전의 관계를 계속 유지하는 경우도 있고, 피해 사실을 즉시 신고하지 못하다가 다른 피해자 등 제삼자가 문제를 제기하거나 신고를 권유한 것을 계기로 비로소 신고를 하는 경우도 있으며, 피해 사실을 신고한 후에도 수사기관이나 법원에서 그에 관한 진술에 소극적인 태도를 보이는 경우도 적지 않다."

대법원은 "성범죄 피해자가 처해 있는 특별한 사정을 충분히 고려하지 않은 채 피해자 진술의 증명력을 가볍게 배척하는 것은 정의와 형평의 이념에 입각한 판단이라고 볼 수 없다"고 했다. 피해자가 피해 진술에 소극적이었다거나 일정 시간이 경과한 후에 문제제기를 했다는 사정만으로 피해자 진술을 함부로 배척해서도 안 된다고 했다. 대법원은 "우리 사회 전체의 일반적이고 평균적인 사람이 아니라 피해자들과 같은 처지에 있는 평균적인 사람의 입장에서" 성희롱 여부를 판단하라는 기준을 제시했다. G교수는 다시 재판을 받아 해임이 확정됐다.

성인지감수성은 가해자 중심의 시각보다 피해자 입장에서 성범죄 사건을 바라보는 기준이 되고 있다.

'경범죄' 취급 스토킹범죄, 특별법 제정되기까지

2022년 서울 한 지하철 역사 화장실에서 여성 역무원이 한 남성에게 살해당했다. 당시 가해자는 스토킹범죄 혐의로 재판을 받고 있었다. 그런데도 피해자에게 또다시 거리낌 없이 접근해 범행을 저질렀다는 사실이 알려지며 대중은 분개했다. 사건은 스토킹범죄의 심각성과 피해자 보호의 중요성을 확인해주는 계기가 되었다. 스토킹은 현재 법으로 어떻게 처리되고 있을까.

스토킹행위 관련법이 마련된 건 2021년이다. 그전까지만 해도 법은 스토킹에 관대했다. 일반 범죄가 아닌 경범죄 중에서 '지속적 괴롭힘'으로 분류되어 10만 원 이하의 벌금, 구류 또는 과료의 형으로 처벌됐다. 그나마도 몇 만 원의 범칙금만 내면 전과도 남지 않았다. 이런 탓에 피해자가 신고를 해도 가해자는 범죄를 중단하기는커녕 오히려 추가 범행을 저지르는 일도 생겼다.

단순 스토킹으로 시작한 범죄가 폭행, 협박, 성폭력, 심지어는 사람 목숨을 앗아가는 범죄로까지 이어지면서 스토킹은 사회 문제가 되었다. 국회는 심각성을 깨닫고 2021년 '스토킹범죄의 처벌 등에 관한 법률(스토킹범죄 처벌법)'을 만들었다. 이로써 '스토킹'이라는 용어가 법전에 처음 등장했다.

스토킹범죄처벌법, 어떤 내용 담겨 있나

스토킹범죄 처벌법은 스토킹행위에 대해 "상대방의 의사에 반하여 정당한 이유 없이 상대방에게 불안감 또는 공포심을 일으키는 것"이라고 정의한다. 법이 예시로 든 스토킹행위는 '상대방 또는 그의 동거인, 가족에게 접근하거나 따라다니거나 진로를 막아서는 행위' 등 7개의 유형이 있다(자세한 사항은 표 참조).

과거엔 지나친 순정 정도로 여겼을 행동도 지금은 스토킹행위가 될 수

▼ 현행법상 스토킹행위·스토킹범죄의 의미와 처벌 등(2023년 9월 현재)

구분	내용	
스토킹행위 의미	상대방의 의사에 반하여 정당한 이유 없이 상대방 또는 동거인, 가족(상대방 등)에게 다음 어느 하나의 행위를 하여 상대방에게 불안감 또는 공포심을 일으키는 것 ① 접근하거나 따라다니거나 진로를 막아서는 행위 ② 주거, 직장, 학교 등(또는 그 부근)에서 기다리거나 지켜보는 행위 ③ 우편·전화·팩스·정보통신망을 이용, 물건이나 글·말·부호·음향·그림·영상·화상을 도달하게 하는 행위 ④ 직접 또는 제삼자를 통하여 물건 등을 도달하게 하거나 주거 등에 물건 등을 두는 행위 ⑤ 주거 등 또는 그 부근에 놓인 물건 등을 훼손하는 행위 ⑥ 개인정보, 위치정보 등을 정보통신망을 이용, 배포·게시하는 행위 ⑦ 정보통신망을 통해 상대방 등의 정보를 이용, 상대방 등인 것처럼 가장하는 행위	
스토킹행위 신고시 처리절차	① 응급조치(경찰의 현장 조치) ▲가해자와 피해자 분리 ▲피해자 동의시 상담소, 보호시설에 인도	
	② 긴급응급조치(경찰이 선조치 후 법원에 승인신청) ▲100미터 접근금지 ▲전기통신 접근금지 등 (48시간 이내 법원 승인신청)	가해자가 불이행 시 1년 이하의 징역 또는 1000만 원 이하의 벌금
	③ 잠정조치(검찰이 법원에 청구) 스토킹행위 재발 우려 시 ▲스토킹 중단 서면 경고 ▲100미터 접근금지 ▲전기통신 접근금지 ▲가해자 구치소 유치(최장 1개월) 등	불이행 시 2년 이하의 징역 또는 2000만 원 이하의 벌금
스토킹범죄 의미와 처벌	스토킹행위를 지속적 또는 반복적으로 하는 것 • 3년 이하의 징역 또는 3000만 원 이하의 벌금(흉기 사용 시 징역 5년까지 처벌 가능) • 유죄판결 시 스토킹 치료프로그램 이수·수강명령, 집행유예 시 보호관찰·사회봉사 함께 부과 가능 • 스토킹범죄 2회 이상 범한 경우 등은 검사의 청구로 위치추적 전자장치 부착 가능	

있다. 가령 ▲짝사랑한다는 이유로 따라다니거나 학교·직장 앞에서 기다리는 일 ▲집으로 선물·꽃배달을 하는 행위 ▲편지나 이메일을 보내는 것도 만일 상대가 거부의사를 밝혔고 불안이나 공포를 느꼈다면 스토킹행위가 될 수 있다. 스토킹행위는 연인 등 남녀 관계에서만 벌어지는 일이 아니다. 동성, 지인, 이웃, 낯선 사람 등 대상을 가리지 않고 이유도 따지지 않는다.

눈여겨볼 점이 있다. 이런 행위가 있었다고 하여 곧바로 범죄가 성립하진 않는다. 현행법상 스토킹행위가 "지속적 또는 반복적으로" 이뤄졌을 때 비로소 스토킹범죄가 된다. 다만 단발성 스토킹행위라도 피해자 등이 신고하면 경찰, 검찰 등 수사기관은 가해자와 피해자 분리, 접근금지 등 적절한 조치를 취할 의무가 있다.

수사기관의 조치로는 (긴급)응급조치와 잠정조치가 있다. 응급조치란 경찰이 신고 즉시 현장에 나가 가해자와 피해자를 분리하고, 피해자가 동의한 경우 상담소나 보호시설로 안내하는 일을 말한다. 또 경찰은 스토킹행위가 지속·반복될 우려가 있고 긴급한 경우 긴급응급조치를 할 수 있다. 100미터 이내 접근금지, 스마트폰 등 통신 금지 등이 그것이다. 경찰은 긴급응급조치 후 법원에 48시간 이내 승인을 요청해야 한다.

스토킹범죄가 재발될 우려가 있는 경우엔 검찰이 법원에 잠정조치를 청구할 수 있다. 잠정조치로는 가해자에 대해 ▲스토킹범죄 중단 서면 경고 ▲100미터 접근금지 ▲통신 금지 ▲최장 1개월 구치소 유치 등을 할 수 있다.

스토킹범죄는 3년 이하의 징역 또는 3000만 원 이하의 벌금에 처한다. 흉기를 사용한 스토킹범죄라면 최장 징역 5년까지 늘어난다. 유죄판결

시에는 스토킹 치료프로그램 이수·수강명령을, 집행유예 시에는 보호관찰·사회봉사를 가해자에게 함께 부과할 수 있다.

반의사불벌죄 삭제·전자발찌 부착 등 법률 개정

법이 시행된 이후에도 스토킹이 중범죄로 발전한 사건이 발생하면서 불안해하는 이들이 많았다. 이 때문에 법을 다시 손봐야 한다는 목소리도 높아 2023년 7월 법이 개정되었다. 가장 큰 변화는 기존의 반의사불벌죄 조항을 삭제한 부분이다. 이로써, 피해자가 가해자와 합의를 했거나 처벌을 원치 않는다는 의사표시를 하더라도 스토킹범죄는 처벌이 가능하게 되었다. 가해자 측이 처벌을 면하기 위해 피해자에게 지속적으로 연락하여 합의를 종용하거나 2차 가해를 가할 가능성을 차단한 것이다.

또한 법률 개정으로 ▲온라인을 이용한 스토킹 행위 세분화 및 처벌 근거 마련 ▲잠정조치 시나 스토킹범죄 2회 이상 범한 경우 등에 위치추적 전자장치 부착 가능 ▲피해자 외에 동거인, 가족에 대해서도 잠정조치 가능 등이 시행되었다.

스토킹범죄는 제대로 된 처벌이 필요하다. 그전에, 국가가 나서서 초기에 피해자를 보호하고 더 큰 사고 발생을 막는 것이 훨씬 중요하다. 스토킹범죄 처벌법과는 별도로 '스토킹 방지 및 피해자 보호 등에 관한 법률'이 제정되어 2023년 7월부터 시행되고 있다.

성관계 동의하면 범죄 아니다?

상대가 16세 미만이면 동의 무관 처벌… 업무상 위력 성범죄도 증가

남녀의 잠자리에는 명시적인 동의가 필요하다. 상대의 침묵을 동의로 해석하는 건 무모한 짓이다. 그렇다면 성관계는 상대의 동의만 받으면 처벌을 받지 않을까? 원칙적으로는 그렇지만, 꼭 알아두어야 할 예외가 세 가지 정도 있다.

첫째, 나이에 따라 조금 다르다. 성인 남녀 간 동의에 의한 성적 접촉은 문제가 없다. 하지만 성관계를 자유의사에만 맡긴다면 판단 능력이 떨어지는 미성년자들이 피해를 보게 된다. 성인이 미성년자와 합의하에 성관계를 했다면 어떻게 될까? 우선, 16세 미만 청소년과의 성관계는 합의 여부와 관계없이 강간으로 처벌을 받는다. 16세 미만은 성적 교섭에 대해 동의할 능력이 없다고 본 것이다. 이것을 '미성년자 의제강간'이라고 한다. 30대 태권도장 남자사범 A씨가 만 14세 여중생 B양과 성관계를 했다는 사실이 언론에 보도돼 충격을 주었다. A씨는 "사랑하는 사이여서 그랬다"고 주장했다. 설령 이것이 사실이고 A씨와 B양이 합의했더라도 명백한 처벌대상이다. 원래 성관계 동의 연령은 13세였으나 좀 더 상향할 필요가 있다는 여론에 힘입어 국회는 2020년 법을 개정했다. 다만 피해자가 13세 이상 16세 미만인 경우는 가해자가 성인(19세 이상)일 때만 처벌이 가능하다.

최근에는 성적 행위에 대한 분별력이 약한 미성년자를 보호하기 위해 '아동·청소년의 성보호에 관한 법률(청소년성보호법)'이 개정되어 처벌이 강화됐다. 즉 성인이 13세 이상 16세 미만인 청소년의 궁박한 상태를 이용하여 성관계를 맺으면 3년 이상의 유기징역에 처하도록 했다. 예를 들어 가출, 학대 등으로 의식주를 해결하기 어려운 청소년의 사정을 이용해 숙식 제공 등을 빌미로 성관계를 맺는 경우도 처벌이 가능해졌다.

다음으로 16~19세 청소년과의 성적인 접촉이다. 이때는 동의가 있었다면 원칙적으로 처벌할 수 없다. 다만 직접적인 폭력이 아니라도 속임수를 쓰거나 겁을 주는 방식, 즉 위계나 위력을 사용했다면 처벌 대상이다.

둘째, 성적 만남에 대가나 돈이 오간다면 합의했더라도 처벌 대상이다. 우리나라는 성을 파는 사람과 사는 사람 모두 처벌한다. '성매매알선 등 행위의 처벌에 관한 법률'에 따르면, 성매매란 "불특정인을 상대로 금품이나 그 밖의 재산상 이익을 수수하거나 수수하기로 약속하고 성교행위(유사성교행위 포함)를 하거나 그 상대방이 되는 것"을 뜻한다.

미성년자(19세 미만) 대상 성매매는 성인 대상보다 엄하게 처벌한다. 청소년성보호법에 따르면, 미성년자의 성을 사는 행위는 징역 1~10년 또는 벌금 2000만~5000만 원의 처벌을 받는다. 미성년자에게 성매매를 유인·권유하거나, 성적 착취를 목적으로 한 대화를 지속 또는 반복하기만 해도 최장 징역 3년의 전과자가 된다. 최근 사회 문제로 대두된 미성년 대상 디지털성범죄도 처벌이 대폭 강화됐다. 미성년 성착취물을 제작·수입·수출한 자의 법정형은 무기징역까지 높였다. 또 미성년 성착취물을 구입하거나, 알면서 소지·시청한 자도 1년 이상의 징역형 대상이 된다. 더불어 디지털성범죄를 사전 예방하고 증거를 확보하기 위해 온라인이나 범죄 현장에서 경찰이 신분을 속이고 수사할 수 있게끔 이른바 '신분위장수사'를 허용하도록 법을 바꿨다.

셋째, 업무나 고용 등으로 '갑을관계'에 있는 경우 성관계 동의를 더 엄격하게 해석한다. 원래 성폭력은 폭행 또는 협박을 수단으로 할 때 성립하지만, 업무나 고용 관계에서는 위계(속임수)나 위력만으로도 범죄가 된다. 최근엔 미투 운동의 영향으로 처벌을 받는 사례가 늘어났다.

형법에 따르면 업무, 고용 기타 관계로 인하여 자기의 보호 또는 감독을 받는 사람에 대하여 위계 또는 위력으로써 간음(피감독자 간음)한 자는 7년 이하의 징역 또는 3000만 원 이하의 벌금에 처한다. 성폭력특별법에선 피감독자의 강제추행도 처벌 대상이다. 사장-종업원, 직장 상사-부하 사이에서 발생할 수 있는 성적 괴롭힘을 막기 위해서다. 급여, 승진, 근무조건 등을 빌미로 사회적·경제적 지위를 남용하여 성관계를 맺거나 신체접촉을 했다면 겉으로는 동의나 승낙처럼 보일지라도 범죄가 될 수 있다.

성폭력, 성폭행, 성추행, 성희롱 어떻게 다르나

이 네 가지 단어는 법률용어는 아니지만 실생활에서 많이 쓰인다. 각 용어의 일반적인 의미를 정리해봤다.

- 성폭력: 성과 관련된 육체적·정신적 폭력행위를 포괄하는 개념이다. '성폭력범죄의 처벌 등에 관한 특례법'에 따르면 성폭력범죄란 강간, 강제추행, 미성년자 간음뿐 아니라 공연 음란, 음화 반포, 음행 매개 등을 지칭한다. 범죄에 이르지 않더라도 성적 폭력행위에 해당하면 성폭력으로 볼 수 있으며 일반적으로 성희롱, 성추행, 성폭행 모두를 포함한다.
- 성폭행: 상대와 동의 없이 강제(폭행 또는 협박)로 성관계를 맺는 일을 일컫는다. 일반적으로 형법상 강간을 말한다. 강간은 성기와 성기의 결합으로 성립되는 범죄다. 과거에는 여성만이 강간의 피해자였지만, 현행법에 따르면 강간은 성별 구분 없이 남녀 모두 가해자도, 피해자도 될 수 있다. 유사한 범죄로 준강간과 유사강간이 있다.

수면 중, 술·약물 등으로 의사를 결정할 수 없는 상태에 있는 사람을 간음하면 준강간이다. 성기 이외의 신체의 내부에 성기를 넣거나, 성기에 손가락 등 신체의 일부 또는 도구를 넣으면 유사강간이 된다. 2020년 법 개정으로, 강간은 미수뿐 아니라 범행을 모의(예비·음모)한 경우에도 처벌이 가능해졌다.

• 성추행: 폭행 또는 협박으로 사람에 대하여 추행하는 것을 말한다. 형법에서는 강제추행이라고 한다. 여기서 추행이란 성욕을 만족시키거나 성욕을 자극하기 위하여 상대방의 성적 수치심이나 혐오감을 불러일으키는 일체의 행위를 말한다. 직접적인 성행위가 수반되는 강간과 구분된다.

• 성희롱: 성희롱이란 업무, 고용, 그 밖의 관계에서 공공기관 종사자, 사업주, 상급자 또는 근로자가 지위를 이용하거나 업무 등과 관련하여 성적 언동 또는 성적 요구 등으로 상대방에게 성적 굴욕감이나 혐오감을 느끼게 하는 행위를 말한다. 육체적, 언어적, 시각적 행위를 포함한다. 예를 들어 상급자가 이성 하급자에게 안마를 강요하거나, 직장 동료가 외모에 대한 성적 비유나 음란한 농담을 하거나 음란물을 보여주는 행위 등은 성희롱에 해당한다.

성적 언동 또는 그 밖의 요구 등에 따르지 않았다는 이유로 고용상 불이익을 주는 것도 직장 내 성희롱이다. 성희롱은 원칙적으로 형사처벌 대상은 아니고 직장 내에서는 해고, 감봉 등 징계사유가 되고, 민사상 손해배상 책임을 질 수 있는 행위다. 그러나 정도가 지나친 경우엔 강제추행 등 범죄가 될 수 있다.

05 윤창호법, 신해철법 나오기까지

[최근 이슈와 법 2] 음주운전과 의료사고 관련 법과 판례

하루 60명, 1년에 약 2만 명이 '이것'으로 사고를 내서 형사처벌을 받는다. '이것'에 따른 피해로 세상을 떠난 사람도 연간 수백 명에 달한다. 무엇일까? 바로 음주운전이다. 최근엔 많이 줄었다지만 한 해 음주운전 사고는 약 1만 5000건이고 사상자는 2만 3000여 명(2021년 기준, 사망 206명 포함)이다.

▼ 최근 5년간 음주운전 교통사고 현황(통계: 경찰청)

음주운전 교통사고	2017년	2018년	2019년	2020년	2021년
사망자 수	439	346	295	287	206
사고 건수	19,517	19,381	15,708	17,247	14,894

음주운전은 운전자 본인뿐 아니라 무고한 사람의 소중한 생명을 앗아 간다는 점에서 강력하게 처벌해야 한다는 목소리가 높다. 하지만 2018년 언론에 보도된 어느 음주 사망사고는 분노를 넘어 허탈감을 느끼게 했다.

> **사례 1**
>
> 2018년 9월 군복무 도중 휴가를 나온 20대 청년이 부산 해운대구 건널목 에서 친구와 함께 서 있다가 갑자기 달려든 차량에 부딪히는 사고가 발생했 다. 이 청년은 병원으로 후송됐지만 뇌사상태에 빠졌고, 사고 발생 46일 만 에 세상을 떠났다. 가해자는 운전 당시 혈중알코올농도 0.18%로 만취상태 였다. 그런데 재판 과정에서 현행 음주운전 사고의 법정형이 너무 낮다는 것이 밝혀졌다.

가해자에게는 '특정범죄 가중처벌 등에 관한 법률' 위반(위험 운전 치 사)이 적용됐다. 당시 법정형은 1년 이상의 유기징역이었고, 대법원 양형 기준은 징역 1년~4년 6개월이었다. 법원은 양형기준보다 훨씬 높은 징 역 6년을 선고했지만, 일반 시민들은 분노했다.

음주운전 사망사고, '윤창호법' 만들어지기까지

이 사건을 계기로 음주운전 처벌을 강화해야 한다는 여론이 형성되었고, 결국 국회를 움직여서 2018년 말 법률 개정에 이르게 된다. 사례에서, 만 취한 운전자의 차량에 치여 뇌사상태에 빠졌다가 세상을 떠난 청년의 이 름이 윤창호다. 그래서 이 법을 '윤창호법'이라고 부르게 됐다.

법을 따로 만든 것은 아니다. 기존의 법에서 음주운전 관련 형량을 강 화하고 음주운전 기준을 강화하는 식으로 법을 개정한 것을 편의상 이렇게 부르고 있다. 정확하게 얘기하자면, 특정범죄 가중처벌법(특가법)과 도로교통법 중에서 음주운전 관련 조항을 손질한 것이다.

▼ 음주운전 관련 처벌 조항(2023년 현재)

음주운전 적발시 (혈중알코올농도 %)	0.03 이상 ~ 0.08 미만	1년 이하 징역 (또는) 500만 원 이하 벌금	면허정지
	0.08 이상 ~ 0.2 미만	징역 1~2년 (또는) 벌금 500~1000만 원	
	0.2 이상	징역 2~5년 (또는) 벌금 1000~2000만 원	면허취소
	측정거부	징역 1~5년 (또는) 벌금 500~ 2000만원	
음주운전 상해사고		징역 1~15년 (또는) 벌금 1000만~3000만 원	
음주운전 사망사고		무기징역 (또는) 징역 3~30년	

개정 법률은 어떻게 달라졌을까? 먼저 음주운전 기준이 엄격해졌다. 운전면허 정지·취소나 형사처벌 대상이 되는 최저 혈중알코올농도 수치가 기존 0.05%에서 0.03%로 강화됐다. 벌칙 수준도 기존에는 '징역 6개월 이하, 벌금 300만 원 이하'였지만 '징역 1년 이하, 벌금 500만 원 이하'로 높아졌다. 혈중알코올농도는 주량과 도수, 사람의 체중이나 체질에 따라 차이가 있기는 하지만 소주 한두 잔, 맥주 한두 잔을 마셔도 음주운전에 적발될 수 있다. 최근 판례의 경향을 보면 단순 음주운전으로 적발된 초범의 경우도 거액의 벌금형이 선고될 정도로 음주운전은 형량이 높아졌다.

혈중알코올농도 0.03%로 강화… 음주 사망사고는 무기징역까지

면허취소 기준도 높아졌다. 과거엔 혈중알코올농도 0.1%를 기준으로 삼았지만 지금은 0.08% 이상으로 바뀌었다. 또한 0.08~0.2%는 징역 1~2년 또는 벌금 500만~1000만 원, 0.2% 이상은 징역 2~5년 또는 벌금 1000만~2000만 원의 벌칙을 부과하도록 바뀌었다. 이것은 음주 후 운전대를 잡았다가 사고를 내지 않고 적발됐을 때의 기준이다.

인명사고를 냈을 경우에는 이것과 비교할 수 없을 정도로 무거운 처벌을 받게 된다. 먼저 음주운전으로 사람을 다치게 하면 징역 최고 15년 또는 벌금 1000만~3000만 원으로 상향됐다.

음주사고로 사람을 사망에 이르게 하는 경우는 과거 1년 이상의 징역이었지만 지금은 3년 이상의 징역(최장 30년)은 물론 무기징역형도 선고할 수 있도록 법정형을 높였다. 이는 음주운전 사망사고를 내고도 일반인이 납득할 수 없을 정도로 낮은 수위의 형량이 선고되는 것을 막기 위해서다.

음주운전을 하면 사고 유무와 무관하게 행정상 책임도 뒤따른다. 면허가 일정 기간 정지되거나 취소되는 불이익을 입게 된다는 뜻이다. 특징적인 것은 제재를 가하는 혈중알코올농도 기준이 형사처벌과 마찬가지로 0.03%로 강화됐다는 점이다. 단순 음주의 경우도 0.03%만 되면 면허정지에 해당하는 벌점 100점이 부과된다. 혈중알코올농도 0.08% 이상이나 음주측정 거부는 단 1회만으로도 면허취소의 행정처분을 받게 된다.

윤창호법이 시행된 뒤 음주운전 사고가 감소되는 경향을 보였다. 한해 음주운전 사고와 사망자가 2003년엔 3만 1227건에 1113명이었지만 2021년엔 1만 4894건에 206명으로 줄었다.

숙취운전·음주운전 방조도 처벌 대상

음주운전 단속이 강화됐기에 '숙취운전'도 문제가 된다. 과음한 다음날 술이 덜 깬 상태로 운전하는 것을 말하는데, 이것도 위험하긴 마찬가지다. 경찰청 통계에 따르면 숙취운전이 전체 음주운전 적발 건수에서 약 4%를 차지한다. 혈중알코올농도 기준수치가 0.03%로 낮아졌기 때문에 더더욱 주의해야 한다. 개인차가 있지만, 체중 70kg 남성을 기준으로 했을 때 소주 1병을 마시고 알코올이 분해되기까지는 평균 5~6시간 이상이 걸린다고 한다. 따라서 밤늦게까지 술자리가 이어졌고 과음을 했다면 다음날엔 운전대를 잡지 않는 것이 상책이다.

사례 2

B씨는 대리운전 기사를 기다리다가 더워서 차량 에어컨을 틀기 위해 시동을 켰다. 그런데 앞쪽에 주차된 승용차가 너무 가까워서 경보음이 울리자 B씨는 엉겁결에 차량을 50㎝가량 후진하다가 접촉사고를 내고 말았다.

사례 3

C씨는 대리운전을 해서 집 근처 주택가까지 왔는데, 요금 문제로 대리기사와 실랑이를 벌이게 됐다. 대리기사는 주차를 해주긴 했는데, 주변 차량이 지나가기가 조금 어렵게 삐딱하게 주차를 해놓고 갔다. 술에 취한 C씨가 차에서 잠깐 졸고 있었는데, 행인이 "차가 지나가기 어려우니 다시 주차를 해달라"고 요구했다. 그래서 C씨는 5미터 정도를 이동해서 다시 주차를 했다.

B씨와 C씨는 모두 음주운전으로 처벌을 받았다. 억울할 수 있겠지만 술을 마셨다면 아주 짧은 거리라도 운전을 하면 안 된다. 아울러 음주운

전 방조도 처벌 대상이다. 최근 검찰과 경찰은 술을 마셨다는 사실을 알면서도 차량(열쇠)을 제공한 사람, 음주운전을 권유 · 독려 · 공모해 함께 탄 사람, 피용자 등 지휘 · 감독 관계에 있는 사람의 음주운전 사실을 알면서도 방치한 사람, 음주운전을 예상하면서 술을 제공한 사람 등을 음주운전 방조 대상 유형으로 규정했다. 해마다 수백 명의 무고한 사람이 음주운전으로 허망하게 목숨을 잃는다. 음주운전, 남은 말리고 나는 하지 말자.

어느 유명 가수의 죽음, 의료사고로 밝혀지다

사례 4

2014년 10월 가수 신해철 씨가 허망하게 세상을 떠났다. 심한 복부 통증을 호소하며 병원 치료를 받은 지 불과 열흘 만이었다. 신씨는 D병원에서 위장관유착박리 수술 등을 받은 뒤 고열과 심한 통증, 심막기종 등 복막염 증세를 보이며 극심한 통증을 호소하다 의식을 잃었고 큰 병원으로 옮겼으나 끝내 숨졌다. 조사 결과 D병원에서 수술한 이후 신씨는 소장과 심낭 등에 염증과 천공(구멍)이 생겼고, 복막염이 발생하여 심기능 이상에까지 이르게 된 것으로 밝혀졌다. 유족과 팬들은 의료사고를 주장하며 병원 원장 E씨의 처벌과 진상 규명을 요구했다.

수술을 시행한 원장 E씨는 유족들의 소제기로 민사법정에, 검사의 기소로 형사법정에 동시에 서야 했다. 기나긴 재판 결과 의료과실로 밝혀졌다. 신씨의 증상을 제대로 살피거나 동의를 얻지 않고 성급히 수술을 결정했고, 그 수술로 천공이 생겼는데도 적절한 조치를 취하지 않은 과실로 사망이라는 안타까운 결과가 발생했다는 결론이었다. 법원은 E씨가

"환자의 생명을 보호하는 데 필요한 조치를 취해야 할 업무상 주의의무를 다하지 못했다"고 판결했다.

민사재판에선 유족의 주장이 대부분 받아들여졌다. 법원은 ▲환자의 건강상태, 구체적 증상에 대한 고려 없이 환자 동의도 받지 않고 곧바로 유착박리 수술을 시행한 점 ▲환자의 계속된 통증 호소에도 복막염이 아니라고 속단하고 추가 검사나 상급병원 전원(轉院) 등의 조치를 취하지 않은 점 ▲환자의 경과 관찰을 매우 소홀히 하고 응급상황 발생 시 제대로 대처하지 못한 점 ▲정확한 진단명, 수술의 필요성과 합병증 가능성을 환자에게 사전에 설명하지 않은 점 등을 과실로 지적했다.

형사재판에선 E씨에게 업무상과실치사 등이 인정돼 징역 1년형이 확정됐다. 법원은 "신씨가 계속하여 통증을 호소했음에도 적절한 조치를 취하지 않아 사망이라는 중대한 결과를 초래했다"면서 "피고인의 과실(환자의 상태를 정확하게 진단하지 못하고 경과 관찰을 소홀히 하여 치료가 지연된 점)과 피해자의 사망 사이에 인과관계가 인정된다"고 봤다. E씨에겐 인터넷 사이트에 신씨의 수술과 관련된 개인정보를 공개한 혐의로 의료법 위반죄까지 더해졌다.

재판은 의료사고가 발생한 지 무려 4년 7개월 만에야 끝이 났다. 그나마 유명인의 안타까운 죽음이었기에 여론의 주목을 받아 진실이 밝혀질 수 있었다.

일반인에게 의료소송은 엄두를 내기 어려운 분야다. 의료사고라는 의심이 들더라도 섣불리 소송을 제기하기보다는 먼저 자료를 모으고 득실을 따져보는 등 심사숙고할 필요가 있다. 먼저 의료과실과 관련된 정보부터 알아보자.

생명과 신체 다루는 의사에게 부과된 의무는

환자와 의사는 일종의 계약 관계다. 환자가 의사에게 진료를 의뢰하고 의사가 치료를 하면 '의료계약'이 성립된다는 것이 판례다. 의료인은 질병의 치료 등을 위하여 모든 의료지식과 의료기술을 동원하여 환자를 진찰하고 치료할 의무가, 환자 쪽은 진료에 협조하고 보수를 지급할 의무가 있다.

사람의 생명과 신체를 관리하는 의사에게는 높은 책임감과 함께 의무가 따른다. 세분화하면 다음과 같다.

- (진료의무) 최선을 다해 치료할 의무
- (비밀준수의무) 의료 과정에서 알게 된 환자의 비밀 누설 금지 의무
- (진료기록의무) 의료행위에 관한 사항과 의견을 상세히 기록할 의무
- (설명의무) 환자가 자기 질병, 치료 등에 대해 충분히 알고 스스로 결정할 수 있도록 증상, 치료 방법의 필요성, 예상되는 위험 등을 설명할 의무
- (주의의무) 환자의 증상, 상황에 따라 위험방지를 위해 최선의 조치를 할 의무

이런 의무를 성실하게 이행하지 않은 경우 의료과실이 인정될 수 있다. 의사는 어느 정도의 주의를 기울여야 할까?

"의료사고에서 의료종사자의 과실을 인정하기 위해서는 의료종사자가 결과 발생을 예견할 수 있고 또 회피할 수 있었는데도 이를 예견하지 못하거나 회피하지 못했음이 인정되어야 하고, 그런 과실 유무를 판단할 때는 같은 업무와 직종에 종사하는 보통인의 주의 정도를 표준으로 하여야 하며, 이에는 사고 당시의 일반적인 의학

수준과 의료 환경 및 조건, 의료행위의 특수성 등이 고려되어야 한다."(대법원 2009도 13959 판결 등)

정리하자면 의료과실이란 평균적 수준의 의사가 마땅히 지켰어야 할 주의의무를 위반한 것을 의미한다. 이는 크게 ① 결과예견의무 위반(환자의 생명, 신체에 나쁜 결과를 초래할 수 있다는 것을 예견할 수 있었음에도 부주의하여 그러지 못한 경우)과 ② 결과회피의무 위반(여러 수단을 통한 의료행위 중 적절한 방법을 택하여 환자에게 나쁜 결과가 발생하는 것을 피해야 하는데 그러지 못한 경우)으로 나눌 수 있다.

신이 아닌 이상 어떤 의사도 완전무결하게 임상진단을 할 수는 없다. 전문직업인으로서 요구되는 의료상의 윤리를 지키고 최선의 노력을 다하며 주의를 기울였다면, 비록 환자가 완치되지 못하거나 치료 결과가 최상이 아니었다고 하더라도 의료과실로 볼 수는 없다. 의사는 치료행위의 전 과정에서 재량을 인정받는다.

성형수술의 경우, 설명의무 위반 인정 사례도

특히 치료보다는 미용을 목적으로 하는 성형수술의 경우엔 더욱 그렇다. 의뢰인의 기준으로 '외모에 불만족스럽다'는 정도로는 과실 인정이 어렵고 그 이상의 '잘못'이 있어야 한다.

성형수술은 의사의 설명의무 위반만으로 손해배상 책임이 인정되는 사례가 있다. 의뢰인이 기대한 만큼 외모 개선 효과를 보지 못했다는 이유만으로 의료과실을 인정하기는 어렵지만, 수술의 필요성·위험성 등을 충분히 설명하지 않았다면 그것 자체로 의무 위반은 성립한다.

F씨는 눈을 뜨면 졸려 보인다는 이야기를 자주 듣고 성형외과를 찾았다. 의사 G씨가 쌍꺼풀 수술과 안검하수(눈꺼풀 처짐증) 교정술을 제안하여 수술을 받았다. 그런데 F씨는 수술 후 눈이 제대로 안 감기거나 충혈되는 현상이 발생하여 다섯 번이나 재수술을 했다. F씨는 의료사고라고 주장하며 법원에 소송을 냈다.

법원은 G씨가 수술 과정에서 F씨의 눈상태를 신중하게 고려하지 않고 수술한 과실이 일부 있었음을 인정했다. 또한 수술의 필요성, 후유증 등을 사전에 충분히 설명하지 않았다며 설명의무 위반도 지적했다. 특히 미용성형술은 치료 목적의 의료행위에 비해 긴급성이 매우 약하다는 점을 고려, "의사로서는 의뢰인의 성별, 연령, 직업, 성형 시술 경험 여부 등을 참고하여 충분히 이해할 수 있도록 상세한 설명을 하여 의뢰인이 필요성이나 위험성을 충분히 비교해보고 시술 여부를 선택할 수 있도록 할 의무가 있다"고 판시했다. F씨는 치료비(향후 치료비 포함)와 위자료를 받을 수 있었다.

2019년에는 응급실 의료과실이 인정된 판례도 있었다. 의사 H씨가 진료차트를 보지 않은 채 레지던트의 설명만 듣고 응급실 환자를 치료하다가 환자가 사망한 사건이었다.

사례 6

H씨는 호흡곤란으로 응급실에 온 환자를 진찰하면서 응급실 레지던트에게 피해자의 증상에 대한 설명만 듣고 진료차트나 엑스레이 사진을 살펴보지

134

않았다. 만일 진료자료를 확인했더라면 환자의 목 후두의 부종이 매우 심한 상태라는 것을 알 수 있었을 것이고, 곧바로 절개술을 실시하여 산소를 공급할 수 있는 상태였다. 그런데도 H씨는 환자에게 기도삽관을 3회 시도했다가 실패했고, 산소를 제대로 공급받지 못한 환자는 후유증으로 세상을 떠났다.

법원은 "H씨는 응급실에서 1분 거리도 되지 않는 자신의 책상에서 진료차트, 엑스레이 사진을 쉽게 확인할 수 있었다"며 "의사의 잘못으로 피해자가 산소를 제대로 공급받지 못해 뇌사상태에 이르게 됐고, 후유증으로 사망했다"며 업무상 과실을 인정했다.

의료사고를 밝히기 위해서는 의사의 과실(주의의무 위반 등)과 손해발생(환자의 악화 등) 사이의 인과관계를 직접 입증하는 게 원칙이다. 하지만 의료전문가가 아닌 일반인으로서 이를 입증한다는 것은 상당히 어려운 일이므로 법원은 입증책임을 완화했다. 즉 환자의 건강이 악화됐을 때 의료행위 이전에는 환자에게 그런 원인이 될 만한 건강상의 결함이 없었다는 사정을 환자가 증명하는 경우, 의료과실이 아니고 다른 원인으로 말미암은 것이라는 점을 의사 쪽에서 입증하도록 했다.

하지만 이때도 일련의 의료행위 과정에서 의료과실이 있었다는 점은 환자 쪽에서 입증해야 하며, 의사의 주의의무 위반을 입증하지 못한다면 의료사고로 인정받기가 어려워진다. 의료소송을 시작하려면 철저한 사전준비가 우선이다.

또한 의사의 고의 또는 과실이 밝혀지더라도 민사상 손해배상 책임을 넘어서 그것이 형사상 범죄에 해당하는지는 또 다른 문제다. 따라서 형사고소는 신중하게 선택해야 하고, 민사재판의 경과를 보면서 해도 늦지 않다. 의료분쟁은 자료를 수집하고 전문가의 조언을 들은 뒤, 조정절차를 거칠 것인지 아니면 소송을 할 것인지 결정하는 방식이 좋다.

신해철 씨가 세상을 떠난 지 2년 뒤인 2016년, 개정된 의료분쟁조정법(일명 '신해철법')이 시행됐다. 환자가 의료사고로 사망하거나 의식불명 등 중증의 상해가 발생한 경우, 의사 측의 동의 없이도 곧바로 의료분쟁조정 절차에 들어갈 수 있도록 제도화한 것이다. 의료분쟁이 장기간 계속되어 환자 측이 고통받는 점을 고려한 조치다. 그리고 신해철법에 이어 의료행위 시 의료인의 설명의무를 명문화한 개정 의료법도 시행이 되고 있다.

윤창호 씨와 신해철 씨는 안타깝게 세상을 떠났다. 이제 두 사람의 이름은 우리에게 음주운전 사고, 의료사고에 경각심을 불러일으키는 대명사가 됐다. 이와 유사한 비극이 더는 없기를 바란다.

의료분쟁 전에 준비해야 할 사항

의료소송은 전문가와 비전문가의 싸움이다. 고도의 전문적 지식을 가진 의사를 상대로 일반인이 의료과실 등을 밝혀내기란 쉽지 않다. 의료분쟁 전에 유의해야 할 사항 몇 가지를 살펴보자.

1. 의료과실의 민·형사상 책임

의료과실 등으로 환자가 사망하거나 손해를 입은 경우 의사에게는 민· 형사상 책임이 뒤따른다.

　먼저, 민사책임이다. 의사가 치료 과정에서 환자에게 손해를 발생시킨 경우 환자(또는 유족)는 채무불이행 또는 불법행위를 원인으로 손해배상 청구를 할 수 있다. 충실히 치료를 해주지 않았거나 최선의 주의의무를 이행하지 않아서 의료사고가 발생했다는 사실을 입증해야 하고 주의의무 위반과 손해발생 사이에 인과관계가 있어야 한다. 손해배상은 (향후) 치료비와 같은 재산상 손해와 신체적·정신적 고통에 따른 위자료를 포함하는 경우가 일반적이고 과실 정도에 따라 금액이 달라질 수 있다.

　형사책임은 의료과실 등을 저지른 의사에 대해 국가의 처벌을 요구하는 것이다. 의료과실로 상해 또는 사망에 이르게 한 경우 형법상 업무상 과실치사상죄에 해당한다. 또한 환자의 정보를 무단으로 공개한 경우 업무상비밀누설, 의료법 위반 등이 성립될 수 있으며, 진단서나 진료기록부를 허위 작성한 경우도 처벌을 받을 수 있다.

주의할 점은 민사소송에서 의료과실이 인정됐다고 해서 곧바로 의사가 형사책임을 지는 것은 아니라는 사실이다. 형사재판에서 입증은 더욱 엄격한 기준으로 보기 때문에 의사의 잘못이 처벌을 할 정도로 명백한 경우가 아니면 유죄로 인정되기 어렵다. 섣불리 형사고소를 먼저 해서 의사에게 무혐의나 무죄가 나오면 민사재판에서 불리하게 작용할 수도 있으므로 고소는 신중해야 한다.

2. 의료분쟁 전 준비할 사항과 관련 기관

의료사고가 의심되어 법적인 분쟁을 할 경우에는 준비할 몇 가지가 있다. 일단 의무기록사본(진료기록부)을 바로 요청해서 확보해두어야 한다. 진료기록부는 의료행위에 관한 사항과 의견을 상세히 기록하여 보관하도록 되어 있어서 소송에서 기본 자료가 된다.

다음으로는 객관적인 증거를 확보할 필요가 있다. 의사나 간호사 등에게 자세한 설명을 듣고, 그 진술을 메모하거나 가능하다면 동의를 얻어 녹취를 한다. 필요한 경우 사진을 촬영하여 증거를 확보한다. 또한 환자와 관련된 사항을 치료 전부터 현재까지 날짜·시간별로 일목요연하고 자세하게 정리하여 '일지' 형태로 만들어둔다. 이것으로 환자의 상태를 파악할 수 있다.

이런 절차를 마쳤다면 전문가의 도움을 얻는 것이 좋다. 소송 전에는 한국소비자원, 한국의료분쟁조정중재원 등에서 의료분쟁조정을 통해 사건을 해결할 수 있다. 본격적인 소송을 위해 법적인 자문을 원한다면 대한법률구조공단이나 의료전문 변호사의 도움을 받으면 된다.

반려동물과
공존하는 법을 알자

[최근 이슈와 법 3] 생명존중 시대 반려동물 관련 사고 대처법

동물, 과거엔 '물건'에 불과… 현재는 법으로 생명보호

사람은 아니지만 함께 사는 가족이 있다. 개와 고양이 등 반려동물이다.
전국 600여만 가구에서 반려견 544만 마리, 반려묘 254만 마리를 포함,
반려동물 800만 마리 이상을 키우고 있다는 통계(2023년 농림축산식품부)
가 있다. 다른 통계에 따르더라도 대략 4가구 중 1가구가 반려동물과 한
집에서 산다.

　10~20년 전만 하더라도 법의 시각에서 보면 동물은 물건(재물)에 불
과했다. 동물을 학대하거나 죽여도 범죄라는 인식이 희박했고, 책임을
물어봐야 재물손괴 정도에 그쳤다. 지금은 다르다. 생명존중, 사람과 동
물의 공존을 강조하는 시대다. 그런데 공존을 가로막는 사건이 심심찮게
발생한다.

경의선 숲길 고양이 살해 사건의 결과는?

사례 1

A씨는 산책길에 고양이들이 너무 많고, 사람들이 먹이를 주면서 통행에 지장을 주는 것 때문에 평소 고양이에 대한 거부감이 있었다. 그는 고양이에게 골탕을 먹이기 위해 세탁세제를 섞은 사료를 만들었다. 산책길로 나간 A씨는 인근 레스토랑에서 키우던 고양이 한 마리를 발견했다. 그는 미리 준비한 사료와 물을 먹이려 했으나 고양이가 먹지 않고 피하자 고양이에게 세제를 뿌린 뒤 이어 잔혹한 폭력을 행사했다. 꼬리를 움켜쥐고 들어 올렸다가 바닥에 내리찍고 수회 짓밟아 죽인 뒤, 화단 구석진 곳에 버렸다.

사례 2

B씨는 옆집에 사는 C씨의 개가 계속 시끄럽게 짖어댄다는 이유로 경찰에 신고를 했으나 달라지는 것이 없었다. 그러자 망치를 들고 직접 C씨의 집으로 들어갔다. B씨는 C씨가 없는 틈을 타서 망치로 개의 머리 부위를 내리쳐서 눈 부위가 찢어지게 하는 상처를 입혔다.

첫 번째 사례는 '경의선 숲길 고양이 사건'으로 세상에 알려져 사람들에게 큰 충격을 주었다. A씨는 "주인 없는 길고양이로 생각했다"고 황당한 변명을 늘어놓았다. 법원은 "범행 수법이 매우 잔혹하고 A씨에게 생명존중의 태도를 찾아볼 수 없다"고 꾸짖었다. 고양이 주인이 극심한 정신적 고통을 호소한 점, 사회적 공분을 초래한 점 등을 참작해 A씨에게 징역 6월의 실형을 선고하고 법정구속했다. 설사 고양이가 주인이 없었다 하더라도 동물학대 범죄임에는 변함없다.

B씨의 경우도 명백한 동물학대에 해당한다. 범행 후 B씨는 반성하면서 C씨에게 합의까지 받아냈지만 처벌(징역 4월에 집행유예 1년)을 피할 수 없었다. 두 사례 모두 동물보호법 위반(동물학대)과 재물손괴죄가 적용됐다.

개 농장을 운영하는 사람이 개를 묶은 상태에서 전기로 감전시켜 죽게 하였다가 유죄판결을 받은 사례도 있다. 동물을 살해하지 않았더라도 동물의 신체나 정신에 고통을 주는 학대행위만으로도 징역형까지 부과가 가능하다. 자신의 반려동물 관리에 소홀한 주인에게도 민·형사상 책임이 따르는 시대다.

목줄 등 안전조치를 취하지 않는 행위, 배설물을 치우지 않는 행위, 자기가 키우던 동물을 내다 버리는 행위(유기)도 모두 제재대상이다. 도사견, 핏불테리어, 로트와일러처럼 공격성이 강한 맹견을 동반하고 외출할 때에는 목줄과 입마개 등 안전조치를 취해야 한다.

키우던 개가 사람을 물어서 다치게 했다면

사례 3

D씨는 멧돼지 퇴치용으로 공격적인 성향의 셰퍼드 잡종견을 키웠다. D씨는 평소 셰퍼드를 마당에 풀어놓는데 가끔씩 탈출하는 경우도 있어서 이웃들의 원성이 자자했다. 하루는 D씨가 외출하면서 셰퍼드를 묶어 놓았는데, 육중한 무게를 이기지 못하고 개줄이 끊어지고 말았다. 셰퍼드는 울타리를 넘어 밖으로 나간 뒤 주변에서 반려견과 산책 중이던 E씨에게 달려들었다. 셰퍼드는 반려견을 물어 죽인 뒤에도 E씨의 목덜미, 어깨, 팔을 물어 E씨는 한 달 이상 병원치료를 받아야 했다.

법원은 안전조치를 제대로 취하지 않은 D씨에게 징역형을 선고했다. 법원은 "사람을 공격할 가능성이 있는 개를 키우려면 혹시 모를 사태에 대비해서 필요한 모든 조치를 취해야 한다"면서 "지나가는 사람들을 공격해서 생기는 피해에 대해 개주인은 마땅히 책임을 다해야 한다"고 판시했다.

D씨에게 적용된 죄는 과실치상죄다. 사나운 개가 사람을 물도록 방치한 행위는 마치 부주의하게 타인에게 흉기를 휘둘러 부상을 입게 한 것과 진배없다는 뜻이다. 특히나 사나운 동물은 사람의 생명을 위협할 수 있기 때문에 철저히 관리해야 한다. 맹견을 키우는 사람은 맹견이 탈출하지 않도록 울타리나 안전장치로 예방해야 불상사를 막을 수 있다.

D씨의 불행은 감옥살이로 끝나지 않았다. 동물 주인은 그 동물이 타인에게 가한 손해를 배상해야 한다. 민사재판에서도 D씨에게 100% 잘못이 인정됐다. 법원은 "D씨는 개가 이미 탈출하거나 사람을 다치게 한 사실이 있는데도 안전장치를 제대로 취하지 않았다"며 E씨에게 일실수입(사고가 나지 않고 계속 일했더라면 피해자가 장래 벌었으리라 예측되는 소득)과 치료비, 간호비를 지급하라고 명했다. 여기에 D씨는 E씨의 반려견이 목숨을 잃었으므로 반려견의 분양가액, 장례비 등이 손해배상액에 추가되었고, 위자료(E씨의 부상과 반려견 사망에 따른 정신적 피해배상)까지 포함하여 수천만 원을 지급해야 했다.

D씨 정도의 큰 잘못은 아니라도 동물을 풀어놓거나 산책시키다가 관리 소홀로 사람을 다치게 했다가는 법적인 제재에서 자유롭지 못하다. 동물이 직접 사람을 물지 않았더라도 타인이 동물을 피하다 상처를 입거나 놀라 넘어져서 다쳤다면 민형사상 책임이 있다. 최근엔 반려동물이

사람을 할퀴어 주인이 법정에 서는 일도 흔하다. 반려동물 주인에게는 갈수록 높은 관리 책임이 요구된다.

요즘에는 동물 '의료사고'도 심심찮게 일어난다. 동물병원이나 반려동물호텔에 맡긴 동물이 관리 소홀로 죽게 된 경우 누가 어떤 책임을 져야 할까.

"동물 '의료사고'도 재산상·정신적 손배 책임"

사례 4

동물 병원 원장인 F씨는 반려동물호텔을 함께 운영하고 있었다. G씨는 급한 일이 있어서 자식처럼 애지중지 키우던 슈나우저 한 마리를 반려동물호텔에 며칠간 맡겼다. 그런데 여기서 지내던 개가 며칠 뒤 갑자기 구토를 하기 시작했고 설사와 호흡곤란 증세까지 보였다. G씨가 찾으러 갔을 때는 증세가 더욱 악화된 상태였다. 진단 결과 급성신부전과 심한 요독증에 의한 폐렴으로 밝혀졌다. G씨는 개를 큰 병원으로 옮겼는데 이송 도중 죽고 말았다. G씨는 민사소송을 제기했다.

위탁보호를 맡은 병원 등이 고의나 과실로 반려동물을 제대로 돌보지 않아 다치거나 죽게 했을 때는 법적 책임을 져야 한다. 자신에게 별다른 잘못이 없다고 주장한 F씨는 재판 결과 병에 걸린 G씨의 슈나우저를 방치한 사실이 드러났다.

법원은 "동물병원이나 반려동물호텔은 반려견의 상태를 지속적으로 관찰하면서 개가 질병에 걸리면 치료하거나 주인에게 알려 치료받게 할 의무가 있다"면서 "이를 게을리해 적절한 치료 방법과 시기를 놓쳤다면 재산상·정신적 손해를 배상할 책임이 있다"고 판결했다.

개정 동물보호법엔 어떤 내용 담겨 있나?

동물보호법은 동물과 인간의 안전한 공존을 위해 2022년 4월 전면 개정되었다. 법이 시행되는 2023년 이후부터는 소유자가 키우는 반려동물을 사육·관리 소홀로 상해를 입히거나 죽게 하는 것도 동물학대 행위에 추가돼 징역형까지 부과될 수 있다. 동물을 단순 유기하는 행위도 300만 원 이하의 벌금형으로 처벌된다.

장기 입원, 군 복무 등으로 사육이 어려운 동물을 지방자치단체에서 인수하는 사육포기 동물의 인수제도가 도입된다. 동물수입·판매업, 장묘업이 등록제에서 허가제로 바뀌고, 동물전시업, 위탁관리업, 미용업, 운송업은 등록제로 운영된다.

또한 개정법은 도사견, 로트와일러 등 맹견 사육에 대한 관리를 강화했다. ▲맹견의 소유자는 다른 사람의 신체적, 재산상 피해를 보상하기 위해 책임보험에 의무적으로 가입해야 하고 ▲맹견 수입 시 품종, 수입 목적, 사육장소 등을 신고토록 하는 맹견수입신고제도가 도입되며 ▲맹견사육을 위해선 동물등록, 책임보험 가입 등의 요건을 갖추어 시·도지사에게 허가를 받아야 한다. 이를 위반할 시는 과태료 제재가 따른다. ▲맹견관리 소홀로 사상자가 발생하면 소유자는 징역형 등의 형사처벌을 받게 된다.

개정된 동물보호법에서 처벌 수위(3년 이하의 징역 또는 3000만 원 이하의 벌금)가 가장 높은 대표적 금지행위는 다음과 같다.

- 동물학대 등으로 동물을 죽이거나 죽음에 이르게 하는 행위
- 배회하거나 버려진 동물을 포획하여 죽이는 행위
- 소유자가 사육·관리 보호 의무를 위반하여 반려동물을 죽게 한 행위
- 동물관리 소홀, 외출 시 목줄 미착용 등 안전조치 위반으로 인명 사망사고 야기

사실 반려동물이라는 말이 나오기 전부터 동물은 우리와 떼려야 뗄 수 없을 만큼 친밀한 사이였다. 법을 따지기 전에 동물을 잘 관리하고 사랑하는 품성은 필수다. 생명존중, 동물과 인간의 공존은 이제 시대적 흐름이 되었다.

한편, 2024년 '개의 식용 목적의 사육·도살 및 유통 등 종식에 관한 특별법'(약칭 개식용 종식법)이 만들어졌다. 이 법에 따라 2027년부터는 식용을 목적으로 개를 사육하거나 도살하는 행위, 개 또는 개를 원료로 조리·가공한 식품을 유통하는 판매하는 행위는 징역 또는 벌금의 형사처벌 대상이 된다.

07 크고 작은 여행사고, 이렇게 대처하세요

코로나19 팬데믹(전 세계적으로 감염병이 크게 유행하는 현상)을 겪으면서 우리는 일상의 소중함을 깨닫게 되었다. 코로나19 때문에 나라 안팎을 자유롭게 여행하는 즐거움을 빼앗겨 우울했다는 사람도 적지 않다.

그런데 모처럼 떠나는 여행에서 크고 작은 사고를 당해서 어려움을 겪는 이도 있다. 주로 해외여행에서다. 여행사고, 여행사에겐 어떤 책임이 따를까.

사례 1

30대 여성인 A씨는 모처럼 휴가를 얻어 가족들과 해외여행을 떠났다. 행선지는 말레이시아 코타키나발루. 그는 B여행사와 항공, 숙박, 현지 일정을 포함한 3박 5일 패키지여행 계약을 했다.

그런데 A씨가 가장 기대했던 스노클링 체험에서 사달이 났다. 현지 가이드로부터 안전수칙을 들은 직후 A씨는 입수하기 위해 철제계단을 내려가다가 미끄러지고 말았다. A씨는 순간적으로 계단 옆 난간의 구조물을 잡다가 엄지손가락이 끼이면서 골절사고를 당했다. A씨는 현지에서 응급치료 후 국내에서 수술과 입원치료를 받았으나 완치가 불가능해 엄지손가락에 장애를 안고 살아가게 되었다. A씨는 B여행사에 치료비 등 배상을 청구했으나 B여행사는 책임이 없다며 발뺌했다.

"여행사는 고객에 대해 '안전배려의무' 있다"

패키지여행(기획여행)에서 여행사의 책임은 어디까지일까. 여행사가 여행 관련 용역을 제공하기로 하고, 고객이 대금을 지급하기로 약정하면 여행계약이 맺어진다. 쉽게 말해 특정 여행사의 패키지상품 신청서에 사인을 하거나 인터넷으로 예약 버튼을 클릭하면 계약이 성사된다. 여행계약을 체결하면 여행전문가 위치에 있는 여행사에겐 여러 책임이 따른다. 법원은 일반론으로 "여행사는 여행자의 생명, 신체, 재산 등이 훼손되지 않도록 합리적 조치를 취할 '신의성실의 원칙'상 고객보호의무 내지 안전배려의무를 부담한다"면서 이런 의무를 어기면 손해배상책임을 진다고 설명한다(신의성실의 원칙이란 '권리의 행사와 의무의 이행은 신의에 좇아 성실히 해야 한다'는 민법의 대원칙으로, 신의칙이라고도 한다).

"기획여행업자는 여행 일반은 물론 목적지의 자연적·사회적 조건에 전문적 지식을 가진 자로서 우월적 지위에서 행선지나 여행시설 이용 등을 일방적으로 결정한다. 반면, 여행자는 안정성을 신뢰하고 기획여행업자가 제시하는 조건에 따라 여행

계약을 체결하는 것이 일반적이다. 이런 점을 감안할 때, 기획여행업자는 안전배려의무를 부담한다."

판례에 따르면, 여행사가 안전배려를 위해 할 일은 다음과 같다.

1. 여행자의 생명·신체·재산 등의 안전을 위해 여행목적지·여행일정·여행서비스기관의 선택 등을 미리 충분히 조사·검토하여 전문업자로서 합리적인 판단을 해야 한다.
2. 그에 따라 여행 전 또는 그 이후라도 여행자가 부딪칠지 모르는 위험을 예견할 수 있을 경우 여행자에게 알려 스스로 그 위험을 수용할지 선택할 기회를 주어야 한다.
3. 여행 도중 위험 발생의 우려가 있을 때는 미리 위험을 제거할 수단을 마련하는 등 합리적 조치를 취해야 한다.

A씨의 사고는 어땠을까. 여행사가 의무를 다하지 못했다고 법원은 판단했다. 당시 안전장치가 제대로 갖춰져 있지 않았고 A씨가 스노클링 체험을 하는 데 어려움이 없는 신체조건이었던 점 등에 비추어 여행사에 잘못이 있다는 것이다. 다만 A씨도 주의의무를 게을리한 점을 감안, 여행사에 절반의 책임만을 인정했다.

베트남 패키지여행에선 스노클링 사망사고가 발생한 적도 있었다. 70대 고령인 C씨는 사전교육도 없이 스노클링 체험을 하다가 수심이 사람 키를 넘고 물살의 속도가 빠른 바닷물에 휩쓸렸다. 물속에서 겨우 바위 위에 몸을 걸친 C씨를 본 가족들이 "살려달라"고 소리쳤지만 가이드는 보지 못했다. 현장에는 안전요원도 없어서 주변 사람들이 구조했으나 C씨는 결국 숨을 거두고 말았다. 여행사는 위험한 일정이 있으면 특히 노약자나 지병이 있는 사람을 파악하고 그들에게 위험성을 알려줄 의무가 있다. 법원은 사전교육도, 안전요원도, 구호조치도 없었던 무책임한 여행사에게 거액의 손해배상을 명했다.

캄보디아 패키지여행에서 큰 부상을 입은 D씨의 사례도 눈여겨볼 만하다. D씨는 현지 가이드의 인솔에 따라 교통수단인 '뚝뚝(골프장 카트처럼 좌우출입문이 없는 간이이동수단)'을 타고 이동하다가 사고를 당했다. 모자가 바람에 날려가자 D씨가 '스톱'을 외쳤으나 운전사는 계속 운전을 했다. 이에 당황한 D씨는 급한 마음에 모자를 주우려다가 중심을 잃고 밖으로 떨어져 대뇌출혈, 지주막하출혈 등의 중상을 입었다.

언어 소통이 잘 안 되는 외국에서 낯선 교통수단을 이용하는 여행자에게 가이드의 주의의무는 클 수밖에 없다. 법원은 현지 가이드가 뚝뚝의 특성과 위험성을 여행자에게 설명하고, 운전사에게는 주의를 기울이도록 알려야 할 의무가 있는데도 이를 게을리했다고 보았다. 현지 여행사나 가이드의 잘못도 결과적으로 기획여행사의 책임으로 돌아간다.

'자유시간'에는 여행자가 안전사고 신경 써야

그러나 기획여행이라도 공식 일정이 아닌 자유시간에 발생한 사고는 조금 다르다. 이때는 여행자 스스로 좀 더 안전에 신경을 써야 한다.

사례 2

E씨와 F씨는 동호회 회원들과 베트남 패키지여행을 가게 되었다. 주된 일정

은 현지 인솔자 G씨가 함께했다. 뜻하지 않은 비극이 발생한 건 저녁식사를 마친 심야 자유시간 때였다. 일행들은 E씨와 F씨 두 사람이 보이지 않자 G씨에게 도움을 청했다. G씨는 숙소 인근 해변에서 밤늦게 물놀이를 하는 두 사람을 발견하고선 "위험하니 빨리 나오라"고 경고했다. G씨의 만류에도 계속 물놀이를 하던 그들은 파도에 휩쓸려 익사하고 말았다.

이때도 여행사의 책임이 인정될까. 하급심은 "그렇다"고 했지만, 대법원의 판단은 달랐다. 안전배려의무 위반이 인정되려면 ① 사고와 기획여행업자의 여행계약상 채무이행 사이에 직·간접적으로 관련성이 있고, ② 사고 위험이 여행과 관련 없이 일상생활에서 발생할 수 있는 것이 아니어야 하며, ③ 여행업자가 사고 발생을 예견했거나 할 수 있었음에도 위험을 미리 제거하기 위해 필요한 조치를 다하지 못했다고 평가할 수 있어야 한다고 보았다.

여행사나 가이드는 어디까지 조치를 취해야 할까. "여행일정에서 상정할 수 있는 모든 추상적 위험을 예방할 수 있을 정도일 필요는 없고, 개별적·구체적 상황에서 여행자의 생명·신체·재산 등의 안전을 확보하기 위해 통상적으로 필요한 조치이면 된다"는 것이 대법원의 설명이다.

쉽게 말해, 야간 자유시간에 물놀이를 하는 여행자에게 가이드가 "위험하니 중단하라"는 경고를 했다면 충분한 조치를 취했다고 본 것이다. 야간 해변 물놀이가 여행 일정에 포함되어 있지 않았고, E씨 등은 물놀이의 위험성을 충분히 인식할 수 있는 성년자라는 사실도 감안했다. 결국 이 사고에서 '여행사의 책임은 없다'는 판결이 확정됐다.

패키지여행 대신 개별적으로 예약대행업체를 통해 현지 투어 프로그램만 예약하는 사람도 있다. 그 후 프로그램에 참가하여 현지에서 사고가 난 경우는 어떻게 될까. 이때는 예약 업체에 책임을 묻기는 어렵다. 업체가 약관 등을 통해 단순 대행 서비스임을 명시하고 예약만을 대행해주었다면 안전배려의무를 부담하지 않는다는 판례가 있다.

부득이한 사유 없이 해제 시 상대방에 손해배상해야

정리하자면, 여행사는 기본적으로 안전배려의무를 부담하기 때문에 여행 중 발생한 안전사고에 책임을 지는 것이 원칙이다. 또한 여행에 하자가 있는 경우(숙박, 식사, 관광내용, 일정 등이 여행일정표와 불일치하는 경우) 여행자는 하자시정·대금감액을 요청하거나 때에 따라서는 손해배상을 청구할 수 있다.

다만 ▲여행자가 계약 내용에 포함되지 않은 자유일정 중에 발생한 사고나 ▲여행사 등이 예약만을 대행해준 현지 프로그램 참가 중 발생한 사고는 여행자가 직접 책임을 지는 것이 원칙이다.

해외여행에는 특약이 없는 이상 '민법', '여행 표준약관', '소비자분쟁해결기준'이 적용된다. 여행자는 여행 시작 전에는 언제든지 계약을 해제할 수 있다. 다만 여행사에 발생한 손해는 배상해야 한다(여행 당일 통보시 통상 국내는 30%, 해외는 50% 배상). 그러나 부득이한 사유로 해외여행을 가지 못하는 경우는 면책된다. 부득이한 사유란 ▲안전을 위해 쌍방이 합의한 경우 ▲천재지변, 정부의 명령 등으로 여행이 어려운 경우 ▲여행자의 3촌 이내 친족 사망 ▲여행자 본인의 신체 이상 ▲배우자·부모·자식이 신체 이상으로 3일 이상 입원해 여행출발 시까지 퇴원이 곤란한 경우 등이다.

여행사는 최저인원이 충족되지 않아 여행계약을 해제하는 경우 출발 7일 전까지 여행자에게 통지해야 한다. 통지기일을 지키지 못한 경우 이미 지급받은 계약금의 환급 외에 1일 전까지 통지 시 여행요금의 20%, 당일 통지 시 50%를 가산해서 지급해야 한다.

여행계약을 할 때 서면으로 특약을 맺을 수 있는데, 이 경우 여행사는 표준약관과 다른 점을 여행자에게 설명해야 한다. 다만 '어떤 경우에도 환불 불가', '여행사에 손해배상청구 금지' 등과 같이 여행자에게 불리한 특약은 민법에서 무효로 보고 있다.

2부

민사부터 형사·이혼· 상속까지 완전 정복

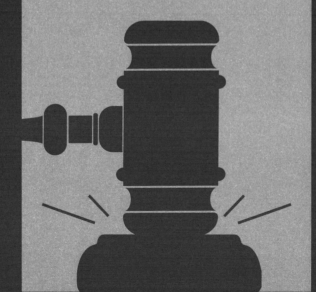

3장

명예훼손·저작권· 무고죄·초상권 바로 알기

01 당신은 오늘 저작권법
얼마나 어겼을까

"인터넷은 무한 정보의 공간이다."

맞는 말이지만 요즘 세태를 보면 단서가 하나 붙어야 할 것 같다.

"단, 저작권 위반을 피할 수 있다면."

평범한 네티즌 온누리 씨. 그의 하룻밤 생활을 통해 저작권법을 알아
본다. [사례 1]을 눈여겨보면서 당신의 온라인 생활과 비교해보기 바란
다. 사례에서처럼 무심결에 저작권을 침해했다가 속수무책으로 당하는
경우가 있다. 저작권은 어느새 우리 일상과 떼려야 뗄 수 없을 만큼 밀접
한 관계에 있다는 사실을 알게 되리라.

오랜만에 고교 동창들과 맥주를 마셨어. 반갑고 기분 좋아서 노래방에 갔어. 방탄소년단의 '페이크 러브(FAKE LOVE)'를 멋지게 불렀지. 다들 뻑 가더군. 집에 돌아와 스마트폰을 보니 메신저로 동영상이 하나 와 있네. 친구 중 한 명이 내가 노래 부르는 장면을 동영상으로 찍어서 그새 보내줬지 뭐야. 바로 내 블로그와 유튜브에 올렸지. 고마운 녀석. 사례의 뜻으로 내가 아끼는 방탄소년단 CD를 MP3 파일로 바꿔서 선물로 보내주는 센스.

가만있자, 인터넷을 보니 음주운전으로 활동을 접었던 가수 A의 방송 복귀를 두고 찬반 의견으로 난리가 아니군. 나도 가만있을 수 없지. 일단 블로그에 관련 기사를 올려볼까. 균형을 갖춰야 하니까 A의 편을 드는 기사와 A의 복귀를 반대하는 기사 한 가지씩 퍼다 날라놓자. 출처를 인용하는 건 필수! 여기서 그치면 안 되지. 참여하는 네티즌인 나도 한마디 해야. 그런데 술을 마셔서 글이 잘 안 써지네. 마침 어떤 블로거가 "A에게 뭘 기대해"라는 글을 올렸던데 내 생각과 비슷했어. 그걸 제목만 살짝 바꿔 올려놓으면 되지, 뭐. 문제 되면 '펌'이라고 쓰면 되고.

역시 반응이 뜨겁군. 하루 방문자 수 1000명이 넘는 내 블로그는 나의 다양한 관심사로 채워지고 있어. 여긴 내 공간이니까. 배경음악으로 깔아놓은 비틀스의 명곡 '예스터데이(yesterday)'는 언제 들어도 좋구나.

이제 졸리다. 그래도 영화 한 편은 봐야. 송강호 주연의 〈기생충〉을 아직 못 봤거든. 'ㅇㅇ박스'에서 다운받으면 되지. 영화관의 10분의 1도 안 되는 돈으로 볼 수 있으니 스마트폰으로 바로 결제해야지. 극장 안 가고 이렇게 보니까 감독과 배우에게 좀 미안하긴 하지만 어쨌거나 나도 돈 내고 다운받는 거라고.

아마도 많은 사람이 자신의 온라인 생활과 비슷하다고 느낄 것이다. 그런데 온누리 씨의 생활 곳곳에서 저작권법 위반이 의심되는 행동이 보인다. 설마 이 정도로 무슨 일이 있겠느냐고 반문할 수도 있겠다. 하지만 온누리 씨는 이미 유죄판결문을 받고 후회하고 있을지도 모른다. 저작권법을 어겨 고소당한 사람이 한 해 수만 명에 달하니 말이다. 이제부터 온라인상의 저작권법 위반에 대해 자세히, 냉정하게 살펴보겠다.

노래 부르는 것은 자유, 인터넷에 올리는 것도 자유?

대중가요를 따라 부르는 것은 자유다. 돈을 받지 않는다면 음악을 틀거나 공연하는 것도 괜찮다. 문제는 온라인상에 올렸을 때다.

법은 저작자의 공중송신권을 보호한다. 공중송신권이란 저작물 등을 일반인이 수신하거나 접근하게 할 목적으로 유·무선으로 송신하거나 이용에 제공하는 저작자의 권리다. 방송권, 전송권, 디지털 음성송신권을 포함하는 개념이다. 저작물을 인터넷에 올리는 행위는 그중 '전송'에 해당한다. 전송이란 '공중의 구성원이 개별적으로 선택한 시간과 장소에서 접근할 수 있도록 저작물 등을 이용에 제공(그에 따라 이루어지는 송신을 포함)'하는 것을 뜻한다.

이렇게 누구나, 언제든지 볼 수 있게 전송하려면 저작권자가 아닌 이상 그의 동의를 얻어야 한다. 그렇지 않으면 무단 전송이 된다. 따라서 온씨가 '페이크 러브'를 부르는 동영상을 블로그나 유튜브에 올린다면 저작권자가 문제 삼을 소지가 있다. 특히 유튜브는 저작권 정책이 점점 강화되고 있다. 전체 영상 중에서 아주 짧은 시간 음악·영상·사진 등을 사용한 것만으로도 게시중단이나 경고 등을 당할 수 있고, 많은 조회 수를 얻고도 수익이 발생하지 않을 수도 있다. 경고가 누적되면 모든 영상이 삭제되고 계정 자체가 폐쇄될 수도 있으니 주의해야 한다.

저작권법 위반 피하려면 어떻게?

[사례 1]에서 온누리 씨의 하루를 소개했다. 그런데 온누리 씨가 저작권법 위반을 피할 방법이 있다. 다음의 설명을 보자.

❶ 자신이 부른 노래 영상은 개인적으로 보거나 주변 사람들과 돌려보는 정도로만 감상해야 한다. 인터넷에 올리려면 저작권자의 동의가 필요하다.

❷ 음반·영화 CD는 인터넷상에 공유할 수 없고, 복제도 개인 용도로만 가능하다. 블로그의 배경음악도 블로그용 음원을 별도로 구입해야만 한다.

❸ 기사를 퍼 나르는 것도 저작권 위반이 될 수 있다. 기사 보기는 게시물에 제목과 요지만 소개하고 해당 사이트로 링크하는 형태가 안전하다.

❹ 예술작품뿐 아니라 일반인의 글·사진·영상에도 저작권이 있다. 퍼 나르려면 동의를 얻고 출처를 밝혀야 한다.

❺ 파일공유 사이트에 저작권 있는 자료(영화, 만화, 소설 등)를 올리는 '업로드'는 불법이다. 내려받기(다운로드)도 저작권자에게 정당한 비용을 지불한 자료만 가능하다. 따라서 저작권 보호 대상 자료인지 확인한 후 내려받아야 한다.

블로그는 개인 공간이라서 괜찮다?

블로그는 개인 공간이 맞다. 자기 관심사를 올려놓고 솔직한 생각을 적기도 한다. 하루 수만 명이 방문하는 파워블로그도 있지만, 대부분은 극소수만 방문하는 곳이다. 주인마저 방치하는 블로그도 아마 수십만 개, 아니 수백만 개가 될 것이다.

이런 곳에 올린 게시물을 놓고 저작권 운운하는 것이 한심할 수도 있지만 아무도 찾지 않는 블로그라도 저작권법을 피해 갈 수 없다. 인터넷은 무한대의 전파 가능성이 있기 때문이다.

우리나라에서 충격적인 동영상 하나가 수십만 명, 수백만 명에게 전달되기까지는 하루면 충분하다. '설마, 괜찮겠지'라고 여겼다가는 법정에 설 수도 있다.

> **사례 2**
>
> 60대 남성 L씨는 인터넷에서 잘 알려지지 않은 시인의 시 한 편을 보고 감동을 받았다. 그는 이 시를 다른 이들과 공유했는데, 방식이 문제였다. 시의 몇 구절을 수정한 뒤 자신의 필명으로 블로그와 SNS에 올린 것이다. 우연히 해당 시인이 이를 발견하고 경찰에 고소하는 바람에 그는 재판까지 받아야 했다.

L씨가 '영리 목적이 없었다'고 항변했음에도 법원은 유죄(벌금형)를 선고했다. "타인의 시를 자신의 순수창작물인 것처럼 블로그에 게시함으로써 저작권을 침해했다"고 법원은 판단했다. 지금은 노년층까지 블로그·인터넷카페·유튜브·SNS 등을 적극 활용하는 시대다. 사람 사이의 소통 수단이 온라인으로 옮겨가는 분위기다. 이런 추세를 반영하듯 온라인에서 다른 사람의 글·사진·파일 등을 함부로 사용했다가 낭패를 보는 사람도 늘고 있다. 저작권법 위반으로 수사를 받는 사람이 한 해 1만~2만 명에 달한다. 저작권은 공간을 가리지 않는다.

출처를 밝히면 저작권법 위반 아니다?

앞서 온누리 씨는 출처를 밝히고 기사를 퍼 왔다. 그건 괜찮지 않을까? 출처를 밝히지 않은 것보다야 낫겠지만, 동의를 얻지 않았다면 저작권 침해로 볼 수 있다. 신문기사도 저작권의 보호를 받는다. 기사 아래 '무단전

재, 배포금지'라는 문구는 장식으로 있는 게 아니다(이 문구가 없더라도 마찬가지다).

사실 전달에 불과한 시사보도(부고기사, 주식시세, 육하원칙에 따라 사실만을 전달한 기사 등)는 누구나 자유롭게 이용할 수 있다. 그런데 절대다수의 기사는 해설이나 의견이 들어가기 때문에 저작권 보호를 받는다. 현실성이 없는 말인 줄 알지만, 기사를 퍼 오는 것도 해당 언론사의 동의를 받는 것이 옳다. 제품 홍보를 위해 방송 화면을 캡처했다가 벌금형을 받은 이도 있다. 아직까지 영리 목적이 없는 개인에게 문제를 제기하는 언론사는 없는 것 같지만 앞으로어떻게 될지는 아무도 모른다. 일단 조심해야 한다.

저작권법을 피해서 언론사의 기사를 사용하는 방법은 두 가지가 있다. 첫째, 기사에 링크를 걸어두는 것이다. 기사 내용을 퍼 오는 대신, 기사 제목을 누르면 해당 사이트로 연결되게 하는 방식이다. 이것이 가장 안전하다. 둘째, 기사의 요지만 소개하거나 일부만 인용하는 것이다. 비평을 하기 위해 참고자료로 기사를 인용하는 것은 무방하다. 저작권법에도 "저작물은 보도·비평·교육·연구 등을 위하여는 정당한 범위 안에서 공정한 관행에 합치되게 이를 인용할 수 있다"고 되어 있다. 물론 이때도 출처는 밝혀야 하며, 인용 부분이 주가 되어서는 안 된다.

기사뿐 아니라 개인의 글이나 사진에도 엄연히 저작권이 있다. 창작물이라면 작품성이나 인지도와는 무관하다. 무료로 사용하라고 밝히지 않은 이상 반드시 동의를 받아야 한다. 결론적으로 신문기사뿐 아니라 다른 사람의 사진, 글, 음악을 퍼 와서 블로그나 특정 사이트에 올리는 것은 출처를 밝혔더라도 저작권을 침해하는 행동이다.

돈을 주고 산 음반은 마음대로 사용해도 된다?

저작권법 제30조는 "공표된 저작물을 영리를 목적으로 하지 아니하고 개인적으로 이용하거나 가정 및 이에 준하는 한정된 범위 안에서 이용하는 경우에는 복제할 수 있다"고 한다. 이를 '사적 이용을 위한 복제'라고 한다. 예를 들어 자신이 구입한 음악을 MP3 파일로 만들어 듣는다거나 구입한 영화를 다운로드해 컴퓨터에 저장하는 것은 문제가 없다.

하지만 이를 복사하여 다른 사람에게 주거나 판매하는 행위, 또는 온라인상에 올리는 행위(앞에서 설명한 '전송'에 해당한다)는 안 된다. 저작물의 복제는 개인 용도로 쓸 때만 괜찮다. 블로그의 배경음악도 블로그용 음원 파일을 따로 구입해야 한다.

도서관, 학교 동아리 등 단체나 개인이 입장료 등 돈을 받지 않고 발행된 지 6개월이 지난 DVD 영화나 상업용 음반을 틀어주는 것은 가능하다. 영리를 목적으로 하지 않기 때문이다. 하지만 영업장은 다르다. 노래방, 유흥주점, 경마장, 골프장, 호텔, 대형마트, 백화점 등에서 음악을 틀 경우에는 공연권료(공연사용료와 공연보상금 등)를 지급해야 한다. 저작권법이 바뀌면서 적용 대상이 확대됐다. 2018년 8월부터는 면적이 50제곱미터 이상인 휴게음식점(커피전문점 등), 일반음식점(생맥주전문점, 기타 주점), 체력단련장(헬스클럽 등)도 음악 공연권료를 내야만 음악을 틀 수 있다. 음악 CD나 유료 음원은 개인 감상용이므로 매장에서 음악을 틀려면 별도의 저작권료를 지급해야 한다. 유료 스트리밍 서비스나 유튜브를 통해 재생하는 경우도 음악 재생 방식만 다를 뿐이므로 저작권료는 동일한 기준이 적용된다는 점도 유의하자.

파일공유 사이트, 비용 냈다고 모두 적법한 건 아니다

2009년 여름 영화 〈해운대〉가 1000만 관객을 동원하며 흥행에 성공할 무렵, 영화 파일 불법 유출 파문이 일었다. 제작사로부터 작업을 의뢰받아 영화 파일을 넘겨받은 이가 파일을 지인에게 주었고 지인이 또 다른 이에게 전해주면서 결국 불특정 다수가 파일을 공유하게 되는 상황으로까지 번졌다. 최초 유출자 3명은 금전적 이득을 얻지도 않았지만, 법원은 모두에게 징역형(집행유예)을 선고했다.

사례 3

20대의 M씨는 '파일××'라는 사이트에 가입했다. 그는 자신이 갖고 있는 최신 영화 한 편을 올렸다가 법원으로부터 벌금 30만 원을 선고받았다. M씨는 "남들도 다 하는데…"라고 항변했지만 통하지 않았다.

많은 사람이 소액의 비용을 지불하고 내려받은 경우는 괜찮다고 여긴다. 하지만 파일공유 사이트에 올라온 자료 중 절대다수는 저작권자의 동의 없이 네티즌이 올려놓은 것이다. 이럴 경우 사용자가 내는 비용은 사업자와 자료를 올린 업로더가 나눠 갖는다. 저작자에게 돌아가는 몫은 없다(물론 개중에는 저작권자와 계약을 맺고 정당한 비용을 지불하는 것도 있다. 그런데 턱없이 낮은 비용으로 다운로드가 가능하다면 일단 의심해야 한다).

엄밀히 따지면 자료를 올린 사람뿐 아니라 내려받은 사람도 저작권법 위반의 소지가 있다. 다운로드를 '사적 이용을 위한 복제'로 봐야 한다는 의견도 만만찮다. 하지만 법원은 "다운로더 입장에서 복제의 대상이 되는 파일이 저작권을 침해한 불법 파일임을 미필적으로나마 알고 있었다면 다운로드 행위를 적법하다고 할 수는 없다"는 판단을 내놓은 적이 있다. 다운로더가 형사처벌을 받은 사례는 아직 없지만, 처벌을 받느냐 아니냐와는 별개의 문제로 저작권 침해로 볼 수 있다는 것이 필자 개인의 의견이다.

특히 회원끼리 자료를 공유하는 'P2P(개인 간 파일공유 서비스) 사이트'는 모든 회원이 업로더이자 다운로더이기 때문에 형사처벌을 받는 단골 사례가 되고 있다.

사례 4

N씨는 회원 수 200만 명에 달하는 'ㅇㅇ파일'이라는 사이트 대표였다. 그는 돈을 받고 회원들끼리 게임, 영화, '야동'을 자유롭게 주고받을 수 있게 했다. 그에게 저작권은 관심 밖이었다. 수사기관이나 저작권자의 요청이 있을 때만 형식적으로 금칙어를 설정해놓는 정도였다. 그 결과 넉 달간 무려 40억 원의 매출을 올리는 성과를 거두었다. P씨는 이 사이트의 회원으로 매출을 올리는 데 일등 공신이었다. 그는 자신이 보유하고 있는 영화 파일 등을 수시로 올려 2년간 2000만 원이 넘는 '수익'을 올렸다.

저작권 침해행위를 방치한 사업자 역시 책임에서 벗어날 수 없다. 따라서 저작권이 있는 영화를 올린다면 사업자와 업로더 모두 처벌을 받을 수 있다. 법원은 파일공유 사이트 책임자와 이른바 '헤비 업로더(돈을 벌기 위해 상습으로 저작권 있는 자료를 올리는 사람)'에게 중형을 선고하는 추세다.

법원은 저작권 침해행위를 방치한 N씨와 회사에 징역 1년(집행유예 2년)과 벌금 3000만 원을, P씨에겐 징역 6월(집행유예 1년)과 벌금 500만 원이라는 판결을 내렸다. 이와 별도로 이들은 저작권자에게 손해배상금을 지불해야 했다.

　지금 이 순간도 수많은 네티즌이 누군가의 저작권을 침해하고 있으리라. 이쯤 되면 인터넷은 무한 정보의 공간이 아니라 저작권의 올가미에 갇혀 있는 폐쇄된 공간처럼 느껴진다. "돈벌이로 남의 권리를 침해하는 범죄행위가 아닌 이상 허용해야 하지 않느냐" 또는 "이렇게 현실성 없는 법을 어떻게 지키란 말이냐"며 따지는 이도 있겠지만, 법이 그렇다. 상당수 네티즌에게 저작권법은 호환, 마마보다 더 무섭다.

저작권 용어 제대로 알자

저작권이란

저작권이란 저작물을 창작한 저작자의 권리를 말한다. 저작권법은 저작물을 "인간의 사상 또는 감정을 표현한 창작물"이라고 정의하고 있다. 구체적으로 소설, 시, 논문 등 어문 저작물을 비롯하여 음악, 미술, 건축, 사진, 도형, 컴퓨터 프로그램 등의 창작물을 모두 포함한다. 저작물이 법적으로 보호받기 위해서는 창작성(남의 것을 모방하지 않는 정도로 낮은 수준의 창작성)이 있어야 하고 밖으로 표현되어야 한다. 이런 요건을 갖췄다면 블로그에 올린 개인 일기, 일반인의 사진, 그림 등도 저작물로 볼 수 있다. 단, 저작물이라 하더라도 헌법, 법령, 법원의 판결과 사실 보도에 불과한 시사보도는 누구나 자유로이 이용할 수 있다.

저작자는 '저작인격권'과 '저작재산권' 갖는다

저작자가 갖는 권리는 크게 저작인격권과 저작재산권 두 가지다.

첫째, 저작인격권은 저작자의 명예와 인격을 보호하는 권리를 말한다. 여기에는 저작물을 공표할 권리(공표권), 이름을 표시할 권리(성명표시권), 저작물의 내용과 형식에서 동일성을 유지할 권리(동일성 유지권)가 들어 있다. 법원은 드라마 제작사가 드라마 작가의 동의 없이 주인공의 생사를 바꾼 채 방송을 제작한 것은 동일성 유지권 침해라고 판시한 바 있다. 애초에 작가는 주인공을 사망한 것으로 집필했지만, 제작사는 마지막 회에서 주인공이 다시 살아나는 내용으로 방송을 수정했다. 법원은 작가의 동의 없이 원작의 본질적인 부분을 개작한 점이 동일성 유지권을 침해했고, 따라서 제작사와 방송사가 연대하여 작가에게 금전을 배상하라고 판결했다.

둘째, 저작재산권은 복제권, 공연권, 공중송신권, 전시권, 배포권, 대여권 등 경제적인 권리를 말한다. 저작재산권은 저작자가 사망한 후 70년간 존속되는 것이 원칙이다. 저작재산권은 공익 등을 위해 일정한 제한을 받는다. 예를 들어 재판에 사용하거나 학교 교육 목적, 보도를 위한 이용 등 사회의 이익을 위해서 사용한다면 저작권을 주장할 수 없다(단, 저작자는 일정한 비용은 지급받을 수 있다).

한편 저작권과 유사한 용어로 저작인접권이 있다. 저작인접권이란 저작물의 복제·전파 기술이 발달하면서 등장한 개념으로 저작물을 널리 퍼뜨리고 대중에게 전달하는 사람들을 위한 권리다. 저작인접권자는 실연자(가수, 연주, 연출, 연기자 등), 음반제작자, 방송사업자 등으로 이들도 복제권, 배포권, 방송권 등의 권리를 갖는다.

저작권을 침해하면 최고 징역 5년, 벌금 5000만 원까지 받을 수 있다. 저작권 침해죄 외에도 저작자를 속이거나 명예를 훼손하여 사용한 경우 부정발행 등의 죄, 출처를 밝히지 않은 경우 출처명시 위반 등의 죄로 처벌받을 수 있다. 이와는 별도로 민사상 손해배상책임도 뒤따른다.

02 국회의원·변호사도 지키기 힘든 법

[저작권법 2] 현실과 법의 괴리, 그래도 알아야 할 것

인터넷에 생활법률 관련 글을 쓰기 시작한 후 쪽지와 메일을 많이 받았다. 가장 많은 내용은 필자의 글을 자신의 블로그나 게시판에 올려도 되겠느냐는 문의였다. 당연히, 출처를 밝히고 상업적으로 사용하지 않으면 괜찮다고 답을 해왔다. 네티즌들이 이렇게 번거롭게 메일을 보낸 까닭은 기사나 글의 출처를 밝혀도 저작권 침해가 될 수 있기 때문이다.

블로그에 기사 퍼 가는 것도 함부로 하면

그렇다면 다른 인터넷 기사도 쪽지 하나로 저작권 문제를 해결할 수 있을까? 그렇지 않다. 대부분의 인터넷 뉴스는 기자가 아닌 회사가 저작권을 갖는다. 우리나라 21개 주요 언론사가 가입되어 있는 한국온라인신문협회(kona.or.kr)는 '인터넷 사용자들을 위한 디지털뉴스 이용규칙'을 시행하고 있다. 이 규칙에 따르면 일반인이 인터넷 기사를 이용하기 위해서는 "비영리 목적의 개인 네티즌이 한정적 범위에서 직접 링크를 사용한다"는 요건을 모두 갖추어야 한다. 개인 블로그나 밴드, 인터넷카페라도 글을 퍼 가거나 기사 본문을 표시하는 것은 안 된다. '무단복제'로 보기 때문이다. 더 나아가 회사나 상업적 사이트들에는 직접 링크조차 허용되지 않는다. 다시 말해 저작권자와의 계약이나 허락을 통해서만 사용하라는 것이 이용규칙의 요지다.

블로그에 기사 하나를 퍼 가려 해도 언론사에 직접 연락해서 동의를 얻거나 비용을 지불하라는 말인데, 이런 규칙이 얼마나 지켜질 수 있을지 의문이다.

국회의원들이 무더기 고발당한 사연

수년 전 한 시민단체가 현역 국회의원 270명을 단체로 형사고발하는 웃지 못할 사건이 발생했다. 국회의원들이 의정활동 홍보를 위해 자신이 언급된 뉴스를 홈페이지나 블로그 등에 지속적으로 게시한 행위가 저작권법을 어겼다는 것이 고발의 요지다.

고발당한 국회의원 전원에 대해 검찰이 무혐의 처분을 함으로써 사건은 종결됐지만, 네티즌들은 지키지도 못할 법을 만든 국회의원들이 법 위반 소지가 다분한 행동을 관행적으로 저질러왔다고 비꼬았다(현재 대부분의 국회의원 홈페이지는 관련 기사 소개를 해당 언론사 홈페이지로 링크하는 형태로 운영되고 있다).

국회의원 총선에서는 한 후보자가 만화가의 작품을 무단으로 사용해 물의를 빚었다. 그는 만화가의 블로그에 있는 웹툰을, 동의를 얻거나 출처를 밝히지도 않은 채 자신의 선거공보물에 사용했다가 만화가의 거센 항의를 받았다.

한 가지 더 예를 들어보겠다. 필자가 쓴 많은 글이 법률사무소가 운영하는 홈페이지 여러 곳에 소개되고 있다. 운영자는 정보 제공 차원에서 글을 올려놓았을 것이다. 하지만 이런 홈페이지는 개인이 비영리로 운영하는 블로그와는 분명 다르다. 게다가 홈페이지의 책임자인 변호사 중어떤 사람도 필자의 동의를 얻지 않았다. 그렇다고 법에서 인정하는 정당한 인용 조건을 갖춘 것도 아니었다. 법대로 따져본다면 엄연한 저작권 침해다.

법률 전문가인 이들이 몰라서 그랬을까? 아니면 이 정도는 별 탈 없이 넘어갈 수 있다고 생각했을까? 국회의원·변호사도 지키기 힘든 법이라면, 뭔가 문제가 있다. 최근엔 청소년이나 중장년층, 주부 등도 저작권자에게 고소를 당하는 경우가 많다.

사례 1

작은 병원을 운영하는 A씨는 병원 홈페이지 책임자이기도 했다. 홈페이지 운영자 B씨는 특정 폰트(동일한 글꼴이나 기호 등을 한 벌로 모아놓은 세트)에 있는 글꼴을 이용하여 홍보물을 제작, 게시했다가 적발됐다.

사례 2

카페를 개업한 C씨는 지인 D씨의 도움으로 간판과 냅킨을 제작했다. D씨는 카페 상호를 로고처럼 넣었는데 이 서체 도안을 할 때 특정 한글 서체를 사용했다. C씨는 저작권자에게 고소를 당하는 바람에 법정에 서게 됐다.

최근 폰트 프로그램이나 서체 파일을 무단으로 사용하여 발생한 분쟁이 늘고 있다. A씨와 C씨도 난감한 상황에 처했는데 재판 결과 A씨는 유죄, C씨는 무죄로 상반된 결과가 나왔다. 왜 그랬을까?

서체·폰트 프로그램은 제작자의 창의적 개성이 표현되어 있어서 창작성이 인정되는 저작물이다. 따라서 이 파일을 복제, 전송, 배포하는 행위는 저작권 침해에 해당한다. 하지만 서체 프로그램을 이용하여 표현된 결과물, 즉 서체 도안을 이용하는 행위 자체만으로는 저작권 침해로 보기 어렵다는 것이 법원의 입장이다. 서체 도안이 하나의 독립적인 예술적 특성을 갖고 있는 정도가 아니라면 독립적인 저작물로 볼 수 없다는 것이다.

A씨는 서체 프로그램을 다운받아 이를 이용하여 홈페이지 게시물을 작성했다. 반면 C씨는 파일을 복제하거나 다운받은 사실이 없고 단지 지인에게 서체 도안만을 건네받은 것으로 밝혀졌다. 불상사를 미연에 방지하려면 비용 지불 없이 폰트를 함부로 다운받거나 사용하지 말아야 한다.

저작권자 고소 없어도 게시물 삭제·계정정지 가능

저작권법은 갈수록 강화되고 있다. 보통 저작권 침해행위가 발생하면 저작권자가 형사고소하거나 민사소송을 제기하게 된다. 이에 따라 침해 여부를 사법기관이 판단하는 것이 일반적인 수순이다.

그런데 법에 따르면 저작권자의 요청과는 상관없이 정부(문화체육관광부 장관)가 온라인 서비스 제공자(포털이나 사이트 운영자)를 통해 저작권을 침해한 사람에 대한 경고와 함께 복제물 삭제, 전송중단 명령을 내릴 수 있다.

▼ 저작권법상 허용되는 행위와 허용되지 않는 행위

대상	허용되는 행위	허용되지 않는 행위
음악, 영화	• 구입 후 개인 용도 감상, 복제 • 축제나 행사장, 도서관 등에서 발행 후 6개월 지난 DVD 영상을 대가 없이 무료 상영 • 비평을 위해 한정된 범위 내에서 포스터, 장면 등 인용	• 비용이나 대가 받고 상영 • 영업장(음식점, 커피점 등)에서 음악·영화 감상(저작권료 지급 후 가능) • 구입한 음반, 영상 등을 복제하여 공유하거나 블로그, SNS 등에 업로드
인터넷 뉴스, 타인 게시물	• 개인이 비영리로 해당 게시물의 사이트로 직접 링크(공유) • 학교 수업, 재판 등에 사용 • 사실 전달 보도만 인용(부고, 날씨, 주식시세 등)	• 기사 스크랩, 방송 화면 캡처 • 펌글 형태로 인용이 주가 되는 경우 • 의견이 포함된 대부분의 기사는 전문 인용 불가능
국가·지방자치단체 자료	• 헌법, 법률, 조약, 공고 등 • 법원 판결, 행정심판 의결 • 국가·지방자치단체 작성 저작물	• 한국저작권위원회에 정식등록된 저작물의 무단사용(게시, 판매)
문학작품, 도서	• 비평·감상 목적, 정당한 인용 • 저자 사후 70년 넘은 작품 사용	• 동의 없이 본문 텍스트나 파일을 인터넷 게시, 유튜브 낭송, 복사·제본 판매

3회 이상 경고를 받은 사람은 이메일을 제외하고 해당 사이트의 모든 계정이 최대 6개월간 정지된다. 저작권 위반 게시물이 올라온 게시판도 최대 6개월간 서비스를 정지할 수 있다. 이런 명령이 내려지면 온라인 서비스 제공자는 곧바로 조치를 취해야 하며, 이를 어기면 과태료 처분을 받게 된다. 권리자의 고소나 법원의 판결 없이도 장관이 저작권 침해 여부를 판단하여 강제로 시정명령을 내리는 것이 온라인 문화에 얼마나 도움이 될지는 생각해봐야 한다.

또한 저작권법이 수차례 개정되면서 저작권 보호 기간이 저작자의 사후 70년까지 연장됐고, 영화관 도촬 행위 처벌(미수 포함) 등 금지 행위가 추가됐으며, 친고죄 제외 대상도 확대(영리를 위하여 상습적인 침해→영리 또는 상습)됐다.

검찰 자료에 따르면 한 해 저작권 위반 건수가 처음으로 1만 건을 넘어선 것은 2003년이다. 2008년 9만 979건으로 급증했다가 2010년 2만 9356건, 2016년 2만 1111건, 2018년 1만 284건, 2020년 6826건(지식재산권 범죄 전체는 1만 8943건)으로 다소 주춤하는 추세다. 적발된 건수 중 상당수는 블로그, 카페, 개인 SNS, 비영리 게시판 등에서 발생한 것들이다. 이런 사건들은 검찰에서 기소유예 처분을 받거나, 기소되더라도 법원에서 벌금형이나 선고유예 정도로 끝난다. 하지만 자칫하면 저작권법 위반 전과자가 양산되는 시대가 될 수도 있다.

최근 저작물의 공정이용에 관한 논의가 활발해지고 있다. 저작권법도 "저작물의 통상적인 이용 방법과 충돌하지 아니하고 저작자의 정당한 이익을 부당하게 해치지 아니하는 경우에는 저작물을 이용할 수 있다"고 규정하고 있다. 판단 기준이 되는 것은 ▲이용의 목적 및 성격 ▲저작물의 종류 및 용도 ▲이용된 부분이 저작물 전체에서 차지하는 비중과 그 중요성 ▲저작물의 이용이 그 저작물의 현재 시장 또는 가치나 잠재적인 시장 또는 가치에 미치는 영향 등이다.

일반인으로선 판단하기 쉽지 않다. 단순히 비영리 목적이었다는 이유만으로 책임을 면할 수도 없다. 확실한 것은 타인의 창작물을 이용할 때는 비용을 지불하거나 사용 동의를 얻거나 정당한 범위 내에서만 사용해야 한다는 사실이다.

자유롭게 정보를 누릴 권리는 물론 중요하다. 하지만 그것이 남의 권리를 침해하는 방식이어서는 곤란하다. 저작권법이 다소 현실성이 없고 불편하게 느껴질 수도 있지만, 법을 떠나서 타인의 노력이 담긴 창작물을 대가 없이 너무 쉽게 쓰고 있는 건 아닌지 고민해보자.

저작권법 위반으로 고소당했다면

"저작권법 위반했다고 경찰서에서 오래요."

"변호사에게서 메일이 왔어요. 합의 안 하면 고소하겠다는데 어떻게 해야 하나요?"

포털 사이트엔 이와 유사한 네티즌의 고민이 수도 없이 올라온다. 어떻게 해야 할까? (다음의 내용은 글쓴이의 의견과 판단이 들어가 있음을 밝힌다. 사건마다 특성이 있기 때문에 최종 선택은 글을 읽는 당신의 몫이다.)

저작권을 침해하면 형사처벌(최고 징역 5년, 벌금 5000만 원)을 받을 수 있고, 이와는 별도로 손해배상책임을 져야 한다. 최근엔 영화나 음악 파일, 인터넷 소설(텍스트 파일), 웹툰 등을 올린 네티즌을 상대로 저작권자의 대리인이나 법무법인 등이 무차별적으로 고소하거나 거액의 배상금을 요구하는 경우가 늘고 있다. 미리미리 조심하는 것이 상책이다.

저작권법 위반은 친고죄(고소가 공소제기 요건인 범죄)다. 다시 말해 저작권자(또는 대리인)가 고소를 하지 않으면 처벌을 받지 않는다는 말이다. 따라서 문제가 생겼을 때는 저작권자와 합의를 보는 것이 가장 깔끔

하다. 정중하게 사과하거나 손해를 입힌 부분에 대해 최소한의 금전적인 보상을 해주고 마무리를 짓는 방법이다. 판결이 나기 전까지 고소를 취소하면 사건은 종결된다.

저작권 합의 조건으로 거액을 요구한다면?

만일 합의의 조건으로 거액의 돈을 요구한다면? 그땐 다시 한번 생각해 봐야 한다. 더구나 돈을 벌 목적도 아니었고, 단순히 파일 한두 개를 올린 정도라면 거액을 배상할 이유는 없다. 특히 경제적 능력이 없는 어린 학생들에게까지 형사처벌 운운하며 거액을 요구하는 사례도 있다고 하는데, 이것은 저작권자의 정당한 권리라고 보기 힘들다.

저작권법 제125조는 "저작권 침해행위로 이익을 받은 금액"을 손해액으로 추정하며, 저작권자는 "권리의 행사로 통상 받을 수 있는 금액"을 청구할 수 있다고 되어 있다. 손해배상액은 ▲"저작물의 이용 허락을 받았더라면 그 대가로서 지급했을 객관적으로 상당한 금액"으로 법원은 판단한다. 손해액 산정은 ▲업계에서 일반화되어 있는 이용료를 기준으로 삼되 ▲산정이 어려운 경우 법원이 상당한 손해액을 정할 수 있다.

최근 판례 두 가지를 소개한다. 유튜버 A씨는 B회사의 유료 서체를 자신의 유튜브 게시물에 몇 차례 무단 사용했다가 소송을 당했다. B사는 정품 사용료 전액(약 800만 원)을 손해 보았다고 주장했는데 법원은 70만 원 정도가 적정금액이라고 판결했다.

C교회는 홈페이지와 유튜브 동영상에 교회 배경 이미지로 D씨의 그림 13개를 동의 없이 사용했다. 이를 발견한 D씨는 C교회를 상대로 약 8000만 원을 청구하는 소송을 제기했다. 법원은 저작권 침해 사실은 인

정하면서도 손해배상액으로 500만 원을 인정했다. 이렇게 보면 개인 블로그에 파일 한두 개 올린 것 정도로는 법률적으로 수백만 원을 물어줄 이유가 없다는 말이다. 따라서 정중하게 사과하되, 거액의 합의금을 달라고 하면 거절하거나 금액의 조정을 요구할 필요가 있다.

다음엔 형사처벌이 문제가 된다. 합의가 되지 않았다면 일단 경찰 조사를 받게 된다. 이때 경찰에서 미리 증거를 확보하고 제시한다면 단순히 "잘 몰랐다"는 주장은 별 도움이 되지 않는다. 그보다는 상업성이나 저작권을 침해할 의도가 없었음을 강조하고, 저작권 침해 대상이 된 파일을 바로 삭제하고 재발 방지를 약속하는 편이 낫다. 또한 전과가 없다거나 학생이라거나 그 밖의 유리한 정황을 제시하여 최대한 형사처벌을 피하도록 한다.

1년에 수만 명이 저작권법 위반으로 수사를 받는 실정임을 고려해 검찰도 '교육조건부 기소유예'를 활용하고 있다. 교육조건부 기소유예란 초범이고 상업성이 없는 사람에게는 저작권 교육을 받는 조건으로 재판에 넘기지 않고 사건을 종결짓는 것을 말한다.

합의가 '최선'… 무죄 아닌 이상 선고유예·기소유예가 '차선'

만일 기소되어 재판을 받는다면 자신에게 유리한 사정을 최대한 강조해야 한다. 비영리 카페나 개인 블로그 활동 중에 저작권법을 위반하여 재판을 받으면 보통 몇십만 원의 벌금형을 받게 된다. 이때 초범이거나 범죄를 뉘우치는 등 참작할 만한 사정이 있으면 선고유예를 받을 수도 있다. 선고유예란 죄는 인정되나 형의 선고를 하지 않는 것으로, 2년이 지나면 유죄판결을 하지 않은 것과 같은 효과가 생긴다. 재판까지 간다면 무죄가 아닌 이상 선고유예가 차선의 방어책이다. 유죄판결을 피하는 데 저작권자와의 합의가 중요한 까닭이 여기에 있다.

하지만 저작권법 위반이 모두 친고죄인 것은 아니다. 예컨대 공유 사이트 등에서 돈벌이를 위해 상습적으로 음악, 영화, 동영상을 올리다가 적발된 사람이라면 상황은 달라진다. 저작권법은 상습적으로 또는 영리를 목적으로 한 범죄는 비친고죄로 분류하여 권리자의 고소 없이도 처벌할 수 있도록 하고 있다. '헤비 업로더'는 구제받기 힘들다는 뜻이다.

인터넷 링크도 범죄가 될 수 있다?

"링크는 표현의 자유 영역" 원칙… 저작권 침해 방조 · 음란물 링크 땐 범죄

온라인상에서 이용자들이 접속하고자 하는 웹페이지로의 이동을 쉽게 해주는 기술을 인터넷 링크라고 한다. 뉴스, 영상, 사진, 음악 등 정보의 자유로운 공유를 위해서 누구나 쉽게 링크를 사용한다. 인터넷 링크도 범죄가 되거나 개인의 권리를 침해하는 경우가 있을까?

원칙부터 말하자면, 링크 자체만으로는 범죄가 되지 않는다. 그러나 링크를 통해 타인의 범죄를 돕거나 음란물 등에 접속하게 하는 행위는 처벌될 수 있다.

먼저, 저작권 문제다. 인터넷상의 정보도 엄연히 저작권이 인정되므로 무단 도용하면 법 위반이다. 전송권(공중송신권)을 침해하기 때문이다. 단, 인터넷 링크 자체만으로는 전송권 침해가 아니라는 것이 판례의 태도다. 링크는 "저작물 등의 웹 위치 정보 또는 경로를 나타낸 것에 지나지 않기 때문"이다. 법원은 인터넷 링크가 "정보의 자유로운 유통을 활성화하고 표현의 자유를 실현하는" 순기능이 있음을 인정한다. 따라서 법의 개입을 자제하는 것이 바람직하다는 것이 법원의 기본 태도다. 그러나 최근 판례로 볼 때 처벌이 되는 링크는 두 종류가 있다.

첫째, 저작권 침해 불법 사이트를 영리적·계속적으로 링크하는 행위다. 이때는 저작권 침해 공범이 될 수 있다. 예를 들어보자. 해외에 서버를 둔 영화 불법 공유 A사이트가 있다. B씨는 자신이 운영하는 상업성 홈페이지에 A사이트의 링크를 걸어두고 클릭하면 A사이트의 영화 재생 준비화면으로 이동하게 했다. B씨의 링크 행위는 괜찮을까. 일단 A사이트가 불법임은 명백하다. 이런 사실을 알고 있는 B씨가 자신의 사이트에 링크를 영리적·계속적으로 게시하여 불법 게시물에 쉽게 접근하도록 제공하였다면 공범의 일종인 방조범으로 취급된다. 쉽게 얘기해서 A사이트 운영자가 저작권 위반 주범(정범)이라면 B씨는 주범을 도와준 공범(방조범)이 된다.

다음으로, 성적 수치심을 주는 사진, 영상 등이 연결된 인터넷 링크를 보낸 행위다. 이때는 통신매체이용음란죄로 처벌될 수 있다.

C씨는 한때 연인 사이였던 D씨에게 스마트폰 메신저로 링크를 보냈다. D씨는 무심코 링크를 클릭했다가 놀라움과 수치심을 느껴서 경찰에 신고했다. 그 링크는 어느 클라우드 스토리지 애플리케이션에 접속 가능한 인터넷주소였는데, 게시물로 두 사람의 나체 사진이 올라와 있었다. C씨는 단순하게 링크를 보낸 것에 불과하고, 사진 역시 과거 동의하에 찍었던 터라 아무런 문제가 되지 않는다고 여겼다. 그러나 처벌을 피할 수 없었다. 법원은 C씨가 링크를 보낸 행위가 "실질에 있어서 (나체 사진을) 직접 전달하는 것과 다를 바 없다"면서 유죄라고 판결했다. C씨가 링크를 보낸 목적이나 촬영 당시 동의 여부와 무관하게 범죄가 성립된다.

유명배우 '결혼설'
취재 기자가 교도소에?

거짓 고소의 부메랑, 무고죄는 어떤 죄일까

사례 1

프리랜서 여기자 김모 씨는 사진기자들과 함께 유명 남자배우 송모 씨가 사는 아파트 앞을 찾았다. 인터뷰 특종을 하기 위해서였다. 당시 송씨는 결혼설로 한창 언론의 주목을 받고 있었다. 한참을 기다리던 김씨는 차에서 내리는 송씨를 발견하고 다가갔다. 이를 본 송씨는 기자임을 직감하고 인터뷰를 피하기 위해 재빨리 현관으로 뛰어갔다. 김씨가 송씨를 부르며 뒤따라갔지만 결국 인터뷰는 성사되지 못했다.

여기까지라면 쫓는 기자와 쫓기는 연예인 사이에 흔히 있을 법한 장면이다. 문제는 그다음이었다. 김씨는 취재 과정에서 송씨에게 폭행을 당했다고 주장했다. 그것도 "송씨가 내 얼굴을 팔꿈치로 가격하여 전치 6개월

의 상해를 입혔다"는 것이었다. 김씨는 사과를 요구했으나, 송씨는 "폭행은커녕 신체적 접촉도 없었다"며 거절했다.

1주일 후 김씨는 고소장을 제출했고 이 같은 사실은 언론에 그대로 보도됐다. 송씨 역시 "거짓 고소로 피해를 입었다"며 김씨를 맞고소하기에 이른다. 수사를 맡았던 검찰은 송씨의 폭행 혐의는 인정하지 않았고, 되레 무고죄 등의 혐의로 김씨를 기소했다.

연예인과 기자의 맞고소, 재판 결과는?

법원은 당사자들의 공방과 함께 현장에 있던 기자들, 아파트 사람들의 진술, 주변의 CCTV 영상 등을 토대로 사건을 추적했다. 법원은 김씨와 동료들의 진술 내용이 번복되는 반면, 송씨는 수사기관에서부터 법원에 이르기까지 일관된 진술을 한 점을 주목했다.

게다가 애초에 사과 한마디면 모든 문제가 끝났을 텐데도 송씨가 연예인으로서 위험 부담을 안으면서까지 거짓말을 할 이유가 없다는 점에 비추어 송씨의 진술에 더 무게를 두었다. 법원은 또한 ▲김씨의 동료 등이 폭행 장면을 보지 못했다고 한 점 ▲목격자 진술, CCTV 화면상으로 김씨의 얼굴에서 이상을 발견할 수 없었던 점 ▲김씨가 낸 진단서 내용이 기왕증(과거에 앓았거나 현재 앓고 있는 질병 또는 상해의 자세한 내력)이거나 환자의 진술에 근거한 점 등을 들어 송씨의 폭행은 없었다고 판단했다.

법원은 "김씨가 취재 과정에서 다른 경위로 상해를 입었을 가능성도 있으나 송씨의 가격으로 상해를 입었다고 책임을 전가하는 내용은 허위 고소로 인정된다"고 결론 내렸다.

결국 김씨는 2심에서 무고죄, 출판물에 의한 명예훼손죄로 법원에서 징역 8월형이 확정했다. 김씨는 민사소송까지 당해 손해배상 판결도 받았다. 연예인과 기자 사이의 자존심 싸움 혹은 지나친 취재 열기에서 벌어진 해프닝으로 보기에는 일이 너무 커져버린 사건이었다.

늘어가는 무고죄, 높아가는 처벌 수위

무고죄는 어떤 죄일까? 무고는 객관적 진실에 어긋나는 내용을 신고하는 행위와 상대방을 처벌받게 하려는 목적이 함께 있을 때 성립한다. 형법을 살펴보자.

[제156조] 타인으로 하여금 형사처분 또는 징계처분을 받게 할 목적으로 공무소 또는 공무원에 대하여 허위의 사실을 신고한 자는 10년 이하의 징역 또는 1500만 원 이하의 벌금에 처한다.

무고는 보통 거짓 고소장을 내는 형태를 띠지만, 허위사실로 특정인을 처벌받게 할 목적이 있다면 경찰서에 범죄 신고를 하거나 진술을 하는 방식도 해당한다. 더 넓게 본다면 공무원을 징계받게 하려고 허위사실을 투서하거나 해당 기관 민원게시판에 올리는 것도 무고가 될 수 있다.

무고죄는 피해자를 억울하게 수사기관에서 조사를 받게 하고, 자칫하면 형사처벌까지 받게 하니 위험한 범죄가 분명하다. 게다가 사법기관을 속여 형벌권 행사를 방해한다는 점에서 공무집행방해죄, 뇌물죄와 더불어 국가 기능에 대한 죄로 분류한다. 최근 고소사건이 증가하면서 무고죄도 늘어가고 처벌 수위도 높아지고 있다.

무고죄는 원한관계, 금전관계 때문에 상대방을 보복하거나 골탕 먹이려고 허위고소를 하면서 많이 발생한다. 그러니 감정만 앞세워서 고소, 고발을 남발하는 일은 삼가야 한다. 상대방이 고소했다고 덩달아 맞고소로 대응하는 것도 위험하기는 마찬가지다.

최근엔 성(性)과 관련된 무고도 눈에 띈다. 한 20대 여성은 애인의 미니홈피에 딴 여자가 댓글을 단 것을 보고 감정이 상했다. 그래서 단순히 애인을 겁주려고 강간죄로 고소했다가 도리어 전과자가 됐다. 어느 유흥업소 종업원은 유명 연예인이 손님으로 찾아오자 약점을 잡아 거액을 요구했다. 이에 거절당하자 성폭행당했다고 허위 고소장을 제출했다가 징역형 처벌을 받았다. 다음 사례처럼 친분관계가 있는 사람끼리 불미스러운 일이 벌어지기도 한다.

사례 2

애주가인 A씨는 B씨와 자주 술을 마셨다. 두 사람의 술자리는 3차, 4차까지 이어지기 일쑤였다. 그런데 대부분의 술값은 A씨의 주머니에서 나갔다. 과도한 술값 지출로 카드대금이 연체되자 화가 난 A씨는 B씨를 괴롭히고 싶었다. 그는 경찰서에 "내 카드를 잠시 빌려간 B씨가 혼자서 술값으로 사용했고 잔액도 전부 써버렸다"는 내용을 기재한 고소장을 제출했다. B씨는 몇 달간 조사를 받아야 했다. 다행히도 술값은 죄다 A씨가 카드로 계산했고, 통장 잔액도 A씨가 직접 인출한 사실이 밝혀져 B씨는 누명을 벗을 수 있었다. 그러자 되레 A씨가 피고인이 됐다.

법원은 A씨에게 벌금형을 선고했다. 재판부는 "A씨의 범죄는 다른 사람의 인생을 파멸에 이르게 할 수 있는 행위일 뿐 아니라 형사사법 기능의 올바른 집행을 해한다는 점에서도 비난받아 마땅하다"며 "앞으로 자

신의 행위를 돌아보면서 생활하라"고 충고했다.

'국민신문고' 등 공공기관 홈페이지를 통해서 허위신고를 했다가 무고죄 처벌을 받는 사례도 적지 않다. 20대 C씨는 약국에 갔다가 약사 D씨로부터 무시를 당한 기분이 들었다. C씨는 국민신문고에 "무자격자인 종업원에게 약을 처방·판매하도록 지시한 약사 D씨를 처벌해달라"고 거짓 민원을 제기했다. 그 대가는 혹독했다. 법원은 "허위 신고로 D씨가 정신적 고통과 영업 지장을 받았는데도 C씨는 자신을 정당화하고 있다"며 초범인 C씨에게 500만 원의 벌금형을 선고했다.

사실에 기초해 조금 과장했다면 무고죄 아니다

사람의 기억은 완벽할 수 없다. 게다가 고소장을 내면서 100% 진실만을 적으리라 기대하기는 힘들다. 진실과 조금이라도 다르다고 해서 곧바로 무고죄가 되지는 않는다. 단순히 착각했거나 표현을 조금 과장한 경우라면 처벌되지는 않는다.

법원은 "고소의 내용이 터무니없는 허위사실이 아니고 사실에 기초하여 그 정황을 다소 과장한 데 지나지 아니한 경우에는 무고죄가 성립하지 아니한다"(대법원 2007도4450 판결 등)는 판례를 유지하고 있다. 판례는 "고소 사실이 객관적 사실에 반하는 허위의 것이라 할지라도 그 허위성에 대한 인식이 없을 때는 무고에 대한 고의가 없다"고 보지만, "신고 사실이 허위이거나 허위일 가능성이 있다는 인식을 하면서도 이를 무시한 채 무조건 자신의 주장이 옳다고 생각하는 경우"에는 무고죄가 성립한다는 입장이다.

최근 성범죄 관련 무고죄 공방이 늘고 있다. 여성이 남성을 성폭행으로 고소한 결과가 무혐의 처분이나 무죄로 나오면, 남성이 다시 여성을 무고죄로 고소하는 양상이다. 특히 연예인 등 유명인이 연루된 분쟁에서 자주 발생한다. 일각에서는 무고죄 수사가 성범죄 피해자의 피해 신고를 위축시킨다는 평가도 있다. 그렇다고 '성범죄 무혐의=허위 고소'라는 등식이 성립되는 건 아니다. 성범죄 의심은 가지만 증거가 부족해서, 범죄가 될 정도의 행동까지는 아니어서 무혐의가 나오는 경우도 적지 않기 때문이다. 성범죄 관련 고소사건은 섣부른 결론이 나지 않도록 언론이나 수사기관이 더욱 신중하게 접근할 필요가 있다.

어쨌거나 무고죄는 사법기관을 속일 뿐만 아니라 타인의 인생이나 명예에도 손상을 입히는 중대한 범죄다. 법원도 비교적 무겁게 처벌하는 편이라는 사실에 주목하자. 생각 없이 내놓은 한 장의 고소장 때문에 철창신세가 될 수도 있다. 고소나 범죄 신고는 어디까지나 사실을 바탕으로 해야 한다.

04 누군가 당신에게
카메라를 들이댄다면?

초상권·음성권은 어디서 나온 권리일까

가족이나 연인과 함께 거리를 걷고 있는데 누군가가 카메라를 들이댄다. 당신이라면 어떻게 하겠는가. 아마도 '당장 카메라 치우라'며 따질 것이다. 그뿐인가. 상대방 카메라에 저장된 사진들을 일일이 확인한 후 당신과 관련된 사진을 삭제하게 할 것이다. 그러면서 이렇게 한마디 쏘아붙인다.

"초상권 침해라고요!"

법을 잘 모르는 사람도 초상권이라는 말은 쉽게 사용한다. 하지만 법전 어디에도 초상권이라는 말은 나오지 않는다. 그런데 어떻게 우리는 초상권이 정당한 권리라는 것을 알고 있을까? 조금 길지만 [사례 1]에서 정부상 씨가 보험사와 벌인 두 차례의 소송 결과를 보자. 그중 2차 소송에 답이 있다.

190

정부상 씨는 주말에 오랜만에 가족들과 동해안 나들이를 떠났다. 그는 승용차에 가족들을 태우고 영동고속도로를 달리고 있었다. 그러던 중 옆 차선에 있던 승용차가 갑자기 앞으로 끼어드는 바람에 급정거를 했다. 이때 뒤따르던 트럭이 그만 정씨 가족이 타고 있던 차를 들이받고 말았다. 이 사고로 정씨와 정씨의 부인은 요추부(허리뼈)와 경추부(목뼈)에 부상을 입었다.

트럭이 가입한 보험사는 정씨 가족이 가벼운 부상을 입었을 뿐이라며 소액의 합의금을 주는 선에서 사건을 종결지으려 했다. 하지만 정씨 부부는 후유장해가 인정된다는 병원의 진단서를 제시하며 보험사와 합의하는 대신 1차 소송을 제기했다.

법원은 종합병원에 정씨 부부의 신체감정을 의뢰했고, 그 결과 후유장해와 노동 능력 상실이 예상된다는 감정이 나왔다. 1차 소송은 정씨에게 유리하게 끝이 났다. 보험사는 정씨 등이 가짜 환자 행세를 한다고 주장했으나 법원은 받아들이지 않았다.

그런데 여기서 심각한 문제가 생겼다. 정씨 가족이 멀쩡하다는 사실을 입증하기 위해 보험사 쪽에서 소송 중에 '뒷조사'를 한 것이다. 보험사는 직원을 시켜 정씨를 따라다니며 몰래 사진을 촬영하게 했다. 무려 8일 동안 정씨가 출퇴근하거나 외출하는 장면, 자동차에 타고 있는 장면을 찍었다. 또한 정씨의 부인이 승용차로 아들을 어린이집에 데려다주는 장면과 허리와 목을 움직이는 장면 등을 카메라에 담았다.

보험사는 이 사진을 법원에 증거로 제시하면서 법원의 신체감정이 잘못됐다고 주장했다. 정씨는 자신을 미행한 보험사가 초상권을 침해했다며 또다시 위자료 소송(2차 소송)을 제기했다.

'진실발견 이익' vs '초상권·사생활 자유'

2차 소송의 결과는 어떻게 되었을까. 법원은 먼저, 초상권에 대해 다음과 같이 정의했다.

"사람은 누구나 얼굴 기타 사회 통념상 특정인임을 식별할 수 있는 신체적 특징에 관하여 함부로 촬영 또는 그림 묘사되거나 공표되지 아니하며 영리적으로 이용당하지 않을 권리가 있다."

이런 초상권은 어디서 오는 권리일까? 법원은 헌법 제10조("모든 국민은 인간으로서의 존엄과 가치를 가지며, 행복을 추구할 권리를 가진다")와 헌법 제17조(사생활의 비밀과 자유)에서 그 근거를 찾았다. 이것을 인격권이라고 하는데 대부분의 법률 전문가들도 인격권에 초상권이 포함된다고 보고 있다.

초상권의 내용에는 ▲함부로 얼굴을 촬영당하지 않을 권리(촬영거절권) ▲촬영된 초상사진의 이용을 거절할 권리(이용거절권) ▲초상의 이용에 대한 재산적 권리(재산권)가 포함된다. 초상권은 인격권뿐 아니라 재산권의 성격도 띤다는 말이다.

법원은 보험사가 8일 동안이나 정씨 가족을 미행, 감시한 행위는 초상권과 사생활의 비밀, 자유를 침해했다고 판단했다. 보험사는 공개된 장소에서 증거 수집을 했으며 소송에서 진실을 발견하기 위해 어느 정도의 사생활 침해는 허용해야 하는 것 아니냐고 항변했다.

소송에서 '진실발견 이익'과 '초상권·사생활의 비밀과 자유'가 충돌할 때는 어느 것이 중대한지를 따져봐야 한다. 즉 보험사가 달성하려는 이익의 중대성, 필요성, 긴급성 등과 정씨가 보호하려는 이익의 중대성과 피해 정도를 비교해봐야 한다고 법원은 설명했다. 그 결과 '보험사의 이익이 피해자들의 초상권과 사생활을 침해하면서까지 사진을 촬영할 만큼 긴급하거나 중대하지는 않다'고 보고, 위자료를 지급해야 한다고 판결했다. 수단과 방법을 가리지 않고 고객이나 상대방의 뒷조사를 일삼던 보험사의 잘못된 관행에 경종을 울린 판결이었다.

사례 2

나가왕 씨는 동네 노래방 입구에 걸린 사진을 보고 경악했다. '음주 알림'이라는 문구와 함께 노래방 룸 안에서 술을 마시고 있는 남자의 사진(CCTV 캡처)이었는데, 그 남자가 바로 자신이었다. 이 노래방에는 '매장 내 음주자 얼굴 공개'라는 경고문이 붙어 있었지만 나씨는 이를 무시하고 며칠 전 몰래 맥주 한 캔을 마신 적이 있었다. 나씨는 노래방 업주 노래해 씨에게 사진을 내려달라고 항의했지만 노씨는 "사전에 분명히 경고했다"며 거절했다. 나씨는 초상권 침해라며 소송을 냈다.

노래방에서 몰래 술을 마신 사람의 사진은 공개해도 될까? 법원은 "그렇지 않다"고 했다. 음주를 비난하는 문구와 함께 사진을 무단 게시한 것은 "명예를 훼손하고 초상권을 침해한 행위"라고 했다. 법원은 ▲나씨가 공인이 아니고 ▲노래방 음주는 공적 관심사로 보기도 어렵고 ▲사진 공개가 노래방 음주 근절에 꼭 필요한 수단도 아니어서 ▲노씨가 나씨를 비방하고 부끄러움을 느끼게 하려는 의도가 있다고 봤다. 다만 매장 내 금주방침을 무시하고 술을 마신 나씨도 비난 가능성이 있는 점을 고려하여 노씨가 소액을 손해배상하라고 판결했다.

헬스장이나 성형외과 홍보와 관련된 초상권 위반 사례도 종종 발생한다. 특히 운동 전후나 성형 전후 고객의 외모를 비교하여 '비포(before) →

애프터(after)'의 형태로 게시하는 경우는 유의해야 한다. 이때는 사진(또는 동영상) 촬영에 대한 동의는 물론, 공개 여부나 게시 범위에 대한 동의까지 얻지 않으면 초상권 침해가 된다. 동의를 받았다는 점은 게시한 쪽에서 입증해야 한다.

그렇다고 초상권이 무제한적으로 인정되는 권리는 아니다. 정치인이나 유명인 등의 사생활은 공적인 관심사가 되어 국민의 알 권리와 충돌한다. 공적 인물은 일반인보다 초상권이 제한되는 경향이 있다. 침해를 통해 얻어지는 이익이 침해로 인해 훼손되는 이익보다 더 높은 가치를 지닌 것으로 판단된 경우에는 위법성이 조각(阻却, 물리치거나 방해함)될 수 있다. 하지만 공적 인물이라고 하더라도 아주 은밀한 사생활 공개까지 용인된다는 말은 아니다.

퍼블리시티권: 나 자신을 상업적으로 이용할 권리

사례 3

유명 여배우 고운녀 씨는 A건설회사와 아파트 광고 전속 모델 계약을 맺었다. 고씨는 1년간 TV·신문 광고를 포함하여 각종 홍보물과 홈페이지 등에 A사의 모델로 활동했다. 그런데 A사는 계약기간이 지났는데도 홈페이지와 분양 사이트 등에 여전히 고씨의 사진을 올려놓고 있었다.

A사는 고씨의 어떤 권리를 침해했을까? 답은 퍼블리시티권(Right of Publicity)이다. 퍼블리시티권이란 자신의 성명, 초상이나 기타의 동일성을 상업적으로 이용하고 통제할 수 있는 배타적 권리를 말한다.

법원은 과거에는 퍼블리시티권에 대해 확실한 태도를 보이지 않았다. 그러다가 2000년대 중반 이후부터 ▲법에 명문의 규정은 없으나 대부분의 국가가 인정하고 있는 점 ▲이런 권리를 침해하는 것은 민법상의 불법행위에 해당한다는 점 ▲사회가 발달함에 따라 권리보호 필요성이 증대하고 있는 점 등을 들어 퍼블리시티권을 독립된 권리로 인정했다. 퍼블리시티권은 주로 연예인, 운동선수 등 유명인들이 성명, 사진, 초상, 기타 개인의 이미지를 상품 등에 이용하는 경우 인정되는 추세다.

퍼블리시티권은 초상권과 유사한 성격을 띠지만 퍼블리시티권이 재산권임에 반해 초상권은 인격권과 재산권의 두 가지 성격을 갖고 있다는 점에서 초상권이 더 넓은 개념이라고 볼 수 있다.

하지만 최근에는 퍼블리시티권을 독자적 권리로 인정하지 않는 추세를 보인다. 현행 판례는 초상권, 성명권, 음성권만을 인정하고 있다. 2023년 현재 퍼블리시티권과 관련된 대법원 판례도 아직 없다. 법원은 싸이 인형 사건(완구 업체가 가수 싸이의 노래가 내장된 인형을 제작했다는 이유로 싸이의 기획사가 손해배상을 청구한 사건. 법원은 이 인형이 싸이와 닮지 않았고 현행법으로 퍼블리시티권을 인정하기 어렵다는 이유로 원고 패소판결했다)과 수지모자 사건(한 쇼핑몰 업체에서 '수지모자'라는 단어를 검색창에 입력하면 쇼핑몰 주소가 상단에 노출되도록 설정하여 가수 수지의 기획사가 퍼블리시티권 침해를 주장한 사건. 법원은 성명권, 초상권으로 보호 가능하다며 원고 패소판결했다)에서 퍼블리시티권을 부정했다.

대다수 하급심판결에선 퍼블리시티권을 인정하기 위해서는 별도로 법이 필요하다는 견해가 주류를 이루고 있다. 이는 퍼블리시티권과 유사한 권리인 초상권·성명권 등이 이미 폭넓게 인정되고 있는 데다 관련 법률이 없는 상황에서 퍼블리시티권을 독자적인 권리로 인정하는 데 법원이 부담을 갖고 있다는 방증이다.

퍼블리시티권은 민사사건의 쟁점으로 계속 부각되고 있고 최근 연예, 스포츠 산업, 광고 산업 등의 발달로 관련 분쟁은 계속 늘어날 전망이다. 따라서 법률 제정 검토와 대법원의 교통정리가 필요한 상황이다.

다른 사람과의 대화 '몰래 녹음', 허용될까

사람은 얼굴을 함부로 촬영당하지 않을 권리, 즉 초상권을 가진다고 했다. 그렇다면 목소리는 어떨까? 다른 사람과의 대화(또는 전화 통화)를 녹음하거나 녹취·공개하는 것은 괜찮을까? 이것은 조금 복잡하다.

사람은 누구나 자신의 음성이 자기 의사에 반하여 함부로 녹음되거나 재생·녹취·방송 또는 복제·배포되지 아니할 권리가 있다. 이것이 음성권이다. 초상권과 마찬가지로 음성권도 헌법 제10조와 제17조에 근거를 둔다.

판례는 "동의 없이 상대방의 음성을 녹음하고 이를 재생하는 행위는 특별한 사정이 없는 한 음성권, 사생활이 타인으로부터 침해되거나 공개되지 아니할 권리, 자기 정보를 자율적으로 통제할 수 있는 권리 등 헌법에서 보장된 권리를 침해하는 행위에 해당하여 불법행위를 구성한다"고 설명한다. 다만 음성권 침해가 모두 범죄는 아니다.

우선, 제삼자가 다른 사람의 대화를 엿듣기 위해 녹음하는 것은 명백한 범죄다. 통신비밀보호법에 따르면, 공개되지 않은 타인 간의 대화를 녹음하거나 청취할 수 없고(제3조), 이를 녹음하거나 청취함으로써 취득한 대화의 내용은 재판절차에서 증거로 사용할 수 없다(제14조). 예컨대 차량이나 집 안에 몰래 녹음기를 설치해 가족·지인의 대화를 녹음한 경우, 회사 동료들이 자신을 험담한다고 의심해 몰래 녹음한 경우가 이에 해당한다. 최근 판례에 따르면, 특별한 의도 없이 공개 장소에서 우연히 들은 대화를 녹음한 행위도 불법이다. A씨는 지인들이 사무실에서 게임을 하면서 나눈 대화 내용을 엿듣다가 스마트폰으로 녹음하여 타인(또 다른 지인)에게 메신저를 통해 파일로 전송했다. 법원은 통신비밀보호법 위반으로 유죄 판결했다. 대화에 참여하지 않은 A씨가 단순하게 대화를 듣는 행위를 넘어서 녹음하는 행위는 범죄라는 것이다.

현행법상 불법도청은 '나'를 제외한 '타인 간의 대화'만을 대상으로 삼는다. '나'가 참여한 대화를 상대방 몰래 녹음한 건 음성권 침해가 될 수는 있어도 처벌 대상은 아니다. 그렇다면 대화 당사자가 상대방 몰래 녹음하거나, 이를 공개하는 행위는 허용될 수 있을까. '정당한 목적 또는 공익'과 '개인의 자유 보호'를 비교해봐야 한다. 판례에 따르면 다음과 같은 경우는 비밀녹음이 허용된다.

"녹음자에게 비밀녹음을 통해 달성하려는 정당한 목적 또는 이익이 있고 녹음자의 비밀녹음이 이를 위하여 필요한 범위 내에서 상당한 방법으로 이루어져 사회윤리 내지 사회 통념에 비추어 용인될 수 있는 행위라고 평가할 수 있는 경우에는 녹음자의 비밀녹음은 사회상규에 위배되지 않는 행위로서 그 위법성이 조각된다."

당사자 간 대화의 몰래 녹음이라도 ▲범죄자에게 걸려온 전화 통화를 녹음한 경우 ▲소송에 쓰기 위해 녹음하여 재판부에만 제출한 경우 ▲범죄 피해가 예상되는 상황에서 자구책으로 녹음한 경우 등은 정당성이 인정된다. 이때는 녹음 자료를 재판 증거로도 사용할 수 있다. 반면, 녹음(녹취)을 제삼자에게 다시 전달하거나 무단 공개한 경우, 녹음 공개로 상대의 사생활이 침해되거나 명예가 훼손된 경우 등은 민사상 손해배상책임을 지게 된다.

정리하자면 이렇다. 제삼자간의 대화를 몰래 녹음하거나 공개하는 것은 명백한 불법이어서 민·형사상 책임을 진다. 다만 '나'를 포함한 대화의 비밀녹음은 (음성권 침해에 해당할 소지는 있으나) 처벌받지 않고, 필요한 범위 내에서 정당한 목적으로 이뤄졌다면 재판 등에 사용해도 무방하다. 최근 전화 통화나 대화 내용을 녹음하면 자동으로 텍스트로 변환하거나 요약해주는 프로그램이나 어플 사용자가 늘고 있다. 이 경우 본인이 대화에 직접 참여하여 녹음, 녹취하였다면 법적인 문제는 없다. 다만 이때도 개인의 신상정보나 회사의 기밀 등을 무단으로 공개하여 타인의 권리를 침해하는 경우는 곤란해질 수 있으니 주의하자.

05 연예인 '불륜설'
유포자는 무슨 죄?

알고 나면 무서운 '사이버 명예훼손'과 '사이버 모욕'

댓글러 유쾌한 씨가 전과자 된 까닭

대한민국에서 전과자 되기 가장 쉬운 방법은 무엇일까? 노상방뇨? 쓰레기 무단투기? 고성방가? 이런 행위 정도로도 전과자가 될 가능성이 전혀 없지는 않다. 하지만 경찰이 한가하게 이런 짓을 단속하러 다닐 리 없으니 경찰 보는 데서 해야 한다는 어려움이 있다. 게다가 이런 경범죄는 상습범이 아닌 다음에야 대개 범칙금 스티커를 발부하는 선에서 끝난다.

그렇다면 폭행? 사기? 얼핏 생각하면 쉬울 것 같다. 사람 때리고 사기치는 것도 해본 사람이나 하지 아무나 못 한다. 이것도 나름대로 힘을 쓰거나 머리를 쓰는 일 아닌가.

그보다 더 쉬운 길이 있다. 바로 '댓글 달기'다. 댓글 달기를 통해 당신은 불과 몇 초 만에 범죄를 저지를 수도 있다. 다음의 사례는 실제 사건을 각색했다. 기사의 댓글로 여론을 형성하는 '댓글러'들에게 시사하는 바가 크다.

인터넷 바다를 유유히 항해하던 댓글러 유쾌한 씨. 그의 취미, 아니 본업은 인터넷 뉴스에 댓글 달기다. 그는 다른 네티즌과 댓글로 논쟁을 하느라 밤을 새우는 날도 많았다. 그가 한 번 떴다 하면 어지간한 댓글러들은 바로 꼬리를 내렸다. 어떤 인터넷신문에선 '댓글의 지존'으로 통할 정도였다. 그런 그에게 위기가 닥칠 줄 누가 알았으랴.

어느 날 포털 사이트에 미모의 여배우 K씨의 근황 기사가 올라왔다. K씨는 모 재벌과의 염문설, 출산설이 항간에 파다한 배우였다. 이를 모를 리 없는 유씨는 평소 하던 대로 댓글을 달았다.

"K는 결혼도 안 했는데 꼭 애 엄마 같다. 왜 그럴까? 얼굴도 이쁘고 몸매도 좋은데…. 시집이나 갈 것이지, 모 재벌님하고의 관계는 끝났나?"

그런데 이 댓글이 사이버상에 그가 남긴 '유작'이 되고 말았다. 그 뒤 인터넷에서 그를 본 사람은 아무도 없었다.

연예계에 떠도는 소문 댓글로 달았다가

유씨에게 어떤 일이 벌어졌던 걸까? K씨는 그를 사이버 명예훼손(정식 명칭은 '정보통신망이용촉진 및 정보보호 등에 관한 법률'상의 명예훼손)으로 고소했다. 처음엔 대수롭지 않게 생각했던 유씨는 법정에 서고 나서야 사태가 심각해졌음을 직감했다. 그는 판사에게 억울함을 호소했다.

"K씨의 염문설은 언론사가 기사로 다뤘을 만큼 널리 퍼진 소문인데, 그저 댓글 하나 달았다고 처벌받아야 하나요? 게다가 전 구체적인 사실을 거론하지도 않았고 단지 의문을 제기했을 뿐이라고요."

그러나 이런 주장은 통하지 않았다. 법원은 "이미 사회 일부에서 다루어진 소문이라고 하더라도 이를 적시하여 사람의 사회적 평가를 저하시킬 만한 행위를 한 때는 명예훼손이 성립된다"며 "댓글도 당연히 해당한다"고 봤다.

법원은 또한 "댓글이 달린 장소, 시기, 상황에 비추어 볼 때 간접적이고 우회적인 표현으로라도 허위사실을 구체적으로 암시하는 방법을 사용했다면 유죄"라고 판시했다. 그는 벌금형을 선고받은 후 대법원까지 갔지만 달라진 건 없었다. 그와 비슷한 톤으로 댓글을 달았던 다른 네티즌들도 처벌을 피할 수 없었다. 연예인 루머와 뒷말, 댓글로 즐기기에는 참으로 위험한 폭탄이다.

카페 회원들끼리 댓글 논쟁하다 형사처벌도

사실 요즘 온라인 상황을 고려하면 유씨의 댓글 정도는 악플 축에도 못 낄 것 같다. 그런데 K씨처럼 댓글의 피해자가 명예훼손이나 모욕을 당했다고 적극적으로 문제 삼고 나선다면 상황은 달라진다. 법원의 잣대는 엄격하다.

꼭 연예인이나 공인이 아니어도 마찬가지다. 요즘 각종 커뮤니티에서는 회원들끼리 댓글로 논쟁을 벌이는 일이 흔하다. 마음에 들지 않는 회원에게 "다중인격적 피해망상과 과대망상 소지자로 임상치료 대상자다"와 같은 댓글을 올렸다가 모욕죄가 인정되어 벌금형을 선고받은 네티즌도 있었다.

최근에 신조어 중에서 '~충(蟲)'이 늘고 있는데 이 말도 경계 대상이다. 실제 법원 판결도 '한남충', '급식충'이라는 표현에 대해 "'충'이 벌레라는 부정적인 의미를 담고 있고 상대를 비하하기 위해 사용된 단어"라며 모욕죄를 인정하고 있다. 논쟁 중에도 삼가야 할 표현이다.

더 위험한 건, 상대에게 욕설을 하거나 상대를 비방할 목적으로 작정하고 악플을 달거나 악성 게시물을 올리는 경우다.

사례 2

5·18 광주민주화운동은 한국 민주주의의 상징이자 무고한 시민들이 목숨을 잃은 아픈 역사이기도 하다. 하지만 일부에서는 아직도 5·18을 폄훼하거나 조롱하는 이들도 있다.

몇 년 전 한 인터넷 사이트에는 5·18 당시 사망한 자식의 관 앞에서 오열하는 여인의 모습이 촬영된 사진이 게시됐다. 게시자는 관 사진에 택배 운송장 이미지를 합성한 뒤 "아이고, 우리 아들 택배 왔다"라는 제목을 달고, 사진 밑에는 "착불이요"라는 글을 추가로 기재했다. 5·18 사망자를 택배로, 유족을 택배 앞에서 오열하는 사람으로 매도한 것이다.

법원은 "표현의 자유의 허용 범위 내에 있다고 볼 수 없다"며 모욕죄를 적용, 징역 6월에 집행유예 1년형을 선고했다. 게시물을 올린 사람은 이제 갓 스무 살이 된 대학생이었다.

비방할 목적에 허위사실까지 더해진 사이버 명예훼손죄는 생각보다 법정형(최고 징역 7년)이 높다.

사례 3

한 인터넷카페 유머 게시판에 A씨가 국회의원의 '갑질'을 폭로하는 글을 올렸다. "어제 오후 4시경 ○○동 S은행에 박초선(가명) 의원이 왔더군요. 기다리는 사람 많은데 새치기하더니 창구 직원한테 나 누군지 모르냐고 먼저 해

달라고…. 특권의식이 오짐. 여기 예금 몇 억 있는데 다 뺀다고 협박 아닌 협박도."

A씨의 글은 거짓이었다. 박 의원은 그 시각 다른 행사에 참여하고 있었다. 난데없는 갑질 논란 게시물로 박 의원은 한동안 해명을 해야 했다.

사태가 걷잡을 수 없게 되자 A씨는 박 의원에게 사과문을 전달했다. 하지만 때는 늦었다. 법원은 1심에서 징역형(집행유예) 판결을 선고했다. 그나마 A씨에게 전과가 없었고 박 의원이 직접 고소하지 않은 점이 참작됐다. 법원은 "A씨의 거짓말 때문에 박 의원이 명예에 적지 않은 타격을 입었고, 인터넷은 전파성이 큰 관계로 죄질이 좋지 않다"고 양형 이유를 밝혔다(A씨는 상급심에서 벌금형으로 감형됐다).

'연예인 불륜설', '정치인 갑질' 허위 유포…결과는?

정치인, 연예인 등 공적인 인물에 대한 비판은 허용되어야 한다. 하지만 정당한 비판과 악의적 비난·허위사실 유포는 구별해야 한다.

사례 4

방송작가인 B씨는 지인들에게 들은 소문을 바탕으로 스마트폰 단체 대화방에 이런 글을 올렸다. '예능 피디 X가 재계약 못 하고 퇴출당하는 분위기. 이유는 여배우 Y와의 불륜. 방송계에서 버려지는 분위기.'

이 메시지를 전달받은 C씨는 이 내용을 회사 동료들에게 또다시 전파했다. 소문은 삽시간에 퍼졌고 관련 기사까지 등장했다. 진실공방에 이어 형사사건으로 비화되었다.

X씨의 퇴출설과 Y씨와의 불륜설은 사실무근이었다. 유포자 B씨와 C씨는 법정에 섰다. B씨는 "방송가에 떠도는 소문을 듣고 재미 삼아 지인들에게 전달했다"며 선처를 호소했다. C씨는 자신이 최초 유포자가 아니라 전달자에 불과해서 별 문제가 안 될 거라고 여겼다. 하지만 둘 다 처벌을 피할 수 없었다. 법원은 "대중의 관심을 감내해야 하는 방송인이라 할지라도 폄하하는 표현의 정도가 가볍지 않다"면서 유죄판결을 선고했다.

"사이버 명예훼손, 공공 이익 있다면 무죄"

물론 온라인상의 댓글이나 게시물이 상대방을 깎아내렸다고 해서 모두 유죄가 되는 것은 아니다. 사이버 명예훼손의 경우 '사람을 비방할 목적'이 있어야 성립한다. 따라서 댓글이나 게시물이 진실이면서 공공의 이익과 관련됐다면 비방의 목적이 없는 것으로 본다.

예컨대 교사가 학부모를 추행했다는 의혹을 보도한 인터넷신문사 기자에 대해 법원은 "기사를 게재한 행위가 추가적인 피해를 막고자 하는 공익을 위한 것으로 봄이 상당하다"며 사이버 명예훼손에 대해 무죄를 선고한 바 있다.

(사이버) 모욕죄 역시 "어떤 글이 모욕적인 표현을 담고 있을 경우에도 그 표현이 사회상규에 위배되지 않는 행위로 볼 수 있을 때는 위법성이 조각된다(죄가 되지 않는다)"는 입장이다. 이런 기준에 따라 모욕죄가 인정되지 않은 사례도 있다. 골프 경기보조원들만 보는 사이트에 특정 골프 클럽의 운영상 불합리성을 지적하는 과정에서 클럽 담당자에게 "한심하고 불쌍한 인간"이라고 한 표현이 문제가 된 사건이었다. 법원은 "게시판에 글을 올리게 된 동기나 경위 등을 볼 때 사회상규에 위배되지 않는다"

며 무죄를 선고했다.

　하지만 이런 사항도 개개 사건마다 판단 기준이 다르기 때문에 쉽사리 유무죄를 예단하기는 힘들다. 확실한 것은 기사 제목만 읽고 악플부터 달고 보는 일부 네티즌에게 공익성을 인정하여 무죄를 선고한 적은 단한 차례도 없다는 사실이다. 최근에는 특정 기사에 악플을 단 네티즌 다수를 대상으로 무더기로 고소하거나 민사소송을 제기하는 사례도 있다.

악플도 좀 더 세련되게 달자

　"인터넷은 '가장 참여적인 시장', '표현촉진적인 매체'이다. (…) 오늘날 가장 거대하고, 주요한 표현 매체의 하나로 자리를 굳힌 인터넷상의 표현에 대하여 질서 위주의 사고만으로 규제하려고 할 경우 표현의 자유의 발전에 큰 장애를 초래할 수 있다."(헌법재판소 99헌마480 결정)

　인터넷의 장점 중 하나가 자유로운 비판과 수평적인 토론문화라는 데 토를 달 사람은 없으리라. 인터넷상에서의 토론과 논쟁은 상호비판과 자정을 통해 해결해야지 법이 개입하는 순간 더는 건전한 토론이 어렵다. 특히 토론과 비판의 상대가 공인이라면, 공인의 인격도 존중해야 하지만 그에 대한 비판 역시 존중해줘야 한다.

　댓글은 여론에서 상대적으로 약자인 네티즌들이 사회적 관심사에 대해 집단적으로 의견을 표명하는 방법이다. 댓글은 주류 언론에 접근이 쉬운 '강자'에 맞서 여론의 균형을 갖추기 위한 다수의 효과적인 수단이라고 생각한다. 따라서 자기 입맛에 맞지 않는 의견을 가로막는 수단으로 쉽게 형사처벌을 떠올려서는 안 된다. 때로는 악플에도 민심이 숨어 있기 때문이다.

하지만 우리가 댓글을 얼마나 잘 활용하고 있는지 돌아볼 때도 됐다. 남의 글을 읽어보지도 않고 기계적으로 악플을 다는 행동이나 타인의 인격을 사정없이 깎아내리는 습관이 있지는 않은지. 이런 행동은 상대방에게 크나큰 상처를 안겨줄 뿐 아니라 법이 개입할 빌미를 제공할 수도 있다.

명예훼손과 모욕 어떻게 다를까

명예훼손과 모욕은 어떻게 다를까? 한마디로 설명하면 사람의 사회적 평가를 떨어뜨리는 표현이 사실(진실뿐 아니라 허위사실도 포함하는 개념)을 담고 있으면 명예훼손이고, 의견 표명에 불과하다면 모욕이다. 더 자세히 살펴보자.

명예훼손과 모욕죄 모두 '공연성'을 요건으로 한다. 공연성이란 "불특정 또는 다수인이 알 수 있는 상태"를 말한다. 더 나아가 판례는 한 사람에게 유포했더라도 그로부터 불특정 또는 다수인에게 전파 또는 유포될 가능성이 있으면 공연성이 인정된다는 입장이다. 이를 전파성(또는 전파 가능성) 이론이라고 한다.

명예훼손죄는 여기에 '사실의 적시(지적하여 보이게 함)'가 더해져야 한다. 다시 말해 명예훼손이란 여러 사람이 알 수 있도록 타인의 사회적 가치나 평가를 떨어뜨리는 구체적인 사실을 적시할 때 성립하는 죄다. 대법원은 명예훼손죄가 되려면 "사실의 적시가 있어야 하고, 이로써 특정인의 사회적 가치·평가가 침해될 가능성이 있을 정도로 구체성을 띠어야 한다"고 판단하고 있다.

형법상 모욕은 '공연히 사람을 모욕한 것'으로, 욕설이나 경멸적 표현을 말한다. 판례는 "사실을 적시하지 아니하고 사람의 사회적 평가를 저하시킬 만한 추상적 판단이나 경멸적 감정을 표현하는 것"이 모욕이라고 설명한다.

알기 쉽게 사례를 들어보자. "A는 교수로서 자질이 부족해서 동료 교수와 제자들에게 무시당했으며 결국 학교에서 쫓겨났다", "B는 사생활이 문란하고 성격에 문제가 있어서 남편에게 이혼당했다"는 표현 정도면 명예훼손으로 볼 수 있다. 반면, "C는 개 같은 ×이다", "D는 정신병자다"라고 했다면 모욕에 해당한다. 하지만 실제로 이 둘을 딱 잘라 구별하기란 쉽지 않다. 보통 사람들이 쓰는 표현에는 대부분 사실과 의견이 섞여 있기 때문이다. 법원도 표현 정도와 구체적인 사안에 따라 명예훼손과 모욕을 나누고 있다.

명예훼손죄는 반의사불벌죄인 반면, 모욕죄는 친고죄라는 차이도 있다. 명예훼손죄는 피해자가 처벌을 원치 않는다는 의사표현을 하지 않는 한 검사가 기소하는 데 제약이 없다. 이와 달리 모욕죄는 피해자로부터 고소가 있어야만 수사를 할 수 있고 처벌이 가능하다.

명예에 관한 처벌 조항, 어떤 것이 있나

명예훼손, 모욕과 관련된 법 조항을 한번 보자. 먼저 가장 기본이 되는 것은 형법이다. 형법 제307~312조는 명예에 관한 죄로 이루어져 있다. 형법 제307조 1항에는 명예훼손에 대해 "공연히 사실을 적시하여 사람의 명예를 훼손한 자는 2년 이하의 징역이나 금고 또는 500만 원 이하의 벌금에 처한다"고 되어 있다. 허위로 명예훼손을 할 경우에는 최고 징역 5년 또는 벌금 1000만 원까지로 법정형이 2배 이상 높아진다. 형법은 또한 사자(死者)의 명예훼손과 출판물 등에 의한 명예훼손을 처벌하는 규정도 두고 있다. 모욕죄에 대해선 "공연히 사람을 모욕한 자는 1년 이하의 징역이나 금고 또는 200만 원 이하의 벌금에 처한다"는 조항이 있다. 사이버모욕은 일반 형법의 적용을 받지만, 사이버 명예훼손은 특별법인 '정보통신망 이용촉진 및 정보보호 등에 관한 법률(정보통신망법)'의 적용을 받는다. 이 법 제70조는 이른바 사이버 명예훼손죄에 관한 것이다.

"사람을 비방할 목적으로 정보통신망을 통하여 공공연하게 사실을 드러내어 다른 사람의 명예를 훼손한 자는 3년 이하의 징역이나 금고 또는 2000만 원 이하의 벌금에 처한다."

이 범죄가 허위사실을 기초로 할 경우에는 최고 징역 7년, 벌금 5000만 원까지로 형이 훨씬 높아진다. 사이버 명예훼손이 처벌 강도가 훨씬 높다는 것을 알 수 있다. 다만 사이버 명예훼손은 일반 명예훼손과 달리 사람을 '비방할 목적'을 요건으로 한다는 차이점이 있다.

그 밖에 공직선거법에도 명예에 관한 처벌 조항이 있다. 이 법에 따르면, 특정 선거 후보자를 당선되지 못하게 할 목적으로 허위사실을 공표한 사람은 최고 징역 7년까지 처벌받을 수 있다. 또한 공연히 사실을 적시하여 선거 후보자를 비방한 사람도 후보자비방죄(최고 징역 3년)로 처벌이 가능하다.

진실을 말하면 명예훼손이 아니다?

명예훼손과 모욕, 오해와 진실

"진실을 말하면 명예훼손이 아니다."

"한 사람에게만 전달한 것으로는 모욕죄가 성립하지 않는다."

모두 잘못된 말이다. 명예훼손과 모욕에 대해 많은 사람이 오해하고 있는데, 대표적인 몇 가지를 정리해보겠다.

1. 진실만을 말하면 명예훼손이 아니다?

명예훼손은 말, 글, 언론, 출판물, 인터넷 등을 통해 불특정 또는 다수인이 알 수 있도록 타인의 사회적 가치나 평가를 떨어뜨리는 '사실'을 적시하면 성립하는 죄다. 여기서 말하는 '사실'은 진실과 거짓 모두 포함한다. 많은 사람이 보는 앞에서 또는 인터넷 게시판 등에서 다음과 같은 말이나 글을 사용했고, 그것이 진실이었다고 치자.

"A는 부정한 행동을 해서 이혼을 당했고 남의 가정을 파괴했다."

"B는 동성애자이고 알고 보니 마약도 자주 했다."

이런 말은 명예훼손이 될 가능성이 크다. 우리 사회에서 사회적 평가를 떨어뜨리는 요소로 작용하기 때문이다. 결론적으로 명예훼손은 진실과 거짓 모두 대상이 된다. 차이가 있다면 허위사실이 더 무겁게 처벌받을 뿐이다. 최근에는 표현의 자유를 강조하면서 진실을 이야기했을 경우엔 형사처벌 대상이 아닌 민사의 영역으로 두어야 한다는 의견도 대두하고 있지만 법률 개정이 필요한 사항이다.

다만 명예훼손적인 표현이라도 진실한 사실로서 공공의 이익에 관한 내용일 경우 처벌을 하지 않는다. 예컨대 고위 공직자나 정치인의 부도덕한 사생활을 거짓 없이 폭로했다면 공익성이 인정될 가능성이 크다.

2. 여러 사람이 아닌 한 사람에게만 '뒷말'을 하면 괜찮다?

모욕이나 명예훼손죄는 공연성을 요건으로 한다. 불특정 또는 다수인이 인식할 수 있는 상태를 말한다. 판례는 여기에 전파 가능성을 더하고 있다. 비록 개별적으로 한 사람에게 유포했더라도 그로부터 불특정 또는 다수인에게 전파될 가능성이 있다면 공연성을 충족한다고 해석한다. 다른 사람을 험담하거나 비하하는 뒷말(이른바 '뒷담화')을 개인 메신저 또는 단체 대화방에 남겼을 때 비록 당사자가 뒤늦게 알았더라도 모욕·명예훼손죄 성립이 가능한 이유도 전파 가능성 때문이다. 특히 인터넷상의 모욕이나 명예훼손은 오프라인보다 처벌 수위가 높은 경향이 있으므로 인터넷이나 스마트폰 대화 시 뒷말은 주의해야 한다.

3. 피해자 이름을 밝히지 않았다면 명예훼손 성립 안 된다?

명예훼손(또는 모욕)에 의한 불법행위가 성립하려면 피해자가 특정되어 있어야 한다. 그렇다고 해서 반드시 사람의 이름을 명시해야 하는 것은 아니다. 판례는 "성명을 명시하지 않거나 두문자나 이니셜만 사용한 경우라도 그 표현의 내용을 주위 사정과 종합하여 볼 때 그 표시가 피해자를 지목하는 것을 알아차릴 수 있을 정도이면 피해자가 특정된 것"으로 본다.

이 경우 피해자 특정의 기준은 일반인이 아니고 "피해자와 같은 업계나 지인·주변인이 피해자임을 인식할 수 있을 정도"면 된다. 예컨대 "2023년 당시 A아파트 입주자대표회장은 공금을 횡령했다"는 허위사실을 인터넷에 올렸다면, 주변 사람은 그가 누구인지 충분히 알 수 있기 때문에 명예훼손이 되고도 남는다.

4. 명예훼손은 벌금 몇만 원 내면 끝이다?

명예훼손을 저지르면 주로 벌금형 처벌을 받는다. 하지만 '인격살인'이라 불릴 정도로 죄질이 나쁠 경우 징역형을 받기도 한다. 이런 불법행위는 형사처벌과 동시에 민사상으로 손해배상책임을 지기도 한다. 피해자가 민사소송까지 제기한다면 벌금 액수보다 훨씬 큰 금액을 피해자에게 위자료로 지급해야 하는 상황이 벌어질 수도 있다.

2019년엔 대기업 회장의 동거인을 비난하는 카페를 개설하여 반복적으로 글을 올린 운영자가 형사처벌(징역형)과 별도로 민사(1심)에서 1억 원의 손해배상 판결을 받기도 했다.

5. 개인이 아닌 단체는 명예훼손 대상이 아니다?

명예에 관한 죄는 사람의 명예를 보호하고 존중하기 위한 것이다. 판례는 '사람'에 법인도 포함된다고 해석한다. 즉 회사나 단체 등도 명예훼손의 피해자가 될 수 있다. A씨는 'B 출판사가 신간 서적의 베스트셀러 순위 조작을 했다'는 의혹을 제기했다가 명예훼손 혐의로 기소됐다. 법원은 "법인도 사회적 평가의 대상으로 명예의 주체가 된다"면서 B 출판사의 명예를 훼손한 혐의를 인정, A씨에게 유죄판결을 선고했다.

이와 구별되는 것이 집단표시(예컨대 K대 학생들, 부산시민 등)에 의한 명예훼손이다. 이 경우 원칙적으로 명예훼손이나 모욕은 성립하지 않는다. 비난의 내용이 특정 개개인에 대한 공격이라고 보기 어렵고, 개인에게는 비난의 정도가 희석되기 때문이다. 다만 예외적으로 "비난 내용이 해당 집단에 속한 특정 개개인에게까지 미쳐 그 개개인에 대한 사회적인 평가에 영향을 미칠 정도에까지 이른 경우"라면 명예훼손이나 모욕이 인정된다.

예컨대 "서울 시민은 모두 이기주의자다"라는 표현은 특정한 개인에게 미치는 영향이 적기 때문에 법적으로 문제 삼기 어렵다. 이와 달리 "B구청 건축과 직원들은 썩었다"고 표현했다면 그 구성원들이 피해자가 될 수 있다.

그렇다면 국가도 명예훼손의 대상일까? 판례는 "국가기관 또는 정부는 명예훼손의 피해자가 될 수 없다"는 입장이다. 법원은 "정부 또는 국가기관의 업무수행과 관련된 사항은 항상 국민의 감시와 비판의 대상이 되어야 하는 것"이라며 "공공적, 사회적인 의미를 가진 사안은 표현의 자유에 대한 제한이 완화되어야 한다"고 판시했다. 다만 공직자 개인을 "악의적이거나 심히 경솔한" 방법으로 공격하는 경우에는 예외적으로 명예훼손이 인정된다.

4장

이혼·개명·상속을 둘러싼 오해와 진실

01 배우자 집 나간 지 몇 년 되면 이혼?

[이혼, 오해와 진실 1] '협의이혼'은 있어도 '자동이혼'은 없다

"결혼은 평생 한 번뿐인 경사다!"라고 말하고 싶지만, 현실은 그렇지 않다. 아예 독신을 고집하는 '비혼'이 늘어나는가 하면 잘 살아보겠다고 결혼을 했지만 결국에는 헤어지는 부부도 하루 300쌍, 1년에 10만 쌍에 달한다.

최근 10년(2012~2121년) 사이, 연간 30만 쌍을 넘었던 결혼 커플이 20만 쌍으로 줄어든 반면, 이혼인구는 꾸준히 10만 쌍 이상을 유지하고 있다. 이혼 연령도 높아지고 있다. 2021년 평균 이혼 연령은 남자 50.1세, 여자 46.8세였다. 20년 이상 살다가 헤어진 부부도 38.7%나 됐다.

이혼은 결코 권장할 일은 못 되지만, 그렇다고 부끄러운 일도 꺼릴 일만도 아니다. 그런데 항간에 이혼을 둘러싼 오해가 떠돌아다닌다. 예를 들자면 이렇다.

"배우자가 가출한 지 오래되면 자동이혼이 된다."

"배우자가 재산이 많으면 위자료로 수억 원을 받을 수 있다."

"이혼 서류에 부부 양쪽이 도장만 찍으면 바로 이혼이 된다."

이혼을 둘러싼 오해와 진실, 그것을 알아보자. 이번 장에서는 주로 협의이혼과 관련된 이야기를 해볼까 한다.

[오해 1] 배우자가 집 나간 지 오래되면 자동이혼이다?

"아내가 집 나간 지 2년이 됐거든요. 법원 가면 자동이혼이 된다고 해서 왔는데요."

"자동이혼이요? 누가 그런 말을 해요?"

"경찰서에서 들었나? 하여간 그렇다면서요."

필자가 가정법원에서 일할 때다. 간혹 '자동이혼'을 하겠다고 찾아오는 사람들이 있었다. 배우자가 가출하거나 행방불명된 지 오래되면 법원에서 자동으로 이혼을 시켜주는 제도가 있단다. 누구는 가출 기간이 6개월이면 된다고 하고, 또 누구는 5년 또는 10년이 지나야 한단다. 과연 그런 제도가 있을까?

결론부터 말하면 자동이혼이란 없다. 법을 떠나 상식적으로 생각해보자. 남의 남편(또는 아내)이 가출했다는 걸 누가 어떻게 단정할 수 있을까? 설사 가출 사실이 인정되더라도 그것이 가정불화 때문인지, 생계 때문인지, 아니면 또 다른 이유가 있는지 어떻게 알겠는가. 배우자와 연락이 닿지 않는다는 이유로 법원이 재판도 없이 이혼을 시킨다? 부부와 자식의 인생이 달린 이혼 문제를 법원이 쉽게 결정한다는 것은 여러모로 말이 안 된다.

우리나라에서 이혼을 할 수 있는 방법은 두 가지뿐이다. 바로 협의이혼과 재판상 이혼(조정이혼을 포함)이다.

협의이혼은 부부가 갈라서기로 의견일치를 봤을 때 법원에서 최종 의사 확인을 받는 것이고, 재판상 이혼은 배우자의 폭행, 외도 등 법에서 정한 이혼 사유가 발생했을 때 소송을 통해 이혼을 하는 것이다.

그러니 설사 배우자가 바람나서 가출한 지 10년이 됐더라도 그냥 이혼이 되는 법은 없다. 이런 경우 이혼 사유는 될 수 있으므로 소송을 통해 이혼이 가능하다.

[오해 2] 서류에 도장만 찍으면 이혼이 성립한다?

결혼을 소재로 한 영화나 드라마의 한 장면을 떠올려보자. 외도하다 들통이 난 남편이 아내 앞에서 고개를 숙이고 있다. 화가 난 아내가 서류 한 장을 남편 앞에 던진다. 이름하여 협의이혼 신청서. 아내의 날카롭고도 짧은 한마디가 이어진다. "더는 못 살아, 여기 도장 찍어!"

영화나 드라마는 대개 여기까지만 보여준다. 그런데 도장만 찍으면 정말 이혼이 될까? 실제로는 그렇게 쉽게 되지는 않는다. 현실적인 예를 들어 설명해보겠다.

남편의 경제적 무능과 외도에 지친 X씨, 드디어 어젯밤 남편에게서 이혼 서류에 도장을 받아냈다. '이제 법원에 내기만 하면 난 자유다'라며 속으로 쾌재를 불렀다. 아침 일찍 협의이혼 신청서를 들고 가정법원으로 향했다. 협의이혼 접수창구에 자신 있게 서류를 내밀자 담당 직원이 말한다.

"남편이랑 함께 오셔야 하는데요."

"몰랐어요. 그런데 함께 오기만 하면 되나요?"

"일단 두 분이 함께 접수를 하신 후, 이혼 안내와 상담을 받으시고 (…) 남편과 자녀 양육 협의를 하셔서 (…) 석 달 후엔 협의이혼 기일에 함께 출석하고, 그다음에는 (…)."

"협의이혼이 이렇게 복잡해요?"

영화와 달리 현실에선 도장만 찍었다고 끝이 아니다. 도장을 찍으면서 협의이혼의 절차가 시작될 뿐이다. 부부가 이혼하기로 합의했다면 협의이혼 신청서를 작성한 다음, 두 사람이 함께 법원에 출석해야 한다. 그러면 법원이 자녀 양육 안내와 부부상담을 진행한다. 그 후로 협의이혼의사 확인기일이 정해지는데 통상 석 달 뒤(자녀가 없는 부부는 한 달 뒤)로 날짜가 잡힌다. 그동안 부부는 자녀 양육, 친권자 결정 등에 관한 협의를 마쳐야 한다(협의가 되지 않는다면 가정법원에서 재판을 받는다). 마지막으로 부부는 협의이혼의사 확인기일에 함께 법정에 출석한다. 법원에서 협의이혼의사 확인서를 받았다면 석 달 내에 시청, 구청 등에 신고해야 비로소 남남이 된다. 복잡한 절차를 정리해보면 다음과 같다.

[미성년 자녀가 있는 경우]

부부가 함께 법원 방문 ➔ 협의이혼 신청서 제출(협의가 완료된 경우 자녀 양육과 친권자 결정에 관한 협의서도 제출) ➔ 법원, 자녀 양육 안내 및 부부 상담 진행 ➔ 협의이혼의사 확인기일 지정(통상 3개월 후) ➔ 부부간 자녀 양육·친권 협의 완료 ➔ 확인기일에 부부가 함께 출석 ➔ 이혼신고(3개월 내)

현재의 협의이혼 절차는 2008년 이후 큰 폭으로 바뀌었다. 가장 큰 변화는 이혼 전 3개월간의 '숙려기간'을 둔 것과 자녀 양육 문제에 관한 협의절차를 도입한 것이다. 쉽게 말하자면 당장 이혼하고 싶더라도 몇 달동안 재산문제와 자녀 양육 문제 등을 정리하고, 그래도 이혼해야겠거든 다시 법원에 오라는 뜻이다. 특히 초등학생 이하의 자녀를 둔 부부는 심화 부모 교육, 의사소통 교육을 이수하여 이혼 후 자녀 양육이 소홀해지지 않도록 법원이 교육을 강화하는 추세다.

'홧김 이혼'을 막겠다고 만든 이 제도가 실제로 얼마나 효과를 보고 있는지는 확실하지 않다. 하지만 이혼 전에 부부가 자녀 양육 문제를 해결하도록 의무화한 부분은 긍정적으로 평가할 만하다.

한 해 법원에 접수된 협의이혼 신청 건수(이혼소송 제외)는 10~12만 건 정도다. 이 중 실제로 이혼까지 마친 부부는 8만여 쌍이 넘는다. 한 달 1만 쌍, 법원이 쉬는 날을 제외하면 평일 하루 500여 쌍이 이혼 서류를 들고 법원을 찾는 셈이다.

최근 시·군·읍·면에 접수된 이혼신고 통계도 이와 다르지 않다. 2021년 이혼 건수는 10만 1673건이었다. 그중 협의이혼과 재판이혼의 비율은 8:2 정도였다. 최근 추이를 보면 결혼은 30만 건 이상에서 약 20만 건으로 감소한 반면, 이혼은 10만 건대를 유지하고 있다.

이 중에는 마음을 고쳐먹고 다시 잘 살고 있는 부부도 있으리라. 하지만 이혼을 각오하며 법원까지 찾았다면 부부 사이의 앙금은 쉽사리 사라지지 않는다. 결혼은 신중해야 하지만, 이혼은 더더욱 신중해야 한다.

▼ 시·군·읍·면에 접수된 혼인 및 이혼신고 건수

연도	결혼 건수	이혼 건수	이혼 종류별 비율(%)	
			협의이혼	재판이혼
2017년	264,455	106,032	78.3	21.7
2018년	257,622	108,684	78.8	21.2
2019년	239,159	110,831	78.9	21.1
2020년	213,502	106,500	78.6	21.4
2021년	192,507	101,673	77.9	22.1

* 출처: 통계청(2021년 혼인·이혼 통계)

이혼·혼인취소·혼인무효 어떻게 다를까

법적으로 결혼을 해소하는 방법에는 세 가지가 있다. 가장 일반적인 방법이 이혼이고, 혼인취소와 혼인무효도 있다.

이혼이 부부생활 도중에 발생한 사유를 원인으로 한다면, 혼인취소와 혼인무효는 애초부터 결혼 성립 과정에서 발생한 흠을 원인으로 한다는 점이 다르다.

이혼은 남녀가 결혼해서 살다가 결혼 후에 생긴 문제로 나중에 갈라서는 것을 말한다. 결혼할 때는 문제가 없었는데 살다 보니 성격 차이, 외도, 폭행 등의 이유로 헤어지는 것이 이혼이다.

혼인취소는 사기·협박 결혼, 부모의 동의를 얻지 않은 미성년자의 결혼, 이중결혼 등이 대표적인 경우다. 혼인취소 판결이 나기 전까지는 유효한 결혼으로 인정된다. 형부와 처제처럼 인척간 결혼, 미성년자의 부모 동의 없는 결혼은 혼인취소 사유이지만 결혼 중 임신을 한 뒤에는 취소를 청구할 수 없다. 사기·협박 결혼은 사유를 안 날로부터 3개월, 부부생활을 계속할 수 없는 악질(惡疾) 등 중대사유가 있을 때는 6개월이 지나면 혼인취소 재판을 청구할 수 없다.

혼인무효는 당사자 사이에 결혼 합의가 없거나(일방적인 혼인신고, 위장결혼 등) 당사자 간 직계인척관계, 양부모계의 혈족관계인 경우 등 혼인취소보다 하자가 더 심각한 경우다. 혼인무효 판결이 나면 처음부터 결혼하지 않은 것과 같은 효과가 생긴다. 8촌 이내의 근친혼도 혼인무효 사유였으나 2022년 헌법재판소의 헌법불합치결정이 났다. 현재는 8촌 이내의 근친혼은 법으로 금지하되, 이미 혼인한 경우는 무효가 아니게 되었다.

쉽게 정리해보자. 배우자의 외도는 이혼 사유이고, 형부와 처제의 결혼은 혼인취소 사유, 위장결혼은 혼인무효 사유다.

사실혼도 부부로 인정받을 수 있나?

사실혼과 법률혼, 무엇이 같고 무엇이 다를까

결혼이란 사랑하는 두 사람이 정신적, 육체적으로 하나가 되는 것이다. 법적인 부부(법률혼)가 되기 위해선 ① (한국은 동성혼을 인정하지 않으므로) 남녀가 결혼할 의사가 있어야 하고 ② 혼인신고까지 마쳐야 한다. 이중 ② 혼인신고를 안 한 관계가 사실혼이다. 판례에 따르면, 사실혼이란 "당사자 사이에 혼인의 의사가 있고 실질적인 혼인생활을 공공연하게 영위하고 있으면서도 혼인신고를 하지 않았기 때문에 법률상 부부로 인정되지 아니하는 남녀의 결합관계"라고 정의한다.

혼인신고만 없었을 뿐 누가 보더라도 부부 사이인 사실혼은 동거나 약혼과는 다른 개념이다. 동거는 결혼할 의사가 없이 일시적으로 함께 생활하기에 부부로 볼 수 없고, 약혼은 장래에 결혼하겠다는 약속이기 때문에 함께 살아야 할 의무가 없다.

사실혼 부부도 법률혼과 비슷한 점이 있다. 부부간 동거·부양·협조 의무가 따르고 일상가사 대리권이 인정된다. 결혼 파탄 책임이 있는 상대방에게 위자료나 손해배상청구를 할 수 있고, 결혼 생활 동안 함께 모은 재산이 있다면 재산분할을 요구할 수도 있다. 공무원연금, 국민연금 수령권자가 사망했을 때 받는 유족연금 수령 대상자에 사실혼 배우자도 포함된다. 또한 주택임대차에서는 임차인 사망 시 함께 살던 사실혼 배우자가 임차인의 권리를 승계한다.

하지만 서류상 혼인신고 여부를 중시하는 우리나라에서 사실혼은 불안정한 지위에 있다. 법률혼과 달리 사실혼 배우자는 친족이 될 수 없고 배우자의 가족들과도 인척관계가 아니다. 법적 분쟁이 생겼을 때 스스로 사실혼관계를 입증해야 한다는 어려움도 있다. 결정적으로, 앞서 언급한 연금 수령 등 특별한 경우를 제외하면 사실혼 부부는 배우자 사망 시 상속을 받을 수 없다. 법률상 배우자가 다른 상속인들보다 50%를 더 얹어서 상속받는 것과 비교하면 하늘과 땅 차이다.

황혼이혼이 늘어나는 것과 마찬가지로 황혼결혼 혹은 황혼재혼도 늘고 있다. 이때 혼인신고 여부에 따라 상속 관계가 많이 달라진다. 아내와 사별한 70대 남성 A씨가 30대 딸 B씨와 함께 살다가 60대 여성 C씨와 재혼한 경우를 생각해보자. 그 후 A씨가 사망하면 직계비속인 B씨는 1순위 상속인이 된다. 만일 A씨가 사망 전에 C씨와 혼인신고를 한 상태라면 B씨와 C씨(상속분은 A씨의 배우자 자격으로 B씨보다 50% 가산)가 공동상속인이 되고, 혼인신고를 하지 않았다면 B씨가 단독상속인이 된다.

'혼전동거'나 '계약동거' 역시 늘고 있다. 이 경우도 부부에 준하는 권리와 의무가 발생할까? 또한 계약 내용으로 일정 기간 동거의무나 외도 금지, 계약 위반시 손해배상 등을 명시했다면 효력이 있을까? 법과 판례에 따르면 모두 부정적이다. 우선, 부부(법률혼과 사실혼 포함) 이외에는 동거의무가 없다. 설사 계약서를 작성했더라도 동거인 간 성적 접촉을 강요할 수 없고, 동거기간 중 다른 사람을 만나거나 심지어는 영영 떠나더라도 위자료 등 법적 책임을 물을 수 없다. 동거인의 채무를 대신 갚아야 할 의무도 없다. 또한 동거 계약의 내용 자체가 ▲선량한 풍속, 사회질서에 반하거나 ▲일방에게 과도하게 불리한 경우가 많은데 이때는 그 자체로 무효로써, 아무 효력이 없다. 동거인은 사실혼 배우자보다 훨씬 보호받기 어렵다.

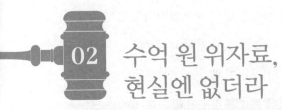

수억 원 위자료,
현실엔 없더라

앞에서 '자동이혼'의 허구와 협의이혼의 절차를 이야기했다. 이번에는 이혼재판 과정에서 벌어지는 위자료 청구 등 재산문제와 관련된 오해와 진실을 알아보자.

위자료는 부부관계를 깬 쪽이 부담한다

"원수 같은 남편(아내) 때문에 내 인생을 망쳤다. 이제라도 보상받고 싶다." 이럴 때 제일 먼저 떠올리는 단어는 당연히 이혼이다. 거기에 한 가지 더, 돈으로라도 잃어버린 청춘을 보상받고 싶은 심정에 위자료를 청구한다, 그것도 아주 '듬뿍'!

위자료는 많이 부르는 것이 득이라고 생각하기 쉽다. 더구나 배우자가 먼저 가정을 깼고, 재산까지 많다면 수억 원도 받아낼 수 있지 않을까? 천만의 말씀이다.

> **사례 1**
>
> 남바람 씨와 여보통 씨는 40여 년 전 결혼하여 3남 1녀를 둔 부부다. 결혼생
> 활 20년이 지나자 남씨는 다른 여자와 동거생활에 들어갔고 그때부터 가정
> 을 전혀 돌보지 않았다. 그렇게 처자식과 따로 살아왔던 남씨는 최근 자신
> 의 딸이 친딸이 아니라는 사실을 알게 됐다. 40년간 속았다는 배신감에 사
> 로잡힌 그는 조강지처인 여씨를 상대로 이혼소송을 내면서 위자료 2억 원
> 을 청구했다.

남씨가 소송을 걸자 여씨는 "적반하장도 유분수지, 나도 더는 참을 수
없어"라며 맞소송(반소)을 걸었다. 여씨는 이혼소장에서 "남씨는 남편 노
릇을 전혀 하지 않았으며 수십 년간 가정을 내팽개쳤다"며 위자료로 1억
원을 달라고 했다.

재판 결과는 어떻게 됐을까? 법원은 우선 "남씨가 다른 여자와 동거하
면서 가족을 돌보지 않아 부부간 동거, 부양의무를 저버렸고, 이 때문에
결혼생활이 파탄에 이르렀다"며 이혼이 타당하다고 판결했다.

그다음 관심사는 양쪽이 청구한 위자료 부분이다. 먼저 법원은 남씨의
청구에 대해선 "자신의 딸이 친딸이 아니라는 사실을 안 것은 최근인데,
이는 혼인관계가 파탄 난 이후의 일이므로 책임을 물을 수가 없다"며 받
아들이지 않았다.

오히려 법원은 "그동안 가정을 소홀히 한 남씨가 여씨에게 위자료를
지급하라"고 판시했다. 다만 법원은 남씨가 고령이고 투병 중인 점 등을
고려하여 금액을 2000만 원으로 정했다.

여기서 두 가지 중요한 사실을 알 수 있다. 첫째, 위자료는 부부관계를 깬 쪽이 물게 된다. 둘째, 위자료는 생각보다 많지 않다.

이혼 위자료란 부부 한쪽의 잘못으로 혼인관계가 깨짐으로써 상대방이 정신적 고통을 받은 것을 위로하는 성격의 돈이다. 물론 가정폭력, 협박, 외도 등으로 당한 부부생활의 고통은 쉽사리 치유되지 않겠지만 돈으로나마 배상을 받으라는 취지에서다.

법원은 ▲이혼에 이르게 된 경위와 정도 ▲혼인기간 및 혼인파탄의 책임과 원인 ▲당사자의 재산상태 및 생활 정도 ▲나이와 직업 등 모든 사정을 고려해서 위자료를 산정한다. 그런데 정신적 고통이라는 개념이 추상적이고 객관적으로 판단하기 어렵기 때문에 생각만큼 많은 금액을 인정받기 힘들다.

위자료 통상 1000만~2000만 원 선… 5000만 원이면 최대

이해를 돕기 위해 어느 법원이 발표한 이혼 위자료 산정 기준을 보자(이 기준은 법원마다 다를 수 있다는 점을 미리 밝힌다). 이 기준에 따르면 기본 위자료 액수는 3000만 원이다. 여기에 결혼생활이 30년 이상이면 50% 범위에서 가산하고, 반대로 1년 미만이면 그만큼 감액한다. 또한 혼인파탄의 책임이 클 경우 판사의 재량으로 일정한 금액을 더할 수 있도록 했다.

이 금액은 부부 한쪽에 100% 잘못이 있을 때를 가정한 것이다. 따라서 부부 쌍방에 잘못이 있다면 과실 비율을 따져서 잘못을 제한 만큼만 인정한다. 이 기준으로 보자면 위자료를 최대한 인정하더라도 5000만 원 안팎이다.

서울가정법원도 혼인기간, 나이, 자녀 수, 이혼 원인 등에 따라 점수를 주어 금액을 산정하는 위자료 산정표를 만들었는데 액수는 대동소이하다. 수도권 법원에서 이혼재판을 담당했던 판사는 "개인적으로 2000만 원 선에서 위자료를 가감하는 방식을 사용한다"고 말했다. 그 이유는 "이혼에서 어느 한쪽의 잘못이 명백하게 큰 경우가 적고, 재산이 많지 않은 당사자가 다수였기 때문"이라고 했다.

최근 판결을 토대로 파악해보니 이혼 위자료 액수는 1000만~3000만 원이 압도적이었다. 최고 수준이 5000만 원이었는데, 이쯤 되려면 결혼생활 내내 배우자를 무시, 폭행, 협박하고 가출, 외도 등 일방적인 행동을 일삼은 '아주 심각한' 경우여야 한다. 물론 5000만 원을 넘는 위자료도 간혹 있지만 그건 아주 '희귀한' 사례다.

결혼 파탄에 공동책임 있다면 위자료 0원

결혼생활 파탄의 책임이 양쪽 모두에게 있다면 위자료를 한 푼도 인정하지 않는다. 이는 둘 다 큰 잘못이 있을 경우인데 다음 사례가 대표적이다.

> **사례 2**
>
> 성부전 씨는 정상적인 성생활을 하지 못했다. 이것이 불만이던 아내 강옹녀 씨는 어머니에게 이 사실을 알렸고, 강씨의 어머니는 딸을 처가로 데려갔다. 성씨가 다시 합치려고 했으나 강씨 집안에선 거부하고 오히려 살림살이까지 챙겨 가버렸다. 감정이 상할 대로 상한 양쪽은 각각 이혼소송을 제기했으며, 상대방에게 위자료까지 청구했다.

법원은 "혼인을 계속하기 어려운 사유가 인정된다"고 판시했지만 위자료 청구는 받아들이지 않았다. 법원은 "정상적인 성생활을 할 수 없을 만큼 성적 능력에 결함이 있는 성씨의 성적 무능"과 "성씨를 이해하고 서로 합심하여 정상적인 성생활을 영위하기 위한 노력을 등한시한 채 주위에 알리고 별거에 들어간 강씨의 경솔한 행위"가 경합되어 양쪽 모두에게 똑같이 책임이 있다고 판단한 것이다.

그런데 사람들이 잘못 알고 있는 '거액의 위자료'라는 말은 어디서 나왔을까? 이는 아마도 언론 때문이 아닐까 싶다. 재벌이나 해외 연예인들의 이혼사건을 언론이 흥미 위주로 보도하면서 이혼합의금(또는 위자료) 액수가 수억, 수십억 더 나아가 수백억대라고 소개하니 그런 오해가 생겨난 것이다. 돈 많은 사람이 합의금으로 얼마를 주고받든 그건 당사자들의 자유다. 하지만 보통 사람들의 세상에서 그런 일은 결코 없다. 게다가 정신적 손해를 배상하는 '위자료'와 부부의 재산을 공평하게 나누는 절차인 '재산분할'을 혼동하는 데서 오는 착각도 한몫하고 있다.

냉정한 것 같지만, 이혼을 떠올리는 이들에게 하고 싶은 말이 있다. 결혼을 잘못 해서 인생을 망쳤더라도 인생을 한 방에 역전시킬 '거액의 위자료'는 기대하지 말라. 만일 이혼에 공동책임이 있다면 위자료는 한 푼도 받지 못한다는 사실도 기억하자.

이혼한 뒤 재산문제는 어떻게 되나?

위자료·재산분할·양육비를 둘러싼 진실

이혼을 고민하는 이에게 자녀 양육 문제 못지않게 중요한 관심사는 아무래도 재산문제가 될 수밖에 없다. 재산문제는 양육비, 위자료, 재산분할 등 세 가지로 설명할 수 있다.

양육비는 자녀를 키우지 않는 쪽(비양육부모)이 양육부모에게 자녀가 성인이 될 때까지 지급하는 돈을 말한다. 양육비는 소득에 따라 매달 일정액을 지급하는 방식인데, 보통 자녀 1명당 적게는 수십만 원 많게는 100만~200만 원을 지급하게 된다. 자녀 양육은 부모 모두의 법적 의무이기 때문에 경제 여건이 어렵더라도 양육비는 반드시 지급하는 것이 원칙이다.

위자료는 앞서 설명한 대로 혼인파탄 책임이 있는 쪽(유책배우자)이 정신적 손해를 금전으로 배상하는 것이다. 위자료는 결혼기간이 길수록 잘못이 클수록 금액이 높은데, 보통 1000만~3000만 원 수준이다.

제일 복잡한 문제가 재산분할이다. 재산분할은 부부가 결혼생활 중에 협력하여 이룩한 공동재산을 나누는 절차다. 결혼생활 중 모은 재산을 합산해 부부가 일정 비율로 나눠 갖는 방식이 가장 많이 사용된다. 법원은 재산의 취득경위와 이용 상황, 소득, 생활능력, 결혼기간 등을 토대로 재산분할 비율을 정한다. 재산분할은 유책배우자도 청구할 수 있다는 점에서 위자료와 큰 차이가 있다.

재산분할에서는 누구의 명의로 재산이 있느냐보다 재산 증가나 감소 방지에 누가 얼마나 기여했는가가 관건이 된다. 그렇다고 단순히 누가 얼마나 돈을 벌어왔느냐 하는 것으로 판가름 나는 것도 아니다. 만일 부부 중 남편만 직장생활을 했더라도, 아내가 자녀 양육과 가사를 맡으면서 저축을 통해 재산을 늘려왔다면 양쪽 모두 재산증식에 기여한 것으로 볼 수 있다.

부부 한쪽의 명의로 된 '특유재산'은 재산분할 대상이 되지 않는 것이 원칙이다. 예를 들어 배우자 한쪽 또는 그의 부모가 마련한 돈으로 주택을 구입했거나 전세자금 등을 조달했다면 이 재산은 특유재산으로 인정될 가능성이 크다. 또한 부부가 별거 이후에 따로 마련한 재산도 재산분할에 포함되지 않는 경우가 많다. 그러나 특유재산일지라도 결혼생활이 오래되었고 다른 일방이 특유재산의 유지에 협력한 경우는 분할의 대상이 될 수 있다.

판결 분석을 토대로 한 논문 〈재산분할에 관한 판결례 분석〉에 따르면, 부부 전체 재산을 100%로 봤을 때 여자 10명 중 4명꼴로 50% 이상의 재산을 분할받은 것으로 나타났다. 또한 여성 중에서 과거에 직업이 있었거나 계속 직업을 갖고 있는 여성의 경우 전체 재산의 50%를 인정받는 비율이 가장 높았고, 전업주부의 경우 31~40%의 비율이 압도적이었다. 통계로 볼 때, 여성에게 31~50%의 재산 기여도를 인정한 판결이 절대다

수(80%)였다. 〈위자료 산정 및 재산분할 심리의 실무 현황〉(차경환 판사)
이라는 논문에서는 전체 재산 중 여성의 몫을 40~60%로 인정한 판결이
64.21%를 차지했다.

▼ 이혼 재산분할 시 재산의 포함 여부

재산분할에 포함되지 않는 재산		재산분할에 포함되는 재산
특유 재산	결혼 전 취득한 재산 (고유재산)	재산 유지, 감소 방지 또는 증가에 상대방이 적극적으로 협력했다면 특유재산도 분할 대상
	상속·증여 재산	
	결혼 중 자기명의로 취득한 재산	부부 일방 명의라도 실제 부부가 공동으로 기여했다면 분할 대상
이혼 위해 별거 중 (혼인관계 파탄 후) 취득한 재산		혼인 중 협력으로 증가·형성된 재산
부부 일방이 제삼자에게 유흥·도박· 사치 등 명목으로 빌린 채무·대출 등		일상가사채무(생활비, 병원비 등)와 공동 이익을 위한 채무(부동산 마련 대출 등)

재산분할 비율, 여성 몫 높아지는 추세

최근 판결에서는 여성의 재산분할 비율이 높아지는 현상이 더욱 두드
러진다. 서울·부산·대구·광주·대전 가정법원이 2014년 선고한 1심
판결 분석 결과를 보면 알 수 있다. 여성의 몫을 50~59%로 정한 판결이
39.08%, 40~49% 구간이 20.98%나 됐다. 60% 이상을 여성의 몫으로 인
정한 판결도 10%가 넘었다. 여성이나 전업주부의 재산기여도가 예전보
다 높아지는 추세라는 점은 확실하다.

정리하자면 이렇다. 위자료는 유책배우자에게 가정파탄 책임을 물어
정신적 고통에 대한 배상으로 받는 돈이다. 이와 달리 재산분할은 혼인
중 함께 모은 재산을 기여도에 따라 나누는 절차다. 두 가지는 성격이 완

전히 다르기 때문에 둘 다 청구할 수도, 따로 청구할 수도 있다. 재산분할은 이혼한 날로부터 2년, 위자료는 3년 이내에는 청구해야 한다.

　한편 이혼 재산분할 재판 등을 거쳐 부동산 등 재산을 나누는 경우 세금이 부과되는지도 관심사다. 공동재산을 나누는 과정인 재산분할은 기본적으로 과세대상이 아니다. 증여에 해당하지 않으므로 증여세가 발생하지 않고, 소득이 아니므로 소득세도 문제되지 않는다. 재산분할로 부동산을 넘겨받는 경우도 유상양도가 아니어서 양도소득세가 부과되지 않지만 취득세는 납부해야 한다.

03 아내의 잠자리 거부, 이혼 사유?

사람들은 어떤 이유로 이혼하고, 또 법은 어떨 때 이혼을 받아들일까? 이번에는 재판상 이혼 사유에 관해 알아보자.

부부 사이에 금이 갔다. 아내는 이혼을 원하고 남편은 화해하고 살겠단다. 이때 누구 말이 더 타당한지 판단하기란 쉽지 않다. 재판을 하는 판사라고 해도 마찬가지다. 따라서 기준이 있어야 하기에 민법에 재판상 이혼 원인을 정해놓았다. 민법 제840조를 보면 부부 일방은 다음 각호의 사유가 있는 경우 법원에 이혼을 청구할 수 있다.

❶ 배우자에게 부정한 행위가 있었을 때
❷ 배우자가 악의로 다른 일방을 유기한 때

❸ 배우자 또는 그 직계존속으로부터 심히 부당한 대우를 받았을 때

❹ 자기의 직계존속이 배우자로부터 심히 부당한 대우를 받았을 때

❺ 배우자의 생사가 3년 이상 분명하지 아니한 때

❻ 기타 혼인을 계속하기 어려운 중대한 사유가 있을 때

법으로 이혼 사유를 정해놓았기 때문에 역으로 여기에 해당하지 않으면 재판이혼을 청구할 수 없다는 말이 된다. 그러면 이혼 사유를 하나씩 짚어보자.

민법 "외도·폭행·학대·부양포기 있었다면 이혼 가능"

먼저, 1호에 나오는 '부정한 행위'는 외도나 불륜을 떠올리면 된다. 바람을 피우는 배우자는 누가 보더라도 당연히 이혼감이다. 그런데 재미있는 사실이 있다. 배우자가 외도에 동의했거나 용서한 뒤라면 다시 문제 삼을 수가 없다. 또한 배우자가 바람을 피운 것을 안 지 6개월(또는 바람을 피운 지 2년)이 지나면 이혼 사유로 주장할 수 없게 된다.

그다음으로 2호 '배우자가 악의로 다른 일방을 유기한 때'다. 판례는 "배우자가 정당한 이유 없이 서로 동거·부양·협조하여야 할 부부로서의 의무를 포기하고 다른 일방을 버린 경우"로 해석한다. 쉽게 말하자면 처자식을 뒷전에 제쳐두고 가출하거나 '딴살림'을 차린 남편은 이혼을 당하게 된다는 것이다.

다음으로 3호와 4호를 살펴보자. 이것은 아내가 남편에게, 며느리가 시부모 등에게 아주 부당한 대우를 했거나 받았을 때를 말한다. 그런데

법에 나오는 '심히 부당한 대우'는 어느 정도를 말하는 것일까?

판례에 따르면 "혼인관계의 지속을 강요하는 것이 참으로 가혹하다고 여겨질 정도의 폭행이나 학대 또는 모욕을 받았을 경우"(대법원 2003므1890 판결 등)를 말한다. 이혼사건의 상당수는 가정폭력이 원인이다.

정리해보면 법에 나온 재판이혼 사유는 주로 외도, 폭행, 협박, 학대, 가족 부양포기 등이다.

'기타 혼인을 계속하기 어려운 중대한 사유'란

한 가지가 더 남았다. 가장 논란이 되는 6호 '기타 혼인을 계속하기 어려운 중대한 사유(이하 '기타 사유')'다. 1~5호 이혼 사유는 비교적 명확하다. 반면 6호 '기타 사유'는 포괄적이고 다소 추상적이다. 대법원은 이렇게 판단한다.

"'혼인을 계속하기 어려운 중대한 사유가 있을 때'라 함은 부부간의 애정과 신뢰가 바탕이 되어야 할 혼인의 본질에 상응하는 부부공동생활관계가 회복할 수 없을 정도로 파탄되고 그 혼인생활의 계속을 강제하는 것이 일방 배우자에게 참을 수 없는 고통이 되는 경우를 말한다. 이를 판단함에 있어서는 혼인계속의사의 유무, 파탄의 원인에 관한 당사자의 책임 유무, 혼인생활의 기간, 자녀의 유무, 당사자의 연령, 이혼 후의 생활보장, 기타 혼인관계의 제반사정을 두루 고려하여야 한다."(대법원 2009므2413 판결 등)

이런 '도덕적'인 설명만으로는 잘 이해가 되지 않을 테니 좀 더 구체적인 사례를 들어보겠다.

구신랑 씨는 베트남에서 20세 연하의 신부와 결혼했고 혼인신고까지 마쳤다. 현지에서 결혼식까지 올리고 이제나저제나 신부가 입국하기를 기다리던 구씨는 충격적인 소식을 들었다. 아내가 현지에서 베트남 남자와 결혼했으며, 한국으로 오기를 거부한다는 것이다. 그는 이혼소송을 택했다. 법원은 혼인유지가 곤란하다고 인정하여 이혼판결을 내렸다.

최근 국제결혼이 늘어나면서 안타까운 이혼 사연이 제법 눈에 띈다. 특히 늦은 나이에 외국인 신부를 맞은 남성들이 신부가 입국 후 바로 자취를 감추거나 가출했다면서 법원에 호소하는 사례가 늘고 있다. 비단 국제결혼이 아니더라도 부부 한쪽이 무단가출하여 오랫동안 연락이 끊겼거나 행방을 알 수 없을 때는 대부분 이혼 사유가 인정된다. 또한 장기간 별거에 들어갔다가 결혼생활에 마침표를 찍는 부부도 '기타 사유'에 해당한다.

성관계 거부·성적결함, 이혼 사유 될 수도

한편 부부간의 성생활 불만이 이혼 사유가 되기도 한다. 정당한 이유 없이 성관계를 거부하거나 성적 기능에 이상이 있어서 정상적인 성생활이 불가능한 경우에 '기타 사유'에 해당한다는 판례가 있다. 부부간의 동거·부양 의무(민법 제826조)에 '성적 교섭'도 포함된다고 본다.

주태백 씨는 신혼 초부터 만취한 상태로 새벽에 귀가하거나 외박하는 날이 잦

앗다. 그는 아내 한가정 씨에게 "앞으로 가정에 충실하겠다"며 몇 차례 각
서를 쓰기도 했지만 생활은 달라지지 않았다. 심지어는 외간 여자와 모텔에
서 나오다가 발각되는 등 불륜을 의심할 만한 행동까지 했다. 그러면서도
그는 한씨가 성관계를 제의할 때마다 오히려 "이거 하려고 결혼했냐?", "너
는 너무 못한다" 등의 말을 하며 아내와의 잠자리를 거부했다. 참다못한 한
씨는 법원을 찾았다.

법원은 이혼청구를 받아들였고, 주씨가 한씨에게 위자료로 3000만 원
을 지급하라고 판결했다. 법원은 잦은 외박과 부정행위로 의심받을 행동
을 했을 뿐 아니라 성관계 거부 등으로 부부관계가 악화됐는데도 스스로
집을 나간 주씨에게 가정파탄의 책임이 있다고 판시했다.

사례 3

배운남 씨와 최교양 씨 부부는 둘 다 대학교수다. 아들을 낳고 살던 부부 사
이에 금이 가기 시작한 것은 결혼생활 10년이 지났을 즈음. 배씨는 의처증
을 보이며 최씨에게 폭언과 인격적인 모욕을 가하는 경우가 잦아졌다. 설상
가상으로 최씨는 대학 강의와 연구에 따른 스트레스로 성생활에 대한 의욕
을 잃어 남편과의 잠자리를 완강하게 거부했고, 각방을 쓰기 시작했다. 배
씨는 최씨의 의사를 무시한 채 강제로 성관계를 맺기도 했다. 부부 사이에
잠자리 거부와 폭언·폭행의 악순환이 계속됐다. 배씨는 잠자리를 거부하
는 아내에 대한 분노가 극에 달했고, 최씨 역시 남편에게 성폭행을 당하면
서까지 살 수 없다며 각자 이혼소송을 냈다.

법원은 어떤 판결을 내렸을까? 이혼은 인정했지만, 양쪽 모두 책임이
있다고 판시했다. 아내에 대한 배려 없이 일방적으로 성관계를 시도하며

폭행과 폭언을 한 배씨에게도 잘못이 있지만, 먼저 별거를 요구하고 성관계를 거부하면서 부부관계의 단절을 막기 위한 노력을 하지 않은 최씨의 잘못도 대등하다고 본 것이다.

하지만 단순히 성적 불만을 이혼으로 연결하는 것은 무리다. 이른바 '욕구불만'으로 남편이 이혼을 청구했으나 법원이 기각한 사례도 있다. 법원은 이 사건에서 부부 사이에 직접 성관계가 없었다는 사실은 인정했다. 그러나 다정하게 결혼생활을 유지한 점, 성관계의 부재가 심각한 혼인파탄 사유로 작용하지 않은 점, 남편의 문제제기 후 아내가 전문가 상담·치료 등을 원하고 있는 점 등을 들어 이혼을 받아들이지 않았다. 부부가 다시 행복하게 살라고 권유한 셈이다.

▼ 판례로 본 성적 불만과 이혼 사유 인정 여부

구분	이혼 사유 인정	이혼 사유 불인정
성적 갈등 사례	• 합리적 이유 없이 성관계 거부 • 정상적 성생활이 불가능한 경우 • 성적 불능 숨기고 결혼 • 부당하게 피임을 계속하는 경우 • 일방적 또는 폭력적인 방법으로 성관계 강요	• 성기능 불완전(무정자증, 심인성음경발기부전 등 성기능 저하) • 일시적 성기능 장애 • 단기간 성적 접촉 단절 • 치료나 대화로 회복 가능한 경우 • 성관계 없이도 부부 사이가 원만

사실 순수하게 성적 불만만으로 이혼을 청구하는 사례는 많지 않다. 그보다는 폭행, 인격무시, 가정소홀, 외도 등으로 부부 사이의 틈이 벌어진 다음, 표면적으로 성문제가 불거지는 사례가 대부분이다. 그런 점에서 부부간의 성은 몸과 마음을 합치는 과정이자 결과물이 아닐까 싶다. 부부 사이에도 성적자기결정권이 인정되므로 상대의 의사를 존중해야 한다.

성관계 없었더라도 다정한 결혼생활 했다면 이혼 안 돼

"갈라서면 남보다 더 못한 것이 부부 사이"라는 말을 가장 실감할 수 있는 곳이 이혼법정이다. 어제까지 부부였던 이들이 원고와 피고로 나뉘어 이혼재판에서 이기기 위해 치열하게 싸운다. 때로는 부부가 아니라면 도저히 알 수 없는 상대방의 결함과 치부를 과감하게 드러내는 일도 마다하지 않는다.

이젠 마지막이라는 생각이 들어서인지 아니면 그동안의 부부생활에서 맺힌 분노를 이렇게라도 표출하기 위해서인지 알 수 없지만, 아무튼 보는 사람 입장에서는 쓸쓸하기만 하다. 이혼을 앞둔 부부가 '추억을 간직한 채, 떠날 때는 아름답게'를 되뇌는 건 무리겠지만 한 번쯤은 상대방의 장점을 떠올려보고 스스로를 냉철하게 돌아보는 건 어떨까.

"부부는 애정과 신의 및 인내로써 서로 상대방을 이해하며 보호하여 혼인생활의 유지를 위한 최선의 노력을 기울여야 하는 것이고, 혼인생활 중에 그 장애가 되는 여러 사태에 직면하는 경우가 있다고 하더라도 부부는 그런 장애를 극복하기 위한 노력을 다하여야 할 것이다."(대법원 2005므1689 판결)

이혼, 그래도 남는 의문 몇 가지

앞에서 이야기한 사례 외에도 많은 사람이 궁금해하는 내용 몇 가지를
정리해봤다.

1. 가정을 파탄 낸 사람도 이혼청구는 할 수 있다?

가정폭력, 외도 등으로 가정을 불행하게 만든 장본인도 이혼청구는 할
수 있을까?

"가정을 깬 사람은 이혼을 청구할 자격이 없다."

이것이 법원의 일관된 입장이다. 따라서 가정파탄에 주된 원인을 제공
한 사람(유책배우자)은 상대방의 이혼청구가 없는 한 이혼소송을 낼 수 없
고, 내더라도 법원에서 기각을 당하게 마련이다. 예를 들어 남편의 폭행,
외도가 주원인이 되어 가정불화가 일어나고 결국 가정이 깨질 지경이 됐
다고 치자. 이때 아내가 이혼을 원하지 않는다면, 남편은 이혼을 청구할
자격이 없다.

242

단, 예외가 있다. 판례에 따르면 "상대방도 혼인생활을 계속할 의사가 없음이 객관적으로 명백함에도 오기나 보복적 감정에서 이혼에 응하지 않고 있을 뿐이라는 등 특별한 사정이 있는 경우"에는 유책배우자도 이혼청구를 할 수 있다.

2. 외도한 배우자 말고 상간자에게 법적 제재를 가할 수는 없나

2015년 2월 헌법재판소는 형법의 간통죄 처벌 조항에 대해 위헌결정을 했다. '간통을 처벌하는 것은 개인의 사생활에 국가가 과도하게 개입하는 것'이라는 취지에서다. 그 후 간통죄는 폐지됐다.

A씨가 배우자 있는 B씨와 '외도'를 하기 위해 B씨의 가정집을 방문한 경우 A씨에게 주거침입죄를 적용, '우회적'으로 외도행위를 처벌하는 사례가 종종 있었다. B씨와 함께 사는 배우자의 '주거의 평온'을 깨뜨렸기 때문이라는 것이 주된 이유였다. 그런데 2021년 대법원은 입장을 변경했다. 공동주거 공간에 한 사람의 승낙을 받아 통상적인 방법으로 들어갔다면 주거침입이 아니라고 본 것이다.

따라서 현재는 외도를 한 배우자는 물론, 그 상대방도 형사상 처벌을 할 수 있는 방법은 없다. 그렇다고 해서 결혼생활 중 외도가 면책되는 것은 아니다. 당연히 재판상 이혼 사유에 해당하고 민사상 책임, 즉 위자료 청구도 남아 있기 때문이다.

"배우자 있는 자와 부적절한 행위를 한 상간자는 배우자가 입은 정신상 고통을 위자할 의무가 있다"는 것이 법원의 기본 입장이다. 따라서 상간자를 상대로 민사소송을 제기할 수 있다. 민사책임(위자료)은 성관계 사실까지 인정되지 않더라도 가능하다. 녹취록, 문자, 통화 내역, 사진 등의 자료로 부적절한 관계였음이 밝혀진다면 가정파탄의 책임을 면할 수 없다. 상간자가 물게 되는 위자료 수준은 통상 바람피운 배우자의 2분의 1에서 3분의 1 수준이다.

04 당신의 본명이 '김구라'라면?

놀림감 되는 이름, 개명으로 바꿔보자

"자기가 만들지도 않았는데 다른 사람이 자기 것으로 인정해주고 평생 자기가 갖고 사는 것은?"

바로 '이름'이다. 이름은 좋건 싫건 자기를 나타내고, 남이 자기를 인식하는 수단이 된다. 사람들은 보통 한 가지 이름으로 평생을 살아간다. '김구라', '노숙자', '신문지'처럼 튀는 이름은 사람들의 시선을 끌어야 하는 연예인들에게는 득이 될 수 있다. 하지만 보통 사람의 본명이 그렇다면 아마도 '글쎄' 하며 고개를 갸웃거릴 것이다. 그런데 실제로 그런 이름이 있다.

방귀◯, ◯십원, ◯주택, 성병◯, 피◯자, 엄청◯, 조◯년, (대학교 이름과 같은) 한◯대, 서◯대.

245

이런 이름은 발음이나 어감 때문에 놀림감이 되기 십상이다. 어떤 이름은 남자와 여자의 성(性)을 착각하게 한다. 이런 이유가 아니더라도 부모가 지어준 이름 대신 자기 모습에 걸맞은 세련된 새 이름을 찾고 싶어 하는 사람들도 많다.

이런 사람들은 자기가 원하는 이름을 얻을 수 있을까? 개명허가를 결정하는 법원은 어떤 기준으로 개명을 심사할까? 개인이 이름을 선택할 권리, 즉 '성명권'을 법원은 인정하고 있을까?

대법원, '이름'에서 '행복추구권'을 찾아내다

2000년대 초반까지만 해도 법원은 개명허가에 엄격한 잣대를 들이댔다. 이름을 쉽게 바꾸는 것은 사회생활에 혼란을 준다는 이유에서였다. 그래서 태어난 지 얼마 되지 않은 어린이나 아주 특별한 사유가 있는 사람이 아니면 이름을 잘 바꿔주지 않았다.

사례 1

자식들과 재롱을 떠는 손자들을 보는 낙으로 살고 있던 김정숙(60세) 씨는 평생 처음 법원을 찾았다. 행복한 가정생활을 하던 김씨의 마음을 불편하게 하는 것이 있었으니, 그건 큰며느리와 자신의 이름이 같다는 것이었다. 고부 사이가 동명이인이라서 다른 가족들도 불편하기는 마찬가지였다. 그래서 김씨는 개명신청을 했다.

그런데 법원은 김씨의 개명신청을 받아주지 않았다. 대법원도 "큰며느리의 이름과 같다는 사정만으로는 호적(현재는 가족관계등록부로 변경)상의 이름을 바꾸어야 할 상당한 이유가 없다고 판단한 1심과 2심은 정당하다"고 결론을 내렸다.

이 사건(대법원 89스10 결정)은 1990년대의 사례다. 며느리와 시어머니의 이름이 같아도 바꿔주지 않았던, 개명에 대한 법원의 기존 태도를 잘 보여준다. 이처럼 법원은 "이름이 사회성을 띠는 만큼 개명은 아주 특별한 경우에만 허용해야 한다"는 신중한 태도를 유지해왔다.

그러던 법원의 태도에 변화의 바람이 분 것은 2005년이다. 개명을 개인의 관점에서 전향적으로 바라본 대법원 판례(2005스26 결정)가 시작이었다.

사례 2

구분회(남, 30대) 씨는 자신의 이름을 여자 이름으로 착각하는 사람이 많고, 한자가 너무 어렵다는 이유로 개명신청을 했다. 1심과 2심은 모두 개명을 허가하지 않았다. 그러나 최종심인 대법원은 달랐다. 구씨의 이름 중 '분(沐)' 자가 '본'으로 잘못 읽히거나 컴퓨터로 문서를 작성할 때 어려움이 있고, 여자 이름으로 착각되는 등 일상생활에 불편이 있다고 판단했다. 대법원은 "다른 불순한 의도가 있거나 개명신청권을 남용했다고 볼 수 없다"며 구씨의 손을 들어줬다.

이 결정은 법원의 개명허가 기준에 일대 혁신을 가져왔다. 사람의 이름에서 행복추구권, 인격권이라는 헌법적 권리를 찾았다. 그동안 법원이 개명허가의 기준에 사회성·공공성에 중점을 두었다면, 이 사건에서는 개인의 권리보호 측면을 중시했다.

"이름(성명)은 특정한 개인을 다른 사람으로부터 식별하는 표지가 됨과 동시에 사회적 관계와 신뢰가 형성되는 등 고도의 사회성을 가지는 일방, 다른 한편 인격의 주체인 개인의 입장에서는 자기 스스로를 표시하는 인격의 상징으로서의 의미를 가지는 것이고, 나아가 이름에서 연유되는 이익들을 침해받지 아니하고 자신의 관리와 처분 아래 둘 수 있는 권리인 성명권의 기초가 되는 것이며, 이런 성명권은 헌법상의 행복추구권과 인격권의 한 내용을 이루는 것이어서 자기결정권의 대상이 되는 것이므로 본인의 주관적인 의사가 중시되어야 하는 것이다."(대법원 2005스26 결정)

따라서 개명허가 여부를 결정할 때는 "이름의 사회적 의미와 기능, 개명으로 발생할 사회적 혼란과 부작용 등 공공적 측면뿐만 아니라 개명신청인의 주관적 의사와 개명의 필요성, 효과와 편의 등 개인적인 측면까지도 함께 충분히 고려되어야 할 것"이라고 했다.

대법원은 ▲부모가 일방적으로 만든 이름에 불만이나 고통을 느끼는 경우 평생 그 이름으로 살아갈 것을 강요하는 것은 정당화될 수 없고 ▲이름이 바뀌더라도 주민등록번호는 그대로이므로 법률관계의 불안정은 그리 크지 않으리라 예상되는 점 ▲개명을 엄격하게 제한할 경우 인격권과 행복추구권을 침해할 우려가 있는 점 등에 주목했다. 따라서 불순한 목적이 없다면 원칙적으로 개명을 허가해야 한다고 판시했다.

이로써 "특별한 이유가 있어야만 이름을 바꿀 수 있다"던 법원의 태도는 2005년을 기점으로 "특별한 장애사유가 없으면 이름을 바꿔준다"로 180도 선회했다.

이런 추세를 반영하듯 법원에 접수된 개명신청은 해가 갈수록 늘고 있다. 2006년에 10만 9567건이었고, 그 후 계속 증가하여 한 해 평균 약 15만 명이나 됐다. 2021년엔 13만 5505명이 법원을 찾았고, 그중 12만 9168명이 새 이름을 얻었다. 개명이 불허가된 사람은 4000명 정도였다.

범죄 목적·잦은 개명… 이럴 땐 이름 바꿀 수 없다

하지만 법원이 개명신청을 무조건 허용하는 것은 아니다. "범죄를 기도·은폐하거나 법령에 따른 각종 제한을 회피하려는 불순한 의도나 목적이 개입되어 있는 등 개명신청권의 남용으로 볼 수 있는 경우"(대법원 2005스87 결정)에는 개명할 수 없다.

법원은 개명신청이 들어오면 우선 수사기관에 전과조회, 전국은행연합회에 신용정보조회 등을 한다. 조회 결과는 개명허가를 결정하는 데 중요한 판단자료가 된다. 따라서 성범죄 등 중대한 범죄의 전과자, 교도소 복역자, 거액의 신용불량자, 부정출입국 전력이 있는 사람은 개명이 어렵다. 이름을 여러 차례 바꾸는 것도 잘 받아들여지지 않는다. 잦은 개명은 사람의 정체성에 혼돈을 주게 되어 건전한 사회생활을 방해할 우려가 있기 때문이다.

그렇다면 이혼한 뒤에 자녀의 성(姓)을 엄마나 새아버지의 성으로 바꾸고 싶다면 어떻게 해야 할까? 이때는 '성본변경신청'이나 '친양자 입양'을 하면 된다(자세한 내용은 [더 알아보기] 참고).

법원이 밝혔듯이 이름에 불만이 있다면 바꾸는 것도 권리다. 하지만 이름을 두 번, 세 번 바꾸는 것은 사회생활을 하는 데 바람직하지도 않거니와 법원에서 잘 받아주지도 않는다는 점을 반드시 기억하자.

개명신청 방법과 절차

이름을 바꾸려면 법원의 허가를 받아야 한다. 개명신청은 일반 소송절차에 비하면 비교적 간단하다. 따로 법정에 나갈 일도 없기 때문에 조금만 노력을 기울인다면 법무사, 변호사 등 법률 전문가의 도움을 얻지 않고도 할 수 있다. 개명절차를 간략히 소개한다.

1. 법원에 개명허가 신청서를 제출한다

주소지 가정법원(또는 지방법원)에 개명허가 신청서를 내야 한다. 성인은 본인이 직접 신청하고, 미성년자의 경우는 부모가 대신 신청할 수 있다. 신청서 양식은 대한민국법원 홈페이지(scourt.go.kr)를 이용하거나 법원 접수창구에 비치된 서류를 활용하면 된다. 신청서의 각종 기재사항을 빠뜨리지 않고 꼼꼼하게 적는다. 특히 개명을 하려는 이유를 상세하고 정확하게 적는다. 신청 이유가 타당해야 개명허가를 받을 수 있다.

2. 첨부서류를 꼼꼼하게 챙겨 붙인다

신청서에는 수입인지(1000원)와 함께 송달료(우편요금) 납부서를 붙여야 한다. 비용은 3만 원 정도가 든다. 또한 신청서 뒤에는 첨부서류로 주민등록등본, 기본증명서, 부모 및 자신의 가족관계증명서 등을 덧붙인다. 그 밖에 개명에 유리한 자료가 있다면 함께 제출하는 것이 좋다. 개명 사유가 '친족 간에 동명이인이 있어서', '항렬자로 이름을 바꾸고 싶어서'라면 족보, 친족증명서 등을 내면 된다. 가정이나 일상생활에서 불리는 이름으로 바꾸고자 한다면 편지·일기·생활기록부 등을 제출하고, 이름으로 놀림받고 있다면 주변 사람들의 진술서 등을 내는 것도 좋다. 법원은 대부분 서류 심사만을 통하여 결정을 내린다.

3. 개명허가 결정을 받은 후 한 달 내에 신고한다

법원은 당사자가 낸 신청서와 신용조회, 전과조회 등의 결과를 통해 개명허가 여부를 결정한다. 결정문은 당사자에게 우편으로 보내준다. 법원에서 개명허가를 받았다면 한 달 안에 시·읍·면 사무소(구청이 있는 시는 구청)에 신고해야 한다. 신고할 때는 신분증과 개명허가결정문을 지참하고 개명신고서를 작성하면 된다. 인터넷 신고도 가능하다.

아이의 성을
새아버지 성으로 바꾸고 싶다면?

성본변경절차와 친양자 입양제도

1. 성본변경절차

출생신고 시 자녀는 아버지의 성(姓)과 본(本)을 따르는 것이 원칙이다. 가령 아버지가 김해 김씨라면 자녀도 김해 김씨가 된다. 다만 ▲부모가 혼인신고 시 어머니의 성을 따르기로 협의한 경우나 ▲아버지를 알 수 없는 경우는 어머니의 성본을 따른다.

자녀의 복리를 위해 필요할 때는 법원의 허가를 받아서 성본을 바꿀 수 있다. 예컨대 부부가 이혼을 한 뒤 자녀를 어머니가 키울 때 따로 사는 친아버지의 성을 따르는 것은 불편할 수 있다. 또한 이혼여성이 재혼을 한 뒤에도 자녀가 새아버지와 성이 달라서 어려움을 겪기도 한다. 이때 성본변경신청을 할 수 있다. 법원은 재판 과정에서 부모나 자녀의 의견을 듣기도 하는데, 반드시 친아버지의 동의가 있어야 하는 것은 아니다. 다만 기존의 성과 본을 변경하는 것은 개명과 마찬가지로 개인적·사회적으로 형성된 법적 신뢰관계를 변경하는 셈이 되므로, 허가요건이 다소 엄격하다.

참고로 아버지가 외국인인 경우 어머니의 성본을 따를 수 있고, 부모를 알 수 없는 자는 법원허가를 받아 성본을 새로 만들 수도 있다. 이제는 동성동본이 같은 부계혈통이라는 표현도 옛말이 되어가고 있다.

2. 일반 입양과 친양자 입양

성본변경을 한다고 해서 자녀와 친아버지 간의 신분관계가 바뀌는 것은 아니다. 여전히 친족관계는 유지된다. 만일 새아버지가 법적으로 유일한 친아버지가 되려고 한다면 친양자 입양을 하면 된다.

입양은 크게 ▲일반 입양 ▲친양자 입양 ▲입양특례법에 의한 입양으로 나뉜다. 일반 입양은 양부모와 양자의 합의와 신고로 효력이 생기나 양자와 친부모의 친족관계는 그대로 유지된다. 양자의 성과 본도 바뀌지 않는다. 다만 법원의 허가를 받아 새아버지와 같게 성본변경을 할 수 있을 뿐이다.

만일 새아버지가 법적으로 친아버지와 같아지려면 친양자 입양을 해야 한다. 친양자는 양부모의 혼인 중의 출생자로 보기 때문에 입양 전의 친족관계는 종료된다. 친양자 입양은 3년 이상 혼인 중인 부부가 미성년자를 공동으로 입양해야 한다는 요건이 따르지만, 양자가 부부 한쪽의 자녀라면 혼인 1년 이상이면 가능하다. 친양자로 입양하면 법률상 친자식과 다름없으므로 따로 성본변경절차를 거칠 필요가 없다. 새아버지의 성본으로 바뀌기 때문이다. 친아버지와의 친족관계도 종료된다. 친양자 입양을 하기 위해서는 친아버지의 동의를 얻어 가정법원의 재판을 받아야 한다.

입양특례법에 의한 입양은 보호자가 양육할 수 없어 보호시설(입양기관)에서 지내는 아동을 법원 허가를 얻어 입양하는 방법이다. 법률적으로 친양자 입양과 같은 효과가 있다. 아동의 친부모와의 관계는 종료된다.

100억 유산, 누구에게 갔을까

유언, 죽은 사람은 말이 없다

평생을 복지사업에 바쳐왔던 기부왕 씨. 그는 칠순이 되자 자신의 재산을 어떻게 하면 뜻깊게 사용할 수 있을지 곰곰이 고민했다. 그는 마침내 결심을 굳히고 가족들 몰래 자신의 전 재산을 한국대학교에 기부한다는 내용을 담은 유언장을 작성한 뒤, 평소 거래하던 은행금고에 고이 보관해두었다. 유언장은 전부 자필로 작성했는데, 도장은 따로 찍지 않았다.

> 유 언 장
>
> 내가 죽으면 모든 재산(부동산, 현금과 은행 예금)을 한국대학교에
> 사회사업발전기금으로 기부하겠습니다.
>
> 20××년 ×월 ×일 서울시 행복구 희망로 1길 100
>
> 성명 기부왕

몇 년 후 그는 100억 원대의 재산을 남기고 세상을 떠났다. 유족들은 고인의 유산과 유품을 정리하다가 은행에 보관된 유언장을 발견하게 됐다. 이 사실을 알게 된 한국대학교는 고인의 뜻대로 전 재산을 기부해달라고 유족들을 설득했다. 그러나 유족들은 "유언장의 효력을 인정할 수 없다"며 거절했다. 결국 양쪽은 법정으로 가게 됐다. 유언자의 의사가 중요하다고 본 학교 쪽과 유언은 형식을 갖췄을 때만 효력이 있다는 유족들의 주장이 팽팽히 맞섰다.

당신은 어느 쪽이 옳다고 보는가. 결론은 잠시 미루고 법정을 들여다보자.

"고인의 의사가 중요" vs "유언은 형식 모두 갖춰야 효력"

법정에 선 상속인들은 이 유언장의 효력을 문제 삼았다.

"판사님, 유언장에는 고인의 도장이 빠져 있습니다. 날인이 없는 유언은 자필로 썼더라도 효력이 없습니다. 유족들이 법에 따라 재산을 상속받는 것은 당연합니다. 미안한 일이지만 한국대학교에는 아무런 권리가 없습니다. 유산을 어떻게 의미 있게 사용할지는 우리가 결정하겠습니다."

학교 쪽은 고인의 의사가 확인된 이상 고인의 유지를 받드는 것이 정도라고 맞섰다.

"평소 고인은 사회복지와 장학사업에 지대한 관심을 보였고 재산의 사회환원을 중요하게 생각하셨습니다. 유언장까지 손수 작성해서 남겨놓으셨고요. 유족들도 잘 알고 계시지 않습니까. 단지 이름 옆에 도장이 빠졌다고 해서 유언자의 뜻을 무시한다면 그건 사회 통념에도 어긋납니다."

법원은 난감한 상황에 빠졌다. 유언의 효력을 문제 삼는 유족들의 의견도 일리가 있고, 고인의 유지를 받들어야 한다는 학교 쪽의 주장도 무시할 수 없었기 때문이다. 당사자들끼리 합의가 되지 않는 이상 법대로 판단할 수밖에 없었다.

법원 "법이 정한 요건 갖추지 못한 유언은 무효"

여기서 잠깐, 유언의 방식에 대해 알아보자. 유언은 유언자의 의사를 유족이나 제삼자가 알아보기만 하면 될까? 그렇지 않다. 법은 유언에 대해 아주 엄격한 형식을 갖추라고 요구한다.

민법 제1065~1072조에서는 법에서 정한 방식이 아니면 유언으로서 효력이 없다고 못을 박고 있다. 이를 '유언의 요식성'이라고 한다. 유언의 방식은 자필증서, 녹음, 공정증서, 비밀증서와 구수증서에 의한 것 등 다섯 가지가 있다. 이 중 가장 많이 사용하는 방법은 본인이 직접 작성하는 자필증서와 공증사무실에서 공증을 받는 공정증서다. 이것도 법에서 정한 구체적인 방식에 따라야만 인정된다(자세한 사항은 [더 알아보기] 참고).

이렇게 유언에 엄격한 잣대를 대는 까닭은 유언자의 진의를 명확히 하고 그로 인한 법적 분쟁과 혼란을 예방하기 위해서다(대법원 2008다1712 판결 등).

이미 세상을 떠난 사람의 의사는 다시 확인할 방법이 없다. 불분명한 유언은 그 진의를 둘러싸고 의문과 다툼이 생길 수 있다. 그래서 법원은 요건을 조금이라도 갖추지 못한 유언은 그것이 유언자의 진정한 의사에 합치하더라도 무효로 본다. 여기에는 세상을 떠나는 사람 역시 생애 마지막 결정을 쉽게 내리지 말고 신중하게 하라는 의미도 담겨 있다.

다시 기씨의 유언 사건으로 돌아가 보자. 기씨의 유언은 법으로 따지면 자필증서에 의한 유언에 해당한다. 기씨는 직접 모든 내용을 작성하여 유언의 요건을 충족한 것처럼 보였다. 하지만 도장이 빠져 있었다. 자필증서는 유언자가 유언의 내용과 작성일, 주소, 성명을 직접 쓰고 도장까지 찍어야 완벽한 유언이 된다. 법원은 고인의 의사와 관계없이 이 유언장이 법이 정하는 형식을 갖추지 못했다며 상속인의 손을 들어줬다.

학교 쪽은 유언으로서 효력이 없더라도 계약의 일종인 '사인증여'에 해당할 수 있다고 주장했지만 법원은 이마저도 받아들이지 않았다. 정리하자면 유언은 법이 정한 그대로 이루어져야 효력이 생긴다.

임종 앞둔 아버지의 유언, 법적으로 무효?

•

"장남 일식아, 내가 먼저 가더라도 어머니 잘 모셔야 한다. 너는 제사도 지내야 하니 이 집은 네 앞으로 등기해놓거라. 둘째 이식이는 이 통장을 받아라. 아비가 10년간 적금을 부었으니 이걸로 결혼 준비를 하거라. 막내 삼식이에게는 물려줄 재산이 없구나. 아직 나이가 어리니 형들 말 잘 듣기 바란다. 서운하더라도 아버지의 마지막 결정을 따라다오."

방송이나 영화에서 임종을 앞둔 아버지가 가족들을 모아놓고 유언을 남기는 장면을 보게 된다. 인간적으로 보면 고인의 유지를 받드는 것이 도리겠지만 냉정하게 따지면 이런 유언은 법적으로는 효력이 없다.

법과 현실 사이의 괴리감이 분명히 있다. 만일 막내 삼식이가 아버지의 뜻을 따르지 않고 자신의 상속지분을 요구하며 상속재산분할 청구를 한다면 상황은 걷잡을 수 없게 된다.

이왕 의미 있는 유언을 남기려면 법이 정하는 절차를 따라야 한다. 그렇지 않으면 산 자들 사이에 또 다른 다툼이 생길 수 있다. 죽은 자는 말이 없기 때문이다.

남은 가족을 위한 법적 보호 장치,
유류분 제도

만일 앞의 사례에서 기부왕 씨가 유언장에 도장을 찍었다면 어떻게 됐을까? 그렇다면 유언이 효력을 발휘하여 재산이 한국대학교로 가게 됐을 것이다. 하지만 전 재산이 한국대학교로 간다면 유족들 입장에서는 곤란한 상황이 된다.

유족(상속인)들이 재산 형성에 기여하거나 협력한 경우가 많고, 남은 가족들의 생활도 중요하다. 따라서 법에선 고인(피상속인)이 생전에 증여나 유증으로 자신의 재산을 처분하더라도 일정 범위 내에서는 상속받을 수 있는 여지를 두고 있는데 이것이 유류분이다. 유류분이란, 피상속인이 자유로이 재산을 처분하는 것을 제한하여 법정상속인 중 일정한 범위의 근친자에게 법정상속분의 일부가 귀속되도록 법률상 보장하는 제도로, 1977년 민법이 개정되면서 신설된 이래 현재까지 유지되고 있다.

민법상 유류분은 어떻게 될까. 배우자나 직계비속은 법정상속분의 2분의 1, 직계존속은 3분의 1이다. 쉽게 이야기하자면 피상속인의 배우자나 자식들은 법정상속분의 50%, 부모는 3분의 1에 대해서는 유류분을 갖는다는 뜻이다. 예를 들어보자. 50대 남성 A씨의 가족은 아내 B씨와 아들 C씨, 딸 D씨다. 다른 채권·채무관계가 없는 A씨가 재산증여 등을 하지 않은 상태로 전 재산 14억 원 전부를 E 복지단체에 기부한다는 유언을 남기고 사망했다. 만일 A씨의 유언이 없었다면 상속인들의 법정상속분은 B씨 6억 원, C씨와 D씨 각 4억 원이 된다. 그런데 전 재산을 기부한다는 유언이 있었으므로 B씨 3억 원, C씨 2억 원, D씨 2억 원이 각자의 유류분이 된다. 덧붙이자면 공동상속인 중에 특정인이 재산을 많이 물려받았을 경우도, 다른 상속인이 유류분 반환청구를 할 수도 있다.

한편, 2024년 4월 헌법재판소(헌재)는 현행 민법상 유류분 일부 조항에 위헌을 선언했다. 즉 기존의 민법 중에서 ① 핵가족 사회에서 피상속인의 형제자매에게까지 유류분 권리를 인정 한 점, ② 피상속인을 돌보지 않거나 패륜행위를 한 상속인에 대해 유류분을 제한할 사유(유류분 상실사유)를 규정하지 않은 점, ③ 상속에서 인정하는 기여분(피상속인을 특별히 부양하거나 재산의 유지, 증가에 특별히 기여한 상속인에게 그만큼을 가산해주는 제도)을 유류분에서 인정하지 않는 점이 헌법에 위반된다고 본 것이다.

이번 결정으로 ① 2024년 4월부터 유류분권자에서 형제자매가 제외되었다. 다만, ②와 ③은 헌법불합치결정(헌법에는 어긋나지만 법 공백 사태에 따른 사회적 혼란이 예상되므로 법 개정 전까지 한시적으로 법을 존속시키는 결정)을 하고 법 개정시한을 2025년 12월 31일까지로 정했다. 헌재의 결정을 다시 쉽게 정리하면 이렇다. '형제자매 사이에는 유류분을 인정할 수 없다. 생전에 배은행위, 패륜행위 등을 한 상속인에게 적용할 유류분 상실사유를 만들고, 유류분에도 기여분을 고려해야 한다.' 참고로, 유류분을 산정하는 기초가 되는 재산은 어떻게 정할까. 한마디로 [① 상속 개시 당시 재산 + ② 생전증여 재산 − ③ 상속채무 = 유류분 기초 재산]이다. 쉽게 설명하면 ① 고인이 사망 당시 남긴 재산총액에 ② 고인이 생전에 증여한 재산을 더하고③ 상속채무(고인이 남기고 간 빚)를 뺀 금액이 기준이다. ② 생전증여 재산 중에서 제삼자에게 한 증여는 사망 전 1년간만 포함하되, 공동상속인에게 한 증여는 기간과 관계없이 전부 포함한다.

유언과 함께 알아두어야 할 용어: 유증, 사인증여

유언과 함께 쓰이는 용어로 유증과 사인증여가 있다. 유언은 보통 죽기 전에 남기는 마지막 말 정도로 이해하지만, 법률적으로는 사망과 동시에 일정한 효과(특히 재산상의 권리, 의무)를 발생시키는 의사표시를 말한다. 생전에 남긴 유언은 유언자가 사망한 때로부터 효력이 생긴다. 유언자가 유언을 통해 자기 재산의 전부 또는 일부를 다른 사람에게 주는 행위를 유증이라고 한다. 예컨대 A가 "내가 죽으면 부동산은 아들 B에게 소유권을 넘겨준다"고 법적으로 유효한 유언을 남기고 사망했다고 가정하자. B는 A의 사망 증명서류와 유언증서 등을 갖추고 다른 상속인을 등기의무자로 하여 유증을 원인으로 한 소유권이전등기를 신청할 수 있다.

사인증여란 증여자가 생전에 특정인과 증여계약을 맺지만, 그 효력은 사망할 때 발생하는 행위다. 유언은 상대방의 의사와 관계없이 효과가 생기지만, 이와 달리 사인증여는 증여하는 사람과 받는 사람 사이에 계약이 이루어져야만 한다. 앞의 사례에서 기부왕 씨가 혼자 유언장을 쓰지 않고 사후에 재산을 기부하기로 하고 한국대학교 측과 함께 계약서를 작성했다면 사인증여로 볼 수 있다.

법이 인정하는 5가지 유언은?

유언은 법에 나온 방식만 유효하다고 했다. 법에서 인정하는 유언의 방식으로는 어떤 게 있을까? 자필증서, 녹음, 공정증서, 비밀증서와 구수증서에 의한 유언 등 다섯 가지다.

▼ 유언의 종류와 방식

유언 종류	방식	특징
자필에 의한 유언	유언자가 전문(유언 내용), 날짜, 주소, 성명을 직접 자필로 작성하고 날인하는 방식	모든 내용을 반드시 직접 작성하고 날인까지 해야 유효(컴퓨터·타자기로 작성하거나 날인 대신 사인을 하면 무효)
녹음 유언	녹음기기를 이용하여 음성으로 유언을 남기는 방식	증인이 참여한 가운데 유언자가 유언 내용, 이름과 날짜를 말로 설명하고, 증인이 확인하고 녹음
공정증서에 의한 유언	공증사무실에서 공증을 받는 방식	유언을 들은 공증인이 문서로 작성, 유언자와 증인 2명이 확인 후 서명·날인
비밀증서에 의한 유언	유언이 있다는 사실을 알리되, 내용은 비밀에 부치는 방식	문서를 밀봉하여 내용을 비밀로 하는 방식으로, 2인 이상의 증인과 5일 내 확정일자 필요
구수증서에 의한 유언	질병이나 급박한 사정으로 시간적 여유가 없을 때 유언자의 말을 직접 받아 적는 방식	증인 중 1명이 받아 적은 뒤, 낭독하여 확인한 후 서명·날인(자필유언 등 다른 유언을 할 수 있을 때는 불가)

이 중에서 자필증서와 공정증서가 가장 많이 쓰이며 무난하다. 자필증서는 다섯 가지 유언 중 유일하게 증인이 필요 없다. 작성하기가 간단한 대신 보관이 어렵고 위조될 가능성이 크다는 약점도 있다. 공정증서는 법률 전문가인 공증인을 통하기 때문에 위조의 여지가 없는 대신 비용이 든다는 점도 고려하자.

유언을 하는 데는 나이나 자격에 특별한 제한이 없다. 만 17세 이상이면 누구나 단독으로 유언을 할 수 있으며, 부모라고 해서 미성년 자녀의 유언을 대신 해줄 수는 없다. 또 유언은 생전에 언제든지 전부 또는 일부를 철회할 수 있다. 고인이 유언을 여러 번 남겼을 때는 제일 마지막 유언을 유효한 것으로 본다.

06 상갓집 부의금은 누구 소유일까

복잡한 상속 문제, 명쾌하게 정리하기

사례 1

정다운(30세) 씨는 스무 살에 첫사랑 이박명(40세) 씨와 결혼했다. 이씨는 연애 때는 정씨에게 자상한 오빠 같았지만 막상 결혼을 하고 보니 가장 노릇을 제대로 못했다. 술과 사람을 좋아하는 이씨는 만취해서 새벽에 들어오기 일쑤였다. 수입도 변변찮아 두 아이의 교육비와 생활비를 감당할 수 없었던 정씨는 식당 주방일로 근근이 살아가야 했다.

그러던 중 이씨가 불의의 사고로 사망했다. 남긴 재산이라곤 월세방 보증금 500만 원뿐이었다. 정씨가 1년을 슬픔 속에서 보내고 몸과 마음을 추스를 만하니 갑자기 날벼락이 날아들었다. 피고로 법정에 나오라는 출석 통지를 받은 것이다. 정씨는 떨리는 손으로 서류를 읽어 내려갔다.

내용인즉, 대부업체인 'OO머니'가 정씨와 초등학생 자녀들에게 남편의 대출금을 대신 갚으라고 소송을 제기한 것이었다. 남편은 5년 전 이 업체에서

3000만 원을 빌렸는데 갚아야 할 돈은 원금에 이자까지 4000만 원이었다. 정씨는 이 사실을 법원 서류를 받고서야 처음 알게 됐다. 어떻게 감당할지 막막하다. 정씨도 문제지만 초등학생인 두 아들은 어떻게 할 것인가?

실제로 법원에 근무하면서 직접 담당했던 사건이다. 이렇게 안타까운 소송은 지금도 얼마든지 있다. 법은 냉혹하다. 성실하게, 양심 있게 산다고 해서 법의 적용을 피해 갈 수는 없다. 대부업체는 자신의 채권을 확보하기 위해 법에 나온 대로 상속인에게 대출금을 청구했을 뿐이다. 그렇다면 정씨도 법을 알고 제대로 대응해야 한다. 우물쭈물하다가는 자기도 모르는 새에 거액의 빚을 떠안을 수도 있다.

아버지에게 빚 물려받은 초등생의 운명

상속이란 피상속인(사망으로 상속재산을 물려주는 사람)이 사망함에 따라 모든 재산상의 지위를 상속인이 물려받는 것을 말한다. 사람들이 상속에서 깊이 생각하지 않는 부분이 있다. 상속을 받게 되면 부동산, 예금과 같은 재산만 물려받는 게 아니라 카드빚, 사채, 은행대출금, 보증채무 등 모든 빚도 고스란히 물려받는다는 사실이다. 그러니 상속 앞에선 냉정해질 필요가 있다.

상속인에겐 세 개의 선택지가 놓여 있다. 상속을 받을 것이냐(단순승인), 상속을 받되 상속 범위 내에서만 채무를 책임질 것이냐(한정승인), 아니면 상속을 거부할 것이냐(상속포기)다. 상속인은 고인의 재산상태를 파악해본 후 3개월 내에 결정을 내려야 한다. 그때까지 아무런 조치를 취하지 않으면 법은 피상속인의 채권·채무를 제한 없이 그대로 물려받는, 단순승인으로 간주한다.

정씨는 남편이 사망한 후 1년이 지나도록 아무런 행동도 취하지 않았다. 이 경우 법적으론 단순승인을 한 것으로 본다. 따라서 정씨와 자녀들은 월세보증금 500만 원뿐 아니라 남편이 대부업체에 진 빚 4000만 원도 물려받은 것과 같은 상태다. 도의적으로 본다면 세상을 떠난 배우자나 부모자의 채무를 남은 사람들이 책임지는 것이 맞겠지만 현재 정씨 가족의 상황으론 불가능하다. 정씨 가족이 대부업체의 빚 독촉에서 벗어날 길은 없는 걸까?

정씨는 지금이라도 바로 가정법원에 한정승인 청구를 해야 한다. 한정승인은 원칙적으로 남편이 사망한 후 3개월 내에 냈어야 한다. 정씨는 이 기간을 놓쳐버렸다. 하지만 아직 방법이 남아 있다. 정씨와 아이들은 남편에게 빚이 있다는 사실을 소송서류를 받고서야 알았으므로 이때부터 3개월 내에 가정법원에 '특별한정승인'을 청구할 수 있다. 한정승인이 받아들여지면 정씨 등은 상속받은 재산(보증금 500만 원) 범위 내에서만 채무를 부담하게 된다.

특별한정승인에서 가장 중요한 건 고인의 빚이 재산보다 많다는 사실(상속채무 초과사실)을 중대한 과실 없이 알지 못했다는 점을 밝히는 일이다. 법원은 상속인에게 입증책임을 지운다. 판례에 따르면 피상속인이 사망한 지 1년이 지난 시점에서야 채권자들이 상속재산에 대하여 경매 절차를 진행했다면 한정승인이 가능하다고 봤다.

반면, 피상속인이 암으로 오랫동안 투병생활을 하다가 치료비도 못 내고 사망했는데 사망 직후 3개월 내 한정승인을 하지 않았다면 상속인에게 중과실이 인정된다는 판결도 있었다. 이런 경우에는 특별한정승인을 받아줄 수 없다는 말이다. 한정승인을 받을 생각이 있다면 가능한 한 서둘러서 고인의 사망 3개월 내에 가정법원을 찾는 것이 상책이다.

한편, 미성년자가 자신도 모르는 사이에 사망한 부모의 빚을 떠안고 성인이 되어서도 정상적인 사회생활을 할 수 없는 일이 종종 발생했다. 피해 사례가 속출하자 국회는 2022년 특별한정승인 절차를 추가하는 민법 개정안을 통과시켰다. 개정안의 요지는 "미성년자인 상속인이 성년이 된 후 상속채무 초과사실을 안 날로부터 3개월 내 한정승인을 할 수 있다"는 것이다.

상속재산 미리 빼돌리고 상속포기하면 '무효'

사례 2

간사한 씨와 형제들은 홀로되신 아버지가 돌아가시자 재산문제로 골머리를 앓았다. 유산은 적은데 빚이 많다는 사실을 잘 알고 있었기 때문이다. 맏형인 간씨가 잔꾀를 내어 형제들에게 제안했다. "일단 아버지의 재산을 챙긴 후 상속포기를 하자."

그는 아버지 명의의 예금통장과 사망보험금 등 찾을 수 있는 돈은 모조리 찾았다. 그다음 법원에 상속포기신고서를 냈다. 몇 달 뒤 아버지에게 받을 돈이 있던 사람들이 하나둘 간씨를 찾아오기 시작했다. 하지만 간씨는 태연하게 이렇게 말했다. "우리 형제들은 이미 상속포기를 했어요. 그러니 아버지 빚을 갚을 이유가 없지요." 과연 간씨의 잔꾀는 통할까?

간씨는 하나는 알고 둘은 몰랐다. 간씨가 상속포기신고를 하여 법원이 받아준 것은 맞다. 하지만 상속포기를 했더라도 ▲상속재산을 숨기거나 부정소비를 했을 때 ▲상속재산에 대한 처분 행위를 한 때는 상속을 받은 것(단순승인)으로 본다는 사실은 미처 몰랐다.

간씨는 채권자들에게 소송을 당했고, 법원은 "상속포기 전에 망인의 재산을 처분했다면 상속포기신고를 하여도 효력이 없다"고 판결했다. 결국 간씨 형제들은 아버지의 유산에 자신들의 재산까지 더해 빚을 갚아주어야 했다.

다시 한번 강조하지만 정해진 기간 안에 상속포기나 한정승인을 하지 않으면 단순승인이 된다. 그뿐 아니라 상속포기·한정승인을 한 상속인들이 상속재산을 숨기거나 부정하게 소비했을 때, 나누어 가졌을 때도 단순승인한 것으로 본다. 상속재산은 물려받고 상속채무는 지지 않으려는 얌체 같은 행동을 하다가는 빚 전체를 떠안을 수도 있다.

많은 사람이 부모나 배우자가 세상을 떠나면 슬픔에 젖어 1~2년을 그냥 보낸다. 그러다 보면 뜻하지 않게 고인이 생전에 졌던 거액의 채무를 갚으라는 독촉을 받을 수 있다. 아무리 슬프더라도 고인이 사망한 지 3개월 안에는 상속문제를 어떻게 할 것인지 결정하고 법원을 찾아야 한다.

불효자와 효자는 상속에서 차이가 있다: 기여분

상속에는 특별한 장치가 있다. 앞서 설명한 유류분(상속재산 중에서 유언이나 증여가 있을 때도 일정한 비율을 상속인에게 보장하는 제도)과 기여분이 그것이다. 기여분이란 상속인 중에서 피상속인을 부양하거나 재산의 유지·증가에 특별히 기여한 사람에게 그만큼을 가산해주는 제도다. 편찮은 노부모를 수년간 모신 사람, 부모의 사업을 적극적으로 도운 사람과 그렇지 못한 사람은 상속에 차별을 두어야 한다는 취지에서 만들어졌다.

기여분은 아내가 남편의 병간호를 했다거나 하는 가족 간의 당연한 도리 정도로는 인정되지 않는다.

판례에 따르면, 결혼한 자식이 장기간 부모와 동거하면서 생활비를 지출했거나, 아들이 어머니가 운영하는 가게에서 무보수로 수년간 일한 정도라면 '특별'한 기여로 보아 기여분을 인정할 수 있다. 기여분을 두고 상속인들 사이에 합의가 되지 않는다면 가정법원에 심판을 청구할 수 있다.

상갓집 부의금은 누구 소유일까

이웃이나 친지, 직장 동료가 상을 당했을 때 사람들은 애도의 마음을 담아 부의금을 전달한다. 장례를 마친 뒤 남은 부의금은 법적으로 누구의 소유일까? 유족 간의 합의가 최우선이지만, 법원에 부의금 소송이 들어오는 일도 있다.

사례 3

직업군인인 김싱사 씨는 공무수행 중 아내 사별녀 씨를 남겨두고 사밍헸다. 소속부대와 육군본부 등은 관례상 배우자인 사씨에게 조위금을 전달했다. 그런데 이 돈을 어떻게 사용할지를 놓고 김씨의 부모와 사씨 사이에서 다툼이 벌어졌다. 김씨의 부모는 사씨가 조위금을 모두 차지하는 것은 부당하다며 소송을 냈다.

법원은 우선 이 돈의 성격에 대해 이렇게 정의했다.

"부의금(조위금)은 상호부조의 정신에서 유족의 정신적 고통을 위로하고 장례에 따르는 유족의 경제적 비용을 덜어줌과 아울러 유족의 생활 안정에 기여함을 목적으로 증여되는 것이다."

법원은 이런 성격에 비추어 볼 때 "장례비용에 충당하고 남은 돈은 특별히 다른 사정이 없는 한 상속인들이 각자의 상속분에 따라 권리를 취득하는 것으로 봄이 우리의 윤리감정이나 경험칙에 합치된다"고 판시했다. 쉽게 말해 부의금은 유족 모두가 상속비율대로 나누는 것이 타당하다는 결론을 내린 것이다.

그런데 최근에는 '특별한 사정'을 인정한 판결이 나오고 있다. 대가족을 이루던 과거와 달리 핵가족화되면서 고인이 아닌 특정 유족과의 친분관계로 부의금을 내는 경우가 많기 때문이다. 부의금을 보낸 사람을 기억해두었다가 경조사 때 되갚는 사정을 고려할 때 특정 유족의 지인·친척이 보낸 부의금은 해당 유족에게 나눠줘야 한다는 판결이다.

정리하자면 이렇다. 부의금으로는 장례비용을 우선 계산한다. 남은 부의금은 누구의 문상객인지 특정할 수 있는 금액은 해당 유족에게 주고, 특정할 수 없는 경우(고인의 문상객, 유족 모두의 문상객 등)는 상속비율대로 나누는 것이 타당하다는 결론이다(어떤 경우든 유족 간의 합의가 우선이라는 점을 강조한다).

한 가지 의문이 생길 것이다. '상속비율대로 나눈다'는 말은 대체 어떤 뜻일까?

아들·딸은 1순위, 부모는 2순위 상속인

상속 문제에선 고인의 유언이 최우선이다. 유언이 없다면 상속인 간의 협의다. 그다음으로 법에서 정한 방식을 따르게 되는데, 이를 법정상속이라고 한다. 법정상속에서 상속권자와 상속지분에 대해 알아보자. 일반적으로 가족이 사망했을 경우 상속받을 수 있는 사람은 다음과 같다.

배우자

1순위: 직계비속(자녀, 손자, 증손자 등)

2순위: 직계존속(부모, 조부모 등)

3순위: 형제자매

4순위: 4촌 이내 방계혈족(삼촌, 고모, 사촌 형제 등)

상속권자는 배우자를 우선으로 하고, 자녀·부모·형제자매·4촌까지 포함된다. 가장 중요한 원칙은 '상속 순위 중 가장 높은 순위에 해당하는 사람이 있으면 다음 순위는 상속을 받을 수 없다'는 것이다. 예컨대 아들·딸(1순위)과 부모(2순위)가 있는 사람이 사망했다면 아들·딸만 상속인이 된다. 다음으로, 같은 순위에서는 촌수가 가장 가까운 쪽만 상속받을 수 있다. 같은 1순위 직계비속이라도 자식(1촌)과 손자(2촌)가 모두 있다면 자식만 상속인이 된다.

배우자는 상속에서 특별한 대우를 해준다. 1순위, 2순위에 해당하는 직계비속, 직계존속이 있을 경우 그들과 함께 상속받고, 직계존비속이 모두 없으면 배우자 홀로 상속을 받는다. 다만 혼인신고를 하지 않은 사실혼 배우자는 상속인에서 제외된다(사실혼에 관해서는 4장 1절 [더 알아보기] 참고).

상속비율은 어떻게 될까? 유언이 없다면 법에서 정한 비율에 따른다. 이것을 법정상속분이라고 한다. 원칙적으로 같은 순위의 상속인은 성별, 결혼 여부와 관계없이 똑같이 상속받는다. 여기에도 배우자에겐 특별대우가 있어서 다른 사람보다 50%를 가산해준다.

여기까지 이해가 갔다면 문제를 직접 풀어보자. 7억 원의 재산을 갖고 있던 A가 부모 B와 C, 아내 D, 결혼한 아들 E와 며느리 F, 손자 G, 미혼의 딸 H를 남겨둔 채 유언 없이 세상을 떠났다. 누가 얼마나 상속받을까?

일단 1순위인 직계비속이 있기 때문에 2순위인 부모 B, C는 제외된다. 직계비속 중에서도 손자 G는 A의 자식인 E, H보다 촌수가 멀기 때문에 상속받을 수 없다. 며느리나 사위는 애초에 상속 순위에 들지 못하므로 F도 마찬가지다.

그렇다면 남은 사람은 아내 D, 아들 E, 딸 H다. 배우자는 50% 가산이 되기 때문에 세 사람의 법정상속분은 1.5:1:1이 된다. 상속받을 수 있는 돈은 다음과 같다.

아내 D: 3억 원(7억 원 × 3/7)
아들 E: 2억 원(7억 원 × 2/7)
딸 H: 2억 원(7억 원 × 2/7)

대습상속, 상속도 대물림된다

조금 더 들어가 보자. 자식이 부모보다 일찍 세상을 떠나는 경우도 생각해볼 수 있다. 앞의 사례에서 만일 자식인 E가 A보다 먼저 사망했다는 이유로 F와 G마저 상속에서 제외된다면 불공평하다고 느낄 만하다. 그래서 법에는 대습상속이란 제도를 두고 있다. 대습상속이란 재산상속 개시전에 상속인이 될 사람이 사망하면 그 직계비속이나 배우자가 대신 상속을 받는 것이다. 일종의 상속 대물림이다.

앞의 사례에서 아들 E가 먼저 세상을 떠난 후 A가 사망했다면 E의 아내 F, 아들 G가 대습상속인이 된다. 상속지분은 E가 애초에 받을 수 있었던 몫과 같고, 그중에서 F와 G의 비율은 1.5:1이 된다. 나머지 상속인의 상속액은 변동이 없다.

아내 D: 3억 원(7억 원 × 3/7)

딸 H: 2억 원(7억 원 × 2/7)

며느리 F(대습상속): 1억 2000만 원(7억 원 × 2/7 × 3/5)

손자 G(대습상속): 8000만 원(7억 원 × 2/7 × 2/5)

법원에 있으면서 재산상속 소송을 보고 있노라면 마음이 편치 않다. 고인의 재산이 많을수록 상속재산을 둘러싼 다툼이 더 치열하다. 특히 일반인이 평생 벌기 힘든 거액의 유산 앞에서는 부모·형제 간의 정마저 뒷전이 될 때도 있다. 고인을 생각한다면 상속 문제의 해결을 법원에 맡기는 일은 바람직하지 않다. 법정상속도 좋지만 상속 문제는 유족들끼리 원만하게 해결하는 것이 가장 좋다([사례 3]의 소송 결과는 어떻게 됐을까? 법원은 아내 사별녀 씨와 김씨의 아버지, 어머니가 상속지분에 따라 각각 1.5:1:1의 비율로 나눠야 한다고 판결했다. 만일 사씨와 사망한 김씨 사이에 아이가 1명 있었다면 달라진다. 2순위인 부모는 상속에서 제외되고 사씨와 1순위인 아이가 1.5:1의 비율로 상속을 받게 된다).

상속의 세 가지 형태

단순승인, 한정승인, 상속포기

상속인의 선택은 크게 상속을 받느냐 마느냐로 나눌 수 있지만, 더 깊이 들어가면 다음 세 가지가 있다. 이 중에서 한정승인은 꼭 알아두자.

1. 단순승인: "고인의 재산과 빚 모두 상속받겠다"

상속인들이 고인의 재산(채권, 채무)을 전부 받아들이는 것이다. 보통 사람들이 쓰는 "상속받았다"는 말은 단순승인을 뜻한다. 이때는 상속재산에서 채무를 뺀 나머지 금액을 상속받게 된다. 단순승인을 하기 위해서는 특별한 절차가 필요 없다. 그냥 가만히 있으면 된다. 상속 부동산을 다른 사람에게 파는 등 재산을 처분하는 것도 단순승인으로 본다. 이때 고인이 재산보다 빚을 많이 남겼다면 상속인들이 전부 책임져야 한다.

2. 한정승인: "상속을 받되, 채무는 재산 범위 안에서만"

상속인들에게 가장 유리한 상속 방식이다. 한정승인은 재산을 상속받되, 상속재산의 한도 내에서 채무를 책임지겠다는 의사표시다. 상속받게 될 재산과 채무 중 어느 것이 많은지 분명하지 않을 때는 한정승인절차를 거치는 것이 현명하다. 한정승인은 상속채권자에게 불이익이 돌아가는 만큼 기간과 방식이 법으로 정해져 있는데, 원칙적으로 상속 개시 있음을 안 날로부터 3개월 안에 가정법원에 청구해야 한다. '상속 개시 있음을 안 날'이란 피상속인이 사망한 사실과 자기가 상속인이 됐다는 사실을 알게 된 날을 뜻하는데, 보통 피상속인의 사망일이 기준이다. 쉽게 얘기해서 고인이 사망하고 3개월 내에 한정승인절차를 거쳐야 하는 게 원칙이다. 신청할 때는 상속인들의 인감증명, 가족관계증명서 등의 서류와 상속재산 목록을 첨부해야 한다. 상속재산을 고의로 빠뜨렸다가 나중에 드러나면 단순승인으로 간주될 수 있으니 주의해야 한다. 한정승인을 한 후에는 채권신고를 한 채권자와 이미 알고 있는 채권자 등에게 상속재산 범위 안에서 채권액 비율에 따라 변제절차를 거치게 된다.

그런데 과거에 한정승인 청구 기간이 너무 짧아서 나중에 상속채무를 둘러싸고 상속채권자와 상속인 사이에 법적 분쟁이 자주 생겼다. 그래서 민법은 한정승인 신청의 기준이 되는 시점을 추가, 특별한정승인절차를 마련했다. 2022년에도 미성년 상속인을 보호하기 위한 절차를 추가했다. 정리해보면, 한정승인을 할 수 있는 기간은 다음 3가지이다.

① 원칙: 상속 개시 있음을 안 날(통상 고인의 사망일)로부터 3개월 내

② 특별한정승인: 상속채무 초과사실을 중대한 과실 없이 알지 못한 경우에는 그 사실을 안 날로부터 3개월 내

③ 미성년 상속인의 특별한정승인: (미성년자의 법정대리인이 상속포기나 한정승인을 하지 않은 경우) 미성년 상속인이 성년이 된 후 상속채무 초과사실을 안 날로부터 3개월 내

3. 상속포기: "재산도 빚도 상속을 거부한다"

상속재산 받기를 전면 포기하는 것을 말한다. 빚이 재산보다 많을 때는 상속포기 신청을 해야 한다. 상속포기 신청은 상속 개시 있음을 안 날로부터 3개월 내에 가정법원에 청구해야 한다. 피상속인의 빚이 많은데도 실수로 이 기간을 지나쳐버렸다면 되돌릴 방법이 없다. 상속인 여러 명 중에서 일부만 상속을 포기하면 나머지 상속인들이 자신의 지분에 따라 상속을 받게 되니 상속포기 의사가 있다면 공동으로 청구하는 방식이 바람직하다. 그리고 1순위가 상속을 포기하면 차례로 다음 순위에게 상속이 된다는 점도 주의하자.

상속포기를 했을 때 고인의 사망보험금을 받을 수 있는지 궁금해하는 이들이 많다. 결론부터 말하면 상속포기나 한정승인과 관계없이 보험금을 수령할 수 있다. 상속인의 보험금청구권은 상속재산이 아니라 상속인 자신의 고유재산으로 해석하기 때문이다.

더 나아가 보험수익자를 지정하지 않은 경우에도 상속인의 고유재산으로 보고 있다. 법원은 "고인이 스스로를 피보험자로 하면서, 수익자는 만기까지 자신이 생존할 경우에는 자기 자신을, 사망한 경우에는 '상속인'이라고만 지정한 경우에는 보험금청구권은 상속인들의 고유재산으로 보아야 할 것이고 상속재산이라 할 수 없다"고 판시했다. 고인의 상속인 중 상속포기를 한 사람도 사망보험금은 받을 수 있다.

결혼 축의금은 누구의 몫일까?

장례식 부의금은 장례비용을 치른 뒤 특별한 사정이 없는 한 상속인들이 지분에 따라 나누는 것이 타당하다고 법원은 판단했다. 그렇다면 결혼식 축의금은 어떻게 될까? 신랑·신부의 돈일까, 아니면 혼주의 몫일까? 법원은 후자가 원칙이라고 판단했다.

법원은 결혼 축의금 문화가 "우리 사회의 미풍양속으로 확립되어온 사회적 관행"이라고 전제한 뒤 "축의금은 혼사가 있을 때 일시에 많은 비용이 소요되는 혼주(부모)의 경제적 부담을 덜어주려는 목적에서 대부분 그들과 친분관계가 있는 손님들이 혼주에게 성의의 표시로 조건 없이 무상으로 건네는 금품"이라고 봤다.

따라서 축의금은 원칙적으로 "혼주인 부모에게 귀속된다"고 판단했다. 법원은 다만 "축의금 중에서 친분관계에 기초하여 결혼 당사자(신랑, 신부)에게 직접 건네진 것이라고 볼 부분"에 대해서는 신랑이나 신부에게도 권리가 있다고 봤다.

정리하자면 축의금은 혼주인 부모의 몫이고, 예외적으로 신랑·신부에게 직접 건넨 돈으로 인정된 부분만 신랑·신부의 차지가 된다.

덧붙여 혼주에게 지급된 축의금은 부와 모 중 누구와 친분관계에 있는 손님인지를 기준으로 정한다. 양쪽 모두와 친분관계가 있다면 균등하게 분배하는 것이 타당하다는 판례도 있다.

축의금에도 증여세 등 세금이 부과될 수 있을까? 일단 하객들이 신랑, 신부에게 직접 건넨 돈은 "사회통념상 인정되는 금액"(상속세 및 증여세법)까지는 세금이 붙지 않는다. 문제는 혼주(부모) 몫의 축의금을 자녀(신랑, 신부)에게 주는 경우다. 이때는 증여가 되므로, 예컨대 거액의 축의금을 주택자금이나 생활비 조로 입금했다면 증여세가 부과될 여지가 있다.

돌아가신 분 재산이 얼마인지 모른다고요?

안심상속 원스톱서비스로 한 번에 가능

부모나 가족이 사망하면 재산이 어디에 있는지 빚이 얼마인지 확인할 길이 막막하다. 이럴 때 도움을 얻을 수 있는 곳을 소개한다.

먼저, 국가가 운영하는 안심상속 원스톱서비스가 있다. 정부24 홈페이지(gov.kr)나 시·구, 읍·면·동 사무소에서 '사망자 등 재산조회 통합처리 신청'을 하면 금융 내역, 토지, 자동차, 세금, 연금가입 유무 등 사망자 재산을 한 번에 확인할 수 있는 편리한 제도다. 상속인이라면 신분증과 상속관계 증빙서류를 지참하여 사망신고와 함께 신청할 수 있다. 이 서비스는 6개월 이내에만 신청이 가능하다는 점에 유의해야 한다.

만일 그 기간을 놓쳤다면 개별적으로 재산을 확인해야 한다. 부동산의 경우, 행정기관에서 제공하는 조상땅찾기(minwon.go.kr), 부동산정보포털 씨리얼(seereal.lh.or.kr)을 이용하거나 시청, 구청 토지과 등을 방문하여 지적전산자료조회결과를 확인한다.

금융거래의 경우 금융감독원이 제공하는 상속인 금융거래 조회 서비스(fss.or.kr, 전화: 국번 없이 1332)를 이용할 수 있다. 이 서비스는 상속인이 사망자의 금융재산과 채무를 확인하기 위하여 여러 금융회사를 일일이 방문해야 하는 어려움을 덜어주기 위해 금융감독원에 일괄 조회신청을 하는 제도다.

상속인은 금융감독원 내 금융민원센터나 출장소, 접수대행기관에서 신분증과 사망자의 사망 사실이 기재된 가족관계증명서로 신청할 수 있다. 보통 신청일로부터 1~3주 정도면 결과가 나온다. 조회가 완료되면 문자메시지 등으로 통지해주며, 금융감독원 홈페이지에서 조회 결과를 한눈에 볼 수 있다.

[성년후견] 의식불명 남편 대신
아내가 은행거래 하려면?

사례 1

A씨는 1년째 의식이 오락가락한 채 중환자실 신세를 지고 있는 남편 B씨의 병수발을 들고 있다. 하루하루 늘어가는 병원비와 간호비는 감당하기 불가능할 지경에 이르렀다. A씨는 B씨 명의의 부동산을 처분하고, 은행 예금을 인출해서 병원비 등에 충당하려고 한다. 그런데 현재 B씨는 의사소통조차 어렵다. 어떤 방법이 있을까.

우리나라는 이제 고령화 사회에 접어들었다. 치매나 노환, 중병으로 정상적인 생활이 어려운 가족의 뒤치다꺼리로 고생을 겪고 있는 이들이 적지 않다. 이때 필요한 제도가 성년후견이다. 성년후견이란 질병, 장애, 노령, 그 밖의 사유로 인해 정신적 제약이 있는 사람(피성년후견인)을 돕기 위한 제도다. 본인, 배우자, 4촌 이내 친족 등이 가정법원에 성년후견개시심판을 청구하면서 시작된다.

법원은 피성년후견인의 재산관리와 신상보호를 담당할 성년후견인을 선임한다. 성년후견인은 피성년후견인을 대리하여 재산과 관련된 법률행위뿐 아니라 생활유지, 주거 확보, 시설의 입퇴소, 의료, 재활에 관한 사항 등을 처리할 수 있다. 다만 법원은 대리권의 범위를 지정할 수 있고 피성년후견인이 거주하는 건물을 팔거나 임대해줄 때, 정신병원 등 다른 장소로 옮길 때 등 중요한 사항은 따로 법원의 허가를 받아야 한다. 성년후견 제도는 가족 간 재산을 둘러싼 갈등을 피할 수 있고, 피성년후견인 입장에서는 안정적인 치료와 보호를 받을 수 있다는 장점이 있다.

[사례 1]에서 A씨가 성년후견인으로 선임되면 B씨의 부동산, 예금과 관련된 대리권을 행사할 수 있고, B씨의 의료, 재활, 교육 등의 신상 부분에서도 피후견인의 의사결정을 대신할 수 있다.

한 시대를 풍미했던 어느 유명 여배우 C씨가 성년후견을 받고 있는 사실이 언론에 보도된 적이 있다. 법원은 C씨의 심신상태와 가족관계 등을 고려하여 성년후견인으로 친딸 D씨를 선임했다. D씨는 A씨의 의료행위 동의, 거주·이전 결정 등의 대리권을 갖게 된다.

한편 정신적 제약으로 사무를 처리할 능력이 '부족'한 사람은 한정후견제도를 이용할 수 있다. 또한 미성년자에게 부모(친권자)가 없거나, 있어도 친권을 행사할 수 없는 경우는 법원이 미성년후견인을 선임할 수 있다.

5장

민사소송,
양심보다
노력에 달렸다

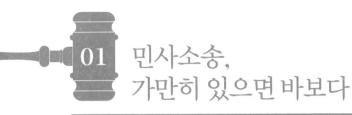

01 민사소송,
가만히 있으면 바보다

민사소송의 절차 어떻게 되나

법원에 들어오는 소송은 1년에 600만 건이 넘는다(2021년 기준 629만 1467건). 이 중에서 민사사건이 약 70%에 해당하는 400만여 건(2021년 기준 445만 8253건)이다. 해마다 적어도 수백만 명이 재산문제로 송사에 휘말린다는 얘기다.

민사소송은 건수도 많지만 형태와 특성도 매우 다양하다. 한두 달에 끝나는 간단한 소송이 있는가 하면 고등법원, 대법원을 거쳐 몇 년 동안 하는 재판도 있다.

증거가 확실하고 금액이 많지 않으면 직접 서류를 작성하고 재판을 받을 수도 있지만, 복잡한 소송이라면 전문가의 도움을 받는 것이 좋다. 특히 의료소송, 행정소송, 부동산 소유권 관련 소송, 거액의 손해배상 소송은 일반인이 감당하긴 어렵다. 직접 소송을 하겠다면 열심히 준비하고 치열하게 공부해야 한다. 변호사를 선임하건 직접 소송을 하건, 일단 소송의 절차를 충분히 알고 있어야 한다. 민사소송의 절차를 단계별로 알아보자.

민사소송의 단계

❶ 소송의 시작: 원고가 소장을 제출하면서 소송이 개시된다.

❷ 서면 공방: 서류를 통해 피고가 원고의 주장을 반박하고 원고가 재반박하는 과정을 거친다.

❸ 재판 진행: 원고와 피고가 법정에서 주장하고 증거를 제출한다. 필요하다면 증인을 부르고 전문가 감정, 공공기관 사실조회, 문서송부요청 등을 한다.

❹ 판결 선고: 양쪽이 공방을 마치면 변론종결한 뒤 판결을 선고한다. 판결을 받은 후 상소 여부를 결정한다.

민사재판은 소장에 대한 법원의 판단

민사소송은 자신의 권리를 주장하는 사람(원고)이 법원에 소장을 내면서부터 시작된다. 소장에는 원고와 피고의 인적사항, 청구취지(판결을 구하는 내용), 청구원인(청구하는 근거와 이유) 등을 적고 증거자료를 함께 내야 한다. 소장은 육하원칙에 맞게 간결한 문장으로 명확하게 작성한다. 쉽게 말하자면 소장은 "원고는 A와 같은 근거로 피고에게 B와 같은 권리가 있으니 C라는 판결을 내려달라"는 식이 되어야 한다. 민사재판은 소장에 대한 법원의 판단인 셈이다.

소장을 받은 피고는 답변서를 제출할 의무가 있다. 민사소송법은 소장을 받고 30일 내에 답변서를 내지 않으면 원고의 청구를 인정한 것으로 본다. 더 나아가 변론 없이 곧바로 판결을 선고할 수도 있다. 적지 않은 사람들이 이런 사실을 몰라 방치하고 있다가 패소판결을 받기도 한다. 답변서에는 원고의 청구를 인정하지 못하는 이유를 적으면 된다. 소장에 적힌 원고의 주장과 청구 내용이 전부 옳다면 굳이 답변서를 낼 필요가 없다.

피고에게는 답변서 제출 의무가 있다

피고의 답변서가 제출되면 원고는 이에 대한 반박 수단으로 준비서면을 제출한다. 준비서면이란 법정에서 변론할 내용을 적은 서류를 말한다. 당사자들이 아무런 준비 없이 재판을 열게 되면 시간만 흐를 뿐 양쪽의 정확한 주장을 확인할 수가 없다. 그래서 재판 전에 자신의 주장과 증거를 담은 서류를 제출함으로써 상대방과 공방을 벌이는 동시에 판사에게 자신의 입장을 알리는 것이다.

원고와 피고는 '소장(원고) → 답변서(피고) → 준비서면(원고)→ 준비서면(피고)'의 방식으로 서면공방을 벌이게 된다. 법원은 재판기일을 지정한 후 법정에서 양쪽의 주장을 듣고 증거를 채택한다. 민사재판에서 법원은 그야말로 심판자다. 법원은 사실과 증거의 수집·제출 책임을 당사자에게 맡긴다. 또한 당사자가 낸 자료를 바탕으로 판결을 내리므로 재판에서는 유리한 증거를 수집하여 제출하는 것이야말로 승소의 지름길이다.

유력한 증거가 될 수 있는 서류가 본인에게 없다면 법원의 협조를 얻어야 한다. 예를 들어 상해 치료비를 청구하는 소송에서 가해자가 형사처벌을 받은 사실이 있다면 법원을 통해 형사기록이 있는 검찰청 등에 문서송부촉탁을 신청해야 하고, 상대방의 통장 내역이 유력한 자료가 될 수 있다면 금융기관에 제출명령을 요청해야 한다. 서류로 된 자료가 없다면 증인을 신청하는 것도 좋은 방법이다. 이런 법정공방이 끝나면 법원은 변론을 종결하고 판결을 하게 된다. 대체로 원고 승소, 일부 승소, 패소 등 세 가지의 판결이 나오게 된다.

민사재판에서 유의해야 할 몇 가지를 짚어보자. 우선 재판에 나가지 않고선 이기기 힘들다. 불출석하면 상대방의 주장에 반박할 기회를 잃는다. 또한 원고가 두 차례 재판에 나가지 않으면 소송을 취하한 것으로 본다. 소송을 당한 피고에겐 불출석이 더욱 치명적이다. 원고의 주장과 자료를 중심으로 재판이 진행될 가능성이 크기 때문이다.

또 한 가지, 무엇보다 기간을 잘 지켜야 한다. 답변서 제출처럼 법에서 정한 기간이 있고, 재판 과정에서 판사가 제시하는 기간도 있다. 이것은 하나의 약속이기 때문에 어기는 쪽이 불리하다. 특히 법원에서 정해준 서류제출, 증거신청 기간을 놓치면 그만큼 승소와는 거리가 멀어진다.

소액사건, 제대로 알면 승소가 보인다

소액사건이란 민사소송 중에서 청구금액이 3000만 원 이하인 사건을 말한다. 소액사건 재판은 신속하고 간편하게 처리할 필요가 있으므로 소액사건심판법은 몇 가지 특별 규정을 두고 있다.

먼저, 이행권고라는 제도가 있다. 법원은 본격적인 재판에 앞서 피고에게 원고가 청구하는 내용을 이행하라는 권고를 하는데 이를 이행권고결정이라고 한다. 피고가 2주 동안 이의를 제기하지 않으면 원고는 승소판결을 받은 것과 같은 효과를 얻는다. 피고가 이의신청을 하면 그때부터 재판절차에 들어가게 된다.

소액재판은 변호사가 아니라도 소송대리를 할 수 있다. 배우자나 직계가족은 위임장을 제출하면 원고나 피고 대신 재판을 받을 수 있고, 당사자가 회사일 경우에는 직원이 법원의 허가를 받아 소송대리를 할 수 있다.

소액사건은 한 번의 재판으로 끝나는 것이 원칙이고, 변론종결(재판에서 당사자가 변론하거나 증거를 제출하는 절차를 모두 마쳤다는 뜻이다. 법원은 원고와 피고가 서로 주장과 증거를 주고받을 기회를 주고 더는 제출할 사항이 없다고 판단되는 시점에 변론을 종결한다. 변론종결 후 통상 2주 후로 선고기일을 정하는데 이 기간에 법원은 기록을 검토하여 판결문을 작성한다. 따라서 모든 증거와 자료는 변론종결 전에 제출해야 한다) 후 따로 선고기일을 정하는 통상의 민사사건과 달리 변론기일에 즉시 판결을 선고할 수도 있다. 그러므로 피고가 재판에 한 번 불출석한 것으로 곧바로 패소판결을 받을 수도 있다.

소액재판이라고 해서 반드시 만만한 것만은 아니다. 소액이라도 복잡한 금전관계가 얽혀 있는 사건은 일반 민사사건과 별 차이가 없고 때로는 1년 넘게 재판이 진행되기도 한다.

민사재판이 어렵게 느껴지는 이유는 무엇일까? 검사에게 입증책임을 지우는 형사재판과 달리, 타당한 주장과 증거제출의 책임을 당사자에게 지우기 때문이다. 법원은 당사자의 요구가 없으면 재판을 시작하거나 중도에 끝낼 수 없고, 당사자가 요청한 범위를 넘어서 재판할 수도 없다. 이 것을 처분권주의라고 한다.

또한 재판의 판단자료를 수집하고 제출하는 역할도 법원이 아닌 당사자의 몫이다. 심판자인 법원은 어느 한쪽에 유리한 주장이나 자료에 대해 조언이나 조력을 할 수 없다. 이것이 변론주의다.

예컨대, 원고가 입증에 성공하였다면 손해배상 소송으로 1000만 원을 충분히 받을 수 있었을 소송에서 ① 500만 원만 청구했다거나 ② 유력한 증인을 신청하지 않아서 입증에 실패했다면 그 불이익은 오롯이 원고에게 돌아간다. 반대로, 소멸시효가 지나서 돈을 갚을 법적 의무가 없는데도 피고가 재판에서 이런 주장을 하지 않았을 때 법원은 피고의 사정을 헤아려서 재판할 수 없다. 이것은 공정한 재판을 위한 룰과 같다. 민사재판에선 심판인 판사에게 도움을 요청할 수가 없다.

민사소송보다 간편한 절차도 있다

법원에서 일하는 판사와 공무원도 정작 자신이 소송 당사자가 되는 것은 반기지 않는다. 그만큼 소송은 신경이 쓰이고 준비해야 할 일도 많다. 될 수 있으면 소송까지는 가지 않는 것이 좋다. 소송 전에 사건을 해결할 수 있는 방법을 소개한다.

1. 내용증명 우편을 활용하자

소송에 앞서 소송을 곧 제기하겠다는 뜻을 내용증명 우편을 통해 상대방에게 알리는 것이다. 의외로 효과가 크다. 특히 상대가 양심이 있는 사람이라면 내용증명만으로도 원만하게 해결될 가능성이 크다. 하지만 내용증명 우편 자체가 어떤 법적인 효력을 갖는 것은 아니고 상대방에게 이행을 촉구하는 의미를 지닐 뿐이다(자세한 내용은 2장 3절 참고). 내용증명은 훗날 소송에서 증거자료로 사용할 수도 있다.

2. 지급명령, 법정에 나갈 필요 없다

'상대방이 채무를 전부 인정하긴 하는데 갚지 않는다. 법원을 통해 돈 받을 권리가 있다는 사실을 확인받고 싶다.' 이럴 때는 독촉절차(지급명령 신청)가 제격이다. 형사사건의 서류재판에 약식명령이 있다면, 민사사건 에는 독촉절차가 있다. 독촉절차는 법정에 나갈 필요가 없고 인지비용이 일반 소송의 10분의 1에 불과할 정도로 소송비용이 적게 든다는 이점이 있다. 채권자가 지급명령신청서(소장과 비슷한 양식의 서류)를 제출하면 법 원은 채무자에게 채권자가 청구한 돈을 갚으라는 명령(지급명령)을 내린 다. 채무자가 명령문을 받고도 이의를 제기하지 않으면 확정판결과 같은 효력이 생긴다. 만일 채무자가 서류를 받지 않았거나 받았더라도 2주 내 에 이의신청을 하면 소송절차로 넘어가게 된다. 따라서 지급명령신청은 상대방이 채무를 인정하지 않을 때, 또는 상대방의 소재를 정확하게 모 를 때는 적합하지 않다.

3. 민사조정, 분쟁을 신속하고 평화적으로

민사조정절차는 판사, 조정위원 또는 법원에 설치된 조정위원회가 양쪽 의 주장을 듣고 여러 사정을 참작하여 조정안을 제시하고, 서로 양보와 타협을 통해 합의에 이르게 하는 제도다. 소송절차보다 저렴한 비용으로 평화적이고, 신속하게 분쟁을 해결할 수 있다는 장점이 있다. 주로 금전 관계나 부동산거래로 다툼이 생겼을 때 유용하다. 양쪽의 의견차로 조정 이 성립되지 않거나, 어느 한쪽이 법원이 제시한 조정안에 이의신청을 하 게 되면, 정식 소송 단계로 넘어간다(조정과 관련된 더 자세한 사항은 5장 3절 참고).

02 1000만 원 소송하는 데 비용은 얼마?

재판 전에 소송비용부터 계산하자

사례 1

작은 식당을 하는 손미각 씨는 인근 아파트 공사 현장의 인부들에게 석 달 간 밥을 해주었다. 건설사 사장은 공사가 끝나는 대로 밥값을 주겠다고 약속했지만 반년이 지나도록 한 푼도 주지 않았다. 밀린 밥값은 1000만 원. 손씨에게는 큰돈이었다. 손씨는 민사소송을 하려고 하는데 비용이 얼마나 들지, 또 재판에서 이기면 비용을 받아낼 수 있을지 궁금하다.

형사재판은 국가가 범인을 잡기 위해 형벌권을 행사하기 때문에 소송에 드는 비용을 국가가 부담한다. 하지만 민사재판은 개인이 법원을 통해 자신의 권리를 찾는 수단이기 때문에 소송비용을 당사자가 부담하는 것이 원칙이다. 당사자 중에서도 재판을 거는 사람(원고)이 일단 비용을 내

야만 재판이 시작된다.

보통 소송비용이라고 하면 법원에 납부하는 비용을 떠올리지만 엄밀한 의미에서는 ① 인지대·송달료 등 재판비용과 ② 서류 작성 비용, 교통비 등 당사자 비용 모두를 포함한다.

우선 재판비용을 살펴보자. 재판비용 중에서 가장 대표적인 것이 수입인지다. 수입인지는 국가가 세금·수수료 등을 걷는 수단으로 발행한다. 과거에는 우표처럼 생긴 인지를 금액만큼 사서 소장에 붙였지만, 현재는 은행에 인지비용을 현금으로 납부한 뒤 납부서를 제출한다. 인터넷으로 전자수입인지를 구매할 수도 있다. 인지제도는 재판 수수료의 성격을 띠는 동시에 승소 가능성이 없는 소송의 남발을 막기 위한 제도다. 일종의 법원 이용료라고 보면 된다.

인지대·송달료 납부해야 재판 시작

인지 액수의 기준이 되는 것은 청구하는 금액이다. 청구금액이 클수록 비용을 더 많이 내는 구조다. 청구금액에 따라 내는 인지대는 다음과 같다.

민사소송 1심 인지대(2심은 1심의 1.5배, 3심은 2배)
- 1000만 원 이하: 청구금액 × 0.005
- 1000만 원 초과 ~ 1억 원 이하: (청구금액 × 0.0045) + 5000원
- 1억 원 초과 ~ 10억 원 이하: (청구금액 × 0.0040) + 5만 5000원
- 10억 원 초과: (청구금액 × 0.0035) + 55만 원

예컨대 1000만 원짜리 소송을 하려면 인지대로 5만 원을 내야 한다. 인지대는 2심, 3심으로 올라갈수록 비싸진다. 항소심은 1심의 1.5배, 대법원인 상고심은 1심의 2배를 낸다. 정식 소송 대신 지급명령이나 민사조정을 신청하면 1심의 10분의 1만큼만 내면 된다. 대법원 전자소송(ecfs. scourt.go.kr)을 이용하면 인지대의 10% 정도를 깎아준다. 또 법원에 가는 대신 온라인으로 재판서류를 제출하고 열람할 수 있는 장점이 있다.

그다음으로 내야 하는 돈은 송달료다. 쉽게 말하면 우편요금으로, 재판기일 통지나 판결문 등 법원의 서류를 당사자에게 우편으로 보내는 데 사용된다. 송달료는 사건마다 조금씩 차이가 있는데 원고·피고 1명 기준으로 심급마다 10만~15만 원 정도가 든다.

▼ 청구금액에 따른 재판비용(1심)

재판비용 청구금액	1심 인지대	송달료	비용 합계
1000만 원	50,000원	104,000원	154,000원
5000만 원	230,000원	156,000원	386,000원
1억 원	455,000원	156,000원	611,000원
5억 원	2,055,000원	156,000원	2,211,000원
10억 원	4,055,000원	156,000원	4,211,000원

* 2023년 1월 현재 원고·피고 1명 기준.
　송달료는 남으면 돌려받고 부족하면 소송 중에라도 추가로 내야 한다.
* 인지대는 1심을 기준으로 항소심(2심)은 1.5배, 상고심(3심)은 2배가 된다.
* 인터넷으로 소장을 제출하는 전자소송에서는 인지대를 10% 할인해준다.

이것을 기준으로 손미각 씨의 재판이 대법원까지 간다면 비용이 얼마나 들지 계산해보자.

　손씨의 재판이 1심에서 끝난다면 15만 원 정도, 대법원까지 갈 경우 50여만 원 정도가 들게 된다. 결국 순수하게 법원에 납부하는 비용은 많지 않은 셈이다. 법무사나 변호사의 힘을 빌리지 않고 혼자 소송을 한다면 크게 부담되지 않은 비용으로도 소송을 할 수 있다는 말이다. 소송비용을 혼자 계산하기 어렵다면 대한법률구조공단(klac.or.kr)의 소송비용 자동계산 프로그램을 이용하면 편리하다.

　그런데 복잡한 사건일 때는 추가로 들어가는 비용이 생긴다. 만일 증인을 부르게 된다면 증인을 신청한 사람이 증인 여비(일당)를 부담해야 한다. 증인이 잘 아는 사람이라서 직접 데리고 오지 않는 이상, 지역에 따라 5만~20만 원 정도의 비용을 낸다. 여기에 감정(토지측량, 필적감정, 의사의 신체감정 등)이나 현장검증이 필요한 사건이라면 이 비용도 당사자의 몫이다. 보통 수십만 원 선이지만 건축소송 관련 감정 비용은 수백만 원에서 수천만 원이 들 때도 있다.

　다음으로 법원에 내는 돈과는 관계없이 개인적으로 부담하는 당사자 비용이 있다. 변호사 수임료, 서류 작성 비용, 재판출석 비용 등이 여기에 해당한다. 당사자 비용은 변호사, 법무사 등의 도움을 받았는지 직접 준비했는지에 따라 천양지차다.

소송비용은 패소자 부담… 승소 정도에 따라 비율 정하기도

재판에서 이겼는데도 소송비용을 부담해야 한다면 좀 억울하지 않겠는가. 그래서 법은 일단 원고가 소송비용을 내게 하고, 재판에서 진 쪽이 소송비용을 물게끔 하고 있다. 법원은 판결을 내릴 때 소송비용을 누가 부담할지를 판단한다. 판결문에 "소송비용은 원고(또는 피고)가 부담한다"는 내용이 들어간다. 어떤 경우는 승소 정도에 따라 5:5, 7:3과 같이 부담 비율을 정하기도 한다.

손씨가 승소한 뒤 소송비용을 돌려받으려면 법원에 다시 소송비용액 확정신청을 해야 한다. 그러면 법원은 인지대, 송달료, 서류 작성 비용 등을 확정해서 통지해주고 손씨는 그 돈을 상대방에게 청구할 수 있다.

한 가지 꼭 알아둘 건 변호사 선임 비용은 전부를 인정해주지 않는다는 사실이다. 법에는 변호사 보수를 계산하는 기준이 있어 그 금액만큼만 인정해준다. 청구액 2000만 원짜리 소송까지 인정되는 변호사 비용은 최대 청구액의 10%이고, 청구금액이 높을수록 변호사 보수 인정비율은 낮아진다. 손씨가 변호사를 선임하여 1심에서 전부 승소했다면 약 114만 원 안팎(변호사 비용 상한선은 100만 원)의 소송비용을 피고에게 청구할 수 있다.

반대로 재판을 건 원고가 패소했을 때는 원고에게 소송비용을 부담하라는 판결이 나오게 된다. 소송비용은 피고가 지불한 비용까지 포함된다. 따라서 무리한 소송을 걸어 패소하거나, 일부 승소를 하더라도 청구액이 턱없이 높은 소송이어서 승소비율이 낮다면 상대의 변호사 비용 등

소송비용까지 물어야 하니 주의해야 한다.

이혼소송·가압류 비용의 계산

이혼소송은 얼마나 들까? 부부가 서로 이혼의사가 합치됐을 때 하는 협의이혼은 법원에 비용을 내지 않는다. 하지만 재판으로 이혼하고자 할 때는 약 10만 원(인지 2만 원과 송달료 7만여 원)이 든다. 다만 이혼을 하면서 재산분할이나 위자료를 함께 청구할 경우 액수에 따라 추가로 인지대를 내야 한다.

이혼사건의 재산분할 청구수수료는 2016년 7월부터 바뀌었다. 이전에는 이혼이나 상속에 따른 재산분할은 청구금액과 관계없이 인지대 1만 원만 납부하면 됐지만, 현재는 민사사건의 2분의 1 수준으로 올랐다. 예를 들어 이혼을 하면서 10억 원의 재산분할을 청구한다면 인지대는 202만 7500원이 된다. 이혼사건의 위자료 청구도 마찬가지다. 위자료 액수에 따라 민사사건 인지대의 절반을 납부한다.

가압류 비용은 어떻게 될까? 가압류 비용으로 신청인이 납부할 금액은 몇만 원 정도(일반적으로 인지대 1만 원과 송달료 약 2만~3만 원 포함)에 불과하다. 하지만 법원은 가압류를 거는 조건으로 채권자에게 청구금액의 일정 비율(10~40% 정도)에 해당하는 금전을 공탁하게 하거나 보증보험 증권을 제출하게 하므로 실제 들어가는 돈은 적지 않다.

종이 대신 전자 재판기록이 대세…
전자소송이란?

매년 수백만 건의 소송이 법원에 접수되지만 법원의 기록 창고는 예전보다 여유가 생겼다. 전자소송이 폭발적으로 증가했기 때문이다.

전자소송 사건이란 당사자가 전자로 재판서류를 제출하고, 전자로 송달받는 사건이다. 법원은 종이기록 대신 전자기록으로 관리한다. 전자소송은 매년 이용비율이 급격하게 상승하여 대세가 되고 있다. 국가나 지방자치단체, 공단 등 주요 공공기관이 한쪽 당사자(원고나 피고)이면 의무적으로 전자소송이 된다.

전자소송을 하려면 전자소송 홈페이지(ecfs.scourt.go.kr)에서 사용자등록(포털사이트 회원가입과 유사한 방식)을 한 뒤, 전자소송 동의 절차를 거쳐야 한다. 이후부터는 문서제출, 법원서류 송달이 모두 전자로 진행된다. 당사자는 홈페이지에서 기록을 직접 열람할 수도 있고 소송비용도 납부할 수 있다.

전자소송은 여러 가지 장점이 있다. 서류를 제출하기 위해, 증명을 발급받거나 기록열람을 하기 위해 법원에 가지 않아도 된다. 홈페이지에서 가능하다. 인지대는 종이소송보다 10% 할인해준다.

주의할 점이 있다. 전자소송에 동의한 이후 문서나 증거 등은 전자(문서나 파일)로만 제출할 의무가 생긴다. 따라서 법원에 종이서류와 전자서류를 번갈아 낼 수는 없다. 예외적으로 재판장이 허가한 경우만 전자소송동의 철회가 가능하다. 또한 기록만 전자일 뿐 재판은 달라진 게 없다. 재판 진행은 종이사건과 마찬가지로 실제 법정에서 이루어진다.

전자소송은 현재 민사, 가사, 행정소송 등에서 시행되고 있다. 민사사건에서 전자소송 접수율은 계속 증가하여 2021년 현재 97.3%에 이르렀다. 전자소송 사용자도 120만 명을 넘어섰다.

형사재판은 아직 종이기록으로만 진행된다. 기록열람과 복사 등에 애로사항이 있어서 재판이 지연되는 일도 자주 생긴다. 형사사건의 전자소송도 이미 2021년 관련 법률이 국회를 통과해 이르면 2024년부터 도입된다.

03 최선의 판결보다 최악의 조정이 낫다

재판을 하다 보면 판사가 양쪽 당사자에게 조정을 권유하는 경우가 있다. 어떤 이들은 의혹의 눈초리로 판사를 쳐다보기도 한다. 판사가 조정안을 제시한다면 어떻게 해야 할까?

법원이 조정을 권유하는 경우는 어떨 때일까? 한마디로 정리할 수는 없지만 대체로 다음과 같은 경우다.

❶ 원고·피고 모두 뚜렷한 증거가 없을 때

❷ 한쪽이 승소할 경우 다른 쪽에 크나큰 상처가 될 때

❸ 사건의 진실을 밝히는 데 시간과 비용이 너무 많이 들 때

다음 두 가지의 사례를 살펴보자. 법원이 어떤 유형의 사건에서 조정을 권유하는지, 그리고 만일 당신이 사례 속의 주인공이라면 어떻게 하겠는지 생각해보라.

사례 1

양심자 씨는 5년 전에 외사촌인 나몰라 씨에게 1000만 원을 빌려주었다. 그냥 포기할까도 생각했지만 사정이 어려워진 양씨는 조심스레 나씨에게 돈 얘기를 꺼냈다. 그런데 나씨가 빌린 적이 없다고 잡아떼는 것이 아닌가. 미안하다고 사정해도 봐줄까 말까인데 오리발을 내밀다니. 괘씸한 생각에 소송을 제기했다. 그런데 문제는 증거가 없다는 사실이다. 돈을 주고받은 사실은 오직 두 사람과 하늘만 알고 있을 뿐 차용증 같은 서류 한 장 없었다.

사례 2

자동차 자동 세차장을 운영하는 최청결 씨와 그곳에서 세차를 한 손님인 차주인 씨가 법정에서 만났다. 맞소송을 제기한 두 사람은 서로 돈을 물어달라고 목소리를 높였다. 최 씨의 주장은 "차 씨가 자동 세치기 안에서 안전사항을 무시한 채 차량을 움직이는 바람에 세차기가 망가졌다"는 것이었다. 그러나 차 씨는 "자동차를 주차상태(기어 중립)에 놓고 가만히 있었는데 기계가 내 차량 유리를 파손했다"며 오히려 배상을 요구했다. 자동 세차기는 진실을 알고 있을까?

먼저 첫 번째 사례를 보자. 양씨가 승소할 가능성이 전혀 없는 것은 아니다. 하지만 객관적인 증거가 없는 양씨는 일단 불리한 처지에 놓여 있다. 상대방이 인정하지 않는 이상 돈을 빌렸다는 사실을 입증해야 할 책임은 원고에게 있다. 설사 판사가 보기에 심정적으로 양씨의 말이 맞는

것처럼 보일지라도, 증거 없이 섣불리 승소판결을 내릴 수는 없는 상황이다. 양씨는 한 푼도 받지 못할 수도 있다.

이럴 때 법원은 적정선에서(예컨대 양쪽이 절반씩 양보하는 선에서) 조정을 권유한다. 법대로 판결해야 한다면 어느 한쪽의 손을 들어줄 수밖에 없다. 판사로서는 법대로 판결을 해도 그만이지만 어떤 결론이 나더라도 두 사람의 인간관계는 깨질 테고, 재판 결과로 크나큰 상처를 입을 수밖에 없다. 두 사람은 절반이라도 주고받고 송사를 매듭짓는 것이 나을지, 아니면 한 푼도 못 받거나 1000만 원을 내놓게 되더라도 끝까지 가는 것이 좋을지 잘 생각해볼 일이다. 소송은 시간과 돈이 들어가고 정신적 스트레스를 동반하는 일이다. 특히 가족이나 친지 사이의 송사는 후유증이 크다.

배보다 배꼽이 더 크면 이겨도 손해

두 번째 사례를 보자. 물론 확률적으로는 세차기가 고장 났을 확률보다 자동차가 안전수칙을 무시하고 움직여서 사고가 났을 가능성이 크다. 하지만 차씨도 세차기의 고장을 문제 삼고 나섰으니 이 부분도 판단을 해야 한다.

재판을 제대로 하려면 일단 세차기가 정기적인 점검을 받았다는 사실, 현재 고장이 나지 않았다는 사실을 최씨가 밝혀야 한다. 반면 차씨도 자신이 세차 중 자동차를 작동하지 않았으며 차량에 이상이 없었음을 입증해야 한다. 자동 세차기와 자동차의 고장 가능성에 대해 공인기관이나 전문가를 통해 감정을 받아야 할 수도 있다. 또한 필요하다면 판사가 현장검증을 통해 세차장을 살펴보고, 관련자들의 증언도 들어봐야 한다.

이런 절차를 거치기 위해 두 사람이 지불해야 할 비용은 수십만 원에서 수백만 원이 될 것이고, 소요되는 시간도 짧게는 몇 달에서, 길게는 1년이 넘게 걸릴지도 모른다. 게다가 한쪽이 판결에 불복하여 항소, 상고를 한다면 비용과 시간은 더 늘어나게 된다. 두 사람이 받고자 하는 금액은 그리 크지 않다. 그런데 사건의 진실을 밝히는 데 드는 비용과 시간은 그 이상이 될 수도 있다. 소송을 계속하는 것이 과연 누구에게 도움이 되겠는가(물론 승소한 쪽은 소송비용을 상대방에게서 받아낼 수 있겠지만 전부 승소가 아닌 이상 모든 비용을 받기는 어렵다).

그렇다면 조정안은 어떻게 받아들여야 할까? 자신이 이길 수 있다는 확신이 있거나 상대방과 협의할 의사가 없다면 조정에 응할 필요는 없다. 이때는 재판부에 조정할 생각이 없다는 의사를 확실하게 전달해야 한다. 조정 의사가 없는데 법원의 눈치를 보느라 억지로 조정에 응할 필요는 없다.

승소 가능성 작다면 조정에 응하라

반대로 승소할 가능성이 크지 않고 법원의 조정안과 실제 자신이 생각하는 금액 간에 큰 차이가 나지 않는다면 조정에 응하는 것이 좋다. 재판에 골머리를 앓을 시간에 차라리 생산적인 일을 하는 편이 훨씬 이익이다. 재판을 해본 사람이라면 재판이 얼마나 피곤한 일인지 잘 알 것이다. 특히 사업을 하거나 직장에 다니는 사람이라면 재판에 계류 중이라는 사실 하나만으로 생업에 지장을 받기도 한다.

법원은 양쪽 당사자가 합의를 봤다면 조정이나 화해 성립을 선언한다. 조정이나 화해로 끝나면 모든 소송절차는 끝이 난다. 항소나 상고를 할 수도 없다. 대법원 확정판결과 같은 효력이 생긴다.

한편 법원은 당사자의 사정이나 사건의 특성을 고려하여 원만한 합의를 끌어내기 위해 특별한 결정을 하는 경우가 있다. 바로 '조정을 갈음하는 결정(강제조정)'이나 '화해권고결정'이다. 여기에 동의할 수 없다면 결정문을 받고 2주 안에 이의신청을 해서 다시 재판을 받을 수 있다. 양쪽 모두 이의신청을 하지 않는다면 재판은 그대로 끝난다. 가까운 사람과의 분쟁 또는 증거가 확실치 않거나 입증이 어려운 사건은 조정을 고려해볼 만하다.

"최선의 판결보다 최악의 조정이 더 낫다"는 말이 있다. 조정은 절반의 패배로 보일 수 있을지 몰라도 다른 한편으론 절반의 승리다. 선택은 당신에게 달려 있다.

'믿고 사는 세상!' 정말 좋은 말이다. 그런데 믿고 살다가 낭패를 볼 때가 있다. 그것이 가족의 보금자리와 관련됐다면 상실감은 더 클 것이다. 믿을 때 믿더라도 일단 부동산과 관련된 기본지식은 알고 있어야 큰 손해를 막을 수 있다. 전세(또는 임대차)를 들어갈 때, 부동산을 거래할 때 유의해야 할 점을 알아보자.

[우리가 흔히 말하는 '전세'는 십중팔구 '임대차'계약을 말한다. 가장 큰 차이는, 전세는 물권(집주인뿐 아니라 제삼자에게도 주장할 수 있는 권리)이고 임대차계약은 채권(원칙적으로 당사자 사이에서만 유효한 권리)이라는 점이다. 다시 말해 법에서 말하는 전세권은 등기부에 전세권등기가 되어 있고, 경매를 통해 후순위권자보다 우선 변제받을 수 있는 권리다. 다만 집주인의 동의가 있어야 하고, 별도의 등기비용이 들어간다. 전세권이 임대차보다 강력하다. 하지만 주택임대차보호법은

주택임차인을 특별히 보호하기 위한 장치를 만들어놓았다. 임차인이 전입신고, 확정일자 등 일정한 요건을 갖추면 임차권에도 우선변제권 등 전세권에 버금가는 효력이 발생한다. 이 책에서는 이해하기 쉽게 '임대차'와 '전세'라는 용어를 엄밀하게 구별하지 않고 사용하기로 한다.]

임대차계약 시 유의할 사항

전세(또는 임대차)를 얻으려고 할 때 사람들이 주되게 고려하는 요소는 다음 두 가지일 것이다.

❶ 계약기간 동안 편안하게 살고 싶다.
❷ 나중에 전세금(임대차보증금)을 제때 돌려받고 싶다.

전세를 구할 때는 공인중개사나 집주인의 말만 믿어선 안 된다. 가장 먼저 할 일은 부동산등기사항증명서(등기부)를 살펴보는 것이다. 등기부에 소유자 말고도 다른 권리자가 올라와 있다면 일단 의심해봐야 한다.

사례 1

가정만 씨는 전세자금 3억 원으로 집을 구하러 다녔다. 마침 교통편이 좋은 곳에 아파트(시세 약 5억 원)가 전세로 싸게 나온 것을 보고 계약을 하기로 마음먹었다. 그런데 하나 걸리는 것이 있었으니, 집주인이 은행에 담보대출을 받아놓았다는 것이다. 등기부에는 '근저당권자 ○○은행 채권최고액 3억 5000만 원'이라고 적혀 있었다. 집주인에게 물어보니, 집을 살 때 은행에서 융자를 얻은 것인데 다 갚아가니 걱정하지 말라고 한다. 안심해도 될까?

전세 살 때는 법적인 안전장치를 마련해야

대출을 안고 집을 사는 문화가 자연스러운 우리나라에서는 이런 일이 흔하다. 물론 집주인의 말이 맞을 수도 있다. 근저당권에서 채권최고액은 대출 잔액이 아니고 은행에서 담보로 최대한 확보할 수 있는 금액이기 때문이다.

[저당권이란 부동산에 일정한 금액에 대한 담보를 잡아놓고 돈을 갚지 않았을 때 경매를 통해 우선변제를 받는 권리를 말한다. 당사자 사이의 합의와 등기로 성립한다. 예컨대 부동산을 담보로 1억 원을 빌리면서 연 10% 이자로 2년간 쓰기로 했다면, 계약서를 작성하고 돈을 빌리는 사람의 부동산에 저당권등기를 하는 방식이다. 그중 가장 많이 쓰이는 게 근저당권인데 금융기관이 담보대출 시 많이 사용한다. 근저당권이 저당권과 다른 점은 담보금액이 수시로 변한다는 것이다. 부동산담보대출을 받았다고 가정해보자. 매달 대출금을 갚는다면 잔액은 계속 줄어들 것이며, 반대로 대출금을 연체한다면 금액은 늘어날 것이다. 그때마다 등기부를 수정해야 한다면 이루 말할 수 없이 번거롭다. 그래서 채권최고액(담보의 최고한도액)만을 정하고 대출금을 다 갚을 때 한꺼번에 등기를 정리하는 수단이 필요한데, 이것이 근저당권이다. 1억 원 중 9000만 원을 갚았더라도 채권최고액은 변동이 없다. 따라서 채권최고액과 실제 대출 잔액은 다르다. 은행에서는 담보대출을 해줄 때 연체이자 등을 고려하여 20~30% 정도를 가산한 금액(예를 들어 1억 원을 대출받으면 1억 2000만~1억 3000만 원)을 채권최고액으로 설정한다.]

그렇다면 [사례 1]에서 집주인의 말을 믿고 전세를 얻어도 좋을까? 답은 '글쎄'다. 부동산 관련 분쟁은 대부분 '설마' 하다가 생긴다. 최악의 상황을 먼저 생각해야 한다.

현재 대출 잔액이 얼마 되지 않는다고 해도 앞으로 채권최고액에 육박하는 채무가 생기지 말라는 법이 없다. 더 나아가 집주인이 돈을 갚지 못해 집이 경매에 넘어가는 일도 적지 않다. 낙찰이 되면 경매비용과 세금을 빼고 근저당권자인 은행이 자기 돈을 먼저 찾아가게 된다. 거기서 남는 돈이 가정만 씨의 몫이 되는데 때에 따라서는 한 푼도 못 건질 수도 있다. 그걸 감수하겠다면 전세계약을 해도 좋다.

　부동산 시세에서 채권최고액을 뺀 돈이 전세금액보다 적다면 일단 위험하다고 봐야 한다. 근저당권뿐 아니라 전세권, 지상권, 가처분, 가압류, 압류, 가등기 등도 세입자에겐 경계해야 할 사항이다. 이것을 점검했다면 다음으로 할 일은 법적인 안전장치를 마련하는 것이다. 안전장치라고 하니 복잡할 것 같지만 절차는 정말로 간단하다.

전세계약, 최악의 상황을 대비하라

원래 부동산에 관한 권리는 등기를 해야 제삼자에게도 권리를 주장할 수 있지만, 예외도 있다. 대표적인 것이 주택임대차다. 주택임대차보호법에 따르면 주거 목적으로 세를 들어 사는 사람은 일정한 요건을 갖추고 있으면 그 기간에는 다른 사람보다 우선적으로 보호를 받는다. 차근차근 살펴보자.

　세입자가 주택의 인도(입주)와 주민등록(전입신고)을 마치면 그다음 날부터 대항력이 생긴다. 제삼자에게도 자신의 권리를 주장할 수 있게 된다는 말이다. 대항력이 있으면 집주인이 바뀌더라도 전 주인과 계약한 기간까지 살겠다고 주장할 수 있고, 돈을 다 받을 때까지 집을 비워주지 않아도 된다.

　이렇게 대항력을 갖춘 상태에서 '확정일자'를 받으면 호랑이에게 날개를 다는 격이다. 즉 전세권등기를 해놓은 것과 마찬가지의 효과가 생긴다. 확정일자를 받은 뒤에 집주인이 다른 사람에게 근저당권이나 전세권을 설정해주었더라도 그보다 우선순위가 된다. 부동산 경매에 들어가더라도 먼저 배당을 받게 된다. 또한 요건을 갖춘 '소액임차인(2024년 현재 서울 지역 보증금 1억 6500만 원 이하, 수도권 과밀억제권역 1억 4500만 원 이하)'에게는 일정 금액(서울 5500만 원 한도 등)에 대해 최우선변제권을 준다. 선순위 근저당권자보다 일정액을 우선 지급한다는 말이다[참고로 상가임대차에도 이와 비슷한 보호장치가 있다. 상가임차인이 입점하고 사업자등록을 한 후에는 대항력이 생기며, 계약서상에 확정일자까지 받아두면 우선변제권이 인정된다. 상가임대차의 확정일자는 관할 세무서에서 받아야 한다. 단, 환산보증금(① 보증금 + ② 월세×100)이 2024년 현재 서울을 기준으로 9억 원 이하여야 보호를 받을 수 있다].

확정일자는 전세권 등기와 맞먹는 힘이 있다

확정일자는 주민센터나 등기소에 계약서를 가져가면 장부에 기재한 후 바로 확인 도장을 찍어주는 방식으로 아주 간단하게 받을 수 있다. 등기소에서는 입주 전에도 확정일자를 받을 수 있으니 최대한 일찍 받는 것이 유리하다.

또 한 가지, 등기부에 기재된 부동산 주소와 주민등록상 주소(동, 호수까지)가 일치하는지 반드시 확인해야 한다. 만일 일치하지 않으면 나중에 경매가 됐을 때 배당에서 제외되는 사례도 있다. 전입신고와 확정일자 부여는 '정부 24(gov.kr)'나 '인터넷 등기소(iros.go.kr)'를 통해 온라인으로도 가능하다.

정리해보자면 임대차계약을 한 후에는 최대한 빨리 전입신고(주민등록)를 하고 확정일자를 받는 것이 상책이다. 주의할 것은 이 상태가 계속 유지될 때만 보호를 받는다는 점이다. 중간에 주소를 옮긴다거나 보증금액의 변동이 있어서 재계약을 했다면 그때부터 우선변제권을 잃게 된다. 세입자가 여러 명인 경우 먼저 입주한 순서대로 우선권이 있으니 이 점도 기억하자.

집주인이 전세보증금을 안 준다면

우리 주변에서 흔히 겪는 또 다른 문제는 계약기간이 끝나 이사를 가려고 하는데 집주인이 보증금(전세금)을 돌려주지 않는 것이다. 이런 경우 어떻게 해야 할까?

일단 주민등록을 옮기면 대항력과 우선변제권을 잃게 되니 섣불리 이사를 가서는 안 된다. 그리고 이때는 법원에 '임차권등기명령'을 신청해야 한다. 임차권등기명령은 계약이 종료됐는데도 보증금을 돌려받지 못한 세입자를 위해 등기부에 권리를 올려놓는 제도다. 임차권등기가 된 다음에는 이사를 가도 종전의 권리는 계속 유지된다.

집을 비워주는 것(주택 인도)과 보증금을 반환하는 것은 동시이행 관계에 있다. 집을 비워주지 않으면 보증금을 달라는 주장을 할 수 없고, 월세인 경우 세를 계속 내야 한다.

따라서 임차권등기를 해놓은 상태에서 주택을 인도했다면 보증금 반환 청구를 할 수 있다. 그래도 돈을 주지 않는다면 부동산에 가압류를 하거나 임대차보증금 반환소송을 하는 방법도 있다.

세입자가 꼭 알아야 할 내용을 아래와 같이 4가지로 정리해보았다.

세입자가 꼭 알아야 할 내용

❶ 전세 들어가기 전에 반드시 등기부를 통해 이상이 없는 집인지 확인하고 소유자와 직접 계약한다(대리인일 경우 소유자의 신분증, 인감증명, 인감도장으로 위임 사실 확인).

❷ 전입신고, 확정일자는 최대한 서둘러서 처리하고 등기부에 기재된 주소와 실제 주소(동, 호수까지)가 일치하는지 확인한다.

❸ 그래도 불안하면 전세권설정 등기를 해놓는다. 단, 집주인의 인감증명이 있어야 하고 등기비용은 감수해야 한다.

❹ 계약기간이 끝났는데도 집주인이 임대차보증금(전세금)을 주지 않으면 이사 가기 전에 법원에 임차권등기명령을 신청하여 등기부에 권리를 올려놓는다.

부동산 거래, 가등기는 쳐다보지도 마라

> **사례 2**
>
> 김용해 씨는 10년간 서울에서 전세를 살아왔다. 지긋지긋한 전세살이를 벗어나고자 경기도 파주에 있는 단독주택을 물색하다가 적당한 집을 알아냈다. 그런데 등기부를 확인해본 김씨는 고민에 빠졌다. 가등기가 되어 있었기 때문이다. 집주인은 "내가 소유자로 되어 있으니 임시로 올린 가등기는 별로 문제 될 것이 없다"며 계약을 독촉한다.

부동산 거래 시에는 임대차(전세) 계약 때보다 몇 배 더 주의를 기울여야 한다. 전 재산을 순식간에 날릴 수도 있기 때문이다.

계약 전에는 부동산등기부뿐 아니라 토지대장, 지적도, 건축물관리대장(시청, 구청 등 지방자치단체에서 발급), 토지이용 확인서 등의 서류를 꼼꼼히 살펴야 한다. 소유권 등 부동산의 권리는 등기부를 기준으로 하지만 면적, 용도, 이용 현황 등을 확인하는 데는 나머지 서류가 확실하기 때문이다. 땅을 살 경우 거래제한이나 도시계획에 문제는 없는지 살피고 현장에 가서 직접 확인해야 한다. 이웃 주민들에게 이것저것 물어보는 것도 도움이 된다. 국토교통부에서 운영하는 '일사편리 부동산통합민원(kras.go.kr)' 서비스를 이용하면 부동산에 관한 종합적인 정보를 알 수 있다. 부동산등기부, 토지대장, 주택가격, 토지이용계획 등 18종의 정보를 제공한다.

이렇게까지 해야 하나 싶겠지만, 요즘은 어떤 일이 벌어질지 모르는 세상이다. 최근 어떤 사기꾼들은 개발 예정지를 싸게 판다는 말로 일반인을 꼬드겨 아무런 쓸모가 없는 땅을 사게 만드는 수법으로 돈을 벌기도 한다.

부동산 등기부, '공신력'이 없다

참고로, 부동산 등기부는 진실한 권리상태를 나타내는 것으로 '추정'되지만, '공신력'이 인정되지는 않는다. 일반인들이 잘 모르는 부분이다. 다음 예시를 보자.

A씨가 소유한 부동산이 있다. 등기서류를 위조한 B씨가 이 부동산을 A씨 몰래 자기 명의로 등기를 했다. 등기부만 보고 B씨를 소유자로 믿은 C씨가 B씨에게 매매대금을 지급하고 다시 소유권을 넘겨받았다. 정리하자면, 등기는 A씨→B씨→C씨 순으로 넘어갔다. 나중에 B씨의 위조 사실이 밝혀진다면 법은 누구를 보호할까. 등기의 공신력을 인정하지 않는 우리나라는 진정한 소유자 A씨를 보호한다. A씨는 B씨와 C씨의 이전등기

를 각각 말소청구하여 다시 자기 명의로 등기할 수 있다. 선의의 피해자인 C는 B에게 책임을 물을 수 있을지는 몰라도 부동산거래에서는 보호받지 못한다. 이런 사례는 극히 드물긴 하나, 등기부만 100% 믿어서는 안 된다.

그나저나 김씨는 이 부동산을 사도 상관이 없는 걸까? 천만의 말씀. 만일 주변에 가등기된 부동산을 사려는 사람이 있다면 도시락 싸 들고 다니면서 말려야 한다. 당장 김씨가 부동산을 사는 데는 아무런 문제가 없다. 그러나 그 뒤에 가등기 권리자가 자기 이름으로 소유권이전등기를 마치게 되면 등기소는 나중에 집을 산 김씨의 소유권을 말소해버린다. 가등기권자가 순위에서 앞서기 때문이다. 김씨가 가등기가 뭔지를 몰랐다고 해도 부동산의 권리를 주장할 수 없다. 전 주인을 상대로 돈을 돌려달라고 요구하는 방법만 남아 있을 뿐이다.

가등기가 되어 있는 집은 근처에도 가지 말아야 하고, 거래를 하고자 한다면 반드시 가등기가 말소된 후에 해야 한다. [가등기란 훗날 부동산을 취득할 목적으로 순위를 확보하기 위해 해놓는 등기를 말한다. 부동산을 사기로 했으나 사정상 곧바로 등기를 하지 못하고 미루고 있는(매매 예약) 사람이나, 기한 내에 돈을 못 갚으면 부동산을 넘겨준다(대물변제)는 약속을 받은 사람은 자기의 권리를 지키기 위해 보통 가등기를 해둔다. 가등기를 한 시점의 순위를 지키기 위해서다. 가등기 권리자가 본등기(소유권이전)를 하면 가등기 이후에 한 등기는 효력을 잃게 된다.]

계약서는 소유자와 직접 대면해서 작성해야

등기부 등 각종 서류에 문제가 없다면 다음 절차로 매매계약서를 작성하게 된다. 매매계약서에는 ▲파는 사람과 사는 사람의 인적사항 ▲부동산 소재지와 내역 ▲계약금, 중도금, 잔금 등 매매대금과 지급일자 ▲소유권을 이전하는 날짜 ▲계약의 해제와 그 밖에 특별히 정하는 사항(특약사항) 등을 적는다. 특약사항 가운데 상대방이 정한 것 중 불리한 조항이 없는지 꼼꼼히 읽어보고, 매수자인 자신이 원하는 사항은 구체적으로 기재하는 것이 좋다.

계약서는 소유자와 직접 대면한 상태에서 작성해야 한다. 공동소유(지분 2분의 1 등으로 표시된다)인 경우 공유자 모두와 함께 계약하는 것이 원칙이며 부득이하게 소유자가 올 수 없다면 위임장과 인감증명서(또는 효력이 동일한 본인서명사실확인서)를 받아두어야 한다.

계약 당일 주고받는 계약금은 마음이 변해서 곧바로 계약을 해제할 경우에도 돌려받지 못한다. 매도인(파는 사람)도 그 두 배를 돌려주어야 하니 이 점을 고려하여 액수를 정한다. 계약을 할 때는 공인중개사를 통하는 것이 안전하고 훗날 분쟁에 대비하여 입회인을 참석시키는 방법도 좋다.

잔금 지급과 등기서류 교부는 동시에 하라

계약이 성립됐다면 마지막 단계는 등기절차다. 매도인은 잔금을 받으면서 매수인에게 부동산과 관련 서류를 넘겨주는 것이 원칙이다. 만일 매도인이 돈을 모두 받고도 인감이나 등기필증 등 등기서류를 넘겨주지 않는다면 어떻게 될까? 매수인은 혼자서 등기 이전을 할 수가 없고 법원으로부터 소유권이전등기절차 이행판결을 받아야 한다. 이 판결을 받기까지는 최소한 몇 달, 길게는 1년 이상이 걸릴 수도 있으므로 반드시 모든 서류를 넘겨받은 다음 돈을 주어야 한다.

부동산 이전등기는 개인이 할 수도 있으나 큰 금액이거나 부동산 권리관계가 복잡하다면 법무사 등 법률 전문가에게 맡기는 것이 좋다. 돈 몇 푼 아끼려다가 예상치 못한 손해를 볼 수도 있고 혼자서 등기를 하다가 서류가 제대로 갖춰지지 않으면 등기를 하는 데 애를 먹을 수도 있다(나 홀로 등기를 할 생각이라면 서류 작성법과 구비서류 등을 미리 충분히 알아보는 게 순서다. 대법원 인터넷등기소에도 자세히 안내되어 있다).

부동산 매수인이 알아야 할 내용

❶ 부동산에 다른 권리자가 없는지, 부동산 이용에 제한은 없는지 살핀다.

❷ 계약은 소유자와 직접 하고, 부득이하게 수임인이 나올 경우 소유자의 인감증명서와 위임장을 요구한다.

❸ 잔금을 주기 전에 다시 한번 부동산등기부를 확인한다.

❹ 부동산 매매 최종 잔금을 치를 때는 동시에 등기서류 일체를 넘겨받는 다.

잔금을 지급하고 등기서류까지 넘겨받았다면 이제 소유권이전등기 절차만 남았다. 매수인이 내야 하는 세금과 수수료를 살펴보자.

부동산을 살 때 내는 세금과 수수료

매수인은 부동산의 취득으로 취득세, 등록세, 인지세 등 세금을 부담하고 공인중개사와 법무사를 통할 경우 수수료를 내야 한다. 다음 소개하는 것은 일반적인 경우에 해당하므로 매매할 때 발생하는 구체적인 세금의 정확한 내용은 관할 세무서나 지방자치단체 등을 통해 확인해야 한다. 대법원 인터넷등기소(iros.go.kr)도 유용하다.

1. 취득세

부동산의 취득에 대해 해당 부동산 소재지의 지방자치단체에서 취득자에게 부과하는 지방세. 부동산을 취득한 날(잔금 지급일)부터 60일 이내 납부

2. 등록세

재산권의 취득, 이전, 변경 또는 소멸에 관한 사항을 등기하는 경우 권리자에게 부과하는 세금

3. 인지세

부동산 취득과 관련하여 계약서 등을 작성하는 경우 납부하는 세금. 부동산의 금액에 따라 2만~35만 원

4. 농어촌특별세·지방교육세, 부동산등기 신청수수료, 국민주택채권 등

5. (전문가 도움을 얻는 경우) 공인중개사·법무사 수수료

집문서 분실해도 부동산 사고팔 수 있을까?

등기필증은 재발급 불가… 법무사 확인서면 통해 거래 가능

부동산을 사게 되면 등기소에서 소유자임을 확인하는 서류를 교부한다. 이 서류를 일반인은 집문서, 땅문서라고 얘기한다. 이 땅문서나 집문서를 분실하면 다시 발급받을 수 있을까? 만일 다른 사람이 손에 넣으면 부동산을 마음대로 팔아버릴 수 있을까?

땅문서나 집문서의 정식명칭은 '등기필증'이다. '등기권리증'이라고도 한다. 부동산의 소유권이나 저당권·전세권 등의 등기를 마친 뒤 권리자에게 등기공무원이 교부하는 서류다. 등기필증은 등기소가 등기서류에 접수인과 직인을 찍어서 소유자 등에게 교부해 그 권리를 확인해주는 용도로 사용된다. 특히 부동산을 사고팔거나 은행대출·전세권설정 등을 할 때 필수적으로 제출해야 하는 서류다.

그렇다면 분실한 등기필증은 재발급이 가능할까? 안타깝지만 부동산 등기를 관할하는 등기소에서도 다시 만들어주지 않는다. 우선 등기필증에는 당시 계약서와 신청서 등 서류가 첨부돼 있어서 이것을 복원하기란 불가능하다. 설사 복원이 가능하다고 하더라도 마찬가지다. 등기필증은 소유자 등을 확인하는 안전장치인데 이것이 두 개, 세 개 있다면 누군가가 부정하게 취득해서 악용할 가능성도 있기 때문에 최초 한 번만 발급된다.

등기필증만으로는 부동산을 사고팔 수 없기 때문에 분실해도 크게 걱정할 필요는 없다. 등기를 신청할 때는 등기필증을 제출하는 것은 물론 소유자의 인감도장을 찍고 인감증명서를 제출해야 한다(소유자 본인이 제출 서류에 서명한 뒤, 본인서명사실확인서를 제출하는 것도 동일한 효력이 있다). 거래의 안전을 위해 이중 안전장치를 해놓은 셈이다. 따라서 누군가가 집문서를 훔쳐 가도 그것만으론 재산권 행사를 할 수 없다. 다만 등기필증을 분실했다면 그때부터는 인감증명이나 인감도장 관리에 각별한 주의를 기울여서 불상사를 막아야 한다. 소유권이 아닌 전세권, (근)저당권 등은 인감 없이 등기필증만으로도 등기 권리를 말소할 수 있기 때문에 잘 관리해야 한다.

등기필증을 분실했을 때는 다음 세 가지 방법으로 등기를 신청할 수 있다. 첫째, 등기를 의뢰받은 법무사나 변호사가 소유자 본인이 맞다고 확인한 서류(확인서면)를 작성하는 방법이다. 둘째, 등기신청서를 본인이 작성했다고 공증사무실에서 공증받는 것이다. 셋째, 소유자가 등기신청 시 신분증을 들고 직접 등기소에 출석해서 등기공무원에게 본인임을 확인받는 방법도 있다. 가장 일반적인 방법은 확인서면 작성이다. 세 가지 방법은 등기신청 때마다 반복해야 하기 때문에 번거로움은 감수해야 한다.

등기필증은 2007년 3월 이후부터는 등기필정보가 적힌 통지서를 교부하는 것으로 바뀌었다. 2007년 3월 이전 부동산 소유자라면 등기필증을 내야 하지만, 그 이후에는 등기소가 교부한 통지서에 적힌 비밀번호

중 하나를 기재하는 것으로 등기신청이 간소화된 것이다. 등기필정보 통지서도 분실하면 재발급되지 않으므로 보관에 주의해야 한다.

땅문서·집문서를 애지중지할 필요는 없다. 그것만으로 타인이 부동산을 처분할 수도 없다. 다만 잃어버렸을 때 불편함을 겪지 않으려면 잘 보관하고 인감도장도 신경 써서 관리하자.

상가임차인, 보증금과 권리금 보호 방법은?

상가건물임대차보호법의 내용과 임차인의 권리

다른 사람의 건물을 빌려서 상가를 운영하는 방식엔 2가지 유형이 있다. ① 상가임대차계약을 체결하는 방식과 ② 전세권 설정계약을 하여 전세권등기를 하는 방식이다. 다만 ②의 방식은 임대인의 동의가 필요하기 때문에 ①이 일반적이다.

상가임대차는 보증금액에 따라 법률의 적용이 달라진다. (환산)보증금이 일정금액 이하인 경우 '상가건물 임대차보호법'(특별법)이, 일정금액을 초과하는 경우 일반 '민법'이 우선 적용된다. 여기서는 특별법을 중심으로 살펴보자.

특별법의 적용을 받는 임차보증금은 2023년 현재 서울이 9억 원 이하, 수도권정비계획법에 따른 과밀억제권역 및 부산은 6억 9000만 원 이하, 광역시·세종·파주·화성·안산·용인·김포·광주(경기도)는 5억 4000만 원 이하, 그 밖의 지역은 3억 7000만 원 이하다. 보증금 외에 차임(월세)이 있는 경우는 차임액에 100을 곱한 금액과 보증금을 합산한 금액, 즉 환산보증금이 기준이다. 예를 들어, 부산에서 상가건물을 임차하면서 보증금으로 2억 원을 지급하고 매월 300만 원의 차임을 지급하기로 계약을 체결했다면 환산보증금은 5억 원[(월차임 300만원 × 100) + 2억원]이 되므로 특별법의 적용을 받는다.

사업자등록과 건물인도 마쳐야 대항력과 우선변제권

특별법이 적용되면 등기가 되어있지 않더라도 임차인이 상가건물을 인도받고 사업자등록을 신청한 경우 그 다음날부터 제삼자에 대해 대항력이 생긴다. 대항력을 갖춘 임차인은 건물이 다른 사람에게 양도되거나 경매가 되더라도 새로운 소유자에게 계속하여 임차권의 존속을 주장할 수 있다. 또한 임대차계약서에 관할 세무서장에게 확정일자를 부여받으면 그 후에 건물에 권리를 갖게 된 저당권자, 가압류권자 등의 권리자보다 우선변제권을 갖게 된다(다만 보증금이 기준액을 초과하더라도 임차인은 대항력, 계약갱신요구, 권리금의 회수 등의 권리는 보호받을 수 있다).

그런데 상가 임대차계약 기간이 만료되었는데도 보증금을 돌려받지 못하는 상황이 발생할 수 있다. 이때는 어떻게 해야 할까.

이사를 가게 되면 종전에 가졌던 대항력과 우선변제권이 사라진다. 이때는 임차권등기를 마친 후 이사를 해야 한다. 건물의 소재지 법원에 임차권등기명령을 신청하여 건물 등기부에 임차권등기가 마쳐지면 임차인은 종전의 대항력과 우선변제권을 유지할 수 있다.

다만 임대차 종료 후에도 임차인이 계속 영업을 했다면 차임은 당연히 지급해야 한다. 건물 사용 중에는 임차인이 실질적인 이득을 얻은 셈이고, 보증금을 돌려받을 때까지는 임대차관계가 존속하는 것으로 간주되기 때문이다.

상가임대차의 자동갱신과 갱신요구

2년짜리 상가임대차계약 기간이 만료되었다. 그런데 임대인과 임차인이 아무런 의사표시를 하지 않고 있다면 계약은 어떻게 될까. 자동으로 갱신된다.

임대인이 임대차계약 기간 만료 6개월 전부터 1개월 전까지 임차인에게 갱신거절 통지 또는 계약조건 변경 통지를 하지 않은 경우는 전 임대차와 동일한 조건(보증금, 차임 등)으로 다시 임대차한 것으로 간주한다. 다만 이런 묵시적 갱신의 임대차 존속기간은 1년으로 본다.

이때 임차인은 1년의 임대차 기간을 주장할 수도 있고, 언제든지 갱신된 계약을 해지할 수도 있다. 해지하는 경우 임대인이 통지를 받은 날부터 3개월이 지나면 효력이 발생한다.

한편 임차인은 임대차 기간 만료 전 6~1개월 사이에 임대인에게 계약갱신을 요구할 수 있다. 이 경우 임대인은 정당한 사유가 없는 한 거절하지 못한다. "임차인에게 최소한의 임차기간을 보장함으로써 비용회수를 쉽게 하기 위해서다.

임차인의 계약갱신요구는 최초의 임대차 기간을 포함한 전체 임대차 기간이 10년을 초과하지 않는 범위 내에서만 행사할 수 있다. 따라서 임차인이 요구하여 임대차계약이 갱신되면 최장 10년간 상가임대차의 존속기간을 보장받을 수 있다.

그러나 임대인이 계약갱신요구를 거절할 수 있는 사유가 있다. 즉 ▲임차인이 차임을 3번 연체한 경우 ▲임차인이 부정한 방법으로 임차한 경우 ▲임대인 동의 없이 상가를 전대한 경우 ▲건물의 전부 또는 일부가 멸실되거나 임차인이 고의·중과실로 파손한 경우 ▲임대인이 임차인에게 보상한 경우 ▲임대인이 철거나 재건축을 하기 위해 건물의 점유를 회복할 필요가 있는 경우 ▲그밖에 임차인이 의무를 현저히 위반하거나 임대차를 계속하기 어려운 중대한 사유가 있는 경우 등엔 임대인이 계약갱신요구를 거절할 수 있다. 이런 사정이 있으면 임차인은 권리금 회수기회도 얻을 수 없음에 유의해야 한다.

법으로 보장된 권리금 회수기회 보호

장사나 영업을 하는 사람에게 권리금은 상당히 중요한 자산이다. 하지만 과거엔 관련 법률이 없어서 관행으로 주고받는 돈이었다. 권리금을 두고 임대인과 임차인, 새 임차인 사이에 분쟁도 잦았다. 이 때문에 상가임대차보호법은 권리금의 정의, 권리금 회수기회 보호 조항을 명문화했다. 권리금은 눈에 보이지 않는 가치까지 포함된 금액이다.

'권리금'이란 임대차 목적물인 상가건물에서 영업을 하는 사람 또는 영업을 하려는 사람이 영업시설·비품, 거래처, 신용, 영업상의 노하우, 상가건물의 위치에 따른 영업상의 이점 등 유형·무형의 재산적 가치의 양도 또는 이용대가로서 임대인, 임차인에게 보증금과 차임 이외에 지급하는 금전 등의 대가를 말한다.

임대인은 원칙적으로 권리금을 직접 줄 의무가 없다(예외적으로, 권리금 반환약정 등 특별한 사정이 있을 때는 임대인이 권리금 반환의무를 부담하는 경우는 있다). 그러나 임차인의 권리금 회수기회를 보호할 의무가 있다. 임대인은 임대차 종료 6개월 전부터 임대차 종료 시까지 권리금 회수를 방해해서는 안 된다.

　구체적으로, 임대인은 다음 행위를 할 수 없다. ① 임차인 A가 주선한 신규임차인이 되려는 B에게 권리금을 요구하거나 B로부터 권리금을 수수하는 행위 ② B로 하여금 A에게 권리금을 지급하지 못하게 하는 행위 ③ B에게 현저히 고액의 차임과 보증금을 요구하는 행위 ④ 그 밖에 정당한 사유 없이 B와 임대차계약의 체결을 거절하는 행위.

　임대인이 이를 위반하여 임차인에게 손해를 발생하게 한 경우는 배상책임이 있다. 배상액은 신규임차인이 지급하기로 한 권리금과 임대차 종료 당시의 권리금 중 낮은 금액을 상한으로 한다. 손해배상청구는 임대차 종료일부터 3년 내에 가능하다.

　그러나 권리금 보장이 어려운 경우가 있다. 먼저, 상가건물이 ① 유통산업발전법상 (준)대규모점포(백화점, 대형마트 등)의 일부인 경우 ② 국유재산 또는 공유재산인 경우는 임차인이 권리금을 받을 수 없다.

　또한 앞서 설명한 ③ '임대인의 계약갱신요구 거절 사유'에 해당해도 권리금은 보호받지 못한다. 다만 이중에서 임대인의 철거나 재건축이 정당한 사유로 인정받으려면 ▲계약 당시 임차인에게 알리고 계획에 따르는 경우 ▲건물의 노후·훼손으로 안전사고가 우려되는 경우 ▲법령에 따라 이뤄지는 경우 중 하나에 해당해야 한다. 단순한 리모델링 정도로는 권리금 회수기회를 방해할 수 없다.

부동산 명의신탁 유효일까, 무효일까

법과 판례로 알아보는 부동산 명의신탁

한국에서 부동산은 단순한 주거의 개념을 넘어서 중요한 재산으로서 가치가 있다. 대법원 통계에 따르면, 50~60대 남성이 소유하는 부동산이 개인 보유량의 30% 가량을 차지한다.

여러 가지 사정으로 자신의 이름이 아닌 친척, 친지 명의로 부동산등기를 해놓는 사례도 어렵지 않게 볼 수 있다. 이른바 '명의신탁'은 탈세나 강제집행 면탈 수단이 되므로 법으로 금지하고 있지만 근절되지 않고 있다.

명의신탁하기로 한 계약이나 명의신탁으로 이루어진 등기는 유효할까. 명의신탁된 부동산은 돌려받을 수 있을까.

부동산실명법 위반, 명의신탁약정과 등기는 '무효'

명의신탁이란 ① 명의신탁약정[내부적으로는 명의신탁자가 소유권을 갖되, 등기는 다른 사람(명의수탁자) 명의로 하기로 하는 약정]과 ② 명의수탁자 명의의 부동산등기를 통해 이루어진다.

실제 부동산을 소유했거나 소유하려고 하는 사람을 A(명의신탁자)로,

명의를 빌려준 사람을 B(명의수탁자)라고 하자. 쉽게 얘기하면 이렇다. 등기의 명의는 B로 하면서 내부적으로는 A가 소유권을 갖기로 두 사람이 약속하는 것이 명의신탁약정이다. 이 약정을 통해 B 명의로 등기를 하는 일련의 행위가 명의신탁이다.

이러한 명의신탁은 법적으로 유효할까. 명의신탁약정이 무효임은 물론, 이에 따른 등기로 이루어진 소유권 변동도 무효다. 예외가 있지만 기본 전제는 '명의신탁=무효'다.

명의신탁등기 시 과징금, 이행강제금은 물론 '형사처벌'까지

명의수탁자 B 명의로 등기를 한 경우 명의신탁자 A에게는 부동산 가액의 30%의 범위에서 과징금을 부가한다. 과징금을 부가받은 후에도 A가 자기 명의로 등기를 하지 않는 경우 1년 뒤부터는 이행강제금을 부과한다. 이걸로 끝이 아니다. A와 B 모두 징역형 또는 벌금형 처벌을 받는다.

다만 법에서 허용하는 '합법적'인 명의신탁도 있다. ① 담보가등기(채무 변제를 담보하기 위해 채권자가 부동산을 이전받거나 가등기하는 경우), ② 구분소유적 공유관계(부동산의 위치와 면적을 특정하여 2인이 구분소유하기로 약정하고, 공유로 등기하는 경우), ③ 신탁등기를 한 경우는 규제대상에서 제외한다.

종중, 배우자, 종교단체 등에 대한 특례도 있다. ① 종중 소유 부동산을 종중 외의 자 이름으로 등기하는 경우 ② 배우자 명의로 등기하는 경우 ③ 종교단체 명의로 산하조직이 보유한 부동산을 등기하는 경우는, 무효로 보지 않고 제재대상에서도 제외된다. 다만 이때도 조세포탈, 강제집행 면탈, 법령상 제한의 회피 등 부정한 목적이 있어서는 안 된다.

명의신탁은 무효지만, 제삼자가 개입되면 달라진다. 부동산실명법에 따르면 명의신탁의 무효는 "제삼자에게 대항하지 못한다." 쉽게 말해 A와 B 사이에서는 무효지만 대외적으로 소유자인 B가 부동산을 C에게 마음대로 팔아버렸다면 C에겐 무효라고 주장할 수 없다. C는 소유권을 취득한다. 설사 C가 명의신탁 사실을 알고 있었다고 하더라도 결론은 같다 (다만 C가 B를 회유하여 재산을 빼돌리려는 욕심으로 적극적으로 가담하여 처분하게 한 정도였다면 무효가 될 수는 있다).

A가 C에게 소유권을 되돌려달라고 할 수도 없다. 다만 A가 B에게 민사상 청구를 하는 것은 가능하다. 판례에 따르면 B가 부동산을 처분하여 받은 대금이나 보상금 등을 부당이득으로 돌려달라고 하거나 손해배상을 청구할 수는 있다(그러나 판결을 받더라도 B에게 아무런 재산이 남아 있지 않다면 강제집행할 수 있는 가능성은 희박하다).

다른 사례를 들어보자. A가 강제집행을 면하기 위해 임시로 자기 부동산을 B에게 넘겨주었고, B가 처분하지 않았다면 A가 다시 되돌려달라고 청구할 수 있을까. 대법관들은 찬반 격론 끝에 다수 의견으로 '청구할 수 있다'고 결론내렸다. "명의신탁자를 형사처벌하거나 과징금을 부과하는 제재를 넘어 권리까지 박탈하는 것은 '국민의 법감정(실제 법리 적용에 대한 국민의 정서를 의미)'에도 맞지 않다"는 취지다. 대법원의 결론은 '명의수탁자 명의로 등기를 해놓았어도 명의신탁자가 되돌려받는 것까지 금지하는 것은 가혹하다'는 것이다.

명의신탁의 3가지 종류와 법률관계

명의신탁에는 크게 3종류가 있다. 첫째, 양자 간 명의신탁이다. A가 B와의 약정을 통해 자기 부동산을 B 명의로 돌려놓는 것을 말한다. 이때는 명의신탁약정도, 등기도 무효다.

둘째, 3자간 명의신탁이다. A가 매도인 C의 부동산을 사면서, 매매계약은 A와 C가 하고, 등기는 C와 합의하여 B 명의로 이전하는 경우다. 이때 매매계약만 유효고, A와 B 사이의 명의신탁약정과 등기는 무효다. A는 B를 상대로 등기말소를 청구하거나, C에게 소유권이전등기를 해달라고 청구할 수 있다.

셋째, 계약명의신탁이다. A가 B 명의로 매도인 C의 부동산을 사고자 A와 B가 명의신탁약정을 맺는다. A로부터 매매대금을 받은 B가 C와 매매계약을 체결한 뒤, B 명의로 등기하는 경우다. 이때 C가 명의신탁약정 사실을 몰랐을 경우는 (매매계약이 유효이므로) B가 소유권을 취득한다. C가 이런 사실을 모두 알았을 경우는 (매매계약은 무효가 되므로) 여전히 C가 소유자가 된다. A는 소유권을 넘겨달라고 할 수 없고, B에게 부당이득반환청구를 할 수 있을 뿐이다.

세부적으로 들어가면 제삼자와의 관계, 등기에 대한 권리, 금전에 대한 반환 유무 등이 복잡하게 얽히게 되지만 기본적으로 명의신탁약정도, 등기도 무효임에는 틀림없다.

명의신탁은 '범죄'지만, 명의수탁자의 처분은 '무죄'

B가 신뢰를 저버리고 명의신탁자 A 몰래 부동산을 팔아버렸다면 B는 유죄일까. 과거엔 사안별로 유죄와 무죄가 갈렸다. 그러나 대법원은 2021년 전원합의체 판결을 통해 명의신탁관계에서는 명의수탁자가 부동산을 팔아버려도 횡령죄가 되지 않는다고 판시했다. 양자간·3자간·계약명의신

탁 모두 마찬가지라는 것이다. A와 B의 관계에 대해 "불법적인 (위탁)관계에 지나지 않을 뿐 형법상 보호할 가치 있는 신임(신뢰)관계라고 할 수 없다"고 대법원은 지적했다. 그 자체가 범죄인 명의신탁으로 형성된 위탁관계는 법으로 보호할 가치가 없으므로 명의신탁자가 마음대로 부동산을 팔아버리더라도 범죄가 되지 않는다는 취지다.

따라서 명의신탁자는 명의수탁자 등에 대해 민사상 권리를 행사할 수 있을 뿐 형사상 책임을 물을 수는 없게 되었다. 명의신탁은 법률로는 무효로 규정하고 있지만, 이른바 '국민의 법감정'과 현실론을 내세워 판례를 중심으로 다양한 이론이 전개되어왔다. 이 때문에 대법원의 소수의견도 "대법원 판례가 명의신탁을 합법화시켜주어 투기와 탈세 등을 조장한 셈이 되었다"고 비판한다.

결론적으로 부동산 명의신탁은 법으로 금지하고 있고, 더 나아가 명의신탁자나 명의수탁자 모두 형사처벌 대상이라는 점은 반드시 기억하자.

05 외제 경유차에 휘발유 넣으면 누구 책임?

자동차사고·인명사고 손해배상 책임 따지기

사례 1

폼에 죽고 폼에 사는 차가오 씨. 그는 큰맘 먹고 배기량 3000cc급 외제 승용차를 할부로 구입했다. 장거리 운전을 앞두고 주유소에 들러서 기름을 가득 채운 차씨는 고속도로에 진입하려는 순간 평소와 달리 자동차 소음이 심하고 엔진이 이상하다는 느낌을 받았다.

혹시 주유하는 과정에 문제가 있었는지 의문이 든 그는 차를 돌려 주유소로 갔다. 자초지종을 들어본 차씨는 망연자실했다. 주유소 측은 "휘발유를 가득 채웠을 뿐"이라고 설명했는데, 문제는 차씨의 자동차가 경유차라는 데 있었다. 차씨가 그냥 "가득 넣어달라"고 하자 경험이 부족한 아르바이트 직원은 대형 승용차는 무조건 휘발유차인 줄만 알고 이 같은 대형 사고를 저지른 것이다.

> 차씨는 자동차를 서비스센터에 맡겼는데 운행 중 엔진이 수시로 꺼지는 등 결함이 발생하여 한 달간 수리비만 2000만 원이 든다고 한다. 자동차 혼유 사고, 누가 책임져야 할까?

외제차 수리비는 우선 주유소 사장 주머니에서

차씨나 주유소 아르바이트 직원, 주유소 사장 모두 공포에 떨게 할 만한 일이 벌어졌다. 어떻게 처리해야 할지 법대로 따져보자. 민법은 고의나 과실로 다른 사람에게 손해를 입힌 경우 손해배상을 하도록 규정하고 있다. 어떤 일에 종사하는 사람은 자신의 일에 주의를 기울여야 할 의무가 있다. 주유소에서 일하는 사람도 차량이 어떤 연료를 사용하는지 확인하여 그에 알맞은 연료를 주유하여야 할 주의의무가 있다. 따라서 이 사건에서는 기본적으로 주유소 측에 과실이 있다. 그렇다면 누가 배상해야 할까?

아르바이트 직원을 고용한 사장이 손해를 배상하는 것이 일반적이다. 법에서는 이를 '사용자 책임'이라고 한다. 민법을 살펴보자.

제756조(사용자의 배상책임)

❶ 타인을 사용하여 어느 사무에 종사하게 한 자는 피용자가 그 사무집행에 관하여 제삼자에게 가한 손해를 배상할 책임이 있다.

따라서 차씨는 사장에게 수리비 등을 청구할 수 있다. 사장은 아르바이트 직원의 실수라는 말로 책임에서 벗어날 수 없고, 다만 나중에 구상권을 행사할 수 있을 뿐이다(구상권이란 채무를 갚아준 사람이 채무 당사자에게 반환을 청구할 수 있는 권리를 말한다. 가장 쉬운 예를 들어보자. A가 은행에서 대출을 받는데 B가 보증을 서주었다. 그런데 은행의 빚 독촉에 못 이긴 B가 A 대신 은행에 대출금을 갚았다. 이때 A에게 돈을 돌려달라고 할 수 있는 B의 권리를 구상권이라고 한다. 사례를 보면, 주유소 사장도 차씨에게 손해배상을 한 후 아르바이트 직원에게 구상권을 행사할 수 있다. 하지만 주유소 사장은 종업원을 잘 관리하고 교육해야 할 책임이 있기 때문에 재판까지 가더라도 아르바이트 직원에게 많은 금액을 돌려받기는 어렵다).

차씨가 받을 수 있는 배상은 어디까지일까? 참고로 다음 설명은 혼유 사고뿐 아니라 인명피해가 없는 교통사고, 차량 접촉사고 시에도 동일하게 적용되므로 주의 깊게 살펴보길 바란다.

일단 생각할 수 있는 손해를 모두 짚어보자. 쉽게 떠올려보면, 차량 수리비와 대차(렌터카) 비용, 차량 성능 감소로 인한 손해(교환가치 감소분), 스트레스 등 정신적 피해(위자료) 등이 있다. 법과 판례는 통상의 손해를 기준으로 하고, 예외적인 경우에만 그 이상의 특별한 손해까지 배상해준다는 점을 기억하며 하나하나 따져보자.

우선 상식적으로도 차량 수리비와 렌터카 비용은 지불하는 것이 마땅하다. 수리비는 이미 들어간 비용과 앞으로 들어갈 비용을 포함한다. 단, 렌터카 비용은 무조건 지급하는 것이 아니고 법원이 통상적인 수리 기간을 계산하여 사고 정도에 따라 15~60일치 정도를 지급하게 된다. 따라서 수리를 일부러 늦추거나 수리가 예상보다 지연됐다면 그 기간은 인정받지 못한다.

그다음이 교환가치 감소분이다. 새 차가 사고 때문에 가치나 성능이 떨어졌다면 그 부분을 손해로 배상하는 것이 타당하다. 법원은 주행거리와 출고일 기준으로 신차라고 볼 수 있으면, 수백만 원 정도를 손해액으로 인정해주고 있다.

경유 넣으라는 말 안 한 차주도 일부 과실

마지막으로 위자료다. 위자료는 정신적 고통을 금전으로 배상하는 성격을 띤다. 법원은 인명피해가 아닌 단순한 재산피해만 입은 경우엔 위자료를 거의 인정하지 않는다. 비용 보상으로 정신적 고통은 회복된다고 보기 때문이다(대여금, 물품대금, 공사대금 등 일반적인 금전 소송에서도 정신적 피해에 대한 위자료가 인정되는 사례는 거의 없다).

따라서 차씨는 차량 수리비, 렌터카 비용, 시세 하락 손해·교환가치 감소분을 손해배상으로 받을 수 있다.

여기서 주유소 사장은 "차씨에게도 잘못이 있지 않느냐?"고 따져볼 만하다. 사실 차씨의 자동차는 외제차인 데다가 휘발유차로 착각할 가능성이 있었다. 따라서 미리 경유차라는 사실을 직원에게 알렸어야 했지만 차씨는 "가득 넣어달라"는 말만 했다. 법원은 이를 고려하여 차씨에게도 20% 정도의 과실이 있다고 인정했다.

이와 유사한 자동차 혼유사건에서 법원은 "경유 차량 운전자가 사용 연료를 알리지 않고 휘발유 전용 주유기 앞에 차를 정차했다면 30%의 책임이 있다"는 판결을 내놓기도 했다. 즉 차주의 과실 정도가 얼마인지는 사례에 따라 달라진다.

이 사건은 전체 비용 중에서 주유소 사장과 차씨의 부담액이 8:2가 됐다. 따라서 차씨가 손해배상으로 받을 수 있는 돈은 다음과 같다.

- ❶ 차량 수리비: 2000만 원
- ❷ 대차 비용: 600만 원(1일 20만 원 × 30일)
- ❸ 교환가치 감소분: 400만 원(수리 후에도 엔진 소음, 시세 하락)

[손해배상액]

3000만 원(❶ + ❷ + ❸) × 80%(차씨의 과실 20% 공제) = 2400만 원

우리 아이가 짖는 개에 놀라서 다쳤어요

사례 2

한창 호기심 많은 허맹랑(10세) 군. 초저녁 학원 수업을 마치고 돌아오다가 건물 앞에 있는 진돗개(생후 7개월)를 발견했다. 허군은 작은 개가 만만하게 보여 무릎으로 치는 시늉을 했다. 이에 위협을 느낀 진돗개가 짖으면서 달려들자 허군은 깜짝 놀라 도망쳤다. 허군은 당황한 나머지 맨홀에 걸려 넘어졌고 패혈성 무릎·양측 슬개골 골절상을 입게 됐다. 이로 인해 허군은 100일 동안 병원 신세를 졌고, 앞으로 오랫동안 재활치료를 받아야 한다. 허군과 부모는 개 주인인 진도부 씨를 상대로 손해배상 소송을 제기했다.

동물을 기르는 사람은 동물이 다른 사람에게 위해를 가하지 않도록 집 안에 두거나 안전하게 관리할 책임이 있다. 이를 '동물 점유자의 책임'이라고 한다.

최근 반려견을 키우는 사람이 늘어나면서 개가 사람에게 피해를 입히는 사례도 늘고 있다. 특히 목줄을 묶지 않은 채 방치하여 사람을 무는 사고를 냈다면 개 주인의 책임은 커질 것이다. 부상 정도에 따라 치료비와

향후 치료비, 위자료 등 상당한 금액을 물어야 할 수도 있다. 이 사건은 개가 사람을 직접 문 경우는 아니다. 그렇다면 진씨는 병원비 등을 물어주지 않아도 될까?

개를 묶지 않고 도로에 방치한 주인이 배상

개 주인인 진씨는 "개가 직접 물지도 않고 허군이 먼저 개를 자극한 데다, 허군 스스로 넘어졌기 때문에 나에겐 책임이 없다"고 항변했다. 그러나 법원은 "개를 묶어두지 않은 채 대로변에 방치하여 사고를 발생시켰으므로 진씨는 동물 점유자로서 손해를 배상할 책임이 있다"고 판단했다. 다만 법원은 "허군이 사고를 유발한 측면이 있고, 개가 짖는 것에 깜짝 놀라서 도망을 가는 바람에 사고가 커졌으므로 진씨의 책임을 65%로 제한한다"고 판시했다.

법원은 재산 손해로 치료비·개호비(병간호 비용)·일실수입 등을, 정신적 손해로 위자료를 지급하라고 판결했다[일실수입이란 피해자의 상해와 사망 등으로 노동력이 상실됨으로써 잃게 되는 수입을 말한다. 법원은 사망사고가 발생한 경우 통상 사망자가 65세까지 일했을 때 받을 수 있는 근로소득의 총액을 산출한다. 거기에 생계비(총액의 3분의 1가량)를 뺀 금액을 현재의 가치로 환산하는데, 이것이 일실수입이 된다. 사망사고가 아닌 신체장애나 상해사고의 경우에는 후유증·장애 정도를 고려하여 노동 능력상실률을 정하고 그 비율을 고려하여 일실수입을 계산한다].

이 기준에 따라 진씨가 허군 가족에게 손해배상으로 물어줄 금액은 다음과 같다(반려동물사고와 관련된 자세한 민·형사 책임은 2장 6절을 참고하기 바란다).

[재산 손해]

❶ 치료비: 1400만 원

(이미 지출한 치료비 700만 원과 향후 수술비 등 700만 원 포함)

❷ 개호비: 600만 원

(100일 입원 기준, 하루 성인 1인의 도시일용노임 상당액)

❸ 일실수입: 6000만 원(성년이 된 후 65세까지)

[과실상계 후 재산손해]

8000만 원(❶ + ❷ + ❸) × 65%(허군의 과실 35% 공제) = 5200만 원

[정신적 손해]

❹ 위자료: 1000만 원

(허군 500만 원 + 가족들 500만 원)

[손해배상 총액(과실상계 후 재산손해 + 정신적 손해)]

5200만 원 + 1000만 원 = 6200만 원

손해는 재산상 손해와 정신적 손해로 구별

사례 3

화물차를 운전하던 주태만 씨는 과로한 탓에 몸이 상당히 피곤한 상태였다. 사거리에서 신호 대기 중이던 주씨는 잠깐 졸고 말았다. 어렴풋이 신호가 바뀌는 것을 보고 차를 움직였지만 졸음에서 완전히 깨어나지 못한 그는 그만 인도로 돌진했다. 주씨의 차는 마침 길을 걸어가던 최억울(48세) 씨를 뒤에서 덮쳐 현장에서 사망하게 했다.

정말로 억울한 일이 아닐 수 없다. 주씨는 처벌을 받았지만 최씨의 가족은 충격에서 헤어날 수 없었다. 유족들은 주씨의 차량 보험사를 상대로 손해배상 소송을 냈다. 법원은 약 4억 원을 배상하라고 판결했다. 인도를 걸어가는 도중에 뒤에서 차가 덮치리라고는 예상할 수 없었기 때문에 최씨의 과실은 없었고 100% 주씨의 잘못이었다. 이 사건에서 인정된 손해배상 내역은 일실수입 2억 9000만 원(65세까지 약 17년간의 예상소득을 현재 가치로 환산), 장례비 1000만 원, 위자료 1억 원 등이었다. 형사합의금으로 주씨에게 받은 금액까지 합치면 4억 5000만 원 정도가 유족들이 손해배상으로 받은 금액이다. 만일 사고 시 사망자가 음주운전, 무단횡단, 신호 위반 등으로 사고에 일부 원인을 제공한 과실이 인정된다면 일실수입 부분에서 그만큼 과실을 공제하게 된다.

여기서 손해배상에 대해 다시 한번 정리하고 넘어가자. 손해배상은 재산상 손해와 정신적 손해로 나눌 수 있다. 재산 손해는 물적 피해의 경우 수리비, 인적 피해의 경우 치료비·개호비·일실수입 등이 포함된다. 손해액은 보통 사람이 합리적으로 생각할 수 있는 범위까지만 인정된다. 정신적 손해인 위자료는 주로 사람이 다치거나 사망했을 때에 한해 청구할 수 있다. 법원의 판례도 인신손해의 경우 적극적 재산상 손해(치료비, 수술비 등), 소극적 재산상 손해(일실수입), 위자료 등 이른바 소송물 3분설의 태도를 취하고 있다.

작은 사고는 합의가 상책

크고 작은 사고로 개인 사이의 손해배상 분쟁은 언제나 생길 수 있다. 피해가 크지 않다면 당사자끼리 원만하게 합의하는 것이 상책이다. 만일 재판에 들어가면 양쪽 모두 법원에 왔다 갔다 해야 하고 피해자 쪽에서는 손해를 입증해야 할 책임이 있기 때문에 적절한 금액을 주고받는 선에서 끝내는 게 서로 이기는 일이다.

하지만 사람이 크게 다치거나 목숨을 잃었다면 적극적으로 대처할 필요가 있다. 대신 이때는 변호사를 선임하거나 법률적 조언을 해줄 사람과 함께 소송을 해야 한다. 민사사건에서 법원이 당사자 한쪽을 도와주는 일은 결코 없기 때문이다.

반려동물사고도 사람을 다치게 한 경우 동물 주인이 과실치상으로 형사처벌을 받는 사례도 있으므로 우습게 볼 일은 결코 아니다.

교통사고 사망, 법원에 위자료 청구가 유리

손해배상이라고 하면 거액의 위자료를 떠올리는 사람들이 많다. 하지만 외국과 같이 징벌적 손해배상제도가 없는 우리나라에서 수억 원의 위자료는 아직 먼 얘기다. 위자료의 성격과 산정 기준에 대해 알아보자.

다른 사람의 잘못으로 크게 다치거나 생명을 잃게 될 경우 손해배상을 산정하는 기준에는 재산상 손해와 정신적 손해가 있다. 이 중 정신적 손해는 우리가 흔히 말하는 위자료다. 민법 제751조는 다른 사람의 신체, 자유 또는 명예를 해치거나 기타 정신상 고통을 가한 사람은 재산상 이외의 손해에 대하여도 배상할 책임이 있다고 규정하고 있다. 위자료는 정신적 고통을 돈으로 배상해주는 것인데, 피해자뿐 아니라 배우자나 직계가족 등도 청구할 수 있다. 또한 부부가 이혼할 때도 외도, 폭행 등 혼인파탄에 책임 있는 사람에게 위자료 책임이 인정된다.

법원은 피해자가 구체적인 재산 손해를 입증하기 어렵다고 인정되면 위자료를 올려줌으로써 손해를 벌충하기도 한다. 하지만 실제로 인정되는 위자료 금액은 생각보다 많지 않다. 적게는 수백만 원에서 많게는 수천만 원 선에 불과하다.

법원은 오랫동안 사망사고의 위자료를 5000만~8000만 원 선에서 결정해왔다. 목숨을 잃은 대가치고는 결코 많다고 할 수 없는 금액이다. 그러다가 2015년 서울중앙지법에서 교통사고, 산업재해 손해배상 담당 판사들이 간담회를 통해 사망사고 위자료 산정 금액을 1억 원으로 늘리기로 결정하는 등 위자료 현실화에 대한 움직임을 보였다. 법원은 6세 어린이가 교통사고로 사망한 사건에서 "어린이는 어른보다 더 오랜 기간 고통을 받게 되며, 아동기에 누릴 수 있는 가족관계, 친구관계 등 즐거움을 잃을 수 있다는 점에서 손해의 정도가 어른보다 크다"며 위자료로 1억 3500만 원을 책정하기도 했다.

이후에도 법원은 '불법행위 유형별 적정한 위자료 산정 방안'을 발표하며, 사망사고 위자료 기준을 높여갔다. 내용을 살펴보면 사망사고(이에 준하는 중상해 포함) 위자료는 ▲교통사고는 기준 1억 원, 음주·뺑소니는 2억 원 ▲항공기 추락, 건물 붕괴 등 대형 재난 사고는 기준 2억 원, 고의 범죄나 부실 설계 시공 등은 4억 원 ▲영리적 불법행위는 기준 4억 원, 고의·중과실은 6억 원으로 정했다. 이 기준에 따르면 50%의 범위에서 증액 또는 감액할 수 있어 사망사고 위자료 인정이 최대 9억 원까지 가능하다.

한편 보험회사의 위자료 기준은 더 낮다. 자동차보험회사들은 약관으로 사망사고 때 4000만~5000만 원 정도의 위자료를 지급해왔다. 그러다가 2017년부터 금융감독원이 자동차보험 사망사고 위자료를 8000만 원(60세 이상은 5000만 원)으로 상향하는 내용으로 표준약관을 바꿔서 시행해오고 있다. 인명사고 시 피해자의 잘못이 적다면 법원에 위자료를 청구하는 편이 아직은 더 유리하다.

손해배상 원인은 '채무불이행'과 '불법행위'

손해배상이란 위법행위로 손해를 입힌 사람 등이 손해를 입은 사람에게 배상하는 것을 말한다. 법에서 인정하는 손해배상의 원인은 채무불이행과 불법행위 두 가지다. 채무불이행이란 채무자에게 책임 있는 사유로 채무를 이행하지 않은 것을 말한다. 채무불이행에는 세 가지의 형태가 있다. 이행지체(예컨대 연극 표를 인터넷으로 구입했는데 판매자의 잘못으로 공연이 끝난 다음 표가 도착한 경우), 이행불능(부동산 매매계약을 했으나 등기를 넘겨주기 전에 다른 사람에게 되팔아버린 경우), 불완전이행(닭을 100마리 주문했으나 80마리만 갖다주거나 병든 닭을 제공한 경우) 등이 그것이다.

주로 문제가 되는 것은 불법행위로 인한 손해배상이다. 불법행위란 고의나 과실로 타인에게 손해를 가하는 위법행위를 말한다. 사람을 때려 상처를 입히거나 이웃집에 불을 지르는 행위, 실수로 교통사고를 내는 일, 외도로 가정을 깨뜨리는 행위 등이 대표적인 불법행위라고 할 수 있다. 불법행위는 민사상 손해배상책임을 지는 동시에 형사상으로도 처벌을 받는 경우가 많다.

민법에서 손해배상은 돈으로 지급(금전배상)하는 것이 원칙이고, 손해배상의 범위는 통상의 손해를 기준으로 하고, 예외적으로 충분히 예상할 수 있었을 때만 특별 손해까지 배상하게 된다. 판례는 "사회 통념에 비추어 객관적이고 합리적으로 판단했을 때 발생한 손해"만을 인정하고 있다. 손해를 입은 사람에게 과실이 있을 때는 손해배상의 책임과 금액을 정하는 데 참작한다. 이를 과실상계라 한다. 예를 들어 도로를 무단횡단하다가 자동차에 부딪혔다면 무단횡단한 사람에게도 일부 책임을 인정해 20%, 30% 등과 같이 적정한 과실 비율을 정하고 그에 따라 배상액을 산출한다.

손해배상은 손해나 가해자를 알게 된 때부터 3년, 불법행위를 한 때로부터 10년 안에 청구해야 한다. 다만 미성년자가 성적(性的) 침해를 당한 경우의 손해배상은 조금 다르다. 이로 인한 손해배상청구권은 성년(19세)이 될 때까지는 기간이 계산되지 않으며, 성인이 된 후부터 기간이 진행된다. 미성년자의 성적 자유를 보호하기 위해서다.

대리운전 기사의 사고는 누구 책임?

법에는 직접적인 가해자가 아닌데도 손해배상책임을 묻는 경우가 있다. 불법행위를 한 자의 부모, 보호자, 고용주, 자동차 주인 등이 대표적인 예다.

미성년자나 심신상실자(정상적인 판단과 행동을 할 수 없는 사람)는 불법행위를 저질렀더라도 책임을 지지 않는다. 대신 이때는 부모, 학교장, 병원장 등 감독하는 사람에게 배상책임이 있다. 또한 민법은 종업원을 고용한 사장(사용자 책임), 건물주나 세입자(공작물 점유자·소유자 책임), 동물을 관리하는 사람(동물 점유자)에게 불법행위로 인한 책임을 묻는다. 이런 원리에 따라 사례에 나오는 주유소 사장이나 반려견의 주인에게 손해배상책임이 인정되는 것이다. 그렇다면 대리운전을 불러 집으로 오다가 대리운전 기사가 사고를 냈다면 누구의 책임일까? 법에 따르면 기본적으로 자동차 소유자의 책임이다.

자동차손해배상 보장법 제3조(자동차손해배상책임)

자기를 위하여 자동차를 운행하는 자는 그 운행으로 다른 사람을 사망하게 하거나 부상하게 한 경우에는 그 손해를 배상할 책임을 진다.

물론 대리운전 기사가 아무런 책임이 없다는 뜻은 아니고, 소유자가 '운행자'로서 책임을 진다는 말이다. 운행자란 '직접 운전을 했는지와는 관계없이 자기를 위해서 자동차를 운행하는 사람'으로, 소유자보다 더 넓은 개념이다. 같은 이치로 가족이나 친구에게 차를 빌려주었다가 인명사고를 낸 경우도 주인에게 연대책임이 있다. 차주는 사고를 야기한 사람에게 다시 책임을 물을 수 있을 뿐이다. 대리운전 사고 시 기사가 보험 가입을 하지 않았거나 영세업체 소속이어서 배상능력이 없는 경우, 혹은 인명사고를 낸 경우 차주의 부담이 커질 수 있다.

06 벼룩 간 빼먹는 악덕사장 어찌 하오리까?

임금 · 퇴직금, 소송으로 받아내는 방법

일자리 구하기가 하늘의 별 따기 같다는 요즘이다. 직장 다니는 것만 해도 다행이라는 자조 섞인 말까지 들린다. 그런데 일을 하고 나서 제때 월급이 나오지 않거나 직장을 그만두면서도 퇴직금을 받지 못한다면 그 고통 또한 이루 말할 수 없다.

조금만 기다려달라는 게 1년… 승소해도 돈 받을 길 '막막'

고용노동부 통계에 따르면 체불임금이 발생한 노동자는 1년 24만 7005명에 총액은 1조 3505억 원(2021년 기준)에 달했다. 밀린 임금과 퇴직금을 받기 위해 노동부와 법원을 찾는 사람들이 늘어나면서 노동의 대가를 둘러싼 노사 간의 다툼이 형사사건으로 비화되는 안타까운 사례도 적지 않다. 다음의 사건을 통해 체불임금, 퇴직금 관련 소송의 사연을 자세히 살펴보자.

A씨가 자의 반 타의 반으로 직장을 그만둔 것은 1년 전. 당시 사장은 "회사 사정이 어려우니 밀린 월급은 한 달만 기다리면 주겠다"고 말했다. 그러던 것이 반년이 훌쩍 지나갔다. 더 기다릴 수 없어서 노동부에 진정을 냈다. 그러자 사장은 다시 한 달만 시간을 달라고 부탁했다. 그렇게 또 1년이 지났다. 결국 A씨는 전에 다니던 직장 동료들과 함께 소송을 냈다. 그러나 사장은 법정에도 나오지 않고 연락도 닿지 않는다. A씨는 "이대로 승소판결을 받는다고 해도 사장이 순순히 돈을 내놓을지도 걱정"이라고 토로했다. A씨와 동료들이 받을 돈은 각각 100만 원, 200만 원 정도에 불과하고, 다 합쳐 봐야 1000만 원이 되지 않는다.

이 사건에서 보듯 체불임금 사건은 비교적 소액인 경우가 많다. 비슷한 사례의 소송에서 건설 노동자 12명의 체불임금이 780만 원인 경우가 있었다. 평균 60만 원에 불과한데 그중 한 사람의 임금은 겨우 11만 원이었다. 이쯤 되면 "벼룩의 간을 빼먹는다"라는 말이 딱 들어맞는다.

사업주 압박 위해 형사고소도

그런데도 대부분의 사업주는 민사재판이 걸려도 별다른 대응을 하지 않는다. 소송까지 갈 정도라면 사업주가 돈을 지불할 능력이나 의사가 없는 상태이기 때문이다. 승소판결을 받아도 회사나 사장 이름으로 된 재산이 없으면 임금을 받을 방법이 없다는 것도 원인이 되고 있다.

서울에서 민사재판을 담당하는 한 판사도 "최근 임금소송은 사업주가 아예 답변서도 제출하지 않거나, 소재 불명으로 불출석상태에서 재판을 받는 경향이 두드러진다"고 분석했다.

이때 노동자 입장에서 생각할 수 있는 것은 형사고소다. 고소는 권장할 방법은 못 되지만 사용자를 압박하여 임금을 받아내기 위한 방편이 되는 것도 사실이다. 대부분의 경우 밀린 임금을 받고 형사고소를 취하하는 선에서 끝나지만 재판까지 가기도 한다.

한편으론 "사장이 괘씸하다"며 갈 데까지 가겠다는 노동자들도 있다. 근로기준법 등에는 사용자가 동의 없이 14일 이내에 임금이나 퇴직금을 지급하지 않으면 처벌을 받도록 되어 있다.

사례 2

작은 식당을 운영하는 B씨는 졸지에 전과자가 됐다. 그는 C씨를 6개월간 고용했는데 마지막 달 월급 200만 원을 주지 않아서 고소를 당했다.

재판에서 B씨는 "C씨가 나에게 줄 돈을 정산하지 않고 퇴사해버려서 어쩔 수 없었다"고 항변했다. 하지만 법원은 "B씨의 주장이 사실이더라도 임금 채권은 다른 채권과 정산할 대상이 아니다"라며 벌금형을 선고했다.

사업주의 체불 금액이 크거나 고의로 돈을 지불하지 않는 등 죄질이 나쁜 경우에 법원은 징역을 선고하기도 한다.

사례 3

D씨는 컨테이너 운송업자였다. 그는 사세를 확장하려고 다른 회사를 인수했고 그 과정에서 직원 13명을 퇴사시켰다. D씨는 이들에게 밀린 임금과 퇴직금을 주지 않고 오히려 회사의 재산을 처분해 개인 이득을 취했다. 그가 노동자 13명에게 지급해야 할 돈은 2억 5000여만 원. 법원은 D씨에게 징역 8월의 실형을 선고했다.

퇴직금을 월급에 포함시키는 계약은 무효

한편 퇴직금 관련 분쟁도 끊이지 않는다. E씨의 사례가 대표적인 경우다.

사례 4

E씨와 직장 동료들은 연봉제 근로계약을 체결하면서 회사로부터 불리한 제안을 받았다. 회사가 계약 조건으로 "기존의 퇴직금은 매월 월급에서 중간정산을 받는 방식으로 모두 지급받았다"는 확인서를 요구했던 것이다. E씨 등은 어쩔 수 없이 계약서에 사인을 했다. 그러나 그들은 나중에 변호사의 자문을 얻어 퇴직금 청구소송을 냈다. 회사 쪽은 연봉에 포함하여 퇴직금을 모두 지급했기 때문에 따로 지급할 의무가 없다고 주장했으나 법원은 E씨의 손을 들어주었다.

퇴직금과 관련하여 누구나 알아야 할 사항이 있다. 법원의 확립된 판례는 '퇴직금을 월급에 포함시키는 것은 어떤 경우에도 무효'라는 것이다. 따라서 E씨가 계약서에 사인을 했더라도 퇴직금을 돌려받을 수 있다.

"퇴직금이란 퇴직이라는 근로관계의 종료를 요건으로 하여 비로소 발생하는 것으로 근로계약이 존속하는 동안에는 원칙적으로 퇴직금 지급의무는 발생할 여지가 없고, 노사가 매월 지급받는 임금 속에 퇴직금이란 명목으로 일정한 금원을 지급하기로 약정하고 사용자가 이를 지급했다고 하여도 그것은 퇴직금 지급으로서의 효력이 없다."(대법원 2007도3725 판결 등)

정당한 노동의 대가를 찾겠다는 일념에 사로잡힌 나머지 노동자가 범죄자가 되는 안타까운 경우도 볼 수 있다.

공사장 인부로 일하던 F씨는 공사팀장이 일당을 깎겠다고 하자 분노하여 폭력을 사용하고 말았다. F씨는 전과자가 된 것은 물론 일당의 몇십 배나 되는 돈을 합의금으로 지불해야 했다. H씨도 회사가 제때 월급을 주지 않자 회사 소유의 탑차를 몰래 숨겨놓았다가 횡령죄로 처벌을 받았다.

노동의 대가인 임금, '주먹' 말고 법으로 찾자

전문가들은 "사업주가 아무리 괘씸하더라도 법을 어겨가면서까지 대응하는 것은 위험하다"고 조언한다. 노동법에 조예가 깊은 한 판사도 "법을 제대로 활용하여 자신의 권리를 찾는 것이 가장 현명한 방법"이라는 의견을 밝혔다.

무조건 '법대로'만 외치고 소송을 남발한다면 세상은 삭막해질지도 모른다. 하지만 임금이 가족의 밥줄과 다름없는 생계수단이라는 점을 고려한다면, 법에 호소하는 노동자의 절박한 사정은 헤아리고도 남을 것이다.

"퇴직금 언제까지 받을 수 있나요?"

문답으로 보는 체불임금 · 퇴직금 관련 상식

Q 근로자 퇴사 후 사용자는 임금이나 퇴직금을 언제까지 줘야 하나?

A 근로기준법과 근로자퇴직급여보장법에 따르면 근로자가 퇴직한 경우 그 지급 사유가 발생한 날부터 14일 이내에 지급해야 한다. 사용자가 제때 지급하지 않으면 3년 이하의 징역 또는 2000만 원 이하의 벌금형을 받을 수 있다. 단, 당사자 간 합의로 지급 기간을 연장할 수는 있다.

Q 체불임금이나 퇴직금은 언제까지 청구할 수 있나?

A 임금채권의 시효는 3년이다. 즉 3년간 체불임금을 달라고 청구하지 않았다면 권리는 소멸된다. 그때까지 법적 조치를 취하거나, 사용자에게 체불임금을 청구했다면 언제까지 얼마를 지급하겠다는 각서나 확인서 등 서류로 근거를 남겨놓아야 시효가 연장된다.

Q 소규모 사업장의 아르바이트 직원도 퇴직금을 받을 수 있나?

A 법에 따르면 원칙적으로 1년 이상 일한 노동자에게는 퇴직금을 지급

해야 한다. 설사 노사가 "일당, 월급, 연봉에 퇴직금을 포함하여 지급한다"고 계약했더라도 무효이므로 퇴직금을 받을 수 있다. 아르바이트로 일을 했더라도 '1년간 계속 근무'와 '주 15시간 이상 근로'라는 조건을 충족하면 퇴직금을 지급받는다. 4대 보험 가입 여부, 사업장의 규모와도 무관하다.

한편 소규모 사업장의 아르바이트는 최저임금액보다 낮은 급여를 받기도 한다. 이것은 최저임금법 위반에 해당한다. 이 경우 최저임금액에 미달한 돈은 법적으로 청구할 수 있다. 사업주는 형사처벌을 받을 수도 있다.

밀린 월급, 합법적으로 받아내자

체불임금을 받을 수 있는 방법과 해고의 절차

체불임금이나 퇴직금을 받기 위해 사장의 인정에 호소하는 사람이 있다. 그렇게 해서라도 받아낼 수만 있다면 좋겠지만 돈 문제가 말로 해결되기란 쉽지 않다. 그렇다고 협박이나 폭력을 사용하는 것은 위험한 방법이다. 돈을 받기는커녕 오히려 가해자로 몰릴 수도 있다. 체불임금을 받을 수 있는 합법적인 방법 두 가지가 있다. 형사고소(진정)와 민사소송이 있다.

1. 지방노동관서 신고(진정, 고소)에 의한 해결

임금을 지급받지 못한 노동자는 사업장 관할 지방노동관서(지방노동청, 지청 등)에 진정을 내거나 고소를 할 수 있다. 진정이나 고소가 들어오면 근로감독관은 시정 지시를 내리고, 사용자가 기한 내에 이행하지 않으면 수사에 착수한다. 만일 근로기준법 등 법령 위반 사실이 드러났을 때는 사건을 검찰로 송치한다. 체불임금 사건은 근로감독관이 사법경찰관의 역할을 하게 된다. 근로감독관은 신고인이 원하면 체불임금확인원을 발급해준다.

2. 민사소송에 의한 해결

진정이나 고소로도 체불임금을 받지 못했다면 임금소송을 낼 수 있다. 민사소송은 형사고소 등을 하지 않아도 가능한데 노동관서에서 체불임 금확인원을 받으면 소송을 하는 데 훨씬 수월하다.

법률적인 도움을 얻고 싶다면 법률구조를 받는 것이 좋다. 법률구조법 과 시행규칙에 따르면 임금이나 퇴직금 체불 당시 최종 3개월 월평균 임 금이 400만 원 미만인 노동자는 대한법률구조공단(klac.or.kr)의 무료 법 률구조를 받을 수 있다. 체불임금확인원 등 임금체불을 확인할 수 있는 자료를 갖추고 가까운 공단 사무실을 찾아가면 소장 작성과 변호사 선임 등의 도움을 받을 수 있다.

해고의 종류와 절차

사장이라고 해서 직원을 마음대로 해고할 수는 없다. 해고를 하려면 적 법한 절차와 정당한 사유가 있어야 하며, 이를 위반한 해고는 무효다. 해 고에는 ① 근로자 측의 사유에 의한 해고와 ② 경영상 이유에 의한 해고 가 있다. ①은 일신상 사유(중한 질병, 직무 능력 결여)에 의한 통상해고와 무단결근, 범죄행위 등으로 징계절차를 거친 징계해고가 해당되고 ②는 정리해고로서, 긴박한 경영상의 필요가 있고 해고를 피하기 위한 노력을 다해야 하며, 공정한 기준으로 대상자를 정해야 가능하다.

5인 이상 사업장에서 해고 통지는 해고 사유와 시기를 적은 문서로 해 야 효력이 있다. 전자문서를 이메일로 보내는 방식도 해고 통지로 유효 하다는 판례가 있다. 그러나 전화, 문자메시지, SNS 등을 통한 통지는 무 효이므로 부당해고가 된다. 부당해고로 인정되는 기간 동안은 임금을 청구할 수 있다. 또한 사업주는 해고 30일 전에 서면 또는 구두로 해고예고를 해야 한다. 이를 하지 않으면 해고예고 수당(30일분 이상의 통상임금)을 지급해야 한다.

6장

형사소송,
제대로 알면
무서울 게 없다

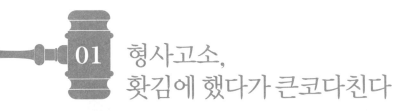

01 형사고소, 홧김에 했다가 큰코다친다

한밤 부부싸움, 맞고소가 가져온 결과

사례 1

한성질 씨는 평소 아내 배신자 씨와 돈 문제로 자주 다투었다. 이날도 밤 11시가 넘도록 부부는 심한 말다툼을 벌였다. 배씨가 싸움을 끝내기 위해 "바람 좀 쐬러 나가겠다"며 자리를 피하려 하자 한씨의 분노는 행동으로 나타났다. 배씨에게 발길질을 하는 등 폭력을 사용한 것이다.

배씨도 당하고 있지만은 않았다. 바로 친정 식구들에게 도움을 요청했다. 전화 연락을 받은 배씨의 부모와 오빠 배신남 씨가 집에 도착한 시각은 새벽 2시. 여동생의 처지를 보고 화가 난 배씨는 한씨에게 주먹을 휘두르며 앙갚음했고, 다른 식구들도 가세한 상황이 됐다. 급기야 한씨와 배씨 쪽은 서로 맞고소를 하기에 이르렀다.

부부싸움이 양쪽 집안의 폭력 사건으로 비화한 사례다. 경찰서에 낸 고소장이 이들의 인생에 미친 영향은 예상보다 훨씬 컸다. 이들 5명(한씨와 배씨 남매, 배씨의 부모)은 먼저 경찰과 검찰 수사를 받았다. 때로는 가해자로, 때로는 피해자 자격으로 수차례 조사를 받았다. 서로 진술이 맞지 않아서 대질신문도 벌였다. 그렇게 반년이 훌쩍 지나갔고 검찰이 한씨와 배씨 남매 세 사람을 기소하면서 사건은 법원으로 넘어갔다. 이들은 다시 피고인석과 증인석을 번갈아가며 법정에 섰다. 일곱 차례 재판 끝에 폭행 사실이 인정된 한성질 씨와 배신남 씨는 벌금형을, 배신자 씨는 무죄를 선고받았다.

사건 발생 후 판결을 받기까지 무려 1년 2개월간 이들은 송사에 휘둘렸다. 양쪽 모두 마음고생이 이루 말할 수 없었다. 설상가상으로 배신자 씨의 사건은 아직도 진행형이다. 1심 판결에 대해 "배씨가 폭행에 가담했는데도 무죄를 선고했다"며 검사가 항소하는 바람에 배씨는 2심에서 재판을 받고 있다.

가족 간의 사건이라 아주 특별해 보이지만 꼭 그렇지만도 않다. 서민의 애환이 담긴 포장마차 안의 풍경을 떠올려보자. 옆자리 손님과 사소한 시비 끝에 주먹다짐까지 가는 걸 어렵잖게 볼 수 있다. 그들이 맞고소를 한다면 앞의 상황과 크게 다르지 않다.

폭행 사건을 두둔하거나 덮어두자고 말하려는 것은 결코 아니다. 하지만 부부간의 다툼이 이렇게까지 번지는 상황이 과연 바람직할까? 만일 양쪽 다 고소하지 않고 마무리 지었더라면, 아니 고소를 했더라도 판결이 나기 전에 서로 타협점을 찾았더라면 어땠을까?

단순폭행은 '반의사불벌죄'로 피해자가 처벌을 원하지 않는다면 법원도 유죄판결을 할 수 없다. 이보다 더 무거운 상해죄라 해도 서로 원만하게 합의했다면 재판 결과는 달라졌을 것이다.

형사사건의 진행 단계는 경찰→검찰→법원

한때의 기분에 따라, 아니면 홧김에 고소장을 내는 것은 삼가야 한다. 하지만 살다 보면 억울하게 피해를 입어 수사기관의 도움을 얻어야 할 때가 있다. 이왕 고소해야겠다는 결심이 섰다면 고소 전에 알아야 할 사실이 몇 가지 있다.

첫째, 형사사건의 절차를 이해해야 한다. 형사사건은 보통 경찰→검찰→법원의 단계를 거친다. 경찰-검찰은 수사 단계고, 법원은 재판 단계다. 여기서 고소장은 수사의 단서를 제시하고 범죄의 처벌을 촉구하는 의미를 갖는다. 앞의 사례에서도 만일 고소가 없었다면 수사기관은 이 사건이 일어난 사실조차 알지 못했으리라. 고소 이외에도 고발, 자수는 물론 수사기관이 범죄사실을 인지한 경우도 수사가 시작된다. 수사는 대개 수개월에 끝나지만 복잡한 사건은 길게는 1~2년이 걸리기도 한다.

수사기관은 고소 내용을 토대로 CCTV를 살펴보거나 목격자나 참고인의 진술을 듣고, 금융기관이나 관공서 등에 각종 조회를 해보는 한편, 피해자를 불러서 자세한 내용을 듣는 과정을 거친다. 그 후 피의자의 출석을 요구하여 조사를 하게 되는데 이때 작성하는 서류를 '피의자 신문조서'라고 한다. 수사기관은 필요한 경우 피해자와 피의자를 함께 불러 대질신문을 진행하기도 한다.

2020년 형사소송법 개정으로 경찰에 1차적 수사종결권이 생겼다. 경찰 수사 결과 범죄혐의가 인정되는 사건은 검찰에 '송치'하되, 인정되지

▼ 형사사건의 흐름

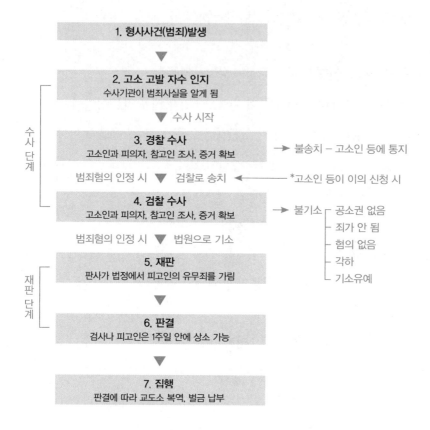

수 사 단 계

1. 형사사건(범죄)발생

2. 고소 고발 자수 인지
수사기관이 범죄사실을 알게 됨

▼ 수사 시작

3. 경찰 수사
고소인과 피의자, 참고인 조사, 증거 확보 → 불송치 – 고소인 등에 통지

범죄혐의 인정 시 ▼ 검찰로 송치 ← *고소인 등이 이의 신청 시

4. 검찰 수사
고소인과 피의자, 참고인 조사, 증거 확보 → 불기소 ┌ 공소권 없음
├ 죄가 안 됨
├ 혐의 없음
├ 각하
└ 기소유예

범죄혐의 인정 시 ▼ 법원으로 기소

재 판 단 계

5. 재판
판사가 법정에서 피고인의 유무죄를 가림

6. 판결
검사나 피고인은 1주일 안에 상소 가능

7. 집행
판결에 따라 교도소 복역, 벌금 납부

않으면 '불송치결정' 등으로 종결할 수 있다(단, 불송치결정에 대해 고소인, 피해자 등이 이의신청을 하면 검찰로 사건을 송치해야 한다).

수사 단계에서 마지막 결정은 검사의 손에 달려 있다. 다시 말해 수사가 어느 정도 마무리되면 피의자를 기소할지 말지, 기소한다면 구속할지 불구속상태로 재판받게 할지를 검사가 최종 판단한다. 범죄의 객관적 혐의가 충분하다면 검사는 법원에 기소하는데, 비교적 혐의가 가벼운 사건은 법정에 출석하지 않고 서류재판을 하는 약식기소를 할 수도 있다. 그보다 경미한 사건은 기소유예 처분을 내리기도 한다. 범죄가 인정되지 않는 경우는 법원까지 가지 않고 검사가 불기소처분으로 사건을 종결한다.

법원은 검사가 기소한 내용(공소사실)과 증거를 토대로 피고인이 죄가 있는지를 가린다. 판사는 판결을 통해 유죄 피고인에겐 죄에 따른 형을 결정한다. 검찰은 다시 판결에 따라 집행절차를 진행한다. 집행이란 징역형을 받은 이는 교도소로 보내고, 벌금형을 받은 이에겐 돈을 받는 절차를 말한다.

그런데 고소인에겐 피의자의 기소 여부와 각종 통지를 해주도록 되어 있지만 사건의 세세한 진행 상황을 알려주지는 않는다. 따라서 고소를 했다면 검찰이나 법원의 담당 재판부를 통해 사건이 지금 어느 단계에 와 있는지, 어떻게 진행되는지를 파악할 필요가 있다. 형사사건의 피해자는 법정에서 진술할 권리가 있다. 사건과 관련된 의견을 서면으로 써낼 수도 있다. 법원이 사건의 진실을 알기 위해 피해자를 증인으로 부르는 일도 많다.

고소인이 잘 모르면 판사·검사도 모른다

둘째, 고소 전에 철저하게 준비를 해야 한다. 고소는 수사의 단서고, 피해자는 형사사건에서 당사자가 아니라는 점은 이미 이야기했다. 고소장 한 장 냈다고 해서 원하는 결론이 나오는 것은 결코 아니다.

수사기관은 1년에 수백만 건을 처리한다. 당신의 사건은 그중 1건일 뿐이다. 사건을 가장 잘 아는 사람은 당신이다. 간혹 피해자가 시간과 날짜, 피해 액수 등을 정확히 알지 못하는 경우가 있는데 그러면 유리한 결론을 내기 힘들다. 고소인이 모르는 내용은 판사나 검사도 모른다. 따라서 사실관계를 직접 일목요연하게 정리하는 것이 필요하다.

되도록 사건을 날짜와 시간 순서대로 정리해두면 고소장을 작성할 때도 편하고, 이후에 조사를 받을 때도 일관된 주장을 펼칠 수 있다. 여기서 주의할 점은 절대로 피해 사실을 부풀리거나 없는 내용을 만들어서는 안 된다는 것이다(무고죄의 위험에 관해서는 3장 3절 참고).

유리한 증거와 증인을 미리 확보하라

이와 함께 유리한 증거나 자료를 모으는 일도 상당히 중요하다. 재판에서 증거의 영향력은 절대적이다. 만일 부동산 분양을 받았는데 명백한 사기였다고 치자. 그렇다면 우선 계약서, 입금 내역, 그 밖의 문서들을 차곡차곡 정리해놓고 계약 내용과 실제 분양이 어떻게 다른지 설명할 수 있어야 한다.

상해나 성폭행 사건이라면 폭행 사실을 알 수 있는 사진과 동영상, 진단서 등을 갖추는 것이 필수다. 상대방이 시인한 상황이라면 진술서, 사과의 내용을 담은 전자우편이나 문자메시지 등도 중요한 자료가 될 수 있다.

증거는 꼭 특별한 형식을 갖출 필요는 없으므로 명함, 메모지, 녹취록, 사진 등 어떤 것이라도 도움이 된다. 형사사건에서 목격자나 사건의 내막을 잘 아는 사람이 있다면 이들을 설득하는 것도 필요하다. 그래서 진술서를 받거나 나중에 참고인이나 증인으로 세울 수 있도록 해야 한다. 유리한 증언을 해줄 사람 1명이 때로는 어떤 물적 증거보다 큰 힘을 발휘할 수도 있다.

이런 증거자료는 고소를 하기 전에 어느 정도 수집해두어야 한다. 가능하다면 제삼자가 알기 쉽도록 증거별로 간단한 설명을 따로 붙여서 정리를 해놓고 필요할 때 언제든지 제출할 수 있어야 한다.

고소인도 수사기관과 법원에 나가야 한다

셋째, 고소한 사람도 고생을 감수해야 한다. 고소당한 사람은 죄가 인정되면 피의자 그리고 피고인으로 수사기관과 법원에 불려가게 된다. 당연한 이야기다. 그런데 고소한 사람이라고 마냥 편한 것만은 아니다.

고소장을 내면 경찰은 보통 고소인을 다시 부른다. 고소 내용을 보충하고 사실관계를 확인하기 위해서다. 상대방이 범죄를 부인하면 대질신문도 벌인다. 경찰서에서 이런 조사를 마쳤다고 해서 끝이 아니다. 복잡한 사건이라면 검찰에서 다시 고소인을 부르는 때도 있다. 고소인은 수사에 협조할 의무가 있다. 협조요청에 응하지 않을 경우 수사기관은 수사를 중단하고 사건을 종결할 수 있다.

그뿐 아니라 재판이 열리면 고소인은 다시 유력한 증인이 되어 증언대에 설 수도 있다. 고소인도 경찰, 검찰 조사를 받고 때로는 형사법정에 증인으로 나갈 수도 있다는 말이다. 고소를 하겠다면 이런 수고를 감수해야 한다. 만일 감당할 자신이 없다면 고소를 하는 대신 당사자끼리 합의하거나 아예 그냥 넘어가는 편이 낫다.

이 글을 읽고 고소가 어려운 일이라고 생각할 수도 있으리라. 그러나 고소는 피해자의 정당한 권리니 수사기관이나 법원에서 부른다고 해서 결코 주눅 들 필요는 없다. 다만 자신의 권리를 지키고 진실을 밝히기 위해선 사건을 가장 잘 아는 피해자의 수고도 어느 정도 뒤따라야 한다는 점을 기억하라.

검사의 불기소처분, 종류는

검사가 피의자를 조사한 뒤 법원에 공소제기(기소)를 하지 않는 것을 '불기소'라고 한다. 불기소처분에는 ① 혐의 없음 ② 죄가 안 됨 ③ 공소권 없음 ④ 각하 ⑤ 기소유예 등이 있다.

① '혐의 없음(무혐의)'은 범죄가 인정되지 않거나 재판에 넘길 정도로 객관적 증거(혐의)가 충분하지 않을 때다. ② '죄가 안 됨'은 범죄에 해당하는 행위이긴 하지만 정당방위, 정당행위이거나 형사미성년자(14세 미만)의 범죄 등으로 처벌하기 어려운 경우다. ③ '공소권 없음'은 소송 조건이 결여되거나 형 면제 사유가 있을 때 하는 처분이다. 피의자가 사망했거나 이미 확정판결을 받았거나 공소시효가 완성된 경우 등이다. ④ '각하'는 고소·고발이 요건을 갖추지 못했거나 사안이 경미해서 수사를 더 이상 할 필요가 없을 경우의 처분이다. ⑤ '기소유예'란 범죄사실이 인정되나 피의자의 나이와 환경, 범행동기 등을 참작하여 검사가 기소를 하지 않는 것을 말한다.

그 밖에 기소중지, 참고인중지도 있다. 기소중지란 피의자의 행방을 알 수 없는 경우나 범인이 누구인지 단기간 내에 판명하기 어려운 경우, 참고인중지는 참고인·고소인 등의 소재불명으로 수사를 종결할 수 없는 경우에 일단 기소를 유보하는 조치다.

형사고소, 제대로 알고 해도 늦지 않다

문답으로 알아보는 형사고소에 관한 상식

Q 고소는 누가 어떻게 할 수 있나?

A 원칙적으로 범죄의 피해자(또는 법정대리인)만 가해자를 고소할 수 있다. 피해자가 사망했을 때는 배우자나 직계 친족, 형제자매에게 고소권이 있다. 고소는 피해 당사자가 한다는 점에서 제삼자가 하는 고발과 다르고, 가해자의 처벌의사가 들어간다는 점에서 단순한 범죄 신고와 차이가 있다. 고소는 말로도 할 수 있지만 서류(고소장)를 내는 방식이 일반적이다.

Q 고소의 대상과 시기에는 아무런 제한이 없나?

A 자기 부모나 배우자의 직계존속(장인, 장모, 시부모 등)은 고소할 수 없다(형사소송법 제224조). 고소의 시기는 제한이 없으나 친고죄(모욕죄, 비밀침해죄 등 고소가 있어야만 처벌할 수 있는 범죄)에 대하여는 범인을 안 후 6개월 내에만 가능하다. 단, 성폭력범죄는 직계존속을 고소할 수도 있다.

Q 고소를 번복할 수는 없나?

A 형사소송법 제232조에 따르면 고소는 1심 판결선고 전까지 취소할
수 있다. 대신 한 번 고소를 취소하면 다시는 고소하지 못하므로 고소
취소도 신중히 결정해야 한다.

Q 가해자가 죄를 지은 것이 확실해서 고소를 했는데 검사가 기소를 하지 않
았다. 너무 억울하다.

A 일단 검사의 불기소처분에 대해서는 30일 이내에 항고할 수 있다. 고등
검찰청에서 다시 한번 판단을 받는 방법이다. 이마저 받아들여지지 않
는다면 항고기각 통지를 받고 열흘 안에 법원에 재정신청을 할 수 있다.
재정신청이란 검찰의 불기소처분이 적정했는지를 법원이 심사하는
제도로서 기소권을 쥐고 있는 검찰을 견제하는 장치다. 원래 재정신
청은 공무원의 직권남용, 가혹행위 등의 범죄에만 적용됐으나 2007년
형사소송법이 개정되면서 대상이 모든 범죄로 확대됐다.

Q 형사고소하면 판결을 받기까지 시간이 얼마나 걸리나?

A 고소, 고발 사건은 경찰 단계에서 2개월 내에 수사를 완료해야 하고,
검찰 단계에서는 3개월 내에 공소제기 여부를 결정하여야 한다. 또한
형사재판의 판결 선고는, 1심의 경우 기소된 날을 기준으로 6개월, 2심
과 3심은 기록을 송부받은 날부터 4개월 이내에 하도록 되어 있다. 이
기준대로라면 1심 판결까지 걸리는 시간은 1년 이내지만, 이 기간은
반드시 지켜야 하는 것은 아니어서 복잡한 사건의 경우 1심이 끝나는
데만 몇 년을 훌쩍 넘기기도 한다.

검찰과 경찰 수사권 조정, 어떻게 바뀌었나

수사기관에는 검찰과 경찰이 있다. 사법부(법원)와 달리, 두 기관은 행정부 소속이다. 검찰은 법무부의 외청이고, 경찰은 행정안전부 소속 치안 사무 기관이다. 과거 둘의 권한은 하늘과 땅 차이였다. 1954년부터 검찰은 수사권과 기소권 등을 독점해왔고, 경찰은 검찰의 지휘를 받는 위치에 있었다.

그런데 최근 수사권에 일대 변화가 일어났다. 수사권이 국민을 위해 민주적으로 행사되도록 한다는 취지로 2020년 이후 형사소송법 등이 대폭 개정되었다. 검·경 수사권의 큰 틀도 바뀌었다. 시민들의 일상에도 큰 영향을 미치게 되었다. 크게 바뀐 사항은 다음과 같다.

1. 검찰과 경찰은 '상호협력 관계'로

검찰의 수사지휘권이 원칙적으로 폐지되고 검찰과 경찰은 수사에 관하여 '서로 협력하는 수평적 관계'로 바뀌었다. 다만 검사는 필요한 경우 경찰에 보완수사를 요구할 수 있고, 경찰의 수사과정에서 법령 위반·인권 침해·현저한 수사권 남용이 의심되는 경우 경찰에게 기록송부나 시정

조치를 요구할 수 있다. 삼림·해사·세무 등 특별사법경찰은 여전히 검사의 지휘를 받는다.

2. 경찰에 1차적 수사종결권 부여

과거 경찰은 모든 사건을 검찰에 '송치'해야 했고, 수사의 종결권도 검찰에게만 있었다. 개정법은 범죄의 혐의가 인정된 경우만 검찰에 송치하고, 나머지 사건은 경찰이 불송치결정으로 자체 종결할 수 있도록 하였다. 단, 경찰은 불송치결정 시 고소인, 피해자 등에게 이유를 통지하고 이들이 이의신청을 할 수 있는 길을 열어두었다. 이의신청이 있으면 검찰로 사건을 송치해야 한다.

3. 검찰의 수사 개시 범죄 제한

종전에는 검찰이 모든 사건을 직접 수사할 수 있었다. 그러나 현재는 검찰이 수사를 개시할 수 있는 범위(2023년 기준 부패범죄, 경제범죄 등 대통령령으로 정하는 중요 범죄와 경찰이 범한 범죄 등으로 한정)를 제한하였다. 따라서 나머지 대다수 범죄는 경찰이 수사를 시작하므로 고소를 할 일이 있다면 검찰이 아닌 경찰을 통하는 것이 바람직하다.

4. 검사 작성 피의자 신문조서 증거능력의 변경

과거엔 수사기관의 피의자 신문조서라도 검사가 작성한 조서가 경찰 조서보다 강력한 증거였다. 쉽게 말하자면, 검사의 조서는 적법한 절차에 따라 작성되고, 피의자가 진술한 대로 기재되었다는 사실만 인정되면 유죄의 증거가 될 수 있었다. 반면 경찰 조서는 피고인이 내용을 부인하기만 하면 증거능력이 없었다.

현행법에선 조서의 작성 주체가 누구인지 의미가 없어졌다. 검찰 조서건 경찰 조서건 법정에서 피고인이 그 내용을 인정할 때에만 증거로 쓸 수 있다.

그래도 여전히 검사의 권한은 강하다. 체포·구속, 압수수색 등과 관련한 영장청구권, 기소권(공소제기 여부를 결정하는 권한)은 검찰에 있고 형사 공판 수행, 재판의 집행 지휘는 검사만이 할 수 있다.

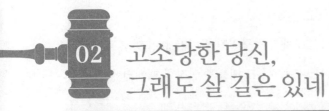

02

고소당한 당신,
그래도 살 길은 있네

고소당했을 때 알아야 할 몇 가지 진실

"김OO 씨 되시죠? 여기 XX경찰서입니다. 이▲▲ 씨 고소사건으로 조사할 게 있습니다. 좀 나와주셔야겠는데요."

만일 당신이 이런 전화를 받거나 출석 통지서를 받는다면 아마도 공황 속에 빠질 것이다. 설마 그러겠느냐고 생각할지 모르지만 직접 경험해보면 결코 과장이 아님을 알게 되리라.

고소당했다면 조사를 받는 건 누구나 넘어야 할 산

한 해 고소가 50만 건이 넘는 대한민국 사회에서 살다 보면 수사기관의 소환장을 받는 일은 결코 희귀한 경험이 아니다. 고소를 당했다면 죄를 지었든 짓지 않았든 조사를 받는 것은 당연히 넘어야 할 산이다. 이제 어떻게 할 것인가? (본격적으로 들어가기 전에 사족을 붙인다. 이후에 쓰는 내용은 필자의 주관이 담겨 있기도 하다. 형사사건은 워낙 다양한 경우의 수가 있고 절차가 복잡하기 때문에 사건에 따라, 시각에 따라 대처 방법이 다를 수 있다.)

가장 중요한 것은 마음의 부담을 털어내는 일이다. 말처럼 쉽진 않겠지만 두려워하거나 회피한다고 해서 달라지는 건 하나도 없다. 현실을 인정하자. 수사기관이 당신을 부른 것은 고소인의 말이 사실인지 아닌지, 사실이라면 죄가 되는지 아닌지를 알아보기 위해서다. 이런 중차대한 상황에서 당신이 정신을 차리지 못한다면 아무도 당신을 보호해주지 못한다. 설사 죄가 없더라도 마찬가지다!

당신에게 한 가지 희망을 주는 사실이 있다. 고소당한 이 중에서 실제로 형사처벌을 받는 사람은 6명 중 1명 정도라는 것이다. 이 말은 우리나라엔 무모한 고소가 많다는 뜻이기도 하다(고소사건에 관한 자세한 통계는 '[더 알아보기] 한 해 형사사건·고소사건 얼마나 되나' 참고). 만일 당신이 죄가 없다면 검사가 무혐의 처분으로 사건을 종결할 것이며, 설사 기소되더라도 법원에서 무죄로 풀려날 길이 있다. 일단은 그렇게 믿자. 반대로, 죄가 있다면 그때는 처벌을 피하거나 가벼운 형을 받는 길을 찾아야 한다.

여력이 있다면 법률 전문가에게 미리 도움을 받자. 꼭 변호사가 아니더라도 법을 잘 아는 주변 사람들과 상의하는 것도 혼자 맞부딪히는 편보다는 나으리라.

준비 없이 조사받다가는 오히려 당한다

수사기관에 가기 전에 할 일이 있다. 고소 내용을 파악하는 것이다. 그런데 그게 어디 말처럼 쉬울까. 민사사건이라면 재판 전에 상대방의 서류를 보내주기 때문에 충분히 준비할 여건이 된다. 하지만 형사사건은 다르다. 경찰서에 물어봐도 누가 무슨 죄로 고소를 했는지 정도밖에 알 수 없다. 그래서 아무런 준비 없이 수사기관의 소환에 응하는 사람이 많다. 이건 무기 없이 전쟁터에 나가는 것만큼 위험하다.

▼ 최근 10년간 고소사건의 접수 현황(2013~2022년)

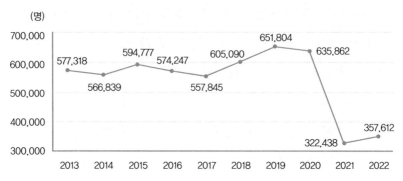

* 한 해 평균 50만~60만 명이 고소를 당한다. 2021년과 2022년은 코로나19의 영향으로 고소사건이 다소 줄었다. 고소당한 사람 중에서 실제로 형사처벌을 받는 사람은 6명 중 1명에 불과하다. (출처: 대검찰청 통계, e-나라지표)

일단 경찰에 고소장 열람을 요청해보자. 짧은 시간만이라도 살펴보면 방어를 하는 데 큰 도움이 될 수 있다. 검찰예규에도 피고소인의 열람, 등사 허용 규정이 있다. 이것이 어렵다면 고소인과 죄명에서 단서를 찾자. 고소인이 아는 사람이라면 무슨 내용으로 고소했는지 대충 파악할 수 있을 것이다.

예를 들어 서로 돈거래를 했다거나, 동업을 하다가 다투었다거나, 몸 싸움을 한 적이 있다거나 하는 사실로 추정할 수 있다. 그렇다면 일단 정확한 사실관계를 정리해보고 경찰 조사에서 답변할 내용을 미리 준비한다. 고소 내용을 반박할 수 있는 자료나 증거(금전 문제로 고소당했다면 거래 내역이나 영수증, 참고인 등)가 있다면 확보한다.

죄를 인정한다면 당사자와 합의하는 것이 상책

고소 내용이 사실이라고 하더라도, 그것이 죄가 되는가는 별개의 문제다. 고소사건은 대개 금전 문제에 집중된다. 쉬운 예로, 돈을 제때 갚지 못했다거나 사업에 실패하여 빚쟁이들에게 고소를 당했다고 치자. 이것이 범죄가 되기 위해선 처음부터 돈을 갚을 능력과 의사가 없었거나 돈을 빼돌릴 생각으로 사업을 벌였어야 한다. 경제적 사정이 어려워져서 빚을 졌다는 사실만으로는 죄가 성립되지 않는다.

반면 자기 재산도 없이 사업을 벌였다가(쉬운 예로 은행대출과 분양대금만으로 상가 분양 사업을 하다가) 실패해서 다른 사람에게 손해를 입혔다면 범죄(사기 등)가 될 수도 있다. 이런 법률적인 문제도 검토해봐야 한다.

혼자서 해결하기 어렵다면 법률 전문가의 도움을 받자. 여기서 한 가지 짚고 넘어가자. 당신이 죄를 지었다는 사실을 스스로 인정한다면(예를 들어 일방적으로 폭행을 했거나 명백한 사기거래를 했을 경우) 어떻게 할 것인가?

가장 좋은 방법은 고소인과 합의를 보는 것이다. 범죄 중에는 마음씨 고운 피해자의 뜻에 따라 처벌을 면할 수 있는 죄가 있으니 바로 친고죄, 반의사불벌죄(친고죄 등에 관해서는 '[더 알아보기] 합의하면 처벌받지 않는 죄도 있다' 참고)다. 친고죄 등이 아니더라도 피해자와의 합의는 재판 결과에 많은 영향을 미친다. 합의를 본다는 것은 다소 체면을 구기는 일이지만 그것이 평생 전과자가 되는 것보다는 낫지 않을까.

형사 피의자의 중요한 권리를 알고 가자

이제 경찰(또는 검찰) 조사를 받아야 한다. 막상 조사를 받으면 긴장하게 되고, 자신이 무슨 말을 했는지조차 기억이 나지 않을 수도 있다. 필자의 개인 경험을 이야기하자면, 두 차례 경찰서에 간 적이 있다. 모두 피해자 자격이었다. 경찰과 편안한 상태로 대화를 나누었는데도 조사 기간 내내 심리적으로 위축돼 있는 스스로의 모습에 놀랐다. 그러니 죄를 지었다고 의심을 받는 '피의자'는 오죽하겠는가.

그래서 제안한다. 가능하다면 나름대로 사실관계를 정리한 서류를 들고 가자. 기억력에 의존해서 답변을 했다가는 불리한 얘기를 할 수 있고 진술이 오락가락할 수도 있다. 경찰의 질문에 서면을 보고 준비된 답변을 하는 것이 도움이 될 것이다. 또 반드시 메모지와 펜을 준비하자. 조사 도중 중요한 사항이나 의문 나는 점은 반드시 적어둔다. 빈손으로 가서 조사를 받고 나오면 아무런 기억이 나지 않는다. 그럴 때 메모한 내용을 토대로 방어책을 마련하고 주변의 도움을 얻을 수도 있다.

피의자의 자격으로 경찰서에 간다면 형사 피의자의 권리를 알고 가는 것이 좋다. 피의자는 무죄로 추정되고 변호사의 도움을 받을 수 있다. 변호사와 함께 조사받을 수도 있다는 말이다. 더 중요한 권리로, 진술거부권이 있다. 이것은 헌법상의 권리다. 수사기관도 피의자를 조사하기 전에 '진술의 전부나 일부를 거부할 수 있고, 이로 인해 불이익을 받지 않는다'는 점을 반드시 알려주게 되어 있다.

수사기관의 조사를 받을 때 어떻게 진술하는 것이 가장 좋을까? 개인 의견임을 전제로 가장 효과적인 방법을 말한다면 유리한 내용은 강조해서 이야기하고, 불리하거나 불확실한 내용에 대해서는 신중한 자세를 보이는 것이다. 당연한 이야기 같지만 실제로 닥치면 어렵다. 범죄를 추궁하는 형사나 검사 앞에서 '계획된 진술'을 하는 것은 결코 쉬운 일이 아니다. 그 때문에 앞에서 사전준비를 강조한 것이다.

진술거부권을 적절히 활용하라

경찰은 당신의 인적사항 등 사소한 사항부터 범죄에 관한 내용까지 질문할 것이다. 어떤 경우에는 고소인 입장에서 질문을 던질 수도 있다. 그중 증거가 명백하거나 드러난 사실까지 부인할 필요는 없다. 증거가 명백한 것은 나중에 법률적인 부분에 대해 다툴 여지도 있다.

대신 당신에게 아주 불리한 내용이거나 사건에 결정적인 영향을 미칠 수 있는 질문에 대해서는, 준비되지 않았다면 답변을 하지 않는 편이 낫다. 그럴 때는 "더 확인하고 답변하겠다"거나 "이번에는 진술하지 않겠다"는 입장을 밝혀야 한다. 당신의 권리인 진술거부권을 적절히 활용하라는 말이다. 절대로 즉흥적인 답변을 해서는 안 된다. 한 번의 말실수가 치명적인 독이 될 수도 있기 때문이다.

경찰에서 조사한 사항을 검찰에서 다시 물어보기도 한다. 이런 내용은 재판에서 다시 확인 과정을 거친다. 물론 경찰에서 한 진술은 검찰에서 번복할 수 있고, 법원에서 또 다른 진술로 바꿀 수도 있다. 하지만 자꾸 진술이 바뀌면 결코 믿음을 줄 수 없다. 수사·재판에서 진술의 일관성은 중요한 부분이다. 그러니 첫 단추부터 잘 끼워야 한다. 피의자의 진술은 서류로 남게 되는데 이를 '피의자 신문조서'라고 한다. 이 조서는 법정에서 증거로 사용될 수 있기 때문에 반드시 본인의 확인을 거치게 되어 있다. 아무리 조사를 잘 받았더라도 그 내용이 조서에 나타나지 않으면 아무런 소용이 없다.

피의자는 조서를 보고 이의를 제기할 수 있고 진술과 다르게 표현된 부분은 수정을 요구할 수 있다. 이것은 형사소송법에도 명시되어 있다. 따라서 시간이 많이 걸리고 어렵더라도 조서에 도장을 찍기 전에 반드시 제대로 읽어보고 본인에게 불리한 내용은 수정을 요구해야 한다. 수정이 되지 않는다면 이의를 제기한 근거라도 조서에 남겨두어야 한다. 한편 형사소송법이 개정되면서 수사기관이 작성한 피의자 신문조서는 법정에서 피고인이 그 내용을 인정할 때에 한하여 증거로 사용할 수 있다. 법원(또는 판사)의 조서에는 그런 제한이 없다. 수사기관보다 법정에서의 진술이 증거로서 우위에 있다는 뜻이다.

죄가 없다면 당당하게 임하라

한 가지 꼭 당부하고 싶다. 경찰이나 검찰에 미리부터 적대적인 감정을 가지지 말자. 당신의 사건이 정치적으로 민감한 사안이거나 시국사건이 아닌 이상 수사기관도 선입견을 갖고 당신을 대할 이유는 없다. 그들 대부분은 법에 따라 수사를 진행하는 공무원일 뿐이다.

어떤 이들은 불필요하게 경찰 조사를 거부하거나 노골적으로 불신을 드러내기도 한다. 자기만족이 될지는 모르겠지만 수사 관계자를 자극해서 무엇을 얻을 수 있을까. 확실한 것은 당신을 법원에 기소하느냐 마느냐는 수사기관이 결정한다는 사실이다. 일단 절차에 따라 진행되는 조사에는 협조하는 것이 현명하다. 수사기관에 대한 비판은 당신이 재판에서 진 다음에, 그때 실컷 해도 늦지 않다. 지금까지 이야기한 것을 간단히 정리해보자.

❶ 고소를 당했는데 죄를 인정한다면 우선 피해자와 합의하라.

❷ 수사기관의 조사를 받기 전에 반드시 사전준비를 하라.

❸ 조사를 받을 때는 준비된 답변만을 하고 불리한 내용은 진술을 삼가라.

❹ 피의자 신문조서는 반드시 꼼꼼하게 확인하고 도장을 찍어라.

환자 몸에 칼 댄 의사, 처벌받지 않는 이유

① 한밤중에 칼을 휘두르는 강도에 맞서서 주먹질을 한 행동은 폭행죄가 성립될까?

② 열 살짜리 어린아이의 도둑질도 처벌할 수 있을까?

③ 형법에는 "사람의 신체를 상해한 자를 처벌한다"고 되어 있는데 의사가 환자의 몸에 칼을 대는 것은 왜 죄가 되지 않을까?

④ "영리의 목적으로 도박을 개장한 자는 최고 3년까지 징역살이를 한다"면서 왜 강원랜드 카지노에는 도박개장죄를 적용하지 않을까?

죄를 지으면 처벌을 받는다. 그런데 어떤 행동이 죄가 되기 위해서는 일정한 기준을 통과해야 한다. 즉 범죄가 성립하기 위해서는 세 가지 요건이 필요하다. 첫째, 형법에서 범죄로 정한 일정한 행위가 있어야 한다(구성요건 해당성). 둘째, 그 행위가 법률상 허용되지 않는 위법한 것이어야 한다(위법성). 셋째, 행위를 한 사람에게 책임을 물을 만한 비난 가능성(책임)이 있어야 한다. 이 세 가지 요건을 모두 갖췄을 때만 범죄가 되고 법의 심판을 받는다.

범죄가 성립하기 위한 세 가지 요건

이런 까닭에 ①번은 정당방위에 해당하여 위법성이 없다. ②번에서 열 살 어린이는 형사미성년자이기 때문에 책임이 없어서 처벌할 수 없다. ③번은 피해자의 승낙을 얻은 행동(또는 업무로 인한 행위), ④번은 법령에 따른 행위(특별법을 만들어서 예외적으로 내국인 카지노 허용 구역 지정)로 보아 죄가 되지 않는다. 형법에서 처벌하지 않는 행위에는 어떤 것이 있을까? 법조문을 통해 살펴보자.

- 형사미성년자(14세 미만), 심신상실자(사물을 변별하거나 의사를 결정할 능력이 없는 사람)의 행위(형법 제9조, 제10조 1항)
- [강요된 행위] 저항할 수 없는 폭력이나 자기 또는 친족의 생명·신체에 대한 위해를 방어할 방법이 없는 협박에 의하여 강요된 행위(제12조)
- [법률의 착오] 자기의 행위가 법령에 의하여 죄가 되지 아니하는 것으로 오인한 행위가 그 오인에 정당한 이유가 있는 때(제16조)
- [정당행위] 법령에 의한 행위 또는 업무로 인한 행위, 기타 사회상규에 위배되지 아니하는 행위(제20조)
- [정당방위] 현재의 부당한 침해로부터 자기 또는 타인의 법익을 방위하기 위한 행위가 상당한 이유가 있는 때(제21조 1항)
- [긴급피난] 자기 또는 타인의 법익에 대한 현재의 위난을 피하기 위한 행위가 상당한 이유가 있는 때(제22조 1항)
- [자구행위] 법률에서 정한 절차에 따라서는 청구권을 보전할 수 없는 경우에 그 청구권의 실행이 불가능해지거나 현저히 곤란해지는 상황을 피하기 위하여 한 행위가 상당한 이유가 있는 때(제23조 1항)

- [친족 간의 특례] 친족 또는 동거의 가족이 범인인 경우 그를 은닉 또는 도피하게 한 때, 또는 그를 위하여 증거를 인멸, 은닉, 위조한 때(제151조 1항, 제155조 4항)
- 사람의 명예를 훼손한 행위가 진실한 사실로서 오로지 공공의 이익에 관한 때(제310조)

정당방위, 허용되는 문은 생각보다 좁다

이 중에서 우리가 잘 떠올리는 '정당방위'는 생각만큼 잘 인정되지 않는다. 왜 그럴까? 정당방위는 ① '현재'의 위법한 침해에 맞서 ② '방위'하기 위한 행위가 ③ '상당성'이 있어야 한다. 과거에 일어난 침해, 미래에 생길 침해에 대비하는 건 안 된다. 또 적극적인 공격이어서는 안 되고 방어여야만 한다. 마지막으로 상당성(사회 통념상 허용될 수 있는 수준)까지 갖추어야 한다.

따라서 아까 만난 강도에게 지금 주먹질을 했다면 ①에 어긋난다. 싸움을 먼저 걸어오는 상대와 맞서 뒤엉켜 치고받았다면 이건 ②에 걸린다. 주먹을 휘두르며 공격하는 사람에게 각목을 휘둘렀다면 ③에 어긋난다. 특히 싸움에서 정당방위가 인정되는 사례는 극히 드물다. 누가 원인 제공을 했건 싸움은 공격과 방어가 오가기 때문이다(다만 주먹질을 하는 사람을 밀치거나 막았다거나, 칼을 휘두르는 사람에게 주먹으로 맞서는 정도는 허용된다).

이런 까닭에 상대가 먼저 싸움을 유도하거나 시비를 걸었는데도 쌍방 폭행으로 처벌되는 경우가 많다. 새벽에 집에 침입한 도둑에게 '심한' 폭력을 휘둘렀다는 이유로 정당방위가 부정된 사례가 있었다.

반면, 인적 없는 곳에서 자신을 강제로 키스하려 한 남성에 맞서 여성이 혀를 절단한 사건과, 건장한 30대 남성에게 위협당하는 딸을 구하기 위해 아버지가 죽도로 내리친 사건 등에서는 정당방위가 인정되었다. 정당방위의 문은 조금 더 넓어질 필요가 있겠지만, 어떤 경우든 폭력 사용은 자제하는 게 상책이다.

법률의 '착오'와 법률의 '부지'는 다르다

'법률의 착오'도 처벌받지 않는 행위다. 하지만 이는 단순한 '법률의 부지(不知, 알지 못함)'와는 전혀 다른 의미다. 판례에 따르면 법률의 착오란 "일반적으로 범죄가 되는 경우이지만 자기의 특수한 경우에는 법령에 의하여 허용된 행위로서 죄가 되지 아니한다고 그릇 인식하고, 그 인식에 정당한 이유가 있는 경우"만을 의미할 뿐, 법률의 부지를 뜻하지는 않는다.

　사례를 보자. 급전이 필요했던 30대 A씨는 사채업자로부터 "체크카드를 보내주면 대출을 해주겠다"는 약속을 받았다. 그는 자신 명의의 계좌를 개설한 뒤 사채업자에게 체크카드를 건네주며 비밀번호까지 알려주었다가 처벌을 받았다. A씨는 "죄가 되는 줄 몰랐다"고 주장했지만, 법원은 전자금융거래법 위반에 해당한다고 판결했다. 대가를 수수·요구·약속하면서 접근매체(통장, 카드 등)를 대여하는 행위는 법을 알았건 몰랐건 범죄다. 법의 무지는 용서받지 못한다.

한 해 형사사건·고소사건 얼마나 되나

연간 50만~60만 명 고소당해… 형사처벌은 10만 명 선

수사기관은 검문, 현행범 체포, 언론 보도나 여론 동향을 통해 수사를 하기도 하고 피해자의 고소나 제삼자의 고발을 통해 수사를 시작하기도 한다. 그중 '고소'는 형사사건에서 적지 않은 비중을 차지한다.

대검찰청 〈2021 범죄백서〉의 전체범죄 발생·검거현황(2011~2020년)에 따르면 1년 범죄자는 180만~190만 명 정도다(경찰이 접수한 범죄수를 기준으로 하면 범죄자는 이보다 더 많아진다). 이 중에서 검사가 기소한 범죄자는 한 해 평균 70만 명을 웃돌았다. 기소율은 약 40% 정도였다. 검찰 조사를 받는 사람은 180만 명 정도 되고, 그 가운데 10명 중 약 4명이 법원에까지 가게 된다는 뜻이다.

그러면 고소사건만 살펴보자. 결론부터 말한다면 고소사건이 재판까지 가는 경우는 생각보다 많지 않다. 고소를 당하는 사람은 한 해 50만~60만 명에 이른다. 최근 10년간(2012~2021년) 2019년이 65만여 명으로 가장 많았고, 2021년이 코로나19의 영향 탓에 32만여 명으로 가장 적었다. 10년 평균 피고소인은 약 56만 명. 우리나라 성인(20대 대통령선거 유권자

수 4419만 명 기준) 중에서 78명에 1명꼴로 고소를 당한 셈이다. 고소사건의 대다수는 사기, 배임, 횡령 등 재산범죄다.

　고소하면 실제로 처벌받는 사람은 얼마나 될까? 고소사건의 기소율은 20%를 넘지 않는다. 10년 평균, 한해 피고소인 56만 6000여 명 중 9만 7000여 명이 기소됐다. 그중에서 약식기소된 사람은 5만 9000여 명, 정식으로 재판을 받은 사람은 3만 8000여 명이다. 형사고소를 당한 사람 중 재판까지 가서 처벌받는 사람은 6명 중 1명 정도였다.

합의하면 처벌받지 않는 죄도 있다

친고죄와 반의사불벌죄

형사사건에서 피해자와의 합의는 때로는 엄청난 힘을 발휘한다. 수사를 종결시키고, 재판을 중지시킬 수도 있다. 특히 피해자의 의사를 중요하게 여기는 범죄가 있는데 바로 친고죄와 반의사불벌죄다. 이런 죄는 합의가 관건이다.

친고죄란 '고소'가 공소제기 요건인 죄를 말한다. 피해자가 고소를 하지 않으면 검사는 기소할 수 없고, 판사도 유무죄를 판단할 수 없는 죄가 친고죄다. 비밀침해, 모욕죄, 저작권법 위반 등이 이에 해당한다. 원래 강간, 강제추행 등 성범죄도 피해자의 뜻과는 무관하게 사건이 알려지는 것이 오히려 피해자의 명예를 해칠 수 있어서 친고죄로 되어 있었다. 하지만 가해자가 고소 취하를 종용하거나 피해자를 협박하는 등 2차 피해가 발생하는 문제가 있어서 2013년 6월부터는 성범죄에 대해 친고죄 조항이 전면 폐지됐다. 성범죄는 합의를 봐도 처벌을 피하기 어렵게 되었다.

반의사불벌죄는 피해자가 명시적으로 밝힌 의사에 반하여 죄를 논할 수 없다. 즉 피해자가 처벌을 원치 않는다고 의사표시를 하면 처벌할 수 없다. 친고죄와 달리 고소가 없어도 수사를 하고 재판을 할 수 있지만, 피해자가 처벌하지 말아 달라고 하는 순간에 사건은 종결된다. (존속)폭행, 과실상해, 협박죄, 명예훼손 등이 여기에 속한다. 명예훼손은 인터넷상이나 언론, 출판물에 의한 것도 포함된다. 하지만 이와 비슷한 범죄인 (존속)학대, 상해죄, 집단폭행, 상습 폭행 등은 반의사불벌죄가 아니다.

친고죄나 반의사불벌죄는 피해자가 수사기관(재판 중이면 법원)에 고소 취하서나 처벌불원서(처벌을 원치 않는다는 내용을 적은 서류)를 내면 기소할 수 없고, 재판 중일 때는 공소기각 판결을 하게 된다. 만일 고소인과 합의를 봤다면 반드시 합의서를 작성하고, 그 내용에는 수사기관(또는 법원)에 취하서나 처벌불원서를 제출한다는 조항을 넣는다.

한편 친고죄 등이 아니더라도 피해자와의 합의는 판사가 형을 정하는 데 중요한 요소다. 특히 절도, 사기, 횡령 등 금전범죄는 피해회복 여부가 감옥에 가느냐 마느냐를 결정할 때도 있다. 따라서 만일 상대방에게 손해를 입혔고 피해액이 많지 않다면 변호사를 선임할 돈으로 합의금을 주는 것이 오히려 나을 수도 있다. 피해자가 과도한 금액을 요구하여 합의가 되지 않았더라도 재판 과정에서 일정한 금액을 법원에 공탁하면 양형에 참작이 된다. 그러나 범죄에 대한 인정이나 진지한 반성 없이 단순히 공탁을 했다는 이유만으로는 형을 감경받기 어렵다. 법원은 피고인이 피해회복을 위한 진지한 노력을 하였으나 합의가 결렬되었고, 실질적 피해회복이 이루어진 경우(재산 피해인 경우 손해액의 3분의 2 이상의 공탁)에 감경요소로 고려한다.

03

서민은 꿈도 못 꾸는 '일당 수억 원'의 진실

벌금형, 그리고 형벌의 모든 것

10만 원 vs 5억 원. 법원이 정한 일당의 극과 극 비교다. 벌금형 피고인이 벌금을 내지 않으면 교도소에서 노역을 하게 된다. 이때 법원은 하루 노동의 대가를 얼마로 쳐줄지를 결정한다. 10만 원은 가장 일반적인 금액이고, 5억 원은 법원이 어느 재벌 회장에게 책정해준 일당이다.

어떻게 이런 차이가 날 수 있을까? 여기에는 법의 복잡한 문제가 얽혀 있다. 지금부터 벌금 이야기를 해볼까 한다.

전과자 절대다수가 벌금형인 이유

우선 우리나라 형벌의 종류를 살펴보자. 생명을 빼앗는 사형, 신체의 자유를 구속하는 징역·금고형, 재산에 손실을 주는 벌금형이 대표적인 형벌이다. 그 밖에 자격상실, 자격정지, 구류, 과료, 몰수 등도 형벌로 친다

(자세한 내용은 '[더 알아보기] 대한민국 형벌, 어떤 것이 있나?' 참고).

그중 벌금형이 형벌의 절대다수를 차지한다. 형사 피고인 3명 중 1명 꼴로 벌금형 판결을 받는다(2021년 1심 사건 기준으로 벌금형 등 재산형 선고자는 6만 명을 넘었다). 서류재판인 약식명령으로 벌금형을 받은 사람까지 합하면 한 해에 적게는 50만~60만 명, 많게는 100만 명에 이른다.

이렇게 벌금형이 많은 까닭은 장점이 많기 때문이다. 다소 가벼운 범죄를 저지른 사람을 가두는 대신 재산을 박탈하는 방식으로 죗값을 치르게 하는 것은 범죄인의 사회복귀에도 도움이 되고, 교도소에서 오히려 범죄에 감염될 가능성을 막는다는 이점이 있다.

또한 교정·수용시설이 열악한 우리 현실에서 벌금형은 국가에 재정적 부담을 덜 주고, 벌금이 국가의 재정 수입이 될 수 있다는 점에서 효과적인 수단으로 선택되고 있다(2021년 한해 부과된 벌금액의 총액은 2조 9000억 원에 달했다).

벌금을 안 낼 수 있는 두 가지 방법

그런데 벌금은 안 낼 수 있는 방법이 있다. 그것도 두 가지씩이나 있다(하지만 결코 권장할 만한 방법은 아니라는 점을 염두에 두시길).

첫째는 3년간 안 내고 버티기다. 형법 제77조에는 "형의 선고를 받은 자는 시효의 완성으로 인하여 그 집행이 면제된다"고 나와 있다. 이게 '형의 시효'다. 쉽게 말해 판결을 받고 일정한 기간이 지난 후에는 더 이상 책임을 묻지 못한다는 말이다. 벌금형의 시효는 3년이다.

벌금은 3년만 안 내고 버티면 되니 참 쉽다고 생각할 수도 있겠다. 그런데 현실은 녹록지 않다. 형 집행기관인 검찰이 가만히 보고만 있을 리 없다. 벌금은 형이 확정된 후 30일 이내에 내야 한다. 이 기간이 지나면 검찰에서 강제징수절차에 들어간다. 검찰은 납부 명령을 내리고, 더 나아가 미납자의 재산을 추적하여 부동산 경매, 재산 압류 등의 조치를 취하기도 한다. 어지간해선 내지 않고 버틸 수가 없다.

둘째는 '몸으로 때우는' 방법이다. 벌금을 내기 싫으면 대신 교도소에서 작업을 하면 된다. 형법 제69조 2항에는 벌금을 내지 않은 사람은 "노역장에 유치하여 작업에 복무하게 한다"고 되어 있다. 그런데 최근엔 법이 개정되어 노역장 유치 대신 사회봉사를 할 수 있는 길을 열어놓았다.

혹시 법원의 판결문을 유심히 본 적이 있는가? 엊그제 벌금형을 받은 A씨의 판결 주문에는 이렇게 쓰여 있다.

"피고인을 벌금 100만 원에 처한다. 피고인이 위 벌금을 내지 아니하는 경우에는 10만 원을 1일로 환산한 기간, 피고인을 노역장에 유치한다."

판결문에는 벌금액에 충당할 '일당'이 얼마인지 반드시 나온다. 이를 '환형유치'라고 한다. 그러니까 A씨가 제때 벌금을 내지 않으면 일당 10만 원씩 계산하여 10일을 교도소에서 일하게 한다는 말이다.

단, 환형유치기간은 최대 3년을 넘길 수 없다. 벌금을 내지 않더라도 3년 이상은 노역장 유치를 할 수 없다는 말이다. 노역장 유치는 실제로 징역살이와 별다를 게 없다. 100만 원에 10일간 징역살이, 과연 해볼 만한 일일까?

서민은 꿈도 못 꿀 '일당 수억 원'의 진실

이제 첫머리에 말을 꺼냈던 일당 '극과 극'의 얘기로 다시 돌아간다. A씨의 사례에서 보듯이 최근 판결을 보면 노역장 유치의 1일 환산액은 10만 원이 대세다. 이것은 법으로 정해진 것은 아니고 경제적 상황에 따라 조금씩 달라져 왔다.

서울 지역의 한 고참 판사는 "내가 사법연수생 시절(1990년대 초반)에 5000원 정도였는데 1990년대 중후반에 1~2만 원 수준으로 한 번 올랐고, 2000년경 3~4만 원 선이었다가 2000년대 중반 이후 한동안 5만 원으로 굳어진 것으로 안다"고 설명했다.

그는 "서울중앙지법 등 규모가 큰 법원의 판사들이 회의를 통해 적정한 금액을 정하면 다른 법원도 대체로 따라가게 된다"고 덧붙였다. 2023년 현재 전국의 형사법원에서는 특별한 사정이 없는 한 벌금을 내지 않는 경우 노역장 유치 일당을 10만 원으로 계산해준다.

그런데 일당 3억 원의 판결(대전지법 천안지원 2008고합226)이 나온 적이 있다. 어떻게 된 일일까? 일단 사건의 내용부터 살펴볼 필요가 있다.

석유유통·판매업을 하던 피고인들(13명)은 세금계산서 없이 무자료 유류를 유통시켰다. 이들은 이를 정상거래로 꾸미기 위해 위장 회사를 만든 다음 금융·거래 자료를 거짓으로 꾸며서 가짜 세금계산서를 주고받아 세무서에 제출했다. 이로써 유통마진을 남기고 조세 포탈을 저질렀으며 허위 세무자료 발급 수수료를 챙긴 혐의가 인정된 것이다.

이들이 발행한 가짜 세금계산서의 합계액은 1조 원 대 규모였다. 재판부는 "선량한 국민들의 납세의식에 큰 해악을 가하고 조세정의를 극심하게 훼손했다"며 중형을 선고했다. 이들은 가담 정도와 죄질에 따라 징역 1~4년형과 함께 벌금형을 선고받았다. 그런데 벌금 액수가 놀랍다. B씨 508억 원, C씨 1614억 원 등을 비롯해 벌금 총액이 7000억 원을 넘는다.

이런 천문학적인 벌금이 나오게 된 건 가짜 세금계산서 발행 범죄에 대해 탈세액의 2~5배의 벌금을 부과하도록 한 법(특정범죄 가중처벌 등에 관한 법률) 때문이다.

이제 문제는 환형유치할 때 일일 환산 금액을 얼마로 정하느냐에 있다. 만일 1일 10만 원으로 정한다면 어떻게 될까? B씨는 50만 8000일(약 1391년), C씨는 161만 4000일(약 4412년)을 감옥에서 보내야 한다는 무시무시한 결과가 나온다. 그러면 "벌금을 납입하지 아니한 자는 3년 이하 노역장에 유치한다"는 형법 조항과 어긋나게 된다. 재판부도 이 때문에 고심했을 것이다.

결국 재판부는 B씨 3억 원, C씨 2억 원을 일당으로 정했다. 재판부는 "환형유치 집행이 이루어질 것으로 예상하고 피고인들의 범행 동기와 결과, 전과 관계 등 양형 조건을 참작하여 형을 정했다"고 밝혔다. 이렇게 되면 B씨는 벌금 대신 170일을, C씨는 807일을 노역하는 것으로 거액의 벌금을 대신할 수 있다.

정리하자면, 일당 3억 원은 탈세범죄에 거액의 벌금형을 부과해야 하는 법률조항과 노역장 유치기간은 3년을 넘을 수 없다는 조항이 합해진 상황에서 판사의 양형이 참작되어 나온 결과물이었던 셈이다.

벌금형, 가진 자들을 위한 형벌?

이른바 '황제노역'이 시민들의 공분을 산 적이 있다. 수백억 원의 세금을 빼돌린 재벌 회장이 벌금 254억 원을 선고받았는데 환형유치 1일 환산액이 자그마치 5억 원이나 됐기 때문이다. 일당 5억 원이니 51일 동안만 노역을 하면 거액의 벌금을 한 푼도 내지 않아도 되는 것이다. 외국에 나가 있던 재벌 회장이 귀국 후 벌금 납부 대신 노역을 선택한 것이 알려지자 비판 여론이 들끓었다.

그러자 검찰은 노역을 중단시키고 벌금 강제집행절차에 착수했다. 하지만 수백억 원의 벌금을 불과 몇 십 일의 노역으로 때울 수 있다는 사실을, 서민들은 납득하기 힘들었다. 법을 바꾸기 전에는 서민들은 꿈도 못 꿀 '일당 수억 원'짜리 피고인은 계속 나올 수밖에 없는 상황이었다. 다행히도 빗발치는 여론 때문에 2014년 4월 국회는 벌금 액수에 따른 환형유치기간의 하한선을 못 박는 방식으로 법을 바꾸게 된다.

고액 벌금을 단기의 노역장 유치로 무력화하지 못하도록 형법을 개정했는데, 고액 벌금형 선고 시 환형유치기간의 하한을 정하는 조항을 신설했다. 구체적으로는 벌금 액수가 1억 원 이상 5억 원 미만일 때는 300일 이상, 5억 원 이상 50억 원 미만일 때는 500일 이상, 50억 원 이상인 때는 1000일 이상 노역을 하도록 명문화했다. 앞으로는 일당 수억 원짜리 노역은 보기 어렵게 됐다. 다만 상한 3년 규정은 남아 있어서 여전히 고액의 환형유치는 나올 수 있다.

벌금제도는 여러 가지 문제가 제기돼왔다. 특히 같은 벌금액이라도 경제적 능력에 따라 형벌의 강도가 다르다는 것이 벌금형의 맹점이다. 실례로, 벌금 100만 원이 어떤 사람에겐 중형이 될 수 있지만 또 다른 사람에겐 하찮은 형벌이 될 수도 있기 때문이다.

실제로 벌금이 없어서 노역장으로 향하는 사람이 1년에 3만~4만 명 정도가 된다고 한다. 심지어 어떤 가난한 피고인은 법정에서 벌금형 대신 그보다 형이 센 징역형의 집행유예를 선고해달라고 재판장에게 '부탁'하기도 한다. 그래서 일각에서는 우리도 유럽처럼 일수벌금제(재산비

례벌금제)를 도입해야 한다고 주장한다.

일수벌금제란 피고인의 재산상태를 고려하여 일당을 정하고 죄질에 따라서 날짜 수를 곱해서 벌금 액수를 정하는 방식을 말한다. 그렇게 되면 동일한 수준의 범죄를 저질렀더라도 재산과 소득이 많은 사람이 적은 사람보다 상대적으로 고액의 벌금을 내게 된다.

'그렇다면 부자들만 중형을 받아야 하느냐'는 반론도 만만치 않다. 선거법상 당선무효를 가르는 형이 벌금 100만 원이라는 점을 보더라도 벌금 액수는 단순히 경제력에 따라 차별을 둘 것은 아니라는 의견도 있다. 또한 벌금 미납자들을 교도소가 아닌 독립적인 노역장에서 일하도록 해야 한다는 주장도 나오고 있다.

벌금 대신 사회봉사 가능… 2018년부터는 '집행유예' 도입

벌금형 판결을 받았는데 돈이 없어서 벌금을 못 냈을 경우 과거에는 무조건 감옥에 가야 했다. 벌금을 못 낸 노역장 유치자는 징역형 수형자와 비슷하게 생활한다. 이 때문에 경제적 능력이 없는 사람은 벌금형을 받고도 사실상 징역을 사는 것과 다를 바 없다는 비판을 받아왔다. 전체 노역장 유치 집행자 중에서 500만 원 이하의 벌금형이 약 93%(2022년 검찰 통계)나 된다.

이런 벌금 미납자들이 감옥에 가지 않고도 사회봉사로 대체할 수 있는 길이 있다. '벌금 미납자의 사회봉사 집행에 관한 특례법'에 따르면 경제적 능력이 없는 500만 원 이하의 벌금형 확정자는 노역장 유치 대신 사회봉사를 신청할 수 있다. 여기에 해당하는 사람은 검사의 벌금 납부 명령을 받은 후 30일 내에 주거지 검찰청에 판결문 사본과 소득 금액 증명서를 첨부하여 사회봉사를 신청하면 된다. 검사는 다시 법원에 사회봉사청구를 함으로써 최종 결정은 법원이 내리게 된다. 즉 '당사자의 신청 → 검사의 청구 → 법원의 허가 결정'의 방식으로 진행된다.

법원은 신청인의 경제적 능력, 재산상태 등을 검토한 후 2주 이내에 결정을 내린다. 사회봉사 시간은 최대 500시간 범위에서 노역장 유치 일수와 같은 시간으로 계산한다. 사회봉사 허가가 나면 보호관찰소는 대상자의 사회경력, 범죄의 특성 등을 고려하여 사회봉사기관을 정해준다. 사회봉사는 평일 기준으로 하루 9시간까지 허용된다. 한 해 평균 7000~8000명 정도가 이 제도를 이용한다.

그러나 벌금형 선고자라도 벌금 액수가 500만 원을 초과하거나 다른 사건으로 형 또는 구속영장이 집행되어 구속 중인 사람, 징역과 벌금형을 동시에 선고받은 사람 등은 사회봉사를 신청할 수 없다. 벌금을 낼 수 있는 경제적 능력이 인정되거나 상소심에서 재판이 진행 중인 사람도 법원에서 허가를 내주지 않는다.

사회봉사가 시행된 뒤에도 노역장 유치자는 여전히 많다. 통계에 따르면 2016년부터 2019년까지 벌금을 납부하지 못해 노역장에 유치된 사람은 약 18만 명으로, 한해 4만~5만 명이나 된다. 사회봉사 요건을 완화하는 등 제도개선이 절실하다는 목소리가 높다.

다행히도 벌금형의 집행유예제도 도입을 골자로 하는 형법 개정안이 국회를 통과, 2018년 1월부터 시행되고 있다. 500만 원 이하의 벌금형 판결 선고 시 법원이 피고인의 정상을 참작하여 집행유예를 붙일 수 있다. 서민들에겐 징역형의 집행유예보다 벌금형이 더 무겁게 받아들여졌던 현실이 일부 개선된 셈이다.

한 해 형사재판 받는 사람은 얼마나?

한 해 형사재판을 받는 사람, 그로 인해 전과자가 되는 사람은 얼마나 될까? 범죄자의 남녀 비율은 어떻게 될까? 법원과 검찰의 형사재판 통계를 분석해봤다.

대법원 통계에 따르면 2021년 한 해 형사공판(약식명령, 즉결심판 제외)으로 법정에서 재판을 받은 피고인은 23만 3490명(1심 기준)이다. 이들의 판결 선고 내역을 보면 징역, 금고 등 실형(교도소 복역형) 약 6만 4000명, 징역형의 집행유예 약 7만 9000명, 벌금형 약 6만 2000명, 선고유예 약 1600명, 무죄 약 7000명 등이다.

정식재판이 아닌 약식재판(가벼운 사건에 대해 서류로만 재판하여 벌금형을 부과하는 제도)을 받은 사람이 약 38만 명, 즉결심판(경범죄에 대해 경찰서장이 청구하는 간이재판)을 받은 사람이 약 11만 명이다. 이들을 전부 합하면 73만 명이 넘는다. 이 중에서 약식재판과 즉결심판절차에 불복, 정식재판을 청구한 사람과 무죄 등을 선고받은 사람을 뺀다고 해도 1년간 전과자는 70만 명이 넘는다는 계산이 나온다.

최근 10년간 통계를 보면 1년간 전과자는 60만~100만 명 수준이었다.

전과자가 받은 형벌은 벌금형이 절대다수(약90%)를 차지하고, 그다음으로 징역형의 집행유예, 징역형 순이다. 전과자가 되는 형벌의 종류는 다음 글을 참고하기 바란다. 이 중에서 초범인 사람은 얼마나 될까? 대검찰청 자료에 따르면 범죄자 중에서 전과가 있는 사람이 없는 사람보다 2배 이상 많았다. 전체 범죄자 중 초범의 비율은 20% 초반대였고, 재범 이상 전과자는 2019년 66.2%, 2020년 66.6%였다.

범죄자 중 남녀 비율은 8:2 정도였다. 여성 범죄자 비율은 2011년 17.3%에서 2020년 20.7%로 증가 추세다. 여성범죄는 재산범죄와 교통범죄가 많았다.

대한민국 형벌, 어떤 것이 있나?

전과는 국가로부터 형벌을 받은 것을 뜻한다. 우리나라 형벌은 생명형, 자유형, 재산형, 명예형으로 나눌 수 있다.

생명형(사형)과 자유형(징역, 금고, 구류)

생명형은 사형을 말한다. 우리나라는 20년 이상 사형을 집행하지 않아서 실질적 사형폐지국이지만 법에는 엄연히 사형제도가 있다.

자유형이란 신체의 자유를 박탈하는 형벌로 징역, 금고, 구류가 여기에 해당한다. 징역과 금고는 교도소 생활을 한다는 점에서는 차이가 없다. 다만 의무적으로 작업을 하는지(징역), 하지 않는지(금고)가 다르다. 금고는 정치범, 사상범 등에게 부과하는 명예적 구금으로 출발했으나 지금은 징역과 큰 차이를 둘 수 없다. 징역과 금고에는 무기와 유기가 있다. 무기는 종신형이고, 유기는 1월 이상 30년 이하가 원칙이다. 단, 형을 가중할 때는 최대 50년까지 선고할 수 있다. 구류는 경범죄나 일부 과실범죄에 규정되어 있는데, 구금 기간이 30일 미만이라는 점이 징역, 금고와 다르다.

재산형(벌금, 과료, 몰수)과 명예형(자격상실, 자격정지)

재산형에는 벌금, 과료, 몰수가 있다. 벌금은 5만 원 이상을, 과료는 2000원 이상 5만 원 미만을 부과한다는 차이가 있다. 몰수는 범죄와 관련된 재산을 박탈하는 형으로서 다른 형과 함께 부과된다. 몰수의 대상으로는 살인흉기나 도박자금 등 범행도구, 뇌물 등 범죄로 얻은 이익이 있다. 몰수를 할 수 없을 경우(예를 들어 뇌물로 받은 돈을 다 써버렸을 때) 몰수물에 해당하는 돈을 내게 하는데, 이를 '추징'이라 한다.

명예형은 자격상실과 자격정지가 있다. 여기서 자격이란 공무원, 법인의 임원이 될 자격과 선거권·피선거권 등을 말한다.

형법에 나오는 형벌은 총 아홉 가지다. 제일 무거운 순서대로 나열하면 사형, 징역, 금고, 자격상실, 자격정지, 벌금, 구류, 과료, 몰수다. 이 중에서 징역, 금고, 벌금형에는 집행유예제도가 있다. 다소 복잡한 형벌의 종류를 단순화할 필요가 있는데, 특히 징역-금고-구류, 벌금-과료는 단일화해야 한다는 의견이 설득력을 얻는 중이다.

참고로 범칙금, 과태료는 형벌이 아니므로 전과가 되지 않는다.

04 "징역 3년 구형"했는데
왜 무죄지?

"검찰은 흉악범 ○○○씨에게 강도상해의 혐의로 징역 5년을 구형했다."

언론에 흔히 나오는 기사 내용이다. 이 기사를 보고 징역 5년형이 떨어졌다고 생각하는 사람이 많지만 그건 잘못 알고 있는 것이다. 구형(求刑)은 한자 그대로 풀이하면 '형을 요구한다'라는 뜻이다. 형사재판에서는 검사가 판사에게 형을 내려달라고 요구하는 것을 말한다. 구형을 제대로 이해하기 위해서 형사재판절차를 알아야 한다.

검사는 수사를 통해 범죄혐의가 인정된다고 판단한 피의자를 기소(공소제기)한다. 기소란 법원에 재판을 구하는 것으로 검사의 고유 권한이다. 법원은 공소사실(검찰이 죄가 된다고 인정한 사실)을 토대로 실제로 피고인이 죄가 있는지를 재판한다. 기소된 이후에는 검사와 피고인이 양쪽

400

당사자가 되고, 모든 판단은 법원이 내리게 된다. 짧게는 1~2개월, 길게는 1~2년의 재판이 끝나면 법원은 드디어 판결을 내린다. 판결 직전(보통 1~2주 전) 재판장은 법정에서 검사와 피고인에게 마지막 진술을 할 기회를 준다. 이때 검사가 판사에게 "피고인을 징역 5년에 처해주시기 바랍니다"라는 식으로 의견을 밝히는데 이것이 바로 구형이다.

구형은 피고인이 받아야 할 적당한 형이 어떤 건지 검사가 의견을 밝힌 것에 불과하다. 따라서 판사는 구형을 참고할 뿐 그에 따라야 할 의무는 없다(다만 검사의 구형이 '앵커링 효과' 때문에 판사의 양형에 사실상 영향을 미친다는 연구결과도 있다).

이에 반해 판사가 판결을 선고하면서 실제 내리는 형을 '선고형'이라고 한다. 검사의 구형이 의견에 불과한 반면, 판사의 선고형은 실제 형량을 뜻한다.

형량결정 순서는 법정형 → 처단형 → 선고형

판사가 형벌을 정하는 방식을 살펴보자. ① 먼저 법정형을 파악한다. 법정형이란 '3년 이하의 징역', '1000만 원 이하의 벌금'처럼 각각의 죄에 대해 법전에 나와 있는 형벌을 말한다. ② 다음에는 법정형을 기준으로, 가중과 감경 사유를 반영하여 형의 상한선과 하한선을 정한다. 이것을 처단형이라고 한다. ③ 마지막으로, 처단형의 범위 안에서 판사가 피고인의 태도와 피해자의 피해 정도 등을 고려하여 최종적으로 형을 정하는데 이것이 선고형이다. 선고형은 법정형을 기준으로 가중, 감경 요소를 고려하기 때문에 간혹 법정형보다 낮거나 높을 수 있다.

판사가 선고형을 정하고, 집행유예 여부를 결정할 때 중요한 참고기준이 되는 것으로 대법원 **양형기준**이 있다. 양형기준은 범죄의 종류별로 특성을 반영, 유사한 범죄(자)에 대해 양형편차를 줄이기 위해 대법원이 마련한 기준이다. 특히 범죄 발생 빈도가 높거나 사회적으로 중요한 범죄의 형을 정할 때 잣대가 되며, 양형기준 대상범죄는 계속 늘어나고 있다. 법적 구속력은 없으나, 판결이 양형기준을 벗어나는 경우는 판결문에 그 이유를 기재해야 한다. 양형기준이 적용되는 사건의 양형기준 준수율은 90%(2014~2020년 1심 판결 기준)가 넘었다. 쉽게 말해 형사재판 10건 중 9건은 양형기준 범위 내에서 1심 판결이 선고되었다는 뜻이다.

강도죄를 예로 들어서 양형기준을 적용해보자. 일반강도는 법정형이 징역 3년 이상이므로, 징역 3~30년 선고가 가능하다. 양형기준에 따르면 일반강도는 징역 2~4년을 기본으로 하되, 가중요소(은행 강도, 계획적 범행, 비난 동기 등)가 있을 경우 3~6년, 감경요소(경미한 액수, 생계형 범죄 등)가 있을 경우 1년 6개월~3년이 된다. 다만 강도로 인해 상해의 결과(기본 3~7년)나 사망의 결과(기본 9~13년, 가중 시 무기징역까지 가능)가 발생한 경우는 형량이 더 높아진다.

검사의 구형과 판사의 선고는 형량이 다르다

일반적으로 검사의 구형은 판사의 선고형보다 형량이 세다. 예를 들어 검사가 징역 5년을 구형했다면, 판사는 그보다 낮은 징역 2년을 선고한다거나 징역형에 집행유예를 붙이는 식이다. 검사는 피고인의 죄를 밝혀야 하는 자리에 있기 때문에 아무래도 심판자인 판사보다는 형이 셀 수밖에 없을 것이다.

하지만 항상 '구형〉선고형'의 공식이 성립하는 것은 아니다. 서울남부

지법은 도박 현장이나 약점이 있는 사무실을 찾아가 경찰에 신고하겠다고 협박해 상습적으로 돈을 뜯어내거나 행패를 부린 피고인에게 징역 10년 9개월의 중형을 선고한 적이 있다. 검찰의 구형이 징역 5년이었으니 그 2배가 넘는 셈이다. 법원은 검찰이 생각하는 것 이상으로 피고인의 죄질이 무겁다고 판단한 것이다.

검찰의 구형과 달리 무죄가 선고되는 경우도 있다. 검찰은 2009년 초 인터넷 논객 '미네르바'를 기소했다. 검찰은 미네르바가 "정부의 환율정책 수행을 방해하고 우리나라 대외신인도를 저하시키는 등 공익을 해할 목적으로 인터넷으로 공연히 허위의 통신을 했다"고 보고 징역 1년 6개월을 구형했다. 하지만 서울중앙지법은 "미네르바가 고의로 허위사실을 게시했다고 보기 힘들며 그의 글이 공익성을 위반했다고 인정되지 않는다"며 무죄를 선고했다.

환경운동가 A씨는 주택가 인근에 발암성 물질인 시멘트 혼화제 개발 연구소가 들어서는 것을 막고자 반대활동을 벌였다가 기소됐다. 검찰은 명예훼손죄와 업무방해죄를 적용하여 징역 5년을 구형했다. 하지만 2019년 법원은 "허위사실로 비방할 목적이 있었다고 보기 어렵고, 공익성이 인정된다"며 무죄를 선고했다. 검찰의 징역형 구형에 법원이 무죄를 선고한 두 사건은 검찰과 법원의 유·무죄 판단이 항상 일치하지는 않음을 보여준다.

한편 실형이란 말도 있다. 이는 실제로 집행되는 형벌을 말한다. 판결을 선고할 때 판사가 "피고인을 징역 3년에 처한다"는 말만 했다면 이건 실형 선고다. 그 뒤에 집행유예가 붙어 있다면 실제 감옥살이를 하는 것이 아니기 때문에 실형이 아니다.

다음 문장을 이해했다면 당신은 이제 법률의 기초지식은 쌓은 셈이다.

"검사는 상해죄로 기소된 D씨에 대해 징역 5년을 구형했다. 법원은 D씨에게 징역 3년의 실형을 선고하면서 법정구속했다."

'7년 이하 징역'과 '1년 이상 징역', 더 센 법정형은?

① 7년 이하의 징역에 처한다.

② 1년 이상의 징역에 처한다.

법전을 보면 모든 범죄에는 법정형이 적혀 있다. '~한 때에는 ○년 이하의 징역에 처한다'와 같은 형식이다. ①과 ② 중에서 법정형이 무거운 쪽은 어디일까.

얼핏 보면 ①인 것 같지만, 정답은 ②다. 징역의 기간은 하한이 1개월, 상한이 30년(가중시 50년)이다. 법정형에 상한이나 하한 어느 한쪽이 기재되지 않으면 이 기준이 적용된다. 따라서 '7년 이하의 징역'은 기간이 '1개월~7년'이고, '1년 이상의 징역'은 '1년~30년'을 뜻한다.

그렇다면 '6년 이하의 징역 또는 1000만 원 이하의 벌금(절도죄의 법정형)'의 경우는 어떤 형이 내려질까. 벌금형의 하한은 5만 원이므로 법정형은 '징역 1개월~6년 또는 벌금 5만 원~1000만 원'이 된다. 이때 판결은 징역형이 될 수도, 벌금형이 될 수도 있다. 어떤 형을 정할지는 판사의 권한이다. 판사가 범죄자의 전과나 범행 전후 여러 사정 등을 참작하여 징역형과 벌금형 중에서 형을 선택하게 된다.

징역형과 벌금형이 모두 가능한 절도죄로 예를 들어보자. 초범인 좀도 둑은 대개 벌금형 처벌을 받지만, 고가의 물건을 훔친 절도 전과자는 징 역형이 선고될 가능성이 높다.

05 흉악범의 사형은 당연한 수순?

법원 판결로 본 사형제도 논란

2004년 20여 명의 노인·여성이 희생된 유영철 연쇄살인사건, 2009년 경기 서남부 부녀자 연쇄살인사건, 2012년 무고한 여성을 잔인하게 살해한 오원춘 살인사건, 2014년 총기 난사로 군인 5명이 피살된 임병장 살인사건, 2016년 여성 혐오 범죄 논란을 불러온 서울 강남역 인근 살해 사건, 2017년 '어금니 아빠' 이영학 살인사건.

잔혹한 살인사건이 보도되면 흉악범의 신상과 얼굴을 공개하라는 주장과 함께 사형을 선고해야 한다는 여론이 드세다. 그뿐 아니다. 1997년 이후 사형이 한 차례도 집행되지 않은 현실을 지적하면서 "이번 기회에 사형을 집행해야 한다"는 목소리도 나온다. 그렇다면 법원에서 흉악범에 대한 판결은 어떻게 났을까? 다음에 나오는 4가지 사례의 판결을 자세히 보면, 사형제도를 보는 사법부의 태도를 알 수 있다.

보성 어부·임병장 살인사건 등 사형선고

사례 1

저녁 8시 강원도의 전방 군부대 안에서 적막을 깨고 난데없는 수류탄 폭발음과 총성이 들렸다. 전역 3개월을 앞둔 병장 A씨가 초소에 수류탄을 던지고 부대원들을 향해 소총으로 무차별 난사한 것이었다. 평소 인격장애가 있던 A씨는 부대원들이 자신을 무시하고 따돌린다고 생각해 이 같은 일을 저질렀다. 사망자 5명, 부상자 7명. 희생자 중에는 A씨를 평소 '형'이라 부르며 따르던 후임병들도 있었다.

사례 2

40대 B씨는 살인, 사체은닉죄 등으로 법의 심판을 받았다. 그는 자신의 내연녀가 사람들 앞에서 모욕을 주자 목을 졸라 죽인 후, 사체를 야산에 매장했다. 그는 몇 달 후 맥주를 마시다가 술집 주인이 국제전화를 오래 한다고 타박하자, 말다툼 끝에 가스버너로 머리와 온몸을 때려서 숨지게 했다. 이틀 후에는 친구의 딸(11세)을 성폭행한 후, 소녀가 아버지에게 알리겠다고 하자 승용차에서 목을 졸라 살해했다.

사례 3

60대 어부 C씨는 자신의 배로 여행객 남녀를 태우고 바다로 갔다. 그는 여성을 성폭행하기 위해 남자를 물에 빠뜨려 살해한 후 저항하는 여성마저도 익사케 했다. 며칠 후에도 어부는 같은 수법으로 배에서 젊은 여성 2명을 성폭행하려 이를 거부한 여성들을 모두 물에 빠뜨려 살해하는 2차 범행을 저질렀다.

동네 선후배 사이인 D씨 등 4명은 돈이 필요해 범죄를 모의했다. 먼저 그들은 한동네에 사는 여인이 남편의 교통사고 사망보험금을 받은 사실을 알아내고 납치를 감행했다. D씨 등은 다시 피해자의 딸을 인질로 잡아놓고 돈 1억원을 찾아오게 했다. 돈을 손에 쥔 그들은 증거를 없애기 위해 모녀를 차례로 살해했다. 범행은 여기서 그치지 않았다. D씨 등은 평소 사이가 좋지 않던 이복동생이 말을 잘 듣지 않는다는 이유로 목을 졸라 살해했다. 살해 후에는 가족에게 협박 전화를 걸어 돈을 요구하는 대범함까지 보였다.

모두 법원이 사형을 선고한 사건들이다. 위의 사례 중 A씨·B씨·C씨는 사형이 확정됐고, D씨는 상급심에서 무기징역으로 감형을 받았다. 법원은 "사형이 극히 예외적인 형벌이라는 점을 고려하더라도 범행에 대한 책임의 정도와 죄형의 균형, 사회방위 및 범죄의 일반 예방적 견지에서 피고인을 이 사회로부터 영원히 격리시키지 않을 수 없다"는 취지로 사형을 선고했다.

대법 "사형은 문명국가의 예외적 형벌이지만…"

사형을 둘러싼 법원의 판례는 일관되게 정립되어 있다. 사형이 "인간의 생명 자체를 영원히 박탈하는 냉엄한 궁극의 형벌로서 문명국가의 이성적인 사법제도가 상정할 수 있는 극히 예외적인 형벌"(2001도6425 판결 등)이라는 점을 분명히 하고 있다.

따라서 "사형의 선고는 범행에 대한 책임의 정도와 형벌의 목적에 비추어 그것이 정당화될 수 있는 특별한 사정이 있다고 하더라도 누구라도 인정할 만한 객관적인 사정이 분명히 있는 경우에만 허용되어야" 한다고 판시했다. 그렇다면 특별한 사정은 어떤 것일까? 이른바 '임병장 살인사건'으로 알려진 A씨 재판에서 사형을 확정한 2016년 대법원 전원합의체 판결문을 보자.

"사형의 선고 여부를 결정함에 있어서는 범인의 연령, 직업과 경력, 성행, 지능, 교육정도, 성장 과정, 가족관계, 전과의 유무, 피해자와의 관계, 범행의 동기, 사전계획의 유무, 준비의 정도, 수단과 방법, 잔인하고 포악한 정도, 결과의 중대성, 피해자의 수와 피해감정, 범행 후의 심정과 태도, 반성과 가책의 유무, 피해회복의 정도, 재범의 우려 등 양형의 조건이 되는 모든 사항을 철저히 심리하여야 하고, 그런 심리를 거쳐 사형의 선고가 정당화될 수 있는 사정이 밝혀진 경우에 한하여 비로소 사형을 선고할 수 있다."(대법원 2015도12980 전원합의체 판결)

다소 장황하고 추상적이기는 하지만, 한마디로 사형은 한 번 선고하면 돌이킬 수 없는 형벌이니 심사숙고하란 뜻이다. 이 판결에서 13명의 대법관 중 4명은 소수의견을 통해 A씨의 사형선고에 의문을 제기했다. 소수의견은 "범행의 책임을 오로지 피고인에게 돌려 생명을 영원히 박탈하는 것이 과연 합당한지 의문"이라며 "살인자를 사형시킨다고 하여 피해자의 생명이 되살아나지 않는다"고 지적했다.

이 같은 기준으로 하급심의 사형판결이 상급심에서 무기징역으로 바뀌기도 한다. E씨의 재판이 그런 사례다. 20대 E씨는 7개월간 강간·살인 3회, 강도·강간 등 10회의 범죄를 저질러서 1심과 2심에서 모두 사형을 선고받았다. 그는 형이 너무 무겁다며 상고했고, 대법원은 E씨의 주장을 받아들였다.

대법원은 "피고인이 20대의 젊은 나이이고 범행을 자백하면서 잘못을 뉘우치는 점과 피고인의 성장환경 등을 보면, 사형선고를 정당화할 수 있는 특별한 사정이 있는지를 명확하게 밝혀보았어야 한다"며 2심 법원으로 사건을 돌려보냈고 결국 E씨는 무기징역이 확정됐다.

"악을 악으로 갚을 수 없는 일"… 고심 끝 무기징역 선고하기도

흉악 살인범에 대해 법원이 고심 끝에 무기징역을 선고한 경우도 있다. 20대의 두 강도는 손님으로 위장하여 술집을 털기로 했다. 범행 기회를 엿보던 두 사람은 손님이 끊긴 새벽녘에 금품을 훔치기 위해 술집 여주인을 과도로 살해했다.

법원은 판결문에서 "함부로 남의 생을 접어버린 피고인들의 행위는 인간이 행사할 수 없는 신의 권력을 탐한 것으로 도저히 허용될 수 없는 것"이라고 지적했다. 그러나 "법률이 인간의 생명을 영구히 박탈하는 사형을 과할 수 있는 권한을 판사에게 허여했다 하여 함부로 피고인들을 재단할 수는 없고, 피해자 유족들이 악을 악으로 갚을 수 없는 일이라며 종신형에 처하여줄 것을 원하고 있다"면서 무기징역을 선고했다.

강도살인과 강간을 저지른 사건에 대해서도 비슷한 판결이 있었다. 판결은 최근 사형제 폐지 논쟁이 있음을 거론하면서 "피고인의 생명이 중하다면, 그래서 극형을 선고할 수 없다면, 피고인이 자행한 무분별하고 잔인한 수법의 범행으로 목숨을 잃은 피해자의 생명은 어쩌란 말인가"라고 반문하며 사형제의 필요성을 인정했다. 하지만 "남의 생명은 해하고도 자신의 생명은 소중히 여기면서, 그리하여 살아남고자 하는 한 인간의 나약하고 초라한 몸부림을 보는 듯하여 씁쓸하고 허탈한 마음을 지울 수 없다"고 토로했다. 끝으로 재판부는 "피고인은 부디 개과천선하여 자신의 잘못을 인정하고 망자의 영혼을 위로하며, 비록 구금된 상태로나마 새로운 삶을 시작하라"고 당부하며 무기징역을 선고했다.

이렇듯 흉악범인의 재판을 맡아서 사형선고 여부를 결정해야 하는 판사들의 심리적 고뇌와 갈등도 상당하다고 한다. 어느 판사는 "같이 근무했던 부장판사는 사형을 선고한 이후 지인들의 결혼 주례를 서거나 경사를 직접 주관하는 일을 일절 삼가고 있다"며 "사형선고 경험이 있는 다른 판사들도 평생 마음의 부담을 느낄 것"이라고 말했다.

법원 '사형판결' 선고도 감소 추세

판결을 통해 볼 때 법원은 사형제가 극히 예외적이나마 필요하다는 입장을 취하면서도 생명을 박탈하는 것에 대해서는 신중한 태도를 보인다. 1997년을 끝으로 사형 집행이 중단되면서, 사형선고가 상당히 감소하고 무기징역 선고 비율이 높아진 것도 최근의 판결 경향이다. 1980년 32건, 1990년 36건, 2000년 20건이던 1심 사형선고는 2010년 5건, 2011년 1건, 2012년 2건, 2014년 1건으로 감소했다. 특히 2002년부터 한 해 사형선고 건수는 한 자릿수에 불과했고 2015년, 2016년, 2017년, 2020년, 2021년엔 사형선고 자체가 없었다.

2014년 이후 사라졌던 사형판결이 다시 등장한 건 2018년이다. 이른바 '어금니 아빠'로 불리던 이영학이 중학생 딸의 친구를 유괴한 후 엽기적으로 살해한 사건에서다. 1심 재판부는 "피고인의 범행으로 볼 때 법과 정의의 이름으로 사형이라는 극형의 선택은 불가피하다"고 판결했다. 2019년에도 1심에서 사형이 선고됐다. 장본인은 자신이 살던 아파트에 불을 지르고 주민들에게 흉기를 휘둘러 5명을 숨지게 한 안인득. 국민참여재판으로 열린 이 사건에서 배심원 9명 중 8명이 사형 의견을 냈고, 재판부도 이를 수용했다(하지만 이영학과 안인득 2명 모두 대법원에서 무기징역으로 감형, 확정됐다). 2022년 6월에도 연쇄살인범 권재찬(50대 여성을 살해한 뒤 시신 유기를 도운 공범을 잇달아 살해)에게 1심에서 사형이 선고됐다.

▼ 주요 연도별 1심 사형, 무기징역 판결 수

연도	사형판결	무기징역	사형＋무기
1980	32	59	91
1990	36	150	186
2000	20	117	137
2010	5	70	75
2015	0	42	42
2020	0	37	37
2021	0	11	11

* 전국 법원의 1심 판결 선고를 기준으로 함(대법원 연도별 사법연감 참조).
* 사형 집행이 중단된 1997년 이후로 사형판결이 상당히 감소한 경향이 나타남

사형제도 존폐에 대한 여론은 어떨까? 2000년대 초반까지는 사형폐지 쪽이 높아지다가 그 후 흉악범죄가 발생할 때마다 사형존치 여론이 우세해지는 경향을 보였다. 한국갤럽 조사 결과를 보면 사형을 존치해야 한다는 여론은 2003년 52.3%까지 떨어졌다가 끔찍한 살인사건('오원춘 사건')이 발생한 2012년 다시 79%로 올라갔다. 사형폐지 의견도 2003년 40.1%였지만 2012년엔 16%에 불과했다. 2018년 국가인권위 조사 결과도 사형제 폐지 찬성은 20.3%(당장 폐지 8.8%, 향후 폐지 15.9%)에 불과했으며, 사형제 유지는 59.8%나 됐고 더 강화해야 한다는 의견도 19.9%에

달했다. 다만 사형 대체 형벌(감형 없는 종신형 등) 마련을 전제로 한 사형제 폐지는 66.9%가 찬성했다.

흉악범죄를 당한 피해자 쪽과 가해자 쪽의 처지와 심정은 다를 것이다. 또한 대중의 여론과 판결을 선고하는 판사의 입장도 같을 수는 없다. 하지만 어떤 이유에서건 인간이 인간의 생명을 빼앗는 일은 사라져야 하지 않을까.

다른 나라도 사형제 폐지 추세… 제도 정비 필요

현재 사형제도가 있는 나라는 미국, 중국, 일본 등 80여 나라다. 사형제도가 없거나 사실상 폐지된 국가는 100개국이 넘어서고 있고, 점차 늘어나는 추세다.

이제는 소모적인 사형제 존폐논쟁을 넘어서 제도의 정비가 필요하다. 외국의 사례와 학자들의 연구 결과도 참고할 만하다. 예를 들어 ▲사형의 집행유예 도입(사형선고 이후 일정 기간 개선 효과를 재평가하여 무기형으로 전환) ▲법정형 사형 규정 최소화 ▲사형선고 시 법관의 전원일치 요구 ▲오판 가능성에 대비 재심구제 확대 ▲사형제 대신 감형·가석방 없는 종신형 도입 등이 있다.

우리나라 사형제도의 현황

헌재 "공익 보호 위해 필요악"… 1997년 이후 집행 중단 '실질적 사형폐지국'

우리나라 사형 집행은 형법에 따라 교도소에서 교수형을 행하는 방법을 취한다. 군형법은 총살형을 인정한다. 사형은 법무부장관의 명령이 있어야 집행할 수 있다. 형사소송법에는 "판결이 확정된 날로부터 6월 이내에 사형 집행을 하여야 한다"고 규정되어 있다. 하지만 우리나라는 1997년 12월 30일 사형수 23명에 대해 집행한 이후로 더는 사형 집행을 하지 않고 있다. 사형제도는 있으나 집행은 하지 않는 나라로, 이른바 '실질적 사형폐지국'이다.

사형제를 없애는 나라가 늘고, 사형의 야만성을 거론하며 폐지를 주장하는 이들도 늘어나고 있다. 반면 연쇄살인 등 흉악범죄가 발생할 때마다 범죄 예방과 응보를 위해 사형을 존치해야 한다는 여론도 높아지는 등 사형제 존폐논란은 끊이지 않고 있다.

헌법재판소는 1996년에 이어 2010년에도 사형제도에 대해 '필요악'이라고 판단했다. 다시 말해 "사형이 비례의 원칙에 따라서 다른 생명 또는 그에 못지아니한 공익을 보호하기 위한 불가피성이 충족되는 예외적인 경우에만 적용되는 한 위헌이 아니다"라는 것이다. 대법원의 입장도 크게 다르지 않다.

현재 형법에는 살인, 강간살인, 강도살인, 방화치사 등 인명을 빼앗는 범죄와 내란, 내란 목적 살인, 간첩죄, 반란, 이적죄 등 국가의 존립과 관련된 범죄에 사형이 있다. 특별법인 국가보안법, 폭력행위 등 처벌법, 특정범죄 가중처벌법 등에도 사형이 규정되어 있다.

2023년 현재 사형판결이 확정돼 교도소에 복역 중인 사형수는 59명(군교도소 4명 포함)이다. 가장 최근의 사형수는 '임병장 살인사건'의 임도빈(2016년 확정), 최고령은 '보성어부 살인사건'의 오종근(1938년생)이다.

06 '리얼돌'은 ○○하다?

사례 1

J씨는 요구르트 신제품 홍보를 위해 '충격적'인 이벤트를 열었다. 그는 한 화랑에서 일반인과 기자 수십 명만 들여보낸 가운데 알몸에 밀가루를 바른 전라의 여성 누드모델들을 등장시켰다. 분무기로 요구르트를 알몸에 뿌려 밀가루를 벗겨내는 퍼포먼스를 선보인 모델들은 마지막으로 무대를 돌며 관객들에게 요구르트를 던져주었다.

사례 2

성인용품점을 운영하는 K씨의 가게엔 성을 즐기기 위한 다양한 물건이 즐비했다. 그중 '실감 나는' 남성용 자위기구도 있었다. 이 기구는 사람 피부와 색깔, 감촉이 비슷한 실리콘을 소재로 하여 여성의 허벅지, 성기, 항문 부위

417

등을 본뜬 제품이었다. 그는 밖에서 보이는 쇼윈도가 아닌 내부 진열대에 이 제품을 전시했다.

당신이 보기엔 어떤가. 사람마다 그 정도는 허용해도 된다거나 저속하다거나 강력히 규제해야 한다는 등 의견이 갈리겠지만, 아무튼 법원은 J씨와 K씨를 처벌했다. 이유는 한마디로 '○○하다'는 것이었다. ○○에 들어갈 단어가 금방 떠오르지 않는다면 다음의 설명을 더 들어보자.

"일반 보통인의 성욕을 자극하거나 흥분 또는 만족시키는 행위로서 일반인의 정상적인 성적 수치심을 해치고 선량한 성적 도의관념에 반하는 것."(대법원 2000도4372 판결 등)

주관적인 음란, 객관적으로 평가하기 힘들어

○○에 들어갈 단어는 바로 '음란'이다. 앞의 대법원판결에 등장하는 추상적인 문장이 우리 사회의 음란을 처벌하는 잣대가 되고 있다. J씨와 K씨는 이 기준에 따라 불법을 저지른 셈이다. 그런데 뭔가 속 시원한 기준은 아니다. 그만큼 처벌 대상으로서의 음란을 정의하기 힘들다는 뜻일 수도 있겠다. 오죽했으면 20세기 중반 미국 대법관 포터 스튜어트는 판결에서 "음란한지 아닌지는 보면 안다(I know it when I see it)"고 했을까.

사실 음란의 개념은 상당히 주관적이다. 가릴 것 다 가려도 야한 몸짓을 보여주는 연예인을 보며 음란하다고 생각할 수도 있고, 상황에 따라선 옷을 다 벗고 성행위를 하는 장면을 보고도 아름답다고 느낄 수도 있다.

하지만 법은 주관적인 감정과 상관없이 특정한 행위를 놓고, 그것이 음란하다고 판단하면 처벌하고 규제한다. 여기서 문제가 생긴다. 법원은 "표현물 제작자의 주관적 의도가 아니라 그 사회의 평균인의 입장에서 시대의 건전한 사회 통념에 따라 객관적이고 규범적으로 평가하여야 한다"(대법원 2006도3558 판결 등)는 일관된 방침을 고수하고 있다(독자들은 '평균인'의 입장에서 '사회 통념'에 따라 책에 나오는 법원의 판결을 냉철하게 평가하길 바란다).

실제로 한 화가는 여고생이 성인 남자의 은밀한 곳을 애무하는 모습, 팬티를 벗어 음부와 음모를 노출한 모습 등을 묘사한 그림을 책으로 만들고 전시회를 여는 등 '예술활동'을 했다가 벌금형을 받았다. 그 화가의 예술작품을 두고, 법원은 "사회 통념에 비추어 음란하다"고 본 것이다. 오래전의 일이지만 고(故) 마광수 교수의 소설 《즐거운 사라》, 소설가 장정일의 《내게 거짓말을 해봐》도 논란 끝에 같은 이유로 형사처벌의 단죄를 피할 수 없었다. 어디까지가 법이 허용하는 선인지 알기 위해서는 구체적인 사건을 놓고 판단하는 방법이 그나마 현실적일 것이다.

알몸 요구르트 퍼포먼스 '유죄'… "성기 노출은 음란"

앞의 사례를 좀 더 깊이 들여다보자. 우선 J씨가 벌인 퍼포먼스는 여성의 유방과 성기가 직접 노출된 것이 문제였다. 대법원(2005도1264 판결)은 "신체 노출의 방법 및 정도가 제품 홍보를 위한 행위에 필요한 정도를 넘어섰으므로 음란성을 부정할 수는 없다"고 결론 내렸다. 그리고 "음란행위가 반드시 성행위를 묘사하거나 성적인 의도를 표출할 것을 요하는 것은 아니다"라고 덧붙였다. 아직 성기 노출까지는 안 된다는 대법원의 방침을 확인한 셈이다.

그렇다면 자위기구를 전시한 K씨는 왜 유죄일까? 답은 '진짜 성기와 너무 똑같아서'다. 대법원(2003도988 판결)은 "어떤 물건이 음란한지는 행위자의 주관적 의도나 반포, 전시 등의 상황과 관계없이 그 물건 자체를 객관적으로 판단하여야 한다"고 전제하면서 이렇게 판시했다.

"남성용 자위기구가 수요가 있고 어느 정도 순기능을 하고 있는 것은 사실이나, 이 기구는 형상 및 색상 등 여성의 외음부를 그대로 옮겨놓은 것이나 진배없는 것으로서, 여성 성기를 지나치게 노골적으로 표현함으로써 사회 통념상 그것을 보는 것 자체만으로도 성욕을 자극하거나 흥분시킬 수 있고 일반인의 성적 수치심을 해치고 성적 도의관념에 반한다."

여기서 의문이 생기지 않을 수 없다. 자위기구가 법원의 처벌을 피하려면 실제 성기와 생김새가 달라야 하고, 성욕을 자극해서는 안 된다는 말일까? 눈으로 봤을 때 아무 느낌이 없고, 흥분되지도 않는 물건을 자위기구로 사용하라는 말일까? 성적 도의관념에 적합한 자위기구는 도대체 어떤 걸까? 이런 기구를 쓰는 사람이 아직은 소수에 불과하고 은밀히 거래된다는 점을 고려하면 법원의 기준이 너무 엄격하다는 느낌을 지울 수 없다.

리얼돌, 풍속 위반 '음란' vs 개인 자유 보호

최근엔 음란의 판단이 달라지고 있다. 이른바 '리얼돌(실리콘, 고무 등으로 인간의 신체를 본뜬 특수 인형)' 수입금지 재판에서 법원은 시대적 변화를 언급했다.

성인용품을 수입하는 L사는 성인 여성의 신체와 비슷한 크기와 모양의 인형(리얼돌)을 수입하려 했으나 난관에 부딪혔다. 세관이 수입을 금지했기 때문이다. 관세법 제234조에 따르면 "헌법질서를 문란하게 하거나 공공의 안녕질서 또는 풍속을 해치는 물품"은 수출입을 금지할 수 있다. 세관은 리얼돌이 '풍속을 해치는 물품'에 해당한다고 보아 수입통관을 보류했다. L사는 이에 행정소송을 제기했다.

1심은 세관의 손을 들어줬다. 근거는 이렇다. ▲리얼돌이 성인 여성의 신체와 비슷한 형태와 크기, 재질인 점 ▲전체적인 모습이 실제 사람과 흡사한 점 ▲특정한 성적 부위가 실제 여성과 비슷하게 형상화된 점 등을 종합하면 "사람의 존엄성과 가치를 심각하게 훼손·왜곡했다고 평가"된다는 것이다. 한마디로 '음란'하다는 뜻이다.

반면, 2심과 3심의 판단은 상반됐다. 음란의 기준은 시대에 따라 바뀌고 있고, 국가가 사생활에 지나치게 개입하는 건 자제해야 한다며 이렇게 언급했다.

"'음란'이라는 개념은 사회와 시대적 변화에 따라 변동하는 상대적이고 유동적인 것이고, 음란성에 관한 논의는 자연스럽게 형성·발전되어온 사회 일반의 성적 도덕관념이나 윤리관념 및 문화적 사조와 직결되고 아울러 개인의 사생활이나 행복추구권 및 다양성과도 깊이 연관되는 문제로서 국가 형벌권이 지나치게 적극적으로 개입하기에 적절한 분야가 아니다."(대법원 2006도3119 판결 등)

법원은 "성기구는 매우 사적인 공간에서 이용되는데, 이런 사적이고 은밀한 개인 활동에는 국가가 되도록 간섭하지 않는 것이 인간의 존엄성과 자유를 실현하는 길"이라며 "성기구와 음란물을 구별할 필요가 있다"고 했다. 또한 "성기구는 필연적으로 사람의 형상을 사실적으로 표현하거나 묘사하는 것을 주된 목적으로 제작되고 사용되는 것"이므로 "공중에게 (성적) 혐오감을 줄 만한 성기구가 공공연하게 전시·판매됨으로써 제재할 필요가 있는 경우 등이 아니라면 성기구를 음란물로 취급하여 수입 자체를 금지하는 일은 매우 신중하여야 한다"고 지적했다.

법원은 ▲성기구의 수입 자체를 금지할 법적 근거가 없는 점 ▲유럽, 영미권, 아시아의 대부분 국가에서 리얼돌의 수입·생산·판매를 금지하지 않는 점 ▲'사람의 형상과 흡사한 성기구'라는 이유만으로 음란하다고 단정할 수 없는 점 등을 들어 수입금지는 위법하다고 판결했다. 현재는 성인 형상의 리얼돌은 수입이 가능해졌다.

법원의 판단은 개인이 은밀하게 사용하는 성기구를 시중에 유통되는 일반 음란물과 동일하게 취급하여 규제하는 일은 자제할 필요가 있다는 취지다. 하지만 리얼돌 사용이 개인의 은밀한 영역이라고 하더라도 여성의 성적 대상화를 우려하는 목소리가 높다. 또한 아동의 형상이나 특정인의 얼굴을 본뜬 리얼돌에 대해서는 국가가 규제해야 한다는 의견도 나오고 있다.

부도덕·저속하다고 모두 형사처벌 대상은 아니다

사례 4

유흥주점 사장 M씨가 단속에 걸렸다. 여성 종업원들에게 어깨가 드러나는 원피스를 입은 채 손님들을 접대하도록 했기 때문이다. 검찰은 결과적으로 손님이 종업원의 신체를 만지는 행위까지 하게 됨으로써 "음란행위를 알선했다"며 M씨를 기소했다.

법원은 M씨에 대해 무죄를 선고했다. 종업원들이 노골적으로 성적 부위를 노출하거나 성적 행위를 표현하지 않은 이상 "형사처벌의 대상으로 삼을 만큼 사회적으로 유해한 영향을 끼칠 위험성이 있다고 단정하기에 부족하다"고 봤기 때문이다. 이 판결 역시 부도덕이나 저속함 정도로는 국가가 사생활에 개입하지 않는 것이 타당하다는 취지다.

반면, 이른바 '관전클럽(사전 예약한 손님들이 입장하여 마음에 드는 사람과 성적인 행위를 하거나 이를 구경할 수 있는 업소)'이라는 공간의 손님들 앞에서 유사성행위를 한 것이 문제가 된 사건에서 법원은 "음란행위"에 해당한다며 공연음란죄로 처벌했다.

특정한 행위가 저속하다고 해서 모두 규제되어야 하는 것은 아니다. 판례도 음란물을 "단순히 저속하다거나 문란한 느낌을 준다는 정도를 넘어서서 노골적인 방법에 의하여 성적 부위나 행위를 적나라하게 표현한 것으로서, 성적 흥미에만 호소하고 하등의 문학적·예술적·사상적·과학적·의학적·교육적 가치를 지니지 아니하는 것"(대법원 2008도254 판결 등)으로 보고 있다.

이런 기준으로 인터넷 사이트에 성행위 장면을 묘사한 동영상을 올린 혐의(음란물 유포)로 기소된 피고인에 대해 법원은 무죄판결을 내리기도 했다. 법원은 "동영상들은 성교나 자위 장면을 묘사하고 있지만, 성기나 음모의 노출이 있거나 폭력이나 강제를 수반하는 등의 장면은 보이지 아니하고 다만 교성과 함께 성관계를 보여주는 것으로서, 이 또한 출연자들이 성행위를 하는 것처럼 연출한 것으로 보일 뿐이므로, 음란성을 인정할 증거가 없다"는 이유를 들었다.

성(性)담론은 양지로 나와야 한다

당신은 앞의 사례들을 어떻게 봤는가. 법원의 판단에 고개를 끄덕이는 사람도, 고개를 내젓는 사람도 있으리라. 깨끗하게 정리되지 않는다고 불만을 갖는 이들도 있을 텐데, 그만큼 음란은 복잡하고 골치 아픈 개념이다.

개인 의견으로는 특정인들이 한정된 공간에서 남들에게 피해를 주지 않는다면 비록 성적인 행위라도 법이 개입하지 않는 편이 낫다고 본다. 법원은 "사회 평균인의 시각에서 음란을 평가한다"고 강조하지만, 보통 사람들은 음란에 대해 말하길 꺼린다. 우리가 언제 공개된 장소에서 성에 대해 허심탄회하게 얘기해본 적이 있던가. 그래서 법원의 판결은 소수 법률가의 시각에 머무를 가능성이 크다.

차병직 변호사는《상식의 힘》이라는 책에서 "성적 흥분을 일으키면 대체로 수치심을 유발할 수밖에 없다는 법률가들의 감정 판단에 음란물을 맡겨서 과연 상식적인 결말을 기대할 수 있겠는가"라고 반문하고 있다.

단적인 예로 '스와핑', '쓰리섬', '페티시' 같은 낱말이 공공연하게 쓰이고 있지만 그건 어디까지나 술자리에서 안줏거리 정도로 취급될 뿐이다. 모르는 척한다고 해서 음지에서 버젓이 이루어지고 있는 일들이 사라지지는 않는다. 이런 것도 문화로 받아들여야 하는지 아니면 규제해야 하

424

는지 진지하게 토론하면 그 자체로도 음란한 것인가.

음란이라는 개념도, 성담론도 양지로 나와야 할 때가 됐다. 다소 민망하더라도 일반인이 예술가, 문학가, 사회학자, 여성학자와 함께 공론의 장에서 이야기해야 한다. 복잡한 세상은 저만치 법을 앞서가고 있다. 음란의 판단을 언제까지 법원에만 맡겨놓을 수는 없다. 뒤로는 별의별 성적 쾌락을 좇으면서 앞에서는 고상한 척하는 사람이야말로 정말로 '음란'하다.

법에서 규제하는 음란, 어떤 것이 있나

음화반포·공연음란부터 통신매체이용음란까지

법에는 음란이라는 말이 상당히 많이 나온다. 그리고 대부분 처벌이 뒤따른다. 법에서 규제하는 음란에는 어떤 것이 있는지 살펴보자.

형법 제243조(음화반포 등)는 "음란한 문서, 도화, 필름 기타 물건을 반포, 판매 또는 임대하거나 공연히 전시 또는 상영한 자는 1년 이하의 징역 또는 500만 원 이하의 벌금에 처한다"고 되어 있다. 이런 목적으로 음란물을 제조, 소지, 수입한 사람도 마찬가지다.

'바바리맨' 공연음란죄로 처벌

형법에는 공연히 음란한 행위를 한 죄, 즉 '공연음란죄'라는 것도 있다. 가장 쉬운 예로, 여고 앞에 심심찮게 등장하는 '바바리맨'을 떠올리면 된다. 이것도 음화반포와 같은 수위로 처벌받는다.

'풍속영업의 규제에 관한 법률'에 따르면 노래방, 이발소, 목욕탕, 여관, 유흥주점 등에서 음란행위를 하게 하거나 알선하면 안 된다. 음란물을 판매 또는 대여하거나 보게 해서도 안 된다. 만일 그렇게 한다면 징역

3년 또는 벌금 2000만 원 이하의 형을 받는다. 그리고 위계 또는 위력으로 성교행위 등 음란한 내용을 표현하는 영상물 등을 촬영한 사람(성매매 알선 등 행위의 처벌에 관한 법률 위반)은 징역 10년 또는 벌금 1억 원 이하의 중형을 받을 수도 있다.

언론과 인터넷도 음란물 규제의 대상이다. 방송이 음란, 퇴폐 및 폭력 등에 관한 심의규정을 위반하는 경우 1억 원까지 과징금을 부과할 수 있고, (인터넷) 신문, 잡지, 뉴스통신사가 음란한 내용을 보도하여 사회윤리를 현저하게 침해한 때는 발행정지나 등록취소를 당할 수도 있다. '정보통신망 이용촉진 및 정보보호 등에 관한 법률'에 따르면, 인터넷에 음란물을 올리거나 판매하면 1년 이하의 징역 또는 1000만 원 이하의 벌금에 처한다.

자동차에 음란행위를 묘사한 그림이나 문자를 표시하거나 음란한 광고물을 설치해도 전과자가 될 수 있다. 음란업소에 취업을 소개한 사람은 징역 7년의 중형을 받을 수도 있다.

그 밖에 청소년보호법, 게임산업진흥에 관한 법률, 유선 및 도선 사업법, 전파법, 출판문화산업 진흥법 등에서도 음란은 처벌해야 할 대상이다.

아동 성착취물 제작·수입·수출 시 무기징역까지

한편 아동이나 청소년이 등장하는 (유사)성행위, 은밀한 신체부위 노출 사진·영상 등은 '음란물'이 아닌 '성착취물'로 규정하여 매우 엄격하게 처벌하고 있다. 아동·청소년 성착취물을 제작·수입·수출한 자는 최고 무기징역까지 선고가 가능하다. 이를 배포·광고·소개·구입하는 것은 물론, 아동·청소년 성착취물인 것을 알면서도 소지·시청만 해도 징역형 등의 처벌을 받는다.

온라인에서 성적인 욕설했다간 성범죄자 전락

한순간의 말실수로 '음란'한 성범죄자로 전락할 수 있다. 가장 흔한 범죄 장소는 온라인 게임 채팅창이다. 가령 게임 도중 같은 팀끼리 뜻이 맞지 않거나, 상대방의 '도발'에 대응하는 과정에서 성적인 욕설을 했을 때다. 이른바 패드립(패륜과 드립의 합성어로 부모, 가족 등을 소재로 한 모욕적·외설적 표현)이나 섹드립(성을 소재로 한 음담패설)을 온라인에서 남발하다간 큰 일 난다. 스마트폰으로 상대에게 성적 수치심을 주는 말을 하거나 문자를 보낸 때도 마찬가지다. 통신매체를 이용하여 성적 수치심이나 혐오감을 일으키는 말, 음향, 글, 그림, 영상 등을 상대에게 도달하게 한 경우 통신매체이용음란죄로 처벌된다.

이 죄로 고소당한 사람만 한 해 약 5000명인데 그중 10~20대가 60%를 넘었다. 더 큰 문제는 성범죄로 분류된다는 점이다. 다른 성범죄와 마찬가지로 일정기간 교육기관, 어린이·청소년 시설 등 취업이 제한되고 벌금 100만 원 이상 유죄확정 시 공무원 임용 결격사유가 된다.

07 미니스커트 촬영,
샤워장 훔쳐보기도 범죄?

'몰카' 촬영 등 성적자유 침해 판례

'미니스커트 입은 여성의 다리 촬영 무죄'

'레깅스 여성 뒷모습 몰래 촬영 무죄'

한때 언론에서 이런 제목의 기사가 나온 적이 있다. 버스·지하철에서 미니스커트나 레깅스를 입은 여성의 신체를 촬영한 행위에 대해 법원이 무죄를 선고했다는 내용이다. 일부 언론은 "미니스커트(또는 레깅스)를 입은 여성의 다리를 본인 동의 없이 촬영해도 괜찮다는 법원의 판단"으로 확대해석했다. 여성의 신체를 카메라에 담는 취미(?)가 있는 사람들에겐 솔깃한 내용이다. 일부 언론 보도만 보자면, 법원이 '지하철 몰카'에 면죄부를 준 것처럼 보인다.

정말로 그럴까? 길거리나 지하철에서 노출된 여성의 몸을 카메라로 찍어도 아무 상관없을까? 오늘도 네티즌들 사이에서는 유무죄 논쟁이 끊이지 않고 있다.

심각한 몰카 촬영, 법의 잣대는 어디까지

화장실, 목욕탕, 이웃집 등 사생활 공간에 카메라를 들이대는 행동은 엄연한 범죄다. 상대방의 신체를 함부로 촬영하거나, 촬영 당시 동의했더라도 이를 함부로 유포하는 것도 범죄다. 누구나 상식적으로 알 수 있다. 하지만 각론으로 들어가면 조금 복잡해진다.

관련 법을 보자. '성폭력범죄의 처벌 등에 관한 특례법(성폭력특별법)' 제14조(카메라등 이용촬영죄), 제14조의2, 제14조의3 등에 나와 있다.

이 조항들은 수차례 개정·신설을 거듭하면서 처벌을 강화해왔다. 쉽게 설명하면, 성적 수치심을 유발할 수 있는 신체를 동의 없이 촬영하는 행위와 이 촬영물을 유포하는 행위는 모두 범죄다. 또한 합의하에 찍은 영상·사진을 사후에 동의 없이 유포한 자는 물론, 소지·시청한 자도 처벌 대상이다. 촬영물을 이용하여 협박, 강요하는 행위도 중범죄다. 여기서 '촬영물'은 직접 촬영한 것은 물론, 복제물과 복제물의 복제물도 포함한다. 또한 최근 늘어나는 이른바 '딥페이크(deepfake, 사람의 얼굴이나 특정 신체 부위를 합성, 허위 편집하여 만든 영상물)'를 통한 성범죄 피해를 막기 위해 2020년부터 처벌 조항을 신설했다. 카메라 등을 이용한 촬영·유포·협박 등과 관련한 자세한 사항은 다음 페이지의 표와 같다.

법원은 종이가방에 카메라 렌즈 구멍을 뚫고 불특정 다수 여성의 치마 속이나 다리, 가슴 등을 촬영한 사람에 대해 "죄질이 매우 불량하다"며 징역 6월의 중형을 내렸다. 다른 사건에선 여성이 화장실에서 샤워하는 장

▼ 카메라 등을 이용한 촬영·유포·협박 등의 처벌 내용(2023년 기준)

처벌행위	내용	법정형
카메라 등 이용 촬영	① 카메라(유사장치 포함)로 성적 욕망 또는 수치심을 유발할 수 있는 사람의 신체를 의사에 반하여 촬영	징역 7년 / 벌금 5000만 원 이하 *상습범은 형기를 1/2까지 가중
촬영물 유포 등	② 위 ①의 촬영물(복제물 포함)을 유포·전시·판매 등	
	③ 촬영 당시는 동의·묵인했더라도 사후에 대상자의 의사에 반하여 촬영물 유포 등(자신이 직접 촬영한 경우도 포함)	
	④ 영리 목적 인터넷 유포는 가중 처벌	징역 3년~30년
촬영물 소지 등	⑤ 위 ①, ③의 촬영물을 소지·구입·저장·시청한 경우	징역 3년 / 벌금 3000만 원 이하
딥페이크 성범죄	⑥ 유포, 판매 등을 목적으로 사람의 얼굴·신체 또는 음성을 대상으로 한 영상물 등을 대상자의 의사에 반하여 성적 욕망 또는 성적 수치심을 유발할 수 있는 형태로 편집·합성 또는 가공한 경우	징역 5년 / 벌금 5000만 원 이하
촬영물 이용 협박·강요	⑦ 성적 욕망 또는 성적 수치심을 유발할 수 있는 촬영물(복제물 포함)을 이용, 협박한 경우	징역 1년~30년
	⑧ 위 ⑦항의 촬영물을 이용, 의무 없는 일을 하게 한 경우(강요)	징역 3년~30년

면을 창문을 통해 휴대전화로 몰래 찍은 사람에게 징역 2월을 선고하기도 했다. 절대다수의 가해자가 남성, 피해자가 여성이지만 반대의 사례도 있다. 어느 여성 누드모델은 함께 작업한 남성의 얼굴까지 공개된 알몸을 몰래 찍어서 인터넷 사이트에 게시했다가 파문을 일으켰다. 법원은 "신체촬영을 넘어 인터넷 사이트에 얼굴이 그대로 드러나게 함으로써 피해가 상당하다"며 징역 10월의 실형을 선고했다.

그런데 논란이 되는 것은 버스, 지하철, 거리 등 공개된 장소에서 타인의 신체를 촬영하는 것이 범죄가 될 수 있느냐 하는 점이다. 공개된 장소에서 자신의 의사에 따라 노출이 심한 옷을 입었다고 하더라도 타인이 이것을 촬영하는 행위는 문제가 될 수 있다. 다만 관건은 그 촬영물이 '성적 욕망이나 수치심을 유발할 수 있는 신체'에 해당하는지다. 사건을 통해 살펴보자.

사례 1

N씨(남, 45세)는 전철을 타고 가던 중, 자신의 맞은편 대각선 방향에 미니스커트를 입고 앉아 있던 O씨를 발견했다. N씨는 호기심에 앉은 자리에서 정면으로 O씨를 스마트폰으로 촬영했다.

사진에는 O씨의 전신이 촬영되어 있었고 옆 사람의 모습도 함께 찍혀 있었다. 촬영 직후 N씨는 O씨의 다리 부분을 확대해서 보고 있었는데, 다른 승객이 이 장면을 보고 N씨에게 항의를 하는 바람에 소란이 일었다.

"성적 수치심, 피해자와 같은 연령대 일반인 기준으로"

법원은 성적 욕망과 수치심을 유발할 수 있는 신체에 해당하는지는 "객관적으로 피해자와 같은 성별, 연령대의 일반적이고 평균적인 사람들의 관점에서 고려해야 한다"고 했다.

덧붙여서 "피해자의 옷차림, 노출의 정도 등은 물론, 촬영자의 의도와 촬영에 이르게 된 경위, 촬영 장소와 촬영 각도 및 거리, 촬영된 원판의 이미지, 특정 신체부위의 부각 여부 등을 종합적으로 고려해야 한다"고 판시했다.

법원은 ▲O씨가 노출이 심하지 않은 옷차림이었고 전신이 촬영된 점 ▲옆에 앉아 있던 다른 사람들까지 함께 촬영된 점 ▲사진에 특정 신체부위가 강조되지 않고 시야에 나온 그대로 촬영된 점 등을 주목했다.

따라서 "설사 N씨가 다른 의도가 있었다고 하더라도, 객관적으로 봤을 때 성적 수치심을 유발할 수 있는 신체의 촬영으로 보기 어렵다"며 무죄를 선고했다. 하지만 이를 미니스커트 촬영에 대한 면죄부로 해석해서는 곤란하다. 또 다른 판결을 보면 무죄가 선고된 사건과의 차이점이 확연히 드러난다.

이 사건은 '버스 안에서 여고생 허벅지 찍은 남성 유죄'라는 제목으로 언론에 보도된 적이 있다. 옆자리에 앉은 여고생이 피하는데도 중년의 남성이 계속 휴대전화 카메라를 들이대다가 문제가 된 사건이다. 법원은 "구체적으로 촬영된 원판의 이미지 자체와 더불어 촬영 장소, 촬영 각도 및 거리, 특정 부위의 부각 여부, 촬영자의 의도 등을 종합하면 유죄"라고 판결했다.

재판부는 ▲피해자가 노출을 숨기기 위하여 몸을 가리고 있었으며, 촬영 직후 항의한 점 ▲두 사람이 버스 옆자리에 상당히 밀착된 점 ▲불과 30cm 정도의 거리에서 허벅다리 부분을 정면 촬영한 점 ▲이 사진이 성적 욕망이나 수치심을 유발하도록 유포될 수도 있는 점 ▲피해자가 촬영 사실을 감지하고 휴대전화를 빼앗으려 했던 점 등을 고려했다.

스스로 노출한 타인의 신체 찍어도 범죄 될 수 있어

법원의 판결들을 보면, 어떻게 촬영해야 유죄고 어디까지는 괜찮은지 판단하기 힘든 부분도 있다. 피해자와 같은 연령대 일반인의 시각을 기준으로 삼는다는 것도 말처럼 쉽지 않다. 그러나 확실한 것이 있다. 자신이 원해서 노출한 신체를 다른 사람이 몰래 찍어도 범죄가 될 수 있다는 사실이다.

카메라 등 이용촬영죄는 성적 자유와 함부로 촬영당하지 않을 자유를 보호하기 위한 것이다. 상대방의 허락 없이 신체를 촬영했는데 카메라에 찍힌 여성이 수치심을 느꼈다면서 고소를 한다면 수사기관의 조사를 피하기 힘들다. 또한 수치심을 느끼지 않았더라도 타인의 동의 없이 사진을 찍는 행동은 초상권 침해가 되어 민사상 손해배상책임도 지게 된다 (초상권에 대해서는 3장 4절 참고).

간혹 나오는 언론 보도만 믿고 괜히 미니스커트 입은 모습을 촬영했다가는 전과자가 되기 십상이다. 이것저것 떠나서 다른 사람에게 카메라를 들이대는 일은 삼가자.

남자가 여자 탈의실 들어가면 무슨 죄?

최근 이른바 '디지털성폭력(보복, 금전 등을 목적으로 은밀한 영상물을 유포하거나 유포하겠다고 협박하는 행위 등)'이 사회적으로 문제가 되고 있다. 남녀가 합의해서 성적인 사진이나 동영상을 찍었는데 나중에 일방적으로 유포하면 어떻게 될까?

엄연한 범죄다. 앞서 소개한 성폭력특별법 제14조 2항의 적용을 받아 처벌된다. 강제 촬영이 아니었다 해도 함부로 유포해선 안 된다는 뜻이다. 만일 동의를 얻어서 유포하면 아무런 죄가 되지 않을까? 그렇지 않다. 성폭력특별법 제13조 '통신매체를 이용한 음란행위'에 해당하여 처벌 대상이다.

한편 최근 기술의 발달로 사람의 신체 등을 대상으로 한 영상물을 음란물의 형태로 합성 편집하여 인터넷에 유포하는 범죄가 늘고 있다. 이에 따라 특정 인물의 얼굴·신체를 합성한 편집물, 이른바 딥페이크 영상을 제작·유통하는 행위를 처벌하는 규정도 2020년 신설됐다. 이런 디지털성폭력에 영리 목적이 있다면 죄가 훨씬 무거워져 징역형을 피하기 어렵다.

사진이나 영상 촬영을 하지 않았더라도 성적인 욕망 때문에 화장실, 목욕탕, 탈의실 등에 들어갔다가는 그 순간 범죄가 된다. 성적목적 다중이용장소침입죄가 성립되기 때문이다.

수영강사 P씨(남)는 여자 탈의실에 몰래 들어갔다가 적발된 적이 있다. 그는 "탈의실 정리를 위해 잠깐 들어갔을 뿐"이라고 변명했으나 유죄를 피할 수 없었다. "여성 탈의실은 보통 여직원이 청소를 해왔고, P씨가 몸을 숨기고 있다가 여성 회원과 눈이 마주친 점 등을 보면 범죄가 인정된다"고 법원은 판시했다.

성적목적 다중이용장소침입죄는 목적범이다. 성적인 목적을 갖고 있었다면 설사 피해자가 아무도 없었더라도 성적 자유를 침해할 가능성이 있는 장소에 침입하는 순간 처벌된다. 괜한 오해를 사지 않도록 주의해야 한다.

성폭행범에게 '전자발찌' 효과 얼마나?

전자감시로 재범 건수는 감소… 성범죄자는 신상정보등록도

2008년 12월 경기도 안산시 어느 교회 화장실에서 끔찍한 사건이 벌어졌다. 술에 취한 50대 후반의 남성이 여자아이(당시 8세)를 잔인하게 성폭행한 것이다. 이 사건으로 여자아이는 신체가 영구 손상되는 상처를 입었다. 전 국민적인 공분을 일으킨 이 사건의 피고인 조두순은 2009년 9월 대법원에서 징역 12년형이 확정됐지만 성폭행범에 대한 처벌 수위를 더 높여야 한다는 여론은 수그러들지 않았다.

그런데 법원은 조두순에게 징역형 말고도 또 다른 처분을 함께 내렸다. "형을 마친 후 7년간 위치추적 전자장치를 부착하라"는 명령이 그것이다. 위치추적 전자장치란 어떤 걸까?

2008년 시행 '전자장치부착법'… 대상자는 1만 명대로

2007년 4월, 국회에서는 아주 특별한 법이 만들어졌다. 이른바 '특정성폭력범죄자에 대한 위치추적 전자장치 부착에 관한 법률(현재 명칭은 전자장치 부착 등에 관한 법률)'이 그것이다. 이 법은 성폭행범죄자에게 국가가 '전자발찌'를 채울 수 있는 근거를 마련했다. 상습성이 있거나 미성년자를 대상으로 한 성폭행범의 몸에 전자발찌 등 감시장치를 붙일 수 있게 된 것이다.

이 법안은 성폭행 예방과 재발 방지를 위해 전자감시제도를 도입해야 한다는 시민단체 등의 강력한 주장에 힘을 얻어 도입됐다. 한편에서는 이 법이 개인의 사생활 감시와 이중 처벌 등 인권침해의 소지가 있다는 반론도 제기됐으나, 국회 법제사법위원회(법사위)에 회부된 지 2년 만에 결국 통과됐다. 이후 적용범위와 대상을 확대해가면서 성범죄자뿐 아니라 미성년자 유괴범, 살인범, 강도범 등에게도 전자발찌를 채울 수 있도록 수십 차례 법이 개정됐다.

성폭력범죄·미성년자 유괴·살인 상습범이 대상

전자장치는 ▲강간, 강제추행, 미성년자 간음 등 성폭력범 ▲미성년자 약취·유인 등 유괴범 ▲살인범 ▲(특수)강도범 등에게 부착한다. 이런 범죄를 저질렀다고 전부 전자장치를 채우는 것은 아니다. 전자장치는 원칙적으로 검사의 '전자장치 부착명령' 청구를 받아 법원이 명령을 내려야 집행할 수 있다. 19세 미만 범죄자에게는 19세에 이르기까지 전자장치를 부착할 수 없다.

검사는 범죄자가 ▲성폭력범죄로 징역형 집행 종료 후 10년 이내에 성폭력범죄를 저지른 때 ▲전자장치 부착 전력이 있는 사람이 다시 성폭력범죄를 저지른 때 ▲성폭력범죄를 2회 이상 저질러 습벽이 인정된 때 ▲19세 미만 청소년, 장애인 대상 성폭력범죄를 저지른 때 법원에 부착명령을 청구할 수 있다. 또한 ▲미성년자 유괴범죄, 살인죄를 저지르고 재범 위험성이 인정되는 사람 ▲강도의 상습성과 재범 위험성이 인정되는 사람 등에 대해서도 청구할 수 있다. 법원이 가장 중점을 두는 판단 기준은 재범의 위험성이다. 법원은 필요성이 인정되면 판결 선고와 동시에 부착명령을 내린다. 부착기간은 법정형에 따라 1~30년(가중 시 45년)이다.

형기 마치고 출소하면서 '전자감시'… 가석방제도에도 활용

부착명령을 받는다고 해서 바로 전자장치를 붙이는 것은 아니다. 전자장치의 부착은 범죄자가 형기를 마치거나 가석방되어 출소하는 날부터 집행된다. 보호관찰관이 석방 당일 전자장치를 범죄자의 몸에 붙이면 이때부터 '전자감시'가 시작된다. 전담 공무원이 대상자의 이동경로를 24시간 감시한다. 대상자에게는 전자감시와 함께 야간 외출제한, 특정지역 출입금지, 특정인 접근금지, 성폭력 치료 프로그램 이수 등의 조건이 함께 부과된다.

외국에서도 전자감시제도가 활용되고 있지만 우리와는 조금 다르다. 1983년 미국에 처음 도입된 전자감시제도는 현재 10여 개 국가에서 시행하고 있다. 미국은 범죄자를 수감하는 대신 범죄자의 외출을 제한하는 방법으로 활용하고, 스웨덴은 징역 3월 이하의 형을 받은 사람 중 원하는 사람에게 집이나 일정한 장소에 생활하게 하는 방법으로 활용한다. 전자감시가 형 집행을 대신하는 것이다.

우리나라는 범죄자가 원래의 형기를 전부 마치는 날, 석방 직전에 일정 기간 전자장치를 부착하게 하는 것을 기본으로 한다. 다만 2020년 법률 개정으로, 성폭력·살인·유괴범이 아닌 일반 범죄자라도 교도소 복역 중 가석방되는 사람은 가석방 기간 동안 전자감시를 받게 된다. 재판 도

중 보석으로 풀려난 피고인도 도주 방지 등을 위해 전자장치 부착을 보석조건으로 부과할 수 있게 되었다.

법무부 통계를 보면 전자발찌 착용자는 시행 첫해인 2008년 약 200명에 불과했으나 2015년 3598명, 2020년 6196명 등 꾸준한 증가추세를 보였으며 2021년 현재 1만 명(가석방 포함)을 넘어섰다. 제도 시행 이후 전자감독을 받은 성폭력범 등 감독대상자들의 동종재범률이 현저히 줄었다는 통계(2020년 1.68%)도 있다.

대법원 "전자감시, 형벌 아니다"… 인권침해 소지는

전자장치가 인권침해 우려는 없을까? 전자장치의 수신 자료는 수사나 재판 외에는 공개할 수 없고, 일정한 기간이 지나면 자료를 폐기하도록 하는 등 관련 법령에서 인권보호장치를 두고 있기는 하다. 하지만 이미 형사처벌을 받은 사람을 대상으로 또다시 일정한 기간 그 사람의 위치를 국가가 24시간 감시한다는 점을 고려하면 인권침해 소지가 없지는 않다.

법원은 "전자감시제도가 기본권을 제한한다고 볼 수 없다"는 입장이다. 대법원은 "전자감시제도는 성폭력범죄로부터 국민을 보호함을 목적으로 하는 일종의 보안처분이지 범죄행위를 한 자에 대한 응보를 목적으로 하는 형벌이 아니"라며 "범죄자의 감시를 위한 방편으로만 이용하기 때문에 과잉입법에 해당한다고 볼 수 없다"고 판결했다. 헌법재판소도 "전자발찌 부착은 형벌이 아닌 보안처분으로 봐야 하기 때문에 소급효원칙이 적용되지 않는다"는 취지의 판단을 내렸다. 전자감시제도가 애초의 목적대로 범죄인의 사회복귀를 촉진하고, 범죄로부터 국민을 보호할 수 있을지 좀 더 지켜보자.

성범죄자는 신상정보등록과 공개·고지 불이익도

한편 성범죄자는 전자감시 외에 신상정보를 등록하고 신상이 공개되는 불이익도 감수해야 한다. 성범죄자 신상등록제도는 성범죄로 유죄판결이 확정된 사람의 신상정보를 등록·관리하여 성범죄 예방 및 수사에 활용하고, 그 내용의 일부를 일반 국민 또는 지역주민에게 공개하는 제도다. 등록기간은 10년(벌금형)~30년(징역 10년형 초과 시)이다. 대상자는 판결 확정일로부터 30일 이내에 주소지 관할 경찰서에 직접 방문하여 신상정보를 제출하고 사진을 촬영해야 한다.

이런 신상정보는 법원의 명령이 있으면 인터넷 '성범죄자 알림e (sexoffender.go.kr)'를 통해 공개하고, 거주지 청소년 세대에게 우편으로 송부한다. 공개되는 정보는 범죄자의 성명, 나이, 주소, 신체정보, 사진과 범죄요지, 전자장치 부착 여부 등이다.

우리나라에선 한 해 1만 명 이상이 스스로 세상과 작별한다. 한국은 경제
협력개발기구(OECD) 회원국가 중 자살률 1위라는 불명예를 안고 있다.
가끔 유명인이 스스로 목숨을 끊었다는 충격적인 소식이 들려오기도 한
다. 사채를 갚으려고 술집에 나간 딸을 살해하고 자신도 스스로 목숨을
끊은 아버지의 사연이 언론에 보도된 적도 있다. 세상살이가 힘들고 도
저히 앞이 보이지 않을 때 사람들은 극단적인 선택을 떠올린다.

"자살은 결코 해결수단이 될 수 없다"는 말로는 그들의 절박한 심정을
위로할 수 없을 것이다. 그렇다고 실의와 좌절에 빠진 이에게 삶의 의욕
을 북돋아 주기는커녕 오히려 자살을 부추기거나 도와준다면, 그건 사람
으로서 할 짓이 아니다. 법은 자살을 돕거나 자살의 원인을 제공한 자에
게 엄중히 책임을 묻는다.

동반자살 시도, 가까스로 목숨은 건졌지만…

형법 제252조를 보자.

> ① 사람의 촉탁 또는 승낙을 받아 그를 살해한 자는 1년 이상 10년 이하의
> 징역에 처한다.
> ② 사람을 교사 또는 방조하여 자살하게 한 자도 전항의 형과 같다.

①은 촉탁·승낙에 의한 살인죄, ②는 자살방조·교사죄다. 그중 실의
에 빠진 사람을 죽음으로 몰아넣는 대표적인 죄가 자살방조죄다.

사례 1

삶의 의욕을 잃은 P씨는 인터넷 자살 카페에 가입했다. 회원들과 '정보'를
공유하던 그는 고통 없는 자살을 몇 차례 시도했으나 실패했다. 그러던 중
카페 회원인 Q씨가 "방법을 알고 있다. 난 장애인이라 혼자서는 실행할 수
없으니 나를 끼워준다면 알려주겠다"고 제의했고, 또 다른 회원인 R씨도
합류해 동반자살을 하기로 뜻을 모았다.

P씨와 R씨는 몸이 불편한 Q씨를 차에 태우고 대관령으로 향했다. 인적이
드문 곳에 차를 세운 세 사람은 Q씨가 시키는 대로 특정 화학약품 두 가지
를 같은 양으로 섞은 후 여기서 발생하는 가스를 들이마셨다. 잠시 후 Q씨
와 R씨는 사망했으나 고통을 참지 못한 P씨는 차에서 뛰쳐나왔다.

P씨는 가까스로 목숨을 건졌지만 법의 심판을 피할 수는 없었다. 특히
신체적 결함 때문에 삶을 포기하려던 장애인을 가족 몰래 자살 장소로
안내하고, 그에게 자살 약품까지 제공한 것은 결코 용납할 수 없는 행위
였다. 법원은 "절대적 가치를 가진 생명이 침해됐다는 점에서 죄책을 가

볍게 볼 수 없다"고 판결했다.

자살도구 제공하거나 조언·격려했다면 자살방조

S씨와 T씨는 직장 동료였다. 친하게 지내던 두 여성은 동성애 관계로 발전했다. 그러던 어느 날 S씨가 T씨에게 어떤 남자와 결혼하겠다는 폭탄선언을 했다. 충격을 받은 T씨는 "헤어질 수 없다. 차라리 우리 자살하자"고 말했고, S씨도 "알았다"고 답했다. 둘은 야산으로 향했는데 앞서가던 T씨가 혼자 목을 매어 숨졌다.

법원은 S씨에게 자살방조의 책임을 물어 징역 6월에 집행유예 1년을 선고했다. S씨는 "T씨가 말릴 사이도 없이 자살을 시도했으므로 억울하다"고 항소했지만 법원은 받아들이지 않았다. "S씨가 동반자살에 동의했으며, 현장에 따라가서 자살도구를 사용하는 모습까지 보여준 점에 비추어 볼 때 자살을 도운 것으로 보인다"고 판단한 것이다. 판례는 자살방조죄를 다음과 같이 규정한다.

"자살방조죄는 자살하려는 사람의 자살행위를 도와주어 용이하게 실행하도록 함으로써 성립되는 것으로서, 그 방법에는 자살도구인 총, 칼 등을 빌려주거나 독약을 만들어주거나 조언 또는 격려를 한다거나 기타 적극적, 소극적, 물질적, 정신적 방법이 모두 포함된다."(대법원 2005도1373 판결 등)

S씨와 T씨처럼 현실에서 사랑의 결실을 보지 못하거나 금전이나 가족

문제 등으로 세상의 장벽이 너무 높다고 느껴서 동반자살을 하는 경우가 실제로 많다. 최근에는 인터넷이 자살의 통로가 되기도 한다. 혼자서는 두렵게 느껴지는 자살을 여럿이 힘을 모아 결심하는 공간으로 악용되고 있다.

법원 "자살 실패 엄벌하면 삶의 의욕 꺾을 수 있다" 감형

동반자살은 일반 범죄와 달리 복잡한 성격을 띤다. 숨진 사람은 처벌할 수 없으니 실패한 사람에게만 책임이 돌아간다. 또한 자살을 부추겨 함께 실행한 사람을 가볍게 처벌할 수는 없다. 그렇다고 자살에 실패한 이후 마음을 다잡고 살아보고자 노력하는 사람을 엄하게 처벌하는 것도 쉽지는 않다.

법원의 판결에도 종종 이런 고민의 흔적이 드러난다. W씨는 독약을 구입한 후 자살을 망설이다가 인터넷 사이트에서 알게 된 피해자들에게 독약을 제공한 죄로 1심에서 중형을 선고받았다. 2심 재판부는 판결에서 "자살은 도덕적·사회적 비난을 피할 수 없고, 하물며 자살방조행위는 방치할 경우 생명경시 풍조가 만연할 수밖에 없다는 점에서 비난 가능성과 처벌 필요성이 매우 높다"고 전제했다. 재판부는 그러나 "오늘날 자살방조의 행태는 동반자살을 시도했다가 살아남은 경우가 상당 부분을 차지하는데, 이는 서로 상대방의 자살에 대한 방조행위가 됨에도 살아남았다는 이유로 처벌되는 면이 없지 않다"고 설명했다.

재판부는 이어서 "이미 자살을 포기하고 삶의 의욕을 불태우는 사람을 너무 엄하게 처벌하는 것은 다시 한번 삶의 의욕을 꺾는 것이 될 수도 있다"고 지적하며 W씨의 형을 낮췄다.

어린 자식과 동반자살 시도했다면 살인죄

자살방조가 자살을 결심한 사람의 자살 실행을 돕는 것이라면, 자살교사는 자살의사가 없는 사람에게 자살을 결심하게 만드는 것이다. 예를 들어 채권자가 채무자에게 "자살해서 보험금으로 빚을 갚으라"고 하는 식으로 구체적이고 적극적으로 유도했다면 자살교사죄가 인정될 수 있다.

만일 죽을 생각이 없으면서 다른 사람에게 동반자살을 거짓으로 제의했다면 어떻게 될까? 이때는 위계에 의한 살인죄가 성립하여, 일반 살인죄와 똑같은 형벌(사형, 무기 또는 5년 이상의 징역)을 받는다. 어린 자식들과 동반자살을 시도한 사람 역시 죄가 무겁다. 판단 능력이 없는 어린이들에게 자살을 유도한 것은 명백한 살인죄에 해당한다. 법원은 "부모라하더라도 독립된 인격체인 자녀들의 생명을 임의로 거둘 수 없다"며 생계를 비관한 나머지 동반자살 시도로 아들의 생명을 앗은 부모에게 중형을 선고한 사례가 있다. 자살 충동을 느끼는 사람이 늘어나면서 이들의 심리를 이용한 사기범죄도 기승을 부린다.

사례 3

U씨는 이른바 '자살 사이트'를 알게 됐다. 그는 자살을 하려는 사람들에게 청산가리를 보내주겠다고 속이는 게시물을 올려 1인당 10만~20만 원을 받았다. 하지만 U씨는 청산가리를 전혀 갖고 있지 않았고 구할 능력도, 보내줄 의사도 없었다. 생을 마감하려 한 사람들을 상대로 사기를 친 것이다.

U씨는 사기죄로 쇠고랑을 찼다. 더욱 충격적인 것은 며칠 사이 U씨의 말을 믿고 송금한 사람만 수십 명에 이른다는 사실이다. 자살용 독약의 수요가 의외로 많다는 것을 보여준 사례다. U씨가 실제로 독약을 판매했

다면 자살방조죄가 적용돼 더욱 무거운 처벌을 받았으리라.

"업무와 상당인과관계 있다면 업무상 재해 인정"

군대 등 국가기관에서 발생하는 자살사건에 대해 국가가 책임을 져야 한다는 판결도 나왔다.

사례 4

V씨는 대학을 휴학하고 군에 입대했다. 그런데 상급자들이 '근무를 제대로 하지 않는다', '군기가 빠졌다' 등의 이유로 V씨를 상습적으로 폭행하고 협박했다. 부모가 부대를 방문하여 항의까지 했으나 달라지지 않았다. 결국 그는 군 생활 넉 달 만에 죽음을 택했다.

이 사건으로 상급자들은 처벌을 받았고. 지휘관들은 징계를 받았다. 이와는 별도로 법원은 V씨의 유족들에게 국가가 손해배상을 하라는 판결을 내렸다. V씨의 자살이 군대생활과 인과관계가 있다고 본 것이다.

법원은 ▲부대 지휘관들이 V씨가 폭행당한다는 것을 알면서도 적극적인 조치를 취하지 않았으며 ▲자살 등 극단적인 행동을 할 가능성에 대비하지 않는 등 감독을 소홀히 한 점 ▲폐쇄적인 군대 사회에서는 폭행·협박의 의미가 일반 사회와 크게 다르다는 점 ▲V씨가 자살할 다른 원인을 발견할 수 없는 점 등을 그 근거로 제시했다.

자살이 업무와 밀접한 관련이 있을 때는 업무상 재해가 인정될 수 있다. 업무상 극도의 스트레스, 과중한 업무, 직장 내 괴롭힘 등으로 인하여 우울증이 악화되어 스스로 목숨을 끊었다면 사망과 업무 사이에 상당인과관계가 인정돼 업무상 재해에 해당한다는 판례가 있다.

7장

파산·행정소송· 배심재판·헌법재판 바로 알기

01 파산,
누가 '인생 끝'이래?

사례 1

이순진(70세) 씨는 길거리에 나앉게 됐다. 사연은 20여 년 전으로 거슬러 올라간다. 당시 이씨는 고향 친구의 부탁으로 5000만 원 은행 대출에 연대보증을 서주었다. 그것이 불행의 서막이 될 줄은 꿈에도 생각 못했다.

몇 년 뒤 친구는 사업 실패로 자취를 감췄다. 그러자 은행의 빚 독촉이 이씨에게 향했고 결국 소송까지 당했다. 정년퇴직한 이씨는 퇴직금을 고스란히 은행에 갖다 바친 후에도 아파트 경비원 생활로 빚을 조금씩 갚아나갔다. 그사이 연체이자가 눈덩이처럼 불어나 채무는 2억 원을 훌쩍 넘어 있었다. 고령인 이씨가 감당하기엔 애초에 불가능했다. 은행은 급기야 이씨의 집을 경매로 넘겨버렸다.

정든 집에서 쫓겨났지만 불행은 끝이 아니었다. 은행은 이씨를 신용불량자로 올려놓았을 뿐 아니라 경매낙찰 가격이 채무에 미치지 못하자 남은 빚을 갚으라며 그를 계속 채근하고 있다. 경제활동을 할 능력도 없이 근근이 살아가는 그에겐 아직도 1억 원 정도의 빚이 남아 있다.

이씨가 남은 빚을 갚을 가능성은 거의 없어 보인다. 그렇다면 빚을 무덤까지 가져가야 할까? 이럴 경우에 선택할 수 있는 길이 하나 있다. 바로 개인파산이다. 실제로 이씨는 법원을 통해 6개월 만에 빚에서 벗어날 수 있었다. '파산'이라고 하면 마치 인생이 끝난 것처럼 생각하기 쉽지만, 경우에 따라서는 파산이 재기의 발판이 될 수도 있다.

[연대보증이란 주채무자(원래 돈을 빌린 사람)와 연대하여 채무를 부담하는 보증을 말한다. 말만 보증인이지 빚쟁이와 다를 바 없다. 원래 보증인에게는 채권자가 돈을 갚으라고 하면 주채무자에게 먼저 빚 독촉을 하라거나 주채무자의 재산을 먼저 강제집행하라고 항변할 권리(최고·검색의 항변권)가 있다. 하지만 연대보증에는 이런 권리가 없다. 채권자는 주채무자의 재산 유무와 관계없이 바로 연대보증인에게 청구할 수 있다. 설사 채무자가 파산선고 등으로 채무를 면제받더라도 연대보증인의 책임은 그대로 남는다. 채권자 입장에선 채권 확보에 더없이 유리한 제도다. 과거 금융기관에서 돈을 빌릴 때는 연대보증을 요구했지만, 폐해가 잇따르자 지금은 폐지되는 추세다. 다만 사채나 개인 간 거래에서는 아직도 이용된다. 연대보증을 섰다면 채무자 대신 원금뿐 아니라 이자까지 갚을 각오를 해야 한다.]

'개인파산', 잘만 하면 재기의 발판된다

개인파산은 개인이 자신의 재산으로 모든 채무를 갚을 수 없는 상태(지급불능)에 빠진 경우에 채무를 정리하고자 법원에 신청하는 제도다. 은행

대출, 사채, 카드빚, 물품대금 등 채무의 종류는 상관이 없다. 신청 자격도 개인이라면 제한이 없다. 봉급생활자, 주부 등 소비활동을 원인으로 한 '소비자 파산'과 개인사업자가 사업실패로 부도를 내거나 감당할 수 없는 빚을 떠안게 된 '영업자 파산'을 모두 포함하기 때문이다.

사례 2

40대 후반의 채무자 씨는 아시아권의 한 국가에서 30년간 복권 사업을 할 수 있는 사업권을 어렵게 따냈다. 그는 현지에 지사를 설립하고 장비와 인력을 투입하는 등 몇 년간 공을 들였다. 하지만 현지 사정 때문에 복권 사업은 시작도 하지 못한 채 막을 내렸다. 이 때문에 회사는 폐업 처리됐고 개인적으로는 수십억 원의 빚을 지게 됐다. 자포자기의 심정으로 하루하루 살아가던 채씨는 법원에 파산신청서를 냈고 법원은 파산 사유가 인정된다며 이를 받아들였다.

법원은 파산신청이 들어오면 채무자의 재산과 노동력으로 채무를 변제하는 것이 가능한지를 판단한다. 여기에 채무자의 연령, 직업, 기술, 건강, 재산상태 등을 고려하여 파산선고 여부를 결정한다. 파산이 선고되면 원래 남은 재산을 채권자에게 평등하게 나눠주는 절차(파산절차)를 갖게 되지만 개인파산의 경우 대부분 남은 재산이 없기 때문에 이 절차를 생략한다. 따라서 개인파산은 파산선고와 파산절차 폐지 결정이 동시에 이루어진다.

여기까지 볼 때 재산보다 빚이 많은 개인이 파산선고를 받는 데는 큰 문제가 없다. 하지만 중요한 것은 파산선고만으로는 재기에 아무런 도움이 되지 않는다는 사실이다. 오히려 공무원, 변리사, 회계사 등의 직업을 가질 수 없고 금융기관 거래에 제약이 뒤따르는 등 사회생활의 불이익만 따르게 된다. 파산으로 진정한 구제를 받으려면 법원의 면책결정이 뒤따라야 한다.

▼ 개인파산, 법인파산, 개인회생 접수 건수

	2017년	2018년	2019년	2020년	2021년
개인파산	44,246	43,402	45,642	50,379	49,063
법인파산	699	806	931	1,069	955
개인회생	81,592	91,219	92,587	86,553	81,030

* 출처: 대법원(2022 사법연감)

면책결정 못 받으면 사회생활 불이익만 남아

면책이란 파산을 통해 변제하지 못하고 남은 채무를 면제시켜주는 제도다. 개인파산은 자기 잘못이 아닌 자연재해나 경기 변동 등의 요인으로 '성실하지만 불운한' 개인을 구제하여 사회생활에 복귀시키기 위한 제도이기 때문에 면책이 필수적이라고 할 수 있다.

면책을 받아야 비로소 빚에서 벗어난다. 즉 남아 있는 채무를 갚지 않아도 된다는 말이다. 채무가 있는 금융기관에는 면책결정문을 직접 제출하여 면책 사실을 알리는 것이 바람직하다. 파산으로 받았던 신분상 불이익도 어느 정도 회복이 된다. 단 면책결정을 받아도 세금, 벌금 등의 책임은 여전히 남는다.

법원은 파산선고와 동시에 면책절차를 거치는데 채권자에게도 이 사실을 통지하고 한 달 정도의 이의신청 기간을 둔다. 이 기간에 법원은 채권자의 이의신청서와 기록을 검토하고 사건에 따라서 채무자를 심문하는 등 다소 까다로운 절차를 거치기도 한다. 비양심적이고 불성실한 채무자를 걸러내기 위해서다.

사례 3

40대 강심장 씨는 법원에 파산신청을 했다. '현재 아무런 재산이 없고 빚이 1억 원이 넘는다'는 이유에서였다. 그가 제출한 신청서에는 수백만 원의 카드대금, 백화점 물건값, 은행대출 자금 내역 등이 빼곡히 적혀 있었다.

일단 파산선고를 내린 법원은 몇 가지 의심스러운 점을 발견했다. 우선 강씨의 빚 대부분이 불과 1년 전에 생긴 것이었다. 강씨는 여러 카드회사에서 동시에 현금 서비스를 받는 방법으로 수천만 원을 대출받아 아들의 유학비를 대고 생활비로 사용했다. 더구나 그중 1000만 원은 이미 이혼한 남편에게까지 송금했다. 법원은 강씨를 심문한 결과 2년 전부터 최근까지 다단계 사업을 하다가 2억 원 정도의 빚을 진 사실도 알아냈다. 판사는 최근에 카드빚이 늘어나게 된 이유와 대출 자금의 사용 경위를 물었으나 강씨는 뚜렷한 근거를 대지도 못했다. 결국 법원은 강씨에게 면책불허가 결정을 내렸다.

강씨처럼 파산선고만 받고 면책이 되지 않는 사례는 개인파산절차에서 최악의 경우다. 파산에 따른 불이익은 그대로 받고 채무는 한 푼도 면제받지 못하기 때문이다. 강씨는 자신의 채무를 모두 갚은 후 법원에 복권신청을 내야 정상적인 사회생활을 할 수 있다. 따라서 파산을 신청하는 사람은 법에서 정하는 면책불허가 사유에 해당하지는 않는지 꼼꼼히 살펴봐야 한다.

앞의 사례에서 대출금을 전남편과 아들에게 송금한 행위, 파산 직전까지 다단계 사업으로 거액의 채무를 부담한 행위, 대출금의 사용 내역을 밝히지 않은 행위 등은 모두 면책불허가 사유에 해당한다. 설사 부정한 행위가 드러나지 않았더라도 파산 직전에 집중적으로 채무를 부담했다면 일단 법원의 의심을 받게 된다.

채무자가 부정한 사실로 면책을 받은 사실이 드러나면 나중에 형사처벌을 받거나 면책결정이 취소될 수도 있다. 왕년의 스포츠 스타 P씨도 비슷한 이유로 면책불허가 결정을 받은 사례가 있다. 법원은 P씨가 파산신청을 하면서 소득의 일부를 누락했고, 차명계좌에서 생활비를 사용한 사실이 있다며 이렇게 결정했다.

파산이 부담스럽다면 개인회생이 있다

인생을 정리할 시점에 거액의 빚을 지고 있다면 파산을 떠올려볼 만하다. 그런데 아직 한창 경제활동을 하고 있는 사람이 파산선고를 받는다면? 사업을 하거나 전문직을 갖고자 하는 사람에게 파산은 치명적이다. 금융거래에도 지장이 있다. 파산 말고 빚을 정리할 수 있는 제도는 없을까?

> **사례 4**
>
> 결혼 10년차 공무원 나재기 씨는 인생 최대의 위기를 맞고 있다. 그는 빚더미에서 헤어나지 못하고 있다. 결혼 초부터 빚이 있었던 것은 아니다. 동갑내기 아내, 두 아들과 함께 박봉으로 빠듯하지만 단란하게 살아왔다.
> 그러던 중 갑자기 아내가 암으로 투병생활을 하면서 마이너스 인생이 됐다. 다행히 아내는 2년 만에 완쾌됐지만 카드 돌려막기, 은행대출, 사채 등으로 병원비를 충당하는 바람에 빚이 1억 원을 넘었다. 월세를 살고 있는 나씨는 현재 400만 원의 월급을 받고 있어서 이자를 감당하기도 벅차다.

나씨가 가족들과 행복하게 살기 위해 무작정 로또 당첨만 기다릴 수는 없다. 현실적인 방법은 두말할 것도 없이 개인회생이다. 개인회생은 직장이 있고 빚을 갚을 의지도 있으나 감당하기엔 벅찬 채무를 진 사람들을 위한 제도다. 3년간 원금의 일부를 갚으면 나머지는 법원이 면책을 해준다는 이점이 있다. 파산과 달리 공무원 신분이 박탈되거나 변호사, 세무사 등록이 취소되는 불이익도 없다. 개인회생을 신청하기 위해서는 월급, 사업소득 등 계속적 또는 반복적 수입을 얻을 가능성이 있어야 하고 담보채무액(부동산에 전세권, 저당권 등이 설정된 금액)이 15억 원 이하 또는 무담보채무액이 10억 원 이하여야 한다.

이런 조건이 갖추어졌다면 채무자는 앞으로 받게 될 소득에서 생계비를 뺀 나머지 금액으로 변제하겠다는 계획을 법원에 밝히고, 계획대로 3년간 충실히 변제하면 남은 채무는 사라진다.

나씨의 사례를 통해 구체적으로 접근해보자. 나씨는 현재 월세보증금 1000만 원 외에 다른 재산이 없이 월급 400만 원(세전)을 받고 있다. 아내와 초등학생 아들 2명을 부양하고 있다면 4인 가족 최저생계비(중위소득의 60%, 2023년 기준 약 300만 원)는 우선 보장받는다. 부양가족은 미성년자, 60세 이상이거나 자력으로 생계유지가 불가능한 경우에 포함된다. 배우자도 경제활동이 가능하다면 부양가족으로 인정되지 않는다. 여기에 각종 세금, 건강보험료 등 제세공과금을 제외한다면 나씨가 갚을 수 있는 여력은 50만 원 정도다. 나씨가 변제계획안을 제출하고 법원이 인가해준다면 그때부터 실행에 옮기면 된다. 채권자들도 개별적으로 빚 독촉을 할 수 없다.

나씨가 3년간 매달 꼬박꼬박 50만 원씩을 갚는다면 비로소 모든 채무에서 벗어나게 된다(개인회생 변제기간은 2018년부터 5년에서 3년으로 단축됐다. 단, 예외적인 경우만 5년이다). 변제금을 완납했다면 면책신청서를 제출,

면책결정을 받으면 된다.

"도덕 불감증" vs "성실하나 불운한 개인 구제"

한 해에 개인파산, 개인회생으로 10만 명이 넘는 사람이 법원의 문을 두드린다. 이 제도가 도덕 불감증을 부추긴다는 비판도 있지만 이미 경제적으로 파탄 난 사람을 무작정 방치하는 것도 경제에 도움이 되지 않는다는 반론도 만만찮다.

결국, 성실하게 살아왔으나 불가피하게 빚을 떠안은 채무자와 달리 자신의 경제력과는 상관없이 흥청망청 살아온 비양심적인 채무자를 법원이 잘 걸러내는 일이 관건이다. 어쨌거나 파산이나 회생은 최후의 수단이 되어야 한다. 특히나 파산은 아직 인생이 창창한 사람들에겐 결코 권하고 싶지 않은 제도다.

파산과 관련된 핵심 내용

법에서 정한 면책불허가 사유

① 사기파산죄, 과태파산죄 등에 해당하는 행위가 있다고 인정될 때 (자기 재산을 숨기거나 다른 사람 명의로 돌린 행위, 헐값에 팔아넘긴 행위, 채무를 허위로 늘리는 행위, 특정한 채권자에게만 돈을 갚는 행위 등)

② 채무자가 파산선고 전 1년 이내에 파산의 원인이 있는데도 그 사실을 감추고 신용거래로 재산을 취득한 사실이 있는 때

③ 허위로 채권자 목록을 제출하거나 법원에 재산상태에 관하여 허위의 진술을 한 때

④ 파산을 통해 면책을 받고 7년, 개인회생절차에서 면책을 받고 5년이 경과되지 않았을 때

⑤ 과다한 낭비, 도박 등으로 재산을 현저히 감소시키거나 과대한 채무를 부담했을 때

면책결정을 받아도 책임을 져야 하는 채무

① 조세

② 벌금, 과료, 형사소송비용, 추징금과 과태료

③ 고의로 가한 불법행위의 손해배상

④ 중대한 과실로 타인의 생명, 신체를 침해한 불법행위의 손해배상

⑤ 근로자의 임금, 퇴직금, 재해보상금, 임치금, 신원보증금

⑥ 채무자가 일부러 채권자 목록에 기재하지 않은 청구권

⑦ 양육비, 부양비

파산선고 받으면 어떤 불이익이 있나

파산을 선고받으면 우선 여러 가지 신분상 제약이 따른다. 파산자는 후견인, 유언집행자, 공무원, 변호사, 변리사, 공인회계사, 의사 등이 될 수 없다. 상법상으로는 합명회사·합자회사의 사원이라면 퇴사하게 되는 원인이 되고, 주식회사와 위임 관계에 있는 이사 등도 퇴직해야 한다. 파산 사실은 신원증명 업무를 관장하는 시·구·읍·면장에게 통지되고, 금융기관 거래에서도 불이익을 받게 된다.

파산자가 전부 면책결정을 받게 되면 당연히 복권되어 법률상 신분 제한이 해소된다. 하지만 공무원 신분은 회복되지 않으며, 대출 등 금융기관 이용에 제약이 따르는 불이익은 여전히 남는다.

한편 면책불허가 결정이나 일부 면책결정을 받은 사람이 신분상 제한에서 벗어나려면 채무를 변제한 후 별도로 복권절차를 밟아야 한다.

개인회생과 개인워크아웃, 어느 쪽이 유리할까

개인의 채무조정 제도로는 법원이 관여하는 개인회생과 개인파산이 있고, 신용회복위원회(신복위)가 운영하는 신속채무조정, 프리워크아웃,

개인워크아웃 등의 제도가 있다.

그중 가장 일반적인 개인회생과 개인워크아웃에 대해 살펴보자. 두 제도는 일정한 수입이 있고 변제할 의사가 있으나 채무 전부를 감당하기 어려운 사람을 지원한다는 점에서는 같지만 세부 사항에선 다소 차이가 있다.

개인회생은 채무자가 법원에 신청하여 승인받은 계획에 따라 3년간(특별한 사유 시 5년) 채무를 갚으면 나머지를 면책받을 수 있는 제도다. 반면, 개인워크아웃은 ▲3개월 이상 장기연체자를 대상으로 신복위가 운영하는 제도고 ▲사채, 보증 등 모든 채무를 포함하는 개인회생과 달리 신복위 협약가입 금융기관의 채무에만 신청할 수 있으며 ▲총채무액이 15억 원(담보채무 10억 원, 무담보채무 5억 원 한도) 이하일 때만 가능하다. ▲최대로 탕감받는 채무는 이자 전액과 원금 70% 정도며 ▲변제기간이 무담보채무는 최장 10년, 담보채무는 최장 35년이다.

개인워크아웃을 신청하면 그 다음날부터 개별 금융기관의 추심활동이 중단되고, 보증인에게도 추심이 제한되며, 신속하게 채무가 조정된다는 장점이 있다. 다만 변제기간을 단기로 희망하거나 세금·개인 빚 등 금융기관 이외의 채무도 부담스럽다면 개인회생이 바람직하다.

개인파산 신청, 비용이 문제라면

개인파산과 개인회생을 신청하고 싶은데 비용이 문제라면 법원의 소송구조나 법률구조 서비스를 활용해보자.

법원은 60세 이상인 자, 장애인, 국민기초생활수급자, 한부모 가족지원 보호 대상자에게 소송구조를 통해 변호사 비용을 지원해준다. 대한법률구조공단도 농어민, 영세민, 국가 보훈 대상자를 비롯하여 개인회생이나 파산 대상자로 인정될 수 있는 이들에게 무료로 지원해준다. 지원을 받기 위해서는 증빙서류를 갖추어 법원이나 공단을 찾아야 한다.

02 억울하게 빼앗긴 운전면허를 돌려다오!

공권력이 침해한 권리 되찾으려면 행정소송을

"음주운전으로 면허취소를 받았는데 억울한 사정이 있다."

"노래방에서 청소년에게 술을 팔았다고 영업정지처분을 내렸는데 부당하다."

"군대에서 훈련 중에 중상을 입었는데도 국가유공자로 인정해주지 않는다."

"사소한 잘못을 저지른 공무원을 파면처분했다."

관공서가 하는 일이나 공무원의 행정처분은 항상 올바를까? 예전이라면 모르겠지만, 지금도 그렇게 생각하는 사람은 거의 없으리라고 본다. 국민들의 수준이나 권리의식이 높아지면서 국가나 공무원이 저지른 실수나 잘못을 바로잡는 일은 당연한 것으로 받아들인다.

국가나 공공단체의 처분이 위법하거나 국민의 권리를 침해했을 때 구제하는 수단이 행정소송이다. 행정소송은 일반인에겐 조금 어려운 분야

이긴 하지만, 일상생활과 밀접한 관련이 있어서 중요성이 갈수록 커지고 있다.

교통사고 잘못은 상대방이 큰데, 나만 면허취소?

사례 1

공정속 씨는 사고 한 번으로 운전면허가 취소됐다. 음주운전을 한 것도 아니요, 교통신호를 어긴 것도 아니었다. 인명사고를 낸 것은 잘못이지만 상대 차량 운전자 최고속 씨의 과실이 훨씬 큰데도 자신만 면허취소가 된 것은 아무리 생각해도 억울했다. 그는 법원의 판단을 받아보기 위해 행정법원을 찾았다.

사고 당일로 돌아가 보자. 공씨는 황색 점멸등이 켜진 사거리 앞을 지나게 됐다. 도로상태가 좋지 않고, 공사 중인 상황이라 그는 잔뜩 긴장한 채 교차로를 지나가고 있었다. 교차로를 빠져나갈 무렵 갑자기 큰 충격을 받았다. 정신을 차려보니 차량 오른쪽 부분이 최씨가 운전하던 차량의 앞 범퍼 부분과 충돌을 일으켰다. 이 사고로 상대방 승객 1명이 숨지고 2대의 차량에 타고 있던 6명이 중경상을 입었다.

도로교통법과 시행규칙에 따르면 쌍방의 과실로 교통사고가 났을 때는 위반행위가 더 큰 사람에게 벌점을 부과하고 운전면허를 정지하거나 취소하게 되어 있다. 경찰은 공씨의 책임이 최씨보다 더 크다고 보고 운전면허를 취소했다.

법원의 판단은 달랐다. 우선, 공씨가 규정 속도를 조금 넘긴 사실과 교차로에서 다른 차량의 진행 상황을 주의깊게 살피지 않은 잘못은 인정했다. 그러나 ▲공씨가 교차로에 들어선 후 한참 지나서야 최씨의 차량이 접근했고 ▲사고 분석 결과 최씨의 과속 정도가 심했으며 ▲최씨가 속도를 줄이거나 브레이크를 밟지 않은 채 충돌한 상황에 주목했다.

법원은 공씨에게 통행 우선권이 있는데도 최씨가 무리하게 진입하다가 사고를 냈기 때문에 최씨의 행동이 교통사고의 주원인이라고 판단했다. 따라서 "공씨에 대한 운전면허 취소처분은 위법하다"고 판결했다. 이로써 공씨는 빼앗긴 운전면허를 다시 찾게 됐다.

동방신기 · 비스트 · 애프터스쿨이 소송 낸 까닭

"I got you under my skin."(그룹 동방신기의 '주문')

"오 내게 내게 미쳐봐 오늘 밤 너와 단둘이 너무나 달콤한 STORY."(그룹 애프터스쿨의 'Funky Man')

"비가 오는 날엔 나를 찾아와 밤을 새워 괴롭히다 (…) 취했나 봐 그만 마셔야 할 것 같아."(그룹 비스트의 '비가 오는 날엔')

이 노래들이 유행할 당시 인기그룹이었던 동방신기, 애프터스쿨, 비스트의 노래 가사다. 이들은 시기는 다르지만, 자신들의 노래 때문에 행정법원을 찾은 적이 있다는 공통점이 있다. 정부 산하 기구인 청소년보호위원회가 이 노래들이 수록된 음반을 청소년유해매체물로 결정했기 때문이다. '주문'과 'Funky Man'은 "선정적"이어서, '비가 오는 날엔'은 "청소년에게 해로운 술과 관련"되어 있다는 근거에서였다. 이 노래를 듣고 청소년들이 성적 충동을 느끼거나 술을 마실 수 있다는 우려로 볼 수 있다.

노래 제작자와 가수, 팬들은 "가요의 문화·예술적인 측면을 무시한 채 정부가 표현의 자유를 침해했다"며 비판했다.

법원은 세 곡 모두 가수 쪽의 손을 들어줬다. 법원은 대중매체가 선정적이라는 이유로 청소년에게 유해하다고 판단하기 위해서는 "그 사회의 평균인의 입장에서 그 시대의 건전한 사회 통념에 따라 청소년의 특수성을 고려하여 객관적으로 평가해야 한다"고 전제했다. 법원은 대중음악일 경우에는 "청소년들 역시 성숙 정도에 비례하는 정도의 알 권리를 향유할 필요가 있다는 점을 충분히 고려해야 한다"며 이와 함께 "가사, 리듬, 멜로디, 표현 방식 등을 종합적으로 고려하고 곡이 주는 전반적인 느낌과 분위기 등을 입체적으로 살펴서 유해 여부를 판단하여야 한다"고 설명했다.

법원은 '주문'과 'Funky Man'의 경우 "(가사가) 성적 행동을 암시하는 것으로 볼 여지가 있다"면서도 "성적 암시만으로 성적인 욕구를 자극한다거나 성윤리를 왜곡한다고 단정하기는 어렵다"고 결론 내렸다. 또한 '비가 오는 날엔'의 경우 "청소년에게 음주를 권장하는 것이 아니라 헤어진 연인을 그리워하는 감정을 효과적으로 전달하기 위한 장치적 표현에 불과하다"며 취소판결을 했다.

결국 이 노래들이 '선정적이거나 음주를 조장해서 청소년에게 해롭다'는 정부의 결정은 지나치다는 것이 법원의 판단이었다. 정부가 대중문화에 섣불리 잣대를 들이대는 일이 바람직하지 않다는 게 판결들의 메시지다.

정치영화 표현의 자유 얻었는데… 유승준은 입국할까

영화 〈자가당착: 시대정신과 현실참여〉(이하 〈자가당착〉)는 제작된 지 5년

이 넘도록 관객을 만나지 못했다. 〈자가당착〉은 몸이 불편한 포돌이(경찰 마스코트)를 주인공으로 내세워 현실과 정치를 비꼬는 풍자영화다. 영상 물등급위원회(영등위)는 "잔혹한 장면이 다수 등장하고 영상의 표현 수위가 인간의 존엄과 가치를 현저하게 훼손, 국민의 정서를 손상할 우려가 크다"며 이 영화에 대해 두 차례나 '제한상영가' 등급 판정을 내렸다. 특히 영등위는 '대통령 마네킹'에서 피가 솟는 장면과 여자 경찰이 지퍼를 내리자 불이 붙은 남자의 성기가 묘사된 장면이 나오는 것 등을 문제 삼아 폭력성·선정성이 지나치다고 판단했다. 제한상영가 등급은 사실상 상영금지를 뜻한다. 현재 국내에는 제한상영관이 없기 때문이다.

〈자가당착〉을 만든 김선 감독은 영등위의 등급분류 결정에 불복, 소송을 제기했다. 1심인 서울행정법원은 감독의 손을 들어줬다. 법원은 ▲제한상영가 영화는 사실상 국내 개봉이 불가능한 점 ▲〈자가당착〉이 여러 장르를 혼합한 실험적 작품으로 인정돼 베를린영화제 등에서 공식 상영된 점 ▲영화진흥위원회가 예술영화로 인정한 점을 볼 때 영등위의 등급 판정이 부당하다고 봤다.

법원은 영화의 폭력성과 선정성에도 의문을 표시했다. "정치인의 사진이 달린 마네킹 목이 잘리는 장면을, 종이칼에 의하여 사진이 찢기고 붉은 물감이 뿜어져 나오는 방식으로 표현한 점"으로 고려할 때 "폭력의 잔혹함을 부각시켜 선정적으로 관객을 자극하기 위한 것으로 볼 수 없다"고 했다. 법원은 "영화는 종합예술로서 그 가치와 내용은 '상영과 관람'이라는 방법에 의하여 공표되고 전달된다"며 "성인으로 하여금 관람하게하고, 영화의 정치적·미학적 입장에 관하여 자유로운 비판에 맡겨두는 것이 바람직하다"고 결론 내렸다. 결국 청소년관람불가로 등급이 바뀐

〈자가당착〉은 5년 만에야 관객을 만날 수 있었다.

가수 유승준(미국명 스티브 승준 유) 씨의 비자(재외동포 사증)발급거부 관련 행정소송은 승소와 패소를 오갔다. 인기가 절정이던 2002년 1월, 공연 등을 이유로 출국한 유 씨는 돌연 미국 시민권을 취득, 한국 국적을 상실함으로써 병역의무를 이행할 필요가 없게 됐다. 그해 2월부터 입국이 금지된 그는 2015년 비자발급을 신청했다가 거부당하자 행정소송을 제기했다. 1심과 2심은 "비자발급 거부가 정당하다"고 보았지만 대법원은 "(유 씨와 같은) 재외동포에 대한 기한의 정함이 없는 입국금지 조치는 신중을 기하여야 한다"고 판시했다. 대법원은 "입국금지 결정 후 13년 7개월이나 지난 비자발급거부 처분이 비례의 원칙(국가가 기본권을 제한하려면 목적의 정당성, 수단의 적합성, 침해의 최소성 등을 지켜야 한다는 원칙)에 반하는 것인지 판단할 필요가 있다"며 파기환송했고, 절차상 위법까지 더해져 비자발급거부 취소판결이 확정됐다. 하지만 예상과 달리 이후에도 유씨에게 입국의 문은 열리지 않았다.

2020년 입국 반대 여론이 압도적인 가운데 유씨는 다시 비자발급을 신청했지만, 법무부가 또다시 거부 처분을 내림으로써 입국이 거부됐다. 유 씨가 재차 소송으로 맞섰는데 2022년 행정법원은 '국적변경으로 병역의무를 면탈한 유씨에 대한 재외동포 사증발급은 국익을 해칠 우려가 있다'며 법무부의 손을 들어줬다. 그러나 2심과 대법원은 '국적을 포기한 병역기피자라도 38살 이후에는 비자를 발급하도록 규정한 (유씨가 비자신청할 당시의) 구법률을 적용해야 한다'는 취지로 결론을 뒤집었다(다만, 비자발급거부 취소 판결이 '입국 허가'를 의미하는 것이 아닌 만큼 유씨가 비자신청을 하더라도 법무부가 다시 비자를 내준다는 보장은 없다).

개인의 권리는 저절로 주어지지 않는다. 상대방이 내 권리와 자유를 부당하게 제약했다고 판단한다면 그것을 되찾기 위해 노력해야 한다. 그 대상이 설사 국가기관이더라도 마찬가지다. 행정소송은 하나의 방법이 될 수 있다. "권리 위에 잠자는 자는 보호받지 못한다"는 법언을 기억하기 바란다.

행정소송과 행정심판을 하려면

행정소송을 하려면 행정법원을 찾아야 한다. 다만 행정법원은 서울에만 있기 때문에 다른 지역에서의 행정소송은 해당 지방법원 행정재판부에 내면 된다.

과거에는 행정소송을 하기 위해서는 반드시 행정심판을 거쳐야 했으나 행정법원이 설립된 1998년부터는 법률에 특별한 규정이 없는 한 곧바로 소송을 제기할 수 있다. 즉 '행정처분 → 행정심판 → 행정소송'의 단계를 거치기도 하지만, '행정처분 → 행정소송'도 가능하다.

행정심판이란 권리와 이익을 침해받은 국민이 행정기관에 제기하는 권리구제절차를 말한다. 행정청과 당사자 사이의 중립적인 입장에서 법원이 판단하는 행정소송과 구별된다. 하지만 행정심판은 당사자가 출석할 일이 없고 비용이 거의 들지 않는다. 소송 전에 행정기관의 정확한 입장을 알 수 있다는 장점도 있기 때문에 되도록 소송 전에 행정심판을 거치는 것이 바람직하다.

단, 공무원의 징계, 국세 관련 분쟁, 부당해고 등 노동위원회의 결정과 관련된 사건은 반드시 행정심판을 거치도록 하고 있다. 행정소송은 행정처분의 통지를 받은 때(행정심판을 거친 경우 심판결정을 받은 때)로부터 90일 내에 제기하는 것이 원칙이다. 행정법원의 재판은 판사 3명이 속한 합의부에서 하게 되는데, 운전면허 관련 사건이나 양도소득세 사건 등은 단독 판사가 맡기도 한다.

운전면허 정지·취소 억울하다면

뺑소니, 음주운전, 대형 인명사고, 벌점 초과….

운전면허가 정지되거나 취소되는 사유다. 운전면허 소지자가 3000만 명이 넘는 만큼 면허정지나 취소로 어려움을 겪는 사람도 많다. 2015년 광복 70주년 특별사면 때 운전면허 정지·취소자 6만 6000여 명과 면허 응시 제한자 8만 4000여 명을 포함, 무려 200만 명 이상이 행정처분 감면 조치를 받았다. 2016년 면허 정지처분 면제 6만여 명과 벌점삭제 129만여 명 등 142만여 명, 2021년 98만여 명, 2022년 59만여 명도 운전면허 행정처분 특별감면으로 행정제재에서 벗어났다. 하지만 늘 이런 요행을 바랄 수만은 없다. 운전면허 정지·취소 처분을 받고 부당하다고 생각한다면 다음과 같은 몇 가지 방법이 있다.

먼저 운전면허 정지·취소 처분을 받은 후 60일 내에 지방경찰청에 이의신청을 할 수 있다. 또한 처분 통지를 받은 날로부터 90일 내에 행정심판을 청구할 수도 있다. 여기까지는 행정기관의 구제 방법인데 보통 2~3개월 정도가 걸린다. 이의신청이나 행정심판에서는 운전면허가 생계를 유지하는 데 꼭 필요한 경우, 음주운전을 했더라도 행정처분이 너무 가혹하다고 여겨지는 경우 구제를 받기도 한다. 여기서 받아들여지지 않는다면 마지막으로 지방경찰청장을 상대로 법원에 행정소송을 제기할 수 있다.

행정심판, 행정소송 등을 제기하기 전에 ▲운전면허가 생계에 꼭 필요한 수단인지 ▲면허취소나 정지처분이 정말로 부당한지 ▲법의 형평에 어긋나는 것인지 꼼꼼히 따져봐야 한다. 특별한 사유 없이 단순히 선처를 바라면서 이의신청을 한다면 결과가 번복되는 일은 거의 없다.

간통죄·낙태죄·호주제,
여기서 제동 걸다

"모든 국민은 인간으로서의 존엄과 가치를 가지며, 행복을 추구할 권리를 가진다. 모든 국민은 법 앞에 평등하다. 모든 국민은 직업선택의 자유, 주거의 자유, 사생활의 비밀과 자유, 양심의 자유, 종교의 자유, 언론·출판의 자유, 집회·결사의 자유를 가진다."

모두 헌법에 나오는 말이다. 얼마나 좋은 말만 골라서 썼는지 새삼 놀라게 된다. 게다가 "국민의 자유와 권리는 헌법에 열거되지 아니한 이유로 경시되지 아니한다"(제37조 1항)라는 조항에서는 국민을 위한 세심한 배려까지 엿보인다. 헌법은 모든 법률의 토대가 되며, 국민 기본권 보장의 근거가 된다.

이런 기본권이 현실에서 지켜지지 않는다면 어떻게 해야 할까? 헌법재판소(이하 헌재)를 찾아야 한다.

동성동본 부부 "우리도 결혼하게 해주세요!"

1995년, 관청에서 혼인신고를 거부당한 동성동본 부부들이 헌재의 문을 두드렸다. 이들은 민법의 '동성동본 금혼' 규정 때문에 법적인 부부로 인정받지 못한 채 살아왔다. 이들의 주장은 단순했다. "김해 김씨, 전주 이씨, 밀양 박씨가 전국에 200만~300만 명이 넘는 세상이다. 지금은 봉건적인 농경사회가 아니다. 그런데 법은 촌수를 따지지도 않은 채 동성동본이면 무조건 결혼을 못 하게 가로막고 있다. 우리는 스스로 혼인의 상대방을 결정할 권리가 있다. 우리도 결혼하게 해달라!"

헌재는 이들의 손을 들어주었다. '동성동본 금혼'이라는 법 조항이 개인의 행복추구권을 제한한다는 취지로 헌법불합치결정을 내린 것이다. 이 결정 직후 20만 쌍으로 추정되는 동성동본 부부가 법적인 부부로 인정받을 수 있었다. 현행 민법은 8촌 이내의 혈족끼리 결혼하는 것만을 금지하고 있다.

1999년은 공무원 시험 준비생들 사이에서 환호와 탄식이 엇갈린 해였다. 헌재가 "제대군인에게 가산점을 주는 제도는 위헌"이라고 결정했기 때문이다. 그전까지 국가는 '제대군인지원에 관한 법률'을 근거로 7급, 9급 공무원 응시자 중 방위병 출신(군복무 1년 이상~2년 미만)에게는 3점, 현역병 출신(2년 이상)에게는 5점의 가산점을 부여해왔다.

헌재는 이 제도가 "수많은 여성의 공직 진출에 걸림돌이 되고 있으며 신체 건강한 남자와 그렇지 못한 남자를 차별하는 제도"라며 결국 "여성과 군대를 가지 않은 남성의 평등권과 공무담임권을 침해했다"고 판단했다. 이 결정이 나오자 여성 단체와 장애인 단체는 환영의 뜻을 밝힌 반면, 많은 남성은 "군복무 기간에 대한 최소한의 보상마저 사라졌다"며 불만을 드러내는 등 논란이 지속됐다.

어쨌거나 이 결정은 여성과 장애인에 대한 차별 금지를 국가가 분명히 밝혔다는 데 의의가 있었다.

재외국민 "우리도 투표하게 해주세요!"

> **사례 3**
>
> "외국에 거주하는 국민도 투표할 수 있게 해달라!" 한국 국적을 보유한 미국, 일본, 영국 등의 영주권자들이 국민으로서 참정권을 행사하겠다고 나섰다. '국내에 주민등록이 되어 있는 자'만이 선거권을 행사하도록 한 법률이 그들의 발목을 잡고 있었다.

헌재는 1999년 재외국민에게 선거권을 주면 공정성 확보가 어렵고, 선거 기술상 힘들다는 이유로 합헌결정을 내린 바 있다. 그러나 2007년 이 결정을 뒤집었다. 선거의 공정성을 확보하는 것은 국가의 과제이므로 이를 이유로 선거권 행사를 부정할 수 없다는 점, 선거비용의 부담 우려로 국민의 기본권 행사를 제한하는 것은 타당하지 않다는 점 등을 그 근거로 들었다. 결국 재외국민에게 선거권을 박탈하는 것은 선거권과 평등권을 침해한다는 결정을 내렸다. 이에 따라 국회가 법을 개정함으로써 재외국민이 선거에 참여할 수 있는 길이 열렸다.

"낙태죄, 임신부의 자기결정권 침해"

> **사례 4**
>
> 산부인과 의사 A씨는 원치 않는 임신을 한 여성들을 상대로 암암리에 낙태수술을 해주었다. 낙태수술은 법으로 금지하고 있었지만, 현실에선 공공연히 이루어졌다. 적발되거나 처벌되는 사례도 거의 없었다. A씨는 다른 사건 조사 과정에서 낙태수술을 한 사실이 적발되는 바람에 형사법정에 서게 됐는데, 낙태죄가 위헌이라며 헌법소원을 제기했다.

2012년 낙태죄 처벌이 합헌이라고 판단했던 헌재는 2019년엔 낙태죄가 "임신한 여성의 자기결정권을 침해한다"고 판시했다. 현행 낙태죄가 "임신 기간 전체를 통틀어 모든 낙태를 전면적·일률적으로 금지하고, 이를 위반할 경우 형벌을 부과하도록 정함으로써 임신한 여성에게 임신의 유지·출산을 강제하고 있다"는 것이다.

예컨대 ▲학업·사회활동·경제적 사정으로 감당할 여력이 안 되는 경우 ▲임신한 후 남성과 헤어진 경우 ▲미성년자가 임신한 경우 등 다양하고 광범위한 사회적·경제적 사유로 낙태 갈등 상황을 겪고 있는 현실을 법이 고려하지 않고 있다고 지적했다. 또한 ▲임신한 여성이 출산 여부에 대하여 결정권을 행사하기 위해서는 태아가 독자적으로 생존할 수 있는 시기 이전까지는 충분한 시간이 확보되어야 하는데도 현행법이 이를 가로막고 있다고 보았다. 헌재는 다만 "낙태를 금지하고 형사처벌하는 것 자체가 모든 경우에 헌법에 위반된다고 볼 수는 없다"면서 낙태결정 가능 기간과 사회적·경제적 사유, 요건과 절차 등에 대해 2020년 말까지 법을 만들 것을 국회에 주문했다(그러나 2023년 현재까지 대체입법은 갖춰지지 않은 상태다. 추후 국회가 낙태죄를 완전 폐지할지, 낙태허용 기간과 사유 등 범위를 정하는 법을 만들지 주목된다).

노무현 대통령 탄핵은 '기각', 행정수도는 '위헌'

헌법재판의 대표적인 사례로는 헌법소원과 위헌법률심판이 있다. 헌법소원은 공권력의 행사로 기본권을 침해받은 사람이 권리를 구제받기 위해 청구하는 제도다. 권리구제의 최후 수단으로서만 가능하며, 반드시 변호사를 선임하여야 한다. 앞의 사례 중 제대군인 가산점 사건과 재외국민 참정권 사건, 낙태죄 사건이 헌법소원으로 기본권을 구제받은 경우다.

위헌법률심판은 재판 중인 사건을 적용하는 법률(조항)이 헌법에 위배된다는 의심이 있을 때 법관이 심판을 제청함으로써 이루어진다. 예컨대 지금은 폐지된 형법의 간통죄와 민법의 동성동본 금혼조항, 호주제도는 관련 사건의 재판을 담당하던 판사가 헌재에 위헌제청을 했던 경우다 (이 중 간통죄는 다섯 번의 심판 끝에 2015년 2월 "성적자기결정권, 사생활의 비밀과 자유를 침해한다"며 위헌결정이 내려졌다).

헌재는 그 밖에도 대통령, 국무총리, 장관 등에 대한 탄핵심판과 국가기관 상호 간, 국가기관과 지방자치단체 상호 간의 권한에 대해 판단하는 권한쟁의심판을 맡고 있다.

헌재가 법률의 위헌결정, 탄핵 결정, 정당해산 결정, 헌법소원 인용결정을 하려면 다수결로는 부족하다. 재판관 6인 이상의 찬성이 있어야 한다. 2015년 선거 기간 중 '인터넷실명제'를 실시하도록 한 공직선거법 관련 조항에 대해 9명의 재판관 중 5명이 위헌에 표를 던졌지만 합헌으로 결론 난 것도 이 때문이다.

헌재는 법률이 헌법에 위반되는 경우 ① 즉시 법의 효력을 없애는 '위헌결정' 대신 ② 법 개정 때까지 한시적으로 효력을 유지시키는 '헌법불합치결정'을 내리기도 한다. 법의 공백과 사회적 혼란을 피하기 위해서다. 2018년 헌재는 양심적 병역거부자에 대해 대체복무제를 도입하지 않은 병역법 조항이 "양심의 자유를 침해"하여 헌법에 합치되지 않는다면서 국회에 2019년 말까지 법 개정을 주문했다(2019년 12월 국회는 '대체역의 편입 및 복무 등의 관한 법률'을 제정했다. 이로써 양심에 따른 병역거부자들은 군대 대신 교도소 등 교정시설에서 현역병 입영기간의 약 2배에 달하는 기간 동안 대체복무를 할 수 있게 되었다). 낙태죄 사건도 2020년 말을 법 개정시한으로 정한 헌법불합치결정이다.

현직 대통령 탄핵심판이라는 중대한 사건도 벌써 두 차례나 재판했다. 2004년 노무현 대통령 탄핵은 "이유 없다"며 기각했지만, 2017년 박근혜 대통령 탄핵은 인용함으로써 임기 중인 대통령이 물러나는 초유의 선례를 남겼다.

인권에 대한 관심이 높아질수록 헌재의 역할이 강조되고 있다. 사형제도, 시각장애인만 안마사 자격 부여, 성매매 형사처벌(이상 합헌), 행정수도 건설, 영화사전심의, 간통죄, 낙태죄, 호주제도(이상 위헌) 등 우리 사회의 이슈들이 헌재의 심판을 받을 때마다 사람들은 울고 웃었다. 갈수록 헌재의 판단이 주목받고 있다.

04 배심재판, 영화 속 이야기가 아니다

어느 무더운 여름날, 법원에 12명의 배심원이 모여 있다. 1급 살인 혐의로 기소된 소년의 유·무죄를 결정하기 위해서다. 그들은 은행원, 페인트공, 야구광, 건축가, 운동 코치, 이민자, 빈민가 출신 등 신분도 다양하다. 배심원들이 만장일치로 유죄 평결 하면 소년은 사형을 면하기 어렵다. 법정에 나온 증거와 증인, 사건 전후 정황은 소년에게 절망적인 상황. 최초의 배심원 평결에선 11명이 유죄에 손을 든 가운데, 단 1명 (8번 배심원)만이 무죄를 주장한다. 고립된 8번 배심원은 '한 사람의 목숨이 달린 일'에 신중하자면서 나머지를 설득한다. 토론을 거듭할 때마다 무죄 쪽으로 기우는 사람 이 늘어난다. 마침내 배심원들은 만장일치로 '무죄(Not guilty)' 결론을 내린다.

미국 영화 〈12인의 성난 사람들〉(1957년 작)은 배심재판 영화의 고전으로 꼽힌다. 아직 배심재판을 먼 나라 영화 속 이야기로 생각하는 사람도

많다. 그런데 2008년부터 우리나라도 '국민참여재판'이라는 이름으로
이미 배심재판이 운영되고 있다.

국민참여재판을 아시나요?

국민참여재판이란 일반 시민이 배심원으로 참여하는, 배심재판의 공식 명
칭이다. 2008년 64건이 시행된 이래, 2021년까지 전국 법원에서 총 2802건
이 진행되었다. 그동안 배심원으로 참여한 시민도 2만 명이 넘었다.

▼ **범죄유형별 국민참여재판 신청·처리 건수(2008년~2021년)**

범죄종류	신청 건수	실제 진행
살인 등	1,016	543
강도 등	908	352
상해 등	305	119
성범죄	2,046	428
기타	4,353	1,360
합계	8,628	2,802

* 출처: 2022 사법연감(대법원)

초기에는 살인, 강간, 고액 뇌물죄, 마약 등 중형이 예상되는 형사사건
만을 대상으로 했다. 현재는 합의부(판사 3인 재판부) 관할 사건 전체로 확
대됐고 단독판사가 맡는 사건 중 일부도 가능해졌다. 다만 현행 제도는
피고인이 희망하는 사건만을 대상으로 한다는 것이 특징이다. 배심원들
은 재판에 참여하여 유무죄를 결정하고, 유죄로 인정되면 적절한 형량을
정하기도 한다(영화와 달리, 우리나라는 배심원의 평결이 절대적 구속력은 없다).
단순한 의문부터 던져보자. 법률을 잘 모르는 시민들에게 한 사람의

운명이 걸린, 심지어는 중형과 무죄가 오가는 재판을 맡겨도 괜찮을까? 피고인과 검찰은 과연 수긍할까? 복잡한 법과 재판절차를 시민에게 이해시킬 수 있을까? 막대한 비용과 인력은 또 어떻게 감당할 것인가? 마치 문제가 끝이 없는 것처럼 보였다.

국민이 재판에 직접 참여… 재판의 신뢰도와 직결

국민이 공정성을 의심한다면, 사법부는 설 자리가 없어진다. '전관예우', '유전무죄'라는 말이 상징하듯 불행히도 수십 년간 사법 불신의 골이 깊었고, 법원의 개혁은 거스를 수 없는 대세였다. 21세기 사법개혁의 화두는 자연스레 국민의 사법참여 보장이었다. 김대중 정부 시절부터 대법원·정부·학계가 구체적인 방식을 고민하기 시작했고, 10년 만에 결실을 본 것이 국민참여재판이다. 그렇다면 일반 형사재판과는 어떻게 다를까?

첫째, 재판의 모든 과정이 법정에서 말로 진행된다. 그동안의 재판이 수사기관의 조서를 토대로 법관이 판단하는 방식이었다면, 국민참여재판은 법정에서 검사·피고인·증인의 말을 직접 듣고 증거를 직접 보면서 사건을 파악하는 방식이라 할 수 있다. 이것이 형사소송법이 지향하는 구술변론과 공판중심주의, 즉 법정에서 직접 말로 하는 형태의 재판과 맞아 떨어진다.

둘째, 재판을 집중심리한다는 점이다. 형사법정에는 보통 하루에 수십 건의 재판이 잡히고, 한 사건은 3~4주 간격으로 기일이 반복해서 열리게 된다. 짧게는 몇 달, 길게는 1~2년이 지나야 1건의 판결이 나온다. 반면 국민참여재판은 온종일 1건만 재판을 열어 당일 또는 늦어도 2~3일 안에 판결 선고까지 마치게 된다.

셋째, 무엇보다 중요한 것은 국민이 배심원으로 직접 참여한다는 사실이다. 그동안 검사와 변호인은 재판장을 상대로 '그들만의 언어'로 변론을 펼쳤는데 이제는 국민의 눈높이에서 배심원을 설득해야 한다. 이는 재판의 민주적 정당성, 신뢰도와 직결된다.

재판절차가 어떻게 이루어지는지, 판사가 어떻게 판결하는지 전혀 모르던 시민들을 이해시키려면 사법제도가 변화해야 한다. 피고인 입장에서도 일반 시민들의 눈높이에서 판단을 받을 수 있다는 점에서 만족도를 높일 수 있는 제도다. '판결=판사의 전유물'이라는 공식이 깨졌다는 사실 하나만으로도 국민참여재판은 사법제도의 획기적인 변화임에 틀림없다.

국민참여재판 활성화, 넘어야 할 산이 많다

그러나 시행된 지 상당한 시간이 지났는데도 국민참여재판은 활성화되지 않고 있다. 제도를 정확하게 이해하는 시민들도 많지 않다. 넘어야 할 산이 아직 많다.

국민참여재판의 시행률(대상 사건 중에서 실제 진행된 건수)은 1%대에 머물러 있다. 2008~2020년 13년 간 국민참여재판 대상사건(20만7866) 중 실제 시행 건수는 2718건으로 시행률은 1.3%에 불과하다. 2021년까지 피고인이 신청한 8628건 중에서도 2802건만 실제로 진행됐다. 나머지 사건은 피고인이 중도에 의사를 철회했거나, 법원이 부적합하다고 판단하여 배제했다. 활성화가 되지 않는 까닭은 무엇일까.

일단, 피고인들이 제도를 제대로 이해하지 못해서다. 국민참여재판은 국민 전체를 위한 제도지만, 특히 피고인이 공정하게 재판을 받을 권리를 위한 것이다. 피고인이 반대한다면 실익이 없다. 대법원의 인식도 조사에서 피고인 중 국민참여재판을 '잘 안다'고 대답한 비율은 13.6%에 그쳤다. '모른다(9.5%)', '자세히는 모른다(76.9%)'라는 비율이 월등히 높았다. 국민참여재판을 신청하지 않은 이유로는 '몰라서(62.4%)', '불이익을 받게 될 걱정 때문(30%)'이라는 답변이 많았다. 변호인으로부터 신청을 권유받았다는 피고인은 7.7%에 불과했다.

변호사들의 관심도 높지 않다. 시행 첫해인 2008년 64건의 국민참여재판 중 사선변호인이 선임된 사건은 불과 12건(18.8%)이었다. 2017년까지 합산한 비율도 21.1%(478건)에 그친다. 일반 형사사건 사선 선임률의 절반 정도다. 변호사들이 국민참여재판을 그다지 유리하지 않거나 번거로운 절차로 인식하고 있음을 알 수 있다.

A변호사는 "수임료는 별 차이가 없는데도 참여재판은 준비할 것이 훨씬 많고 더 나은 결과가 나온다는 보장도 없기 때문에, 피고인도 변호인도 굳이 무리할 이유가 없는 것 아니겠느냐"고 말했다.

피고인이 참여재판을 선택할 시간이 충분치 않다는 것도 문제점으로 꼽힌다. 검찰이 기소하면, 즉 사건이 법원으로 넘어오면 법원은 즉시 피고인에게 공소장을 보낸다. 피고인은 공소장을 받고 1주일 내에 국민참여재판을 할지 말지를 결정해야 한다(판례는 1회 공판기일 전까지는 신청할 수 있다는 입장이다). 이때는 대체로 변호사 선임 전이거나 선임 직후의 단계이므로 변호인의 도움을 받기 힘들다. 그러다 보니 피고인 혼자서 결정을 내리거나 신청 기간을 넘기기 쉽다.

참여재판에서 변론을 했던 B변호사는 "현재의 기간은 변호사가 사건을 파악하고 피고인과 접견하여 충분한 상의를 하기엔 너무 부족하다"고 지적한다. 따라서 피고인의 신청 기간을 대폭 늘리거나, 일정한 중범죄 사건은 피고인의 선택과 관계없이 국민참여재판에 회부하는 등 관련 법규를 개정해야 한다는 의견이 나오고 있다.

배심원의 평결은 '참고사항' 불과⋯ 구속력 인정해야

배심원들의 평결에 법적 구속력이 없는 것도 개선 사항으로 지적된다. 2009년 야간 노상강도 사건의 재판에선 배심원과 재판부의 유무죄 판단이 달랐다. 배심원들은 목격자와 피해자의 진술이 다소 엇갈리고 법정 진술이 달라진 점, 피해자가 범인을 지목하지 못한 점 등을 들어 증거가 부족하다며 만장일치로 무죄를 평결했다.

하지만 재판부는 "목격자와 피해자의 진술이 부분적으로 일치하지 않는 부분이 있으나, 나머지 사정 등을 종합하여 보면 유죄가 인정된다"며 징역 4년을 선고했다. 2013년에도 안도현 시인의 선거법 위반 사건(제18대 대통령선거 운동 기간에 특정 후보에게 사라진 안중근 의사 유묵의 행방을 밝혀 달라는 글을 올린 사건)에서 배심원의 평결(만장일치 무죄)과 1심 재판부의 판결(유죄)이 갈렸다.

현행 법률에 따르면 배심원들의 평결 결과에 법원이 반드시 따를 필요가 없다. 다만 판결문에 배심원의 평결 결과와 법원의 판결이 다른 이유를 기재하고 판결선고 시 피고인에게 이유를 설명하도록 되어 있다. C변호사는 "국민참여재판이 도입된 것은 국민들 사이에서 통용되는 가치를 재판 과정과 결론에 반영하기 위해서라고 생각한다"며 "법조인들의 법논리와 배심원들의 의견이 다르다면, 사회와 현실을 반영하는 배심원들의 생각이 존중되어야 한다"는 견해를 밝혔다.

"법정공방 시간 부족·과도한 부담" 지적도

또 다른 문제로는 시간 부족과 과도한 업무 부담이 지적된다. 국민참여재판은 당일 재판이 끝나는 경우가 많기 때문에 검사와 피고인 사이에 충분한 공방이 이뤄지기에는 시간이 부족한 경우도 있다.

또한 너무 복잡한 사실관계와 법리가 얽혀 있는 사건은 아예 제외되기도 한다. 성폭력 사건 등에서 피해자가 공개를 원치 않는 등 국민참여재판에 부적절하다고 판단하거나 피고인 일부가 원하지 않을 경우 재판부는 배제결정을 할 수 있다. 이런 배제 사건 수가 한 해 60~120건에 달해 활성화를 가로막는다. 그 밖에 핵심증인이 법정에 나오지 않을 경우 사건의 진실 규명이 어렵고, 현장검증 등 장시간이 걸리는 증거조사를 하기 어렵다는 것도 난점으로 꼽힌다. 이런 경우 법원에서 중립적인 조사관을 선발하여 활용하는 것도 하나의 방법이 될 수 있다.

준비 과정에서의 과도한 부담도 재판부와 검사, 피고인·변호인을 힘들게 한다. 국민참여재판은 재판 전부터 진행계획을 짜고 많은 자료를 준비해야 하며 재판에서도 서면 증거자료 외에도 파워포인트와 각종 영상 자료로 배심원들을 설득해야 한다. 사건에 집중하는 시간도 많이 필요하기 때문에 검사나 변호인 모두에게 부담이다.

D변호사는 "준비를 많이 해서 하루 이틀 꼬박 재판을 했는데 일반 재판보다 결과가 낫다는 보장이 없다면 누가 배심재판을 신청하겠느냐"고 되물었다.

국민참여재판이 가져온 성과가 없는 것은 아니다. ▲피고인의 만족도가 생각보다 높았다는 점 ▲일반 사건보다 무죄 선고율이 높았다는 점 ▲배심원으로 참여했던 시민들이 다소나마 사법 불신을 해소하는 계기가 됐다는 점 등은 좋은 평가를 받고 있다. 무엇보다도 참여재판에서는 전관예우나 유전무죄의 비난이 개입하기 힘들다는 점 때문에 법원도 제도의 성공을 바라는 분위기다.

사법 불신 해소, 무죄율 증가는 성과

배심원의 평결과 재판부의 판결이 일치한 비율은 95.9%(2008~2021년)에 달했다. 대법원도 "사법의 민주적 정당성과 신뢰를 높이기 위해 도입된 국민참여재판에서, 배심원이 증인신문 등 전 과정에 참여하여 만장일치의 의견으로 내린 무죄의 평결이 재판부의 심증에 부합하여 그대로 채택된 경우라면 한층 더 존중될 필요가 있다"(대법원 2009도14065 판결 등)고 판시했다.

현직 판사들은 국민참여재판을 어떻게 생각할까? 수도권에서 근무하는 30대 E판사는 재판이 형식논리에서 벗어나 사회상을 반영할 수 있게 됐다는 점에서 높게 평가했다. 그는 "(국민참여재판 도입으로) 법률가들만의 재판에서 벗어났다는 점은 긍정적으로 보지만, 현재 국민의 의사가 재판에서 제대로 반영되고 있는지는 돌아봐야 한다"고 조심스럽게 말했다. 그는 "국민참여재판이 시간에 쫓겨서 진행된다는 점과 인적·물적 지원이 부족한 점은 개선돼야 한다"고 지적했다.

지방의 고등법원 G부장판사는 "확대는 바람직하나 재판부에 과중한 부담을 주고 있는 게 현실"이라며 "지금보다 재판부를 더 늘려야 한다"는 의견을 제시했다. 법원의 공식 입장은 ▲공판중심주의의 충실한 구현 ▲사법에 대한 신뢰 증진 ▲국민의 건전한 상식 반영 등을 위해 활성화가 꼭 필요하다는 것이다.

'국민 눈높이' 국민참여재판, 활성화하려면

그동안 사법 불신 해소 방안으로 배심제, 참심제 등 국민의 사법참여가 우선순위로 꼽혔다. 국민참여재판은 국민 사법참여 정착의 시험대가 되고 있다. 자칫 잘못하면 국민참여재판이 '고비용, 저효율'이라는 오명을 쓰게 될 수도 있다. 배심원들의 적극적인 참여와 국민들의 관심이 성공을 가늠하는 열쇠다.

국민참여재판을 활성화하기 위해 법원은 ▲살인 등 중범죄 사건은 피고인의 신청과 관계없이 필수적 도입 ▲배심원의 만장일치 무죄평결과 판사의 무죄판결이 일치하는 경우 검사의 항소권 제한 ▲배심원의 평결 효력 강화 ▲배심재판을 민사사건까지 확대하는 방안 등을 검토·추진하고 있다.

문답으로 알아보는 국민참여재판

국민참여재판의 궁금증을 문답으로 풀어본다.

Q 국민참여재판이란?

A 국민이 배심원으로 참여하여 재판부에 독립적인 의견을 제시하는 형사재판의 형태를 말한다. 현재 우리나라의 국민참여재판은 배심제(배심원이 독립적으로 유무죄를 판단하는 제도)와 참심제(참심원이 재판부의 일원으로 참여하는 제도)를 혼합한 방식이다.

Q 어떤 사건을 대상으로 하나?

A 형사사건 중에서 피고인이 희망하는 사건이다. 도입 초기에는 살인, 강도강간, 강도치상, 거액의 뇌물 등 중죄 사건만을 대상으로 했다. 2012년부터는 합의부 관할 사건(법정형이 사형, 무기 또는 단기 1년 이상의 징역·금고에 해당하는 사건과 선거법 위반 사건 등)까지 대상이 늘어났으며, 2015년부터는 단독 사건 중 일부도 피고인이 희망하면 참여재판이 가능해졌다. 단, ▲민사사건은 대상이 아니고 ▲사안이 너무 복

잡해 재판이 오래 걸리거나 ▲성범죄 사건에서 피해자가 원치 않는 경우 ▲배심원이 신변에 위협을 느낄 수 있는 사건인 경우 등은 재판부가 배제결정을 통해 제외할 수 있다.

Q 배심원은 어떻게 선발하나?

A 20세 이상 국민이면 아무런 자격 없이 배심원이 될 수 있다. 단 일정한 전과자, 군인, 경찰, 법원·검찰 직원 등은 제외된다. 법원은 배심원후보자명부에서 무작위 추출 방식으로 일정한 인원(약 100~140명)에게 출석 통지를 보내 출석자들을 상대로 배심원후보자를 선발한다. 변호인과 검사는 최종 배심원 선정 과정에서 불리하다고 판단되는 후보자(3~5명)를 기피할 수 있다. 배심원 숫자는 법정형이 사형·무기인 사건은 9명, 그 외는 7명, 범행 인정 시는 5명이다. 법원은 결원을 대비, 5명 이내의 예비배심원을 함께 선정한다.

Q 배심원이 하는 일은 무엇인가?

A 배심원은 사실의 인정, 법령의 적용 및 형의 양정에 관한 의견을 제시할 권한이 있다. 재판의 전 과정에 참여한 후 다른 배심원들과 함께 유·무죄, 적절한 형을 결정(평결)한다. 만장일치로 평결을 내리지 못할 때는 판사의 의견을 들은 다음 다수결로 평결한다. 단, 판사는 배심원의 결정에 반드시 따를 필요는 없다. 배심원이 재판 도중 법정을 떠나거나 비밀을 누설하는 행위 등을 하면 형사처벌을, 정당한 이유 없이 법원의 출석 통지를 거부하면 과태료 처분을 받을 수 있다.

Q 국민참여재판은 어떻게 진행되나?

A 일반 재판이 하루에 수십 건씩 진행되는 반면 국민참여재판은 1건을
집중하여 진행한다. 배심원들의 집중도를 높이고, 비밀을 보호하기
위해서다. 1~3일 안에 재판을 마치도록 하는데 하루 만에 마친 비율
이 90%가 넘는다. 재판은 '배심원 선서→배심원에 대한 최초설명→
진술거부권 고지→검사·피고인의 최초진술→검사·변호인의 증인
신문과 증거조사→피고인신문→검사 구형, 피고인(변호인)의 최종
의견진술→배심원의 평결→판결 선고' 등의 순서로 진행된다.

3부

승소에
도움이 되는
꿀 정보

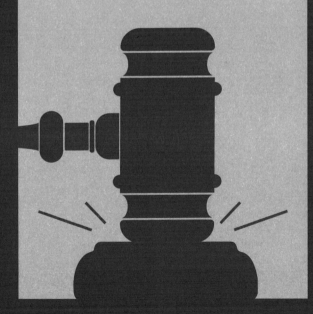

8장

현직 판사들이 말하는 승소 비법과 판사들의 세계

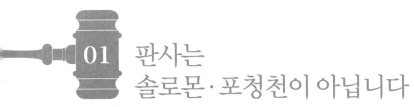

01 판사는 솔로몬·포청천이 아닙니다

"판사님이 다 알아서 판결해주세요."

법정에서 어느 당사자가 판사에게 던진 말이다. 혹시 당신도 이런 생각을 하고 있지는 않은가? 판사에게 사람의 마음을 꿰뚫어 보고 진실을 가려내는 능력이 있다면 얼마나 좋을까. 하지만 판사는 법전과 판례를 꿰뚫고 있고, 많은 사건을 처리한 경험이 있을 뿐 예지를 가진 존재는 아니다.

설사 판사에게 예지가 있다고 해도 그걸 믿고 판결할 수는 없다. 재판에는 증거가 있어야 하기 때문이다. 필자와의 인터뷰에서 정종관 판사(현 서울고법 부장판사)는 이런 말을 한 적이 있다.

"대한민국 판사들은 솔로몬이나 포청천이 아닙니다. 운동경기의 심판 같은 존재지요. 재판에 이기려면 합리적인 주장으로 판사들을 설득해야 합니다. 이게 보통 판사들의 생각입니다."

그렇다면 어떻게 설득해야 할까? 판사들의 진솔한 이야기와 필자의 법원 생활 경험을 바탕으로 재판(특히 민사재판)에서 이기기 위한 노하우를 공개한다.

판사는 아무것도 모른다고 생각하라

일단 판사는 아무것도 모르는 제삼자라고 생각하라. 사실 판사는 원고와 피고 사이에 무슨 일이 있었는지 당사자들의 말과 글을 통하지 않고서는 아무것도 알 수 없다.

따라서 아무것도 모르는 판사를 설득하려고 노력해야 한다. 설득하는 가장 좋은 방법은 최대한 알기 쉽게 정리해주는 것이다. 서류를 낼 때는 입사원서를 낸다는 자세로, 법정에선 면접을 본다는 기분으로 재판에 임해야 한다.

감정은 최대한 배제하라

재판은 싸움이다. 다만 힘이 아닌 지략이 필요한 싸움이다. 그런데도 감정을 앞세워 결과를 그르치는 사람들이 많다. 물론 상대방이 없는 사실을 꾸며낼 때는 화가 치밀 것이다. 이때 보통 사람들은 '사기꾼', '후안무치' 같은 표현을 써가며 상대방을 깎아내리기 바쁘다. 심지어 법정에서 욕설을 퍼붓기도 한다.

목표를 정확히 하라. 재판의 목적은 이기는 것이다. 상대방을 비난하는 것은 승소에 별 도움이 되지 않는다. 상대방을 아무리 욕한다 해도 판사는 그대로 믿어주지 않는다. 오히려 나쁜 선입견을 줄 수 있다. 따라서 상대방이 허위사실을 늘어놓더라도 논리적으로 상대방의 주장을 반박하거나 증거를 내면 될 뿐 결코 흥분할 필요가 없다.

사실 재판에서는 거짓말을 하는 경우가 많다. 원고와 피고가 서로 다른 말을 한다면 최소한 둘 중 한 사람은 거짓말을 하는 셈이다. 자신에게 불리한 내용은 감추거나 속이고 유리한 내용만을 이야기하는 일이 재판에선 흔하다. 판사는 누구보다도 이 사실을 잘 알고 있다. 상대방을 인신공격할 시간에 차라리 반박 증거를 확보하는 편이 낫다.

서류는 최대한 간결하게 정리하라

법정에서 말로 하는 것도 좋지만 주장의 핵심은 반드시 글로 남겨두어야 한다. 판사가 바뀌거나 항소를 하게 되면 남는 것은 기록뿐이다. 물론 재판 조서에 당사자의 말을 남겨두기도 하지만 조서에는 법률적으로 의미 있는 핵심 내용만 적혀 있기 때문에 구구절절한 사연까지 담겨 있지는 않다.

서류 제출에서 가장 중요한 것은 간결하게 정리하는 것이다. 서류는 펜으로 쓰는 것보다는 워드나 한글문서 프로그램으로 작성하는 편을 택하라. 분량은 증거서류를 제외하고 A4 용지 2~5장 정도가 적당하다는 것이 판사들의 중론이다. 물론 사건에 따라 더 길거나 짧을 수 있겠지만, 그 정도의 분량이라야 판사가 가장 집중력 있게 읽을 수 있다. 분량이 너무 많거나 같은 주장만을 반복하는 것은 별로 도움이 되지 않는다. 제출 횟수는 상대방의 주장을 반박할 필요가 있을 때, 판사의 요청이 있을 때 등 기본적으로 2~3회 정도가 적당하다. 그리고 재판이 어느 정도 마무리된 시점이나 변론종결 시점 전후에 최종적으로 사건의 주요 쟁점과 관련된 자신의 주장 등을 정리한 서면을 추가로 내는 것도 좋다.

A판사는 "당사자들이 서류를 제출하는 것을 두고 법원이 왈가왈부할 수는 없다"고 전제한 뒤 "다만 전체 분량 중 앞부분 1~2쪽 이내에는 사건의 중요한 쟁점이 드러나도록 정리하는 것이 좋다"는 의견을 말했다. B판사도 "핵심이 부각되지 않고 처음부터 중언부언하는 서면을 내면 무엇을 주장하는지 판사가 파악하기 어렵다"면서 "글에서 핵심과 쟁점을 명확히 제시하라"고 조언했다.

C판사는 "적정한 분량은 A4 기준 다섯 장 이내가 바람직하다"면서 "내용이 복잡하다면 차라리 다른 날짜에 한 번 더 서면을 내는 것이 좋다"고 조언했다. 그는 "서면에 중간중간 소제목을 달아주면 판사가 쟁점을 파악하는 데 도움이 되고, 주장에 상응하는 증거를 표시해주면 더 좋다"고 덧붙였다.

D판사는 "재판 전날 등 촉박하게 제출한 문서는 판사가 충분히 검토할 시간이 없으니 되도록 충분한 시간을 두고 제출하라"고 조언했는데 다른 판사들도 대체로 비슷한 의견이었다. 판사들은 장황한 주장만을 담거나, 핵심이 없이 나열식으로 기재된 서면은 피해야 한다고 입을 모았다.

대법원도 2016년 8월 민사소송규칙을 개정, 효율적인 재판을 위해 당사자들이 내는 서면의 분량과 내용을 제한하고 있다. 규칙에 따르면 소송서류는 A4 용지로 글자 크기 12포인트에 줄 간격 200% 이상으로 하고, 준비서면의 분량은 원칙적으로 30쪽을 넘기지 않도록 했다. 또한 준비서면에는 앞서 제출한 서면과 중복·유사한 내용을 불필요하게 반복

기재하지 않도록 명시했다. 역설적으로, 간결한 서류 작성을 법원이 얼마나 중시하는지를 보여주는 대목이다.

증거서류를 낼 때는 서류에 대한 설명을 따로 적는 것이 바람직하다. 가끔 수백 장의 장부나 영수증을 아무런 설명 없이 증거로 들이미는 사람이 있다. 수년 동안 개인들끼리 거래한 장부나 서류를 다른 사람이 한눈에 파악하기란 불가능하다. 증거마다 간단한 설명을 붙이고, 서류가 많다면 중요한 부분은 형광펜 등으로 가볍게 표시하는 것도 좋은 방법이다.

법정에선 '하고 싶은 말' 대신 '해야 할 말'을 하라

최근에는 민사나 형사 모두 법정에서 말로 하는 변론을 강조하는 추세고, 당사자들의 발언 기회가 늘어났다. 법정은 판사와 대면하는 중요한 자리다. 판사를 설득할 수 있는 좋은 기회다.

그렇지만, 재판기일 하루에 판사가 진행해야 하는 재판 건수가 수십 건이기 때문에 한 사건에 많은 시간을 투자하기란 물리적으로 불가능하다. 또한 판사는 이미 기록을 보고 왔기에 당사자들의 입을 통해 추가로 여러 가지 사실을 확인하고 싶어 한다. E판사는 "이미 서류로 제출한 내용은 다시 장황하게 설명할 필요가 없다. 판사와 대화할 때는 일단 결론을 말하고, 부연 설명을 붙이는 방식이 가장 좋다"고 말했다.

어떤 사람은 사건과 직접 관계가 없는 하소연이나 상대방 비난에 소중한 시간을 허비하기도 한다. 법정에서는 하고 싶은 말 대신, 해야 할 말을 하라. 해야 할 말이란 상대방의 주장 중 모순이 되는 내용에 관한 부분이나 서류로 미처 써내지 못한 중요한 사실 따위다. 또한 유리한 증인이나 증거가 있다면 언제까지 신청 혹은 제출하겠다는 의사를 확실히 밝히는 것이 좋다.

판사의 말을 유심히 들으면 지금 당신이 유리한지 불리한지, 어떤 것을 추가로 입증해야 하는지 알 수도 있다. 재판에 이기기 위해선 판결을 하는 판사의 의중을 파악하는 것도 중요하다.

법정 태도, 재판에 영향 미칠까

마지막으로, 법정에서의 태도가 재판에 영향을 미치지 않는다고 볼 순 없다. 법정에서 차분하고 명확하게 자신의 주장을 하는 사람과 흥분한 상태에서 공격적인 태도로 목소리를 높이는 사람 중에서 누가 더 유리할지는 명백하다.

C판사는 사견임을 전제로 "재판이란 결국 어느 증거를 믿느냐 하는 싸움인데, 당사자의 태도가 불량하면 그가 제출한 증거에 대한 믿음이 줄어든다"고 말했다. A판사는 "특히 형사재판에서 피고인의 태도는 중요하다. 예를 들어 성범죄나 공무집행방해로 재판을 받는 피고인이 말이나 글로는 반성한다면서 법정에서 불량한 복장과 태도를 보인다면 부정적인 영향을 미칠 수도 있다"고 귀띔했다. 다만 A판사와 B판사는 민사재판에서는 재판 태도가 재판의 결과에 직접적인 영향을 미치기 어렵다는 견해를 밝혔다.

판결은 절대적인 진리가 아니다. 분명 오류도 있을 수 있다. 하지만 재판에서 억울하게 졌다면 판사에게 진실을 제대로 전달하지 못한 당신에게도 절반의 책임이 있다. 재판을 이기게 하는 것은 제대로 된 증거와 주장 두 가지뿐이다. 정종관 판사는 재판에서 이기는 비결을 묻자 이렇게 대답했다.

"당신이 억울한 것은 하늘이 알고 땅이 알고 온 동네 사람들이 다 알지도 모릅니다. 그런데 판사는 하늘도, 땅도 아니고 한동네 사람도 아닙니다. 사람의 마음을 들여다볼 신통력도 없습니다. 재판에 이기는 길은 주장을 설득력 있게 정리한 뒤 그것을 뒷받침할 수 있는 합리적인 증거를 내는 방법밖에 없습니다."

02 판사는 그 많은 기록 다 읽어볼까

재판을 받아봤거나 법정에 가본 적이 있는가? 있다면 판사가 앉아 있는 법대 아래 수북이 쌓여 있는 사건 기록을 봤으리라(지금은 전자 사건이 늘어서 종이기록은 많이 줄었다). 사건 비중에 따라 편차는 있지만, 재판부마다 적게는 수백 건에서 많게는 수천 건의 사건을 항상 갖고 있다. 매주 열리는 재판 건수도 만만찮다. 그래서 많은 사람이 이런 의문을 갖는다.

"판사는 그 많은 기록을 다 읽어보고 재판하나?"

"내가 낸 서류를 판사가 읽어보기는 했을까?"

서류를 보지 않으면 판결문을 쓸 수 없다

정답은 '다 읽어본다'다. 판사가 기록을 제대로 보지 않으면 재판 진행을 할 수가 없다. 부장판사로 퇴직한 A변호사의 말을 들어보자.

"기록을 읽지 않고 재판할 수는 없다. 특히 당사자에게 법정에서 말할 기회를 많이 주는 현재의 재판 방식에서는 사건의 내용을 모르고는 재판을 진행할 수 없다."

특히 당사자가 낸 서류는 아무리 사소한 내용일지라도 반드시 사건 기록에 편철해두게 되어 있다(최근에는 전자소송이 도입되어 전자사건은 제출한 서면도 전부 전자문서로 남게 된다). 그중에는 불필요한 서류도 있지만 중요한 증거나 주장을 담은 서류도 적지 않으므로 판사가 전부 보지 않을 수 없다. 하지만 판사들이 수백 건, 수천 건의 사건을 매일 볼 수는 없기 때문에 재판을 앞둔 사건을 중심으로 반복해서 보는 방식을 주로 택한다.

게다가 당사자의 서류를 보지 않고는 판결문을 쓸 수가 없다. 판결이란 양쪽 당사자의 주장과 증거를 모두 취합하여 어느 쪽이 타당한지 법원이 결론을 내린 것이다. 판결문의 '이유'에는 왜 이런 판결을 내렸는지, 당사자의 증거와 주장에 대해 법원이 어떻게 판단했는지를 적게 되어 있다.

서류를 전부 파악하지 않고 판결문을 쓰기란 거의 불가능하다. 판사들은 판결을 앞두고 법전과 판례를 찾아보면서 사건 기록을 몇 번이고 읽게 된다. 따라서 간결하고 일목요연하게 정리된 문서를 제출하는 쪽이 그렇지 않은 쪽보다 판사를 설득하는 데 유리하다.

판사들의 비법 메모, 판결초고

판사들은 사건 기록 없이도 사건의 모든 것을 파악할 수 있게끔 따로 정리한다. 그 비법은 '판결초고'라고 부르는 메모지에 있다. 판결초고에는 원고·피고의 인적사항, 서류를 제출한 날짜와 핵심 내용, 사건 관련 법

조항과 판례 등이 담겨 있다. 또 재판기일마다 누가 나와서 무슨 주장을 했는지, 양쪽의 증거는 무엇인지, 증인은 어떤 진술을 했는지도 깨알 같은 글씨로 적혀 있다. 판결초고는 판사만 알아볼 수 있는 각종 부호와 약어까지 적혀 있어서 마치 모범생의 요약노트를 연상시킨다.

법원에는 될 수 있는 대로 많은 서류를 내는 것이 재판에 도움이 될까? 그렇지는 않다. 우리나라처럼 판사의 업무량이 많은 상황에서는 판사가 모든 내용을 정독하기란 물리적으로 불가능하다. 전직 부장판사 A변호사의 얘기를 더 들어보자.

"판사가 기록을 처음부터 끝까지 '정독'하는 것은 아니다. 준비서면(당사자가 법정에서 주장할 내용을 적은 서류)과 중요한 증거 부분에 집중하게 된다. 기록 중에는 사건의 쟁점과 관련이 없는 문서들이 많이 섞여 있고, 당사자가 내는 준비서면도 기존에 했던 주장을 반복하거나 증거에 기재된 내용을 그대로 옮겨 적는 경우가 많다. 이런 경우 판사는 쟁점과 무관한 부분에 많은 시간을 빼앗기게 된다."

그는 당사자들이 사건과 직접 관계가 없는 자료를 너무 많이 내는 경향이 있다고 지적했다. 그러면 쟁점이 분산되고 시간만 허비하게 되어 오히려 제대로 판단을 내리기 힘들다는 것이다. 법원에 장문의 서류를 반복해서 여러 번 내는 것보다는 잘 정리된 서류를 한두 차례 내는 것이 재판에 도움이 된다는 말이다.

재판 당사자 중에는 '판사들이 내가 낸 서류를 과연 읽어봤을까?' 하는 불안한 마음에 비슷한 주장을 담은 서류를 거듭 내는 이들이 있다. 심지어는 A4 용지 열 장이 넘는 분량으로 개인사, 상대에 대한 험담 등 사건과 무관한 주장만 장황하게 늘어놓은 사람도 있다. 재판에는 도움이 되지 않는다.

중복되는 열 장보다 정리된 한 장의 서류가 낫다

B판사도 "같은 주장을 반복하는 서류, 사건 당사자 외에는 알아보기 힘들 정도로 난해한 주장을 펼쳐놓은 서류는 자기만족이 될지는 몰라도 재판에 별로 좋은 영향을 미치지 않는다"고 지적했다. C판사는 "사건에서 중요한 사실관계를 먼저 적고, 이에 대한 법률적인 문제를 거론하는 식으로 문서를 적는 것이 바람직하다"면서 "법률지식이 부족하다면 어설픈 법리주장을 하지 말고 차라리 사실관계를 제대로 정리해서 판사에게 설명하라"고 권했다.

'판사가 내 서류를 읽어볼까?' 하고 의문을 품을 시간에 차라리 법원에 낼 서류를 다시 한번 정리해보라. 법원에 제출하는 서류는 자신이 주장하는 바를 잘 간추려서 내는 것이 좋다. 핵심을 찌르는 서류 한 장이 재판 결과를 바꿀 수도 있다.

준비서면과 답변서

민사재판에서 당사자가 내는 서류로는 소장, 답변서, 준비서면 등이 있다. 소장은 소를 제기하는 사람(원고)이 자신의 권리를 주장하면서 처음으로 내는 서류다. 이에 대해 피고가 소장의 내용을 반박하면서 내는 서류가 답변서다. 답변서에는 원고의 청구가 정당하지 않은 근거를 담는다. 피고는 답변서 제출 의무가 있다. 소장을 받고 30일 내에 답변서를 내지 않으면 상대방의 주장을 인정한 것으로 본다.

소장과 답변서를 낸 다음 원고와 피고가 주장을 담아서 제출하는 서류가 준비서면이다. 준비서면은 법정에서 진술할 내용을 미리 적어서 낸 서류라고 보면 된다. 주장과 증거를 적어서 서로 교환한 후 재판에 임하는 것이 효율적이기 때문이다. 준비서면에는 공격 방어의 방법과 상대방의 공격 방어에 대한 의견을 적고 자신의 주장을 뒷받침할 증거자료를 덧붙인다.

준비서면을 제출하면 법정에 출석하지 않더라도 준비서면에 적힌 내용을 진술한 것과 같은 효과가 생긴다. 반대로 상대방이 출석하지 않을 때는 준비서면에 적지 않은 새로운 주장을 할 수가 없다. 답변서와 준비서면 등 당사자가 낸 서류는 상대방에게 재판 전에 전달되어야 한다. 그래야만 법정에서 진술(변론에 이용)할 수 있다. 민사소송법 제273조에도 준비서면은 상대방이 준비하는 데 필요한 기간을 두고 제출해야 한다고 나와 있다. 판사도 재판 전에 읽어봐야 하기 때문에 재판기일 2주 전에는 서류를 내는 것이 좋다.

법원은 2016년 8월 민사소송 규칙을 개정하면서 준비서면에 대해 분량은 30쪽 이내를 원칙으로 하고, 이미 제출한 서면과 중복되거나 유사한 내용을 기재하지 않도록 했다.

형사재판에서 탄원서·반성문은 얼마나 도움이 될까

형사재판에서 유죄를 인정하는 피고인에게 최대 관심사는 낮은 형량이다. 특히 구속됐거나 중형선고가 예상되는 피고인은 재판부에 다양한 방법으로 선처를 호소한다. 그중 대표적인 방법이 피고인과 지인들이 탄원서와 반성문을 제출하는 것이다. 탄원서나 반성문은 재판에 얼마나 영향을 미칠까? 판사들은 대체로 "제출하지 않는 것보다는 낫다"고 말했지만, 그 효과에 대해서는 의견이 엇갈렸다.

피고인의 어린 딸이 보낸 탄원서에 감동한 판사

먼저 피고인과 지인들이 제출하는 탄원서다. A판사는 구속된 피고인의 어린 딸이 '그동안 아버지가 성실하게 살아왔으니 아버지를 용서해달라'는 내용으로 쓴 편지를 보고 감동을 받아 집행유예로 석방했다는 경험담을 들려줬다.

B판사도 "진정성이 담긴 탄원서는 양형에 반영될 여지가 있다"며 "탄원서를 보고 수사나 재판 과정에서 나타나지 않은 사정을 파악하는 경우

도 있다"고 말했다. 그는 다만 "부동문자(특정한 문구로 이미 인쇄되어 있는 글자)로 인쇄된 서류에 여러 명이 서명을 하는 방식의 탄원서는 큰 의미를 갖기 어렵다"는 의견이었다.

C판사는 "탄원서는 수많은 양형 요소 중의 하나일 뿐이지만 판결에 반영할 사안이 있는지를 검토하려고 보게 된다"며 "검사나 변호인이 못 했던 이야기나 특별한 사정이 담겨 있다면 도움이 될 것"이라고 했다. 그는 "작성 주체는 중요하지 않지만, 피해자가 제출한 탄원서라면 상대적으로 효과가 클 수 있다"고 덧붙였다. 예를 들어 사기 피해자가 어떤 식으로 사기를 당했고 피해를 입었는지 구체적으로 언급하거나, 다수의 피해자들이 각자 피고인을 엄벌해 달라면서 서류를 제출한 경우라면 재판에 영향을 미칠 수 있다.

반면, 경력 25년 차 D판사는 "탄원서는 제출하지 않는 것보다는 나은 정도일 뿐"이라며 "실제 재판에는 별 도움이 되지 않는다"고 했다. 판사들의 대체적인 의견은 '탄원서 자체로 큰 효과를 볼 수는 없지만, 진정성이 담겨 있거나 재판 과정에서 드러나지 않은 사항이 기재된 탄원서는 영향을 미칠 수도 있다'는 것이다.

판사들 "분량·횟수보다 담긴 내용이 중요"

피고인이 법원에 제출하는 반성문은 어떨까? A판사는 "피고인이 반성의 뜻을 담은 서류를 제출하는 것을 나쁘게 볼 이유는 없다"면서 꼼꼼히 읽어보는 정도라고 말했다. B판사는 "반성문에서 진정으로 반성의 의미를 담고 있다는 점이 느껴진다면 횟수는 중요하지 않다"고 밝혔다. 다만 "누군가가 대필해주었다는 느낌을 주거나 형식적인 내용을 반복해서 제출한다면 효과는 없을 것"이라고 귀띔했다.

이에 반해 D판사는 "한 번 정도 내는 건 몰라도 자주 내는 건 도움이 되지 않는다"고 일축했다. C판사는 "안 내는 것보다야 낫겠지만 큰 효력은 없을 것"이라면서 "다만 반성문을 제출해놓고 무죄를 다투거나 범행을 부인한다면 오히려 좋지 않은 영향을 미칠 수도 있다"고 말했다. 그는 "피해자에게는 제대로 된 배상이나 사과를 하지도 않으면서 재판부에만 반성문을 제출한다고 따지는 피해자도 있다"면서 "피해회복 등이 없이 반성문만 내는 것은 무의미하다"고 조언했다.

구속된 피고인들 중에는 반성의 뜻으로 성경이나 불경을 필사하여 반복해서 제출하는 이들이 있다. 어떤 이들은 "잘못했습니다", "반성합니다"와 같은 문장을 빼꼭히 적은 문서를 법원에 매일 내기도 한다. 큰 도움은 되지 않는다. 필자가 20년 넘게 법원에 근무했지만 이런 문서가 피고인의 감형에 도움이 되었다는 이야기를 들어본 적은 없다.

형법에서는 '범행 후의 정황'을 양형에 참작하도록 규정하고 있다. 여기에는 피고인의 반성 여부나 피해회복 여부 등이 포함된다. 어떤 형태로든 피고인이 진지하게 반성한다는 마음이 재판부에 전달되어야 판결에 반영될 수 있다.

판결문은
눈물을 닦아줄 수 있을까

판사의 고뇌가 묻어나는 판결들

자식 간 분쟁 보며 "가슴이 먹먹하다"고 표현한 판결문

"가슴이 먹먹하다. 법원에서 자식들과 사위들의 싸움을 지켜보는 할머니(피고)
의 가슴은 찢어지는 것 같아 보였다. 많은 자식들과 손자들이 있으나 할아버지가 없
는 할머니는 얼마나 외로울까 하는 생각이 든다. 피고 회사의 창업주이자 남편인 할
아버지가 살아 계셨다면 과연 이 사건이 일어날 수 있었을까."

어느 방청객의 재판 참관기가 아니다. 법원 판결문의 일부다. 부산지법
의 채시호 판사(현 변호사)는 2008년 한 판결문의 말미에 '후기'라는 제목
으로 이런 글을 썼다. 보통 법원의 판결이 논리적이고 무미건조한 문체
로 구성된다는 점을 떠올려보면 이 판결은 지극히 이례적이다.

채시호 판사가 덧붙인 '후기'는 굳이 판결문에 없어도 되는 내용이다. 그런데도 "가슴이 먹먹하다"며 솔직한 심정을 드러낸 까닭은 왜일까? 이 사건은 대표이사가 사망한 후 회사의 경영권과 주식의 소유권을 둘러싸고 자식들 간의 분쟁으로 생긴 주식명의개서 청구사건이었다. 피고가 된 할머니는 80대의 고령으로, 사망한 남편 회사의 대주주였다. 그런데 회사의 운영을 사실상 좌우하던 아들이 할머니의 뜻과는 상관없이 주식을 팔아버리면서 다툼이 벌어졌고, 결국 법정까지 오게 된 것이다.

채시호 판사는 할머니를 사이에 두고 자식들이 두 편으로 갈라서서 재산 다툼을 벌이는 상황을 안타까운 마음으로 바라본다. 그는 법에 따라 원고(아들) 쪽의 손을 들어주면서도, 마치 스스로 다짐하듯 의미심장한 문장으로 판결을 끝맺는다.

"아내를 두고서 혼자 먼저 가지 않으련다. 나 죽어 내 가족에게 이런 일이 일어난다면 아내를 데려올 것이다. 부디 할머니는 남은 여생, 할아버지와 함께 가졌던 젊었을 때의 꽃다운 아름다운 추억만 생각하길, 그리고 지금의 자녀들이 아니라 옛날의 착하고 어린 아기들만 생각하길…."

이 땅의 아내 되려던 열아홉 살 베트남 여성, 지켜줄 수 없었나

형사사건에서도 무고하게 희생된 피해자를 추모하는 판결(대전고법 2007노425)이 눈길을 끈 적이 있다.

피해자는 열아홉 살에 불과한 베트남 여성 후안마이다. 그녀는 자신보다 스무 살이나 많은 한국 남성과 결혼했다. 남편은 후안마이를 집 밖으로 못 나가게 했으며, 자신과 함께하는 결혼생활에 뜻이 없는 것으로 오해하는 등 피해망상을 보이다가 급기야는 만취 후 상습 폭력으로 아내를 숨지게 했다.

재판부는 세상을 뜨기 전날 후안마이가 베트남어로 쓴 장문의 편지를 인용하면서 그의 심정을 헤아리고자 노력한다. 편지 중 일부를 보자.

"저는 당신과 많은 이야기를 나누고 싶은데, 당신은 왜 제가 한국말을 공부하러 못 가게 하는지 이해할 수가 없어요. 당신을 잘 시중들기 위하여 당신이 무엇을 먹는지, 무엇을 마시는지 알고 싶어요. 제가 당신을 기뻐할 수 있게 만들 수 있도록, 당신이 저에게 많은 것들을 가르쳐주기를 바랐지만, 당신은 오히려 제가 당신을 고민하게 했다고 하네요. (…) 당신은 저와 결혼했지만, 저는 당신이 좋으면 고르고 싫으면 고르지 않을 많은 여자 중에 함께 서 있었던 사람이었으니까요."

후안마이는 편지에서 "당신을 잘 이해해주고 사랑해주는 여자를 만날 기회가 오기를 바란다"며 "저는 베트남으로 돌아가 부모님을 위하여 다시 처음처럼 일을 시작하려고 한다"고 소망을 밝혔다. 그러나 다음 날 후안마이는 싸늘한 주검이 되어버렸다.

재판부는 이 사건을 단지 피고인의 처벌에만 초점을 맞추지 않았다. 재판부의 관심은 '이 같은 비극이 발생한 근본 원인', 다시 말해 국제결혼의 명암을 재조명해보는 것으로 확대됐다. 재판부의 의견을 들어보자.

"피고인은 그저 피해자가 한국인과 비슷하게 생겼다는 이유로 단 몇 분 만에 피해자를 배우자감으로 선택하게 된다. (…) 목표는 단 한 가지, 여자와 결혼을 한다는 것일 뿐, 그 이후의 뒷감당에 관하여 진지한 고민이 없다. (…) 노총각들의 결혼 대책으

로 우리보다 경제적 여건이 높지 않을 수도 있는 타국 여성들을 마치 물건 수입하듯
이 취급하고 있는 인성의 메마름. 언어 문제로 의사소통도 원활하지 않은 남녀를 그
저 한집에 같이 살게 하는 것으로 결혼의 모든 과제가 완성됐다고 생각하는 무모함.
이런 우리의 어리석음은 이 사건과 같은 비정한 파국의 씨앗을 필연적으로 품고 있
는 것이다."

재판부는 "우리는 21세기 경제대국, 문명국의 허울 속에 갇혀 있는 우
리 내면의 야만성을 가슴 아프게 고백해야 한다"고 토로했다. 이어서 "이
사건이 피고인에 대한 징벌만으로 끝나서는 아니 되리라는 소망을 해보
는 것도 이런 자기반성적 이유 때문"이라고 지적했다.

재판부는 끝으로 "코리안 드림을 꿈꾸며 이 땅의 아내가 되고자 한국
을 찾아온 후안마이, 그녀의 예쁜 소망을 지켜줄 수 있는 역량이 우리에
게는 없었던 것일까"라고 반문했다. 재판부는 "피해자의 영혼을 조금이
라도 위무해주기 위해" 피해자 가족들의 소재를 파악하기 위해 노력을
기울였다. 하지만 끝내 연락이 닿지 않은 채 판결을 내린 사실을 아쉬워
했다.

"치열하던 여류시인의 삶, 껍데기만 남은 인간들이 꺾어"

20대의 두 강도가 술집을 털기로 했다. 술을 마시며 범행 기회를 엿보던
두 사람은 손님이 끊긴 새벽녘에 술집 여주인을 과도로 살해했다. 단지
돈을 빼앗기 위해 자신들과 아무런 관계가 없는 여인을 잔인하게 살해하
고, 그것도 모자라 능욕하기까지 한 피고인들을, 재판장은 "짐승만도 못
하다"고 꾸짖었다.

대전지법(2008고합68 판결)은 "함부로 남의 생을 접어버린 피고인들의 행위는 신의 권력을 탐한 것으로 도저히 허용될 수 없다"며 무기 징역을 선고했다. 판결문 곳곳에서는 피해자의 죽음을 안타까워하는 재판부의 심정이 느껴진다. 재판부는 "껍데기만 인간에 불과한 피고인들과 달리, 피해자는 아프고 외롭고 힘겨웠던 날들을 이겨가며 치열한 삶을 살아가던 여류시인이었다"고 평가했다.

판결문에 사건과 직접 관련이 없는 시를 인용하는 일은 흔치 않다. 하지만 재판부는 "힘들고 모호한 일상을 거부하고 치열한 삶을 살고자 했던 피해자의 모습"을 보여주기 위해 피해자가 생전에 지은 '확인되지 않는 하루'라는 시를 소개한다.

확인되지 않는 하루가

수취인 불명으로 찍혀

자꾸 문을 두드린다.

비늘을 겹겹이 둘러 입고

물고기처럼 위장하여

죽은 듯 호흡을 멈추어도

따돌릴 수 없어

받아 쥐고 말았다.

꼼짝없이 저당 잡힌 내가

무거운 깃털 하나 꽂은 채

닳고 닳은 세상에 이끼로 피면

수취인 불명으로 날아든 너는

세월의 끝에 섞여갈 수 있겠지만

그럴 수 없다. 나 또한

살아 있음의 확인이 절실하기에

비늘을 벗어 네게 덤으로 얹어줄게

가라

영원히 잊힐 세상 밖으로

재판부는 "피해자의 생에 대한 의지는 피고인들에 의하여 꺾여버렸다"며 "이 사건 범행일이 피해자에게는 그토록 거부하면서 받고 싶지 않았던 '확인되지 않는 하루'가 되어버렸다"고 한탄했다. 피고인들을 향해서는 "참회하지 않는다면 생명이 다하는 날까지 매일매일이 고통스러운 '확인되지 않는 하루'가 될 것"이라며 평생 반성하라고 충고했다.

"억울하게 고초 겪은 피고인에게 법원이 사과"

법원이 과거의 재판을 반성하며 자성의 목소리를 낸 판결도 있었다. 군사정권 시절 고문과 조작을 통해 억울한 옥살이를 하고 수십 년간 '빨갱이', '간첩'의 낙인이 찍힌 채 살아왔던 이들이 최근 재심사건을 통해 무죄를 받고 있다.

그중에서는 일명 '아람회 사건(딸 아람이의 백일잔치에 모인 사람들을 반국가단체 구성원으로 엮어서 처벌한 사건)'도 있다. 2009년 아람회 사건의 재심사건 판결(서울고법 2000재노6)은 뼈저린 반성을 담고 있다.

"사법부는 법치주의의 이념을 구현하는 최후의 보루이다. 절대권력자나 힘을 가진 다수가 진실에 반하는 요구를 하더라도 법원은 진실을 말하는 힘없는 소수의 편이 되어 그런 소수를 보호하여야 한다는 것이다. 설령 그런 행위로 인하여 극심한 불이익을 받게 된다고 하더라도 법관은 진실을 밝히고 반드시 이를 지켜내야만 한다.

그러나 각자의 직역에서 일상을 평범하고 성실하게 살아가는 시민들에 불과했던 피고인들이 재판 과정에서 국가기관에 의하여 저질러진 약 한 달간의 불법구금과 혹독한 고문 끝에 반국가단체의 구성원으로 조작·둔갑되어 허위 자백을 했다고 절규했음에도 불구하고, 이 사건 재판 당시 법관들은 그 호소를 외면한 채 진실을 밝히고 지켜내지 못함으로써 사법부 본연의 역할을 다하지 못했다."

끝으로 재판부는 판결을 통해 피해자들과 가족들에게 진심으로 사과했다.

"오늘 그 시대 오욕의 역사가 남긴 뼈아픈 교훈을 본 재판부의 법관들은 가슴 깊이 되새겨 법관으로서의 자세를 다시금 가다듬으면서, 선배 법관들을 대신하여 억울하게 고초를 겪으며 힘든 세월을 견디어온 피고인들과 그 가족들에게 심심한 사과와 위로의 뜻을 밝힌다."

"법도 차가운 머리뿐 아니라 따뜻한 가슴도 함께…"

"가을 들녘에는 황금물결이 일고, 집집마다 감나무엔 빨간 감이 익어간다. 가을걷이에 나선 농부의 입가엔 노랫가락이 흘러나오고, 바라보는 아낙의 얼굴엔 웃음꽃이 폈다. 홀로 사는 칠십 노인을 집에서 쫓아내 달라고 요구하는 원고의 소장에서는 찬바람이 일고, 엄동설한에 길가에 나앉을 노인을 상상하는 이들의 눈가엔 물기가 맺힌다."

역시 판결문의 일부다. 판사는 대체 어떤 노인의 기구한 사연을 봤길래 장탄식을 늘어놓게 하는 판결을 썼을까?

70대 노인은 뇌경색에 걸린 아내와 단둘이 살고 있었다. 그는 아내의 병수발 때문에 딸에게 공공임대아파트 계약을 맡겼다. 그런데 임대기간 이 만료돼 임대아파트가 분양으로 전환된다는 공고가 났지만 노인은 입주할 수가 없었다. 계약이 딸의 명의로 되어 있다는 이유에서였다. 노인 은 "내가 실제로 거주했고 딸은 사정상 이름만 빌려주었을 뿐"이라고 주장했지만 통하지 않았다.

주택공사는 변호사를 선임하여 법원에 명도소송을 냈고, 1심은 주택 공사의 손을 들어줬다. 항소심을 맡은 대전고법은 고심이 깊어졌다. 이런 상황을 두고 재판부는 "홀로 사는 칠십 노인을 집에서 쫓아내 달라고 요구하는 원고의 소장에서는 찬바람이 일고, 엄동설한에 길가에 나앉을 노인을 상상하는 이들의 눈가엔 물기가 맺힌다"고 표현한 것이다.

현행법을 따르자니 노인이 쫓겨나게 생겼지만 그렇다고 법을 무시할 수도 없었다. 재판부는 노인을 '실질적인 의미의 임차인'으로 해석하는 방식으로 문제를 풀어나갔다.

노인이 무주택자이고 실수요자였는데도 계약서에 이름을 올리지 않았다는 이유로 권리를 부정하는 것은 법의 공익적 목적에 맞지 않다고 본 것이다. 그러면서 노인이 임대주택을 분양받을 권리가 있다고 재판부 는 결론 내렸다.

"우리 모두는 차가운 머리만을 가진 사회보다 차가운 머리와 따뜻한 가슴을 함께 가진 사회에서 살기 원하기 때문에 법의 해석과 집행도 차가운 머리만이 아니라 따뜻한 가슴도 함께 갖고 하여야 한다고 믿는다."

재판부는 70대 노인을 구제해주는 판결을 내렸다. 하지만 이 판결은 대법원에서 파기됐다. 대법원은 2심판결이 '보편타당성'과 '법적안정성'을 기준으로 볼 때 법을 잘못 해석했다고 지적했다. 판결의 결론은 뒤집어졌지만 법원이 소수자 보호와 정의와 공평의 관념을 고민했다는 점에서 대전고법의 판결(2006나1846)은 뜻깊다.

"죽은 고래의 고기 앞에서 자연을 노래할 시인은 없다"

2015년, 고래고기로 유명한 울산에선 불법포획한 밍크고래를 몰래 사들여 손님에게 판매한 식당 주인이 구속됐다. 고래 포획업자가 아닌 판매자를 구속한 건 이례적이었다. 식당 주인 B씨는 "우연히 그물에 잡히는 고래가 소량이다 보니 현실적으로 불가피했다"며 선처를 호소했다. 하지만 울산지법 박주영 판사는 "멸종 위기종인 밍크고래를 포획하고 유통·판매하는 행위는 명백한 불법일 뿐 아니라 국제적으로도 용인되지 않는다"며 불법포획된 사실을 알고서도 손님들에게 마구 판매한 B씨에게 징역 1년을 선고했다.

박 판사는 "우리 시대의 고래는 더 이상 어족 자원이 아니라, 생명성과 바다를 상징하는 경이로운 생명체이자 위대한 자연 그 자체"인데도 식용 포획으로 개체수가 급감했다고 지적했다. 또한 고래가 멸종하리라는 불길한 예감이 드는 까닭은 "고래가 자주 출몰한다는 울산 지역조차 산 고래 구경하기는 하늘의 별 따기이나 죽은 고래는 식당마다 넘쳐나기 때문"이라고 안타까워했다. 고래가 멸종 위기를 맞은 원인을 "통제되지 않는 인간의 탐욕"에서 찾은 판결(2015고단1104)은 이렇게 끝을 맺는다.

피고인들에게 엄중한 책임을 물어 고래를 포획하고 유통·판매하는 것이 비난 가능성 높은 범죄라는 점을 거듭 환기하고자 함은, 도도새를 비롯하여 인간의 탐욕으로 멸종되어 사라져 간 수많은 비잠주복(飛潛走伏, 날고 헤엄치고 달리고 기는 것이라는 뜻으로 새, 물고기, 짐승 등을 일컫는 말), 그 숨탄것(동물을 이르는 우리말)들처럼, 고래를 더 이상 아이들의 그림책 속에서만 볼 수 있는 존재로 남겨둘 수 없기 때문이다. 죽은 고래의 고기 몇 점을 앞에 두고 자연을 노래할 시인은 어디에도 없기 때문이다.

판결은 사람의 눈물을 닦아줄 수 있을까

판결의 주된 목적은 원고나 피고 중 한 사람의 손을 들어주거나, 죄를 저지른 범인을 처벌하는 것이다. 그것으로 할 일은 다 한 셈이다. 그런데도 앞에서 소개한 판결들은 원래의 목적 말고도 인간의 모습을 보여주려는 시도를 하고 있다.

이처럼 판사가 판결문을 통해 감정을 드러내고 솔직한 심경을 토로하는 것이 얼마나 효과가 있을지는 알 수 없다. 하지만 판결 속에서 인간적인 모습을 자주 보게 된다면 법원의 고뇌를 헤아리는 사람도 점차 늘어나리라. 아주 가끔은 판사의 진정성도 엿보게 되리라.

판결문은 어떻게 구성되어 있나

간혹 법원의 판결을 받고도 내용이 복잡해서 결과를 모르겠다는 이들이 있다. 판결문에 대해 알아보자.

　판결문은 재판의 결론을 문서로 표현한 기록이다. 판결문은 재판 당사자에게 판결의 내용을 정확히 알려주고 승복할 것인지를 검토하게 하는 자료가 된다. 또한 판결의 이유(근거)와 효력이 미치는 범위를 명확히 하는 역할을 한다. 최근에는 판결문 공개가 늘면서 법을 해석하는 법원의 입장을 확인하는 기능도 강조된다. 법원의 대부분 문서는 보존기한이 정해져 있지만, 판결문만큼은 영구 보존된다. 법원에서도 가장 중요하게 취급하는 문서다.

민사 판결과 형사 판결

민사사건의 판결문에는 사건번호 및 당사자 이름과 함께 주문, 청구취지, 이유가 기재된다. 주문은 판결의 결론에 해당하는 부분(예를 들어 "피고는 원고에게 100만 원을 지급하라", "피고는 원고에게 부동산을 인도하라")이다. 청구취지는 원고가 피고에게 청구한 내용을 말한다. 판결의 이유에는 양쪽 당사자의 주장, 증거에 대한 법원의 판단과 이를 토대로 한 주문의 근거 등이 언급된다. 단, 민사 소액사건은 판결 이유 기재를 생략할 수 있다. 이혼소송, 행정소송의 판결도 민사판결과 같은 형식으로 구성된다.

형사사건의 판결은 당사자 표시, 주문, 이유 등으로 구성된다. 주문에는 피고인이 유죄인 경우 형량을, 무죄인 경우 무죄임을 기재한다. 예컨대 "피고인을 징역 5년에 처한다", "피고인은 무죄"가 주문이다. 형사판결은 검찰의 공소사실에 대한 판단이 주가 되고, 필요한 경우 피고인의 주장에 대한 답변도 담겨 있다. 유죄판결의 이유 부분에는 범죄 될 사실, 증거의 요지와 법령의 적용을 적고 형을 감경·가중할 때는 양형 사유를 밝히도록 되어 있다.

판결의 결론은 '주문'에, 근거는 '이유'에

판결문을 한마디로 정리한다면, 판결의 결론은 '주문'에 있고, 판결의 근거는 '이유'에 나와 있다.

덧붙이면, 2심이나 3심판결의 주문에 "항소(상고)를 기각한다"고 되어 있다면 항소(상고)가 받아들여지지 않아서 원심판결과 결론이 같다는 의미다. 만일 "원심판결을 파기한다"고 기재됐다면 상급심이 하급심과 결론을 달리한다는 뜻이다. 일반적으로 원심판결을 파기하는 경우, 2심은 사건을 완결하는 종국판결(파기자판)을 하는 반면, 대법원은 2심으로 사건을 돌려보낸다(파기환송).

04 판사들도 계급이 있다? 없다?

판사 서열, 법에는 없지만 현실에는 있다

법에는 '대법원장', '대법관', '법관' 세 종류만

배석판사, 부장판사, 법원장, 대법관….

판사들의 종류도 다양하다. 판사 세계에도 계급이 있을까? 결론부터 말하자면 '없다.' 법대로만 따진다면 그렇다. 하지만 현실에선 '있다'고 봐야 한다.

사법부와 판사의 구성을 알 수 있는 법이 헌법과 법원조직법이다. 헌법은 "사법권은 법관으로 구성된 법원에 속한다"(제101조 1항)고 규정한다. 또한 법관의 종류를 '대법원장', '대법관', '대법원장과 대법관이 아닌 법관' 이렇게 세 가지만 명시하고 있다.

좀 더 자세히 나와 있는 법원조직법을 보자. 대법원에 대법원장을 포함하여 14인의 대법관을 둔다. 그리고 고등법원, 지방법원 등 각급 법원에 판사(대법원장과 대법관이 아닌 법관)를 두도록 하고 있다(법원조직법에는 각 법원의 사법행정 사무를 관장하는 법원장이 나오는데, 법원장은 재판업무가 아닌 행정사무의 책임자이기 때문에 재판을 하는 법관으로 보기는 힘들다). 정리하자면 법에 나오는, 재판하는 법관은 대법원장, 대법관, 판사로 나눌 수 있다.

배석판사─단독판사─부장판사─법원장… 사실상 승진으로 운영

법관의 보수체계도 2004년 법관 단일호봉제가 시행되면서 단순화됐다. 단일호봉제란 일반 판사들이 직급이나 보직이 아닌 근무경력에 따라 보수를 받는 제도를 말한다.

그전에는 대법원장, 대법관은 물론 고등법원장급과 지방법원장급, 고등법원 부장판사, 일반 판사 등을 나누어 봉급을 정했다. 지금은 대법원장과 대법관을 제외한 판사들은 호봉수(최대 17호봉)에 따라 봉급을 받는다. 일반 판사의 임기는 10년이지만 연임이 가능하기 때문에 특별한 결격사유가 없는 한 판사로 계속 근무할 수 있다.

여기까지만 보면 판사들 사이에서는 선후배 관계는 있을지라도 특별한 계급은 존재하지 않는 것처럼 보인다. 그런데 실상을 들여다보면 판사들 사회에도 수많은 단계가 있었다.

지금은 '법조일원화(일정한 법조경력이 있는 변호사 자격자 중에서 판사를 선발하는 제도)'가 시행되고 있다. 과거에는 사법시험을 통과하고 사법연수원을 나온 젊은 법조인 중에서 판사를 임명하는 '경력법관제'가 원칙이었다. 그래서 판사로 법원에 발을 내딛는 순간 일반적으로 다음과 같은 과정을 거쳐야 했다.

지방법원 배석판사 → 단독판사 → 고등법원 배석판사 → 지방법원 부장판사(지법 부장) → 고등법원 부장판사(고법 부장) → 법원장 → 대법관 → 대법원장

여기에 수석부장판사, 지원장, 재판연구관, 법원행정처에서 행정을 담당하는 실장과 심의관 같은 자리까지 포함한다면 더욱 복잡해진다. 물론 대법원장과 대법관은 국회 동의와 대통령의 임명 절차를 거쳐야 하고, 법원장 이상의 자리는 판사라고 해서 누구나 올라가는 것은 아니었다. 하지만 확실한 것은 판사들의 세계에는 이처럼 사실상 서열이 정해져 있었다는 점이다.

대법원은 이런 판사들의 자리가 보직개념에 불과하다고 설명해왔다. 즉 서열이 아니라 어떤 일을 하느냐의 차이가 있을 뿐이라는 얘기다. 과연 그럴까. 불과 몇 년 전만 해도 지법 부장에서 고법 부장이 되려면 치열한 경쟁(!)을 거쳐야 했고, 경쟁에서 탈락한 이들은 자의반 타의반으로 사직하던 관행이 있었다.

과거 판사들은 사법연수원 성적, 근무연수에 더해 인사권자인 대법원장이 최종 결재하는 근무평정을 종합하여 사실상 승진하는 구조로 되어 있었다. 예를 들어보자. 부장판사와 배석판사는 단순한 선후배 이상의 관계였다. 배석판사보다 경력이 보통 10년 이상 많은 부장판사는 판결의 결론을 주도하고, 배석판사의 근무평정을 좌우하는 지위에 있었다.

판사들에 대한 평정은 소속 법원장이 매긴다. 그런데 합의부 소속 배석판사에 대해서는 소속 재판장으로부터 의견서를 제출받아 평정에 참

고하도록 되어 있다. 말은 '참고'라지만 부장판사의 의견이 판사의 앞길을 좌우할 수도 있다. 게다가 법원장을 보좌하는 수석부장판사가 인사에 끼치는 영향력도 적지 않았다.

판사가 윗사람 눈치 보는 구조는 불행하다

이런 사실 때문에 어느 판사는 2009년 촛불재판 파동(2008년 신영철 당시 서울중앙지방법원장이 수석부장판사를 통해 촛불시위 재판을 특정 재판부에 몰아서 배당하고 판사들에게 신속하게 재판을 처리할 것을 독려한 사건. 당시 야간집회의 위헌심판이 헌법재판소에 계류 중이었는데도 신영철 당시 법원장은 형사 단독판사들에게 여러 차례 이메일을 보내 헌법재판소 위헌제청과 관계없이 현행법에 따라 처리하라고 독려했다. 이 사건은 판사들의 인사·평정권을 쥐고 있는 법원장이 법관의 독립을 침해한 사건으로 보는 시각이 지배적이다)이 발생하자 진상규명을 촉구하면서 법원 내부 통신망에 올린 글에서 다음과 같이 지적한 바 있다.

"제가 보기에 위와 같은 사태(촛불재판 배당 몰아주기와 양형 압력 논란)의 원인은 바로 법관의 계층적인 서열구조와 승진제도, 그리고 이로 인하여 비롯된 법관의 관료화 때문입니다. 형사수석부장판사가 동등한 동료 법관에 불과하다면 단지 선배 법관의 조언에 불과한 것이지만, 법관에 대한 평정권자 또는 평정권자에 영향을 미칠 수 있는 위치에 있다면 위와 같은 취지의 말은 간섭이 되고 압력이 되는 것입니다."

판사가 재판을 하면서 윗사람의 눈치를 볼 수밖에 없는 구조는 불행하다. 최근에는 이런 인사관행을 개선하고자 하는 움직임이 있다. 재판장이 법원장에게 배석판사의 의견서를 제출하고 이를 토대로 근무평정을 매기는 기존의 방식, 더 나아가 대법원장이 인사권을 독점하는 방식에서 벗어나야 한다는 목소리도 나왔다.

고법 부장판사 제도 폐지, 대등재판부 구성

전국 법원 판사의 숫자는 약 3000명이다. 이 중에서 간부급이라 볼 수 있는 지법 부장 이상이 500~600명 정도다. 그중 가장 논란이 됐던 자리는 차관급 대우인 고법 부장이다. 계속 법원에 남아서 명예롭게 재판을 하기 위해서는 '지법 부장→고법 부장' 관문을 통과해야 했다.

과거에는 고법 부장으로 '발탁'된 판사는 명예를 누리며 법원에 남고, 탈락한 사람은 법복을 벗고 나가는 경우가 많았다. 그런데 인사권자인 대법원장 눈치 보기와 법관들 간의 과도한 경쟁 등 부작용이 지적돼온 고법 부장 '승진' 제도는 2020년 3월 법원조직법 개정으로 2021년 폐지되었다. 종전의 고법 부장은 그대로 직위를 유지하므로 현재 고등법원에는 고법 부장과 고법 판사가 있다. 장기적으로 고등법원은 비슷한 경력을 지닌 고법 판사 3명으로 재판부를 구성, 그들이 돌아가면서 재판장을 맡는 대등재판부로 운영할 전망이다. 2011년 처음 임명된 고법 판사는 2021년 말 현재 212명이 되었다. 이는 '법관인사 이원화' 방안과 맞물린다. 지방법원과 고등법원 소속 판사의 인사체계를 분리하는 방안이다. 주로 1심을 맡는 지방법원은 충실한 사실조사를 바탕으로 1차적인 판단을 하고, 2심인 고법은 재판 경력이 많은 판사 3명이 충실한 심리와 실질적 합의를 통해 재판의 결론을 낸다는 것이다.

판사에게 승진의 개념이 도입된다고 하여 꼭 단점만 있지는 않을 것이다. 하지만 행정 관료와 달리 판사는 개개인이 하나의 재판부이자 법원을 구성한다. 판결문을 쓰는 데 윗사람의 눈치를 보거나 지시를 받는 일은 있을 수 없다.

승진·보직·근무지역 등 판사의 인사권을 쥐고 있는 대법원장, 평정을 매기는 법원장과 평정에 영향을 끼치는 수석부장판사, 부장판사 등을 의식하게 되는 구조는 재판의 독립에 역행한다. 게다가 판사를 요직에 발탁하거나 국내외 파견이나 연수 등을 결정하는 권한이 대법원장과 그를 보좌하는 법원행정처에 있다 보니 사법행정이 판사 위에 군림하는 현상이 벌어졌다. 이런 폐해는 최근 다소 개선되고 있다. 대법원은 고법 부장 승진제도 완전 폐지에 이어 법원장 추천제(소속 법원 판사들이 의견 수렴을 거쳐 법원장 후보를 추천하고 그중에서 법원장을 임명하는 방식)를 확대 실시하고 있다.

판사들도 인사적체, 고령화 진행 중

판사들의 '승진' 과정 중에서 현재 바뀐 부분을 정리해본다. 고법 부장은 과거 임명된 사람들은 아직 남아 있지만 제도 자체는 폐지되었다. 고법 배석판사는 지금은 사라졌고, 경력이 더 많고 재판장을 겸하는 고법 판사 제도로 바뀌었다. 법원장은 기존엔 고법 부장급에서만 임명했지만, 지금은 소속 법원의 부장판사 중에서 임명하는 경우가 일반적이다.

판사들의 인사적체도 심해지고 있다. '배석 → 단독'이나 '단독 → 부장'이 되는 기간이 훨씬 길어지고 있다. 경력이 오래된 판사가 배석이나 단독을 맡는 일이 흔해졌다는 뜻이다. 판사의 고령화도 빠르게 진행된다. 대법원 통계에 따르면, 2010년 38.9세이던 법관의 평균 나이는 2022년

44.2세로 높아졌다. 2030년엔 50세를 넘어설 것으로 추정된다.

과거엔 재판을 하다가 법원장이 되면 임기 후 퇴직하는 수순을 밟았으나 최근에는 다시 재판장으로 돌아오는 현상이 흔하다. 고위 법관이 다시 재판부에 복귀하는 순환보직제, 정년(65세)까지 판사로 일하는 평생법관제가 정착되고 있다.

일정한 법조경력자 중에서만 판사를 선발하는 방식인 법조일원화가 도입된 것도 최근의 특징이다. 법조일원화가 전면 도입되면 판사는 최소 10년 이상 법조경력이 있는 사람 중에서 선발하게 된다. 다만 전면 시행 시기는 2029년이다. 그전까지는 단계적으로 5~7년의 법조경력이 필요하다. 이 중에는 사법시험 출신자와 법학전문대학원(로스쿨) 졸업자가 섞여 있는데 출신과 관계없이 동일한 방식으로 선발한다. 구체적인 시기별 법관임용절차는 다음과 같다.

시기별 법관임용절차

▲2012년까지: 사법연수원 수료 후 곧바로 임용(경력법관제)

▲2013~2017년: 법조경력 3년 이상인 자 중에서 선발(법조일원화 도입)

▲2018~2024년: 법조경력 5년 이상

▲2025~2028년: 법조경력 7년 이상

▲2029년 이후: 법조경력 10년 이상

그 외에도 전담법관제도가 있다. 일정 기간 이상의 법조경력을 가진 법조인을 법관으로 선발하여 지방법원의 민사재판 등 특정재판사무만을 전담하도록 하는 제도다. 현재는 20년 이상의 법조경력이 필요하다.

법조일원화, 경력법관제… '법관 독립'에 어떤 영향?

과거에는 사법시험에 합격하여 사법연수원을 수료하면 성적순에 따라 곧바로 판사가 될 수 있었다. 앞으로는 로스쿨을 마치고도 최소 5~10년 정도의 경력(변호사, 국가기관, 공공기관 등)을 쌓아야 지원 자격이 주어진다. 이런 제도들이 법관의 독립에 어떤 영향을 미칠지 두고 볼 일이다. 법관의 독립이 보장되지 않으면 그 피해는 고스란히 국민에게 돌아간다. 양승태 대법원장 시절 드러난 '재판거래 의혹'은 판사들이 아직 독립되지 못했다는 부끄러운 현실을 보여주었다.

어떤 이유로든, 법원행정과 법관인사제도가 "법관은 헌법과 법률에 의하여 그 양심에 따라 독립하여 심판한다"는 헌법 조항을 빛바래게 해서는 안 된다. 판사들이 법원 안팎의 간섭이나 압력에서 벗어나 양심에 따라 재판하는 법원, 국민들이 꿈꾸는 법원이 아닐까.

9장

변호사도
잘 모르는
특급정보

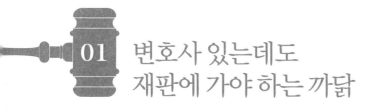

01 변호사 있는데도 재판에 가야 하는 까닭

사람들이 변호사를 선임하는 까닭은 무엇일까? 가장 큰 이유는 뭐니 뭐니 해도 재판에 이기기 위해서다. 특히나 법을 잘 모르는 사람, 잘 알더라도 거액의 소송을 하는 사람은 여력만 된다면 법률 전문가인 변호사의 도움을 얻는 것이 승소의 지름길이다. 그런데 변호사를 선임하면 재판에 나가지 않아도 될까? 형사재판과 민사재판을 나누어서 생각해보자.

형사사건에서는 변호사가 있더라도 반드시 재판에 나가야 한다. 형사사건의 변호사를 변호인이라고 부른다. 변호인은 피고인(검찰이 죄가 있다고 보아 재판에 넘긴 사람)의 강력한 조력자다. 법률에 대해 조언을 해주고 법정에서는 피고인의 대변인이 되어주기도 한다. 하지만 아무리 돈을 많이 준다고 한들 변호인이 형을 대신 살 수는 없다. 변호인은 피고인을 위해 최선을 다해 도와줄 뿐이다. 형사법정에서는 재판 결과에 따라 피고인에게 인신구속 등 불이익이 생길 수도 있기 때문에 반드시 피고인이 나와야 한다. 특별한 사정이 없는 한 법원은 피고인의 출석 없이는 재판을 열 수가 없다.

민사사건은 조금 다르다. 변호사의 정식 명칭은 소송대리인이다. 소송대리인은 당사자를 대신하여 소취하, 항소제기, 가압류 등 모든 소송 행위를 할 수 있다. 따라서 변호사만 재판에 출석해도 무방하다(민사소송에서는 변호사가 소송대리를 하는 것이 원칙이지만 예외도 있다. 청구액 기준 3000만 원 이하 소액사건에서는 배우자·직계혈족 등이 소송대리인이 될 수 있고, 1억 원 이하를 청구하는 재판에서는 회사 직원 등도 법원의 허가를 얻어 소송대리를 할 수 있다). 하지만 민사사건에서도 변호사와 함께 법정에 나가는 것이 좋다.

법원도 되도록 당사자가 직접 법정에 나올 것을 권고하고 있다. 재판을 직접 보면 사건이 어떻게 돌아가는지를 제대로 알 수 있다. 변호사에게 재판 내용을 전해 듣는 것과는 상당한 차이가 있다. 또 다른 측면에서 보면 변호사에게 일종의 자극을 줄 수도 있다. 변호사도 당사자가 법정에 나와 있다는 것을 의식하면 좀 더 성의 있게 재판에 임하게 된다.

변호사는 법률 전문가지만 당사자가 아니기에 의뢰인으로부터 사건 이야기를 전달받은 변호사가 사실관계를 착각할 수도 있다. 또한 사건의 내막은 변호사보다 당사자가 훨씬 더 잘 알기 때문에 판사에게 직접 설명할 기회도 얻게 된다. 시간이 허락한다면 재판에 함께 나가는 게 변호사에게만 맡기는 것보다 낫다. 이혼재판도 민사재판과 비슷하다.

정리하자면 형사사건의 피고인은 변호사가 있어도 반드시 출석해야 하고, 민사사건은 변호사와 함께 출석하는 것이 유리하다.

02 법원 사건번호에 숨겨진 비밀

2021고합 1

2022나 6789

2023카단 9999

무엇을 가리키는 부호일까? 일반인이라면 도대체 무엇을 뜻하는지 감을 잡기 어려울 것이다. 이것은 바로 법원의 사건번호다. 재판을 한 번쯤 받아봤다면 자신의 사건번호가 있다는 것쯤은 알 테지만, 그것이 어떤 의미를 갖는지 아는 사람은 많지 않다. 숨겨진 비밀을 알면 재판에도 도움이 된다.

먼저 '2021', '2022'와 같은 제일 앞의 네 자리 숫자는 사건이 접수된 연도를 뜻한다. 그다음에 붙는 '고합', '나', '카단'과 같은 부호는 사건의 특성을 나타내는 낱말이다. 이 부호를 통해 민사사건인지 형사사건인지, 1심 사건인지 대법원 사건인지를 알 수 있다. '고합'은 형사 합의부 사건으로 비교적 중범죄인 형사사건이라는 걸 짐작할 수 있다. '나'는 민사사건의 항소사건이고, '카단'은 가압류 사건이다. 마지막 숫자는 통상 법원에 접수된 순서대로 부여된다(이 숫자는 1부터 매기기도 하지만, 십의 자리부터 시작되기도 한다. 예전에는 접수순서로만 사건번호가 부여됐는데, 최근에는 전자 사건이 전면 시행됨에 따라 종이 사건과 전자 사건의 자릿수가 아예 달라지는 경우도 많다). 재심사건의 경우 '2021재고합 1'과 같이 해당 사건번호 앞에 '재'를 붙인다.

'2021고합 1'을 다시 보자. 이 사건은 2021년에 접수됐고 '고합'은 형사 합의부 사건 부호이므로 그해 첫 번째 사건이라는 사실을 알 수 있다. 참고로 형사사건에서 검찰과 법원의 사건번호는 다르다. 검찰은 '2022형제 12345'처럼 '형제'를 붙인다. 쉽게 말해 검찰에서는 '형제'라는 사건번호를 사용하고, 법원으로 넘어오면 '고합', '고단', '고약'으로 바뀐다는 말이다. 사건번호는 법원별로 다르게 붙인다는 점도 알아두자. 그러니까 사건번호를 제대로 알려면 '○○법원 2022고합 1'처럼 기억하고 있어야 한다.

법원에서 재판을 받고 있다면 사건번호를 기억하는 것은 여러모로 도움이 된다. 변호사에게 사건을 의뢰하거나 법원에 사건을 문의할 때 사건번호를 대는 것이 첫 번째 순서다. 전문가들은 사건번호만 봐도 어떤 사건인지 바로 이해한다. 사건번호를 알면 법원 홈페이지(scourt.go.kr)에서 상대방이 어떤 서류를 냈는지, 사건이 어떻게 진행되고 있는지도 직접 확인할 수 있다. 재판 시간은 다가오는데 법정을 찾지 못하고 헤매고 있을 때 법원 직원에게 사건번호를 알려주면 바로 검색해서 알려줄 수도 있다.

법원에서 사용하는 사건부호는 200개가 넘는다. 대표적인 사건부호 몇 개를 소개한다. 이 정도만 알아두면 사건 검색하는 데 별 지장이 없다.

법원에서 사용하는 주요 사건부호

[민사사건] 1심 가합(합의부) 가단(단독) 가소(소액사건)
2심(항소) 나 / 3심(상고) 다

[형사사건] 1심 고합(합의부) 고단(단독) 고약(약식 사건) 고정(약식 사건의 정식 재판)
2심(항소) 노 / 3심(상고) 도

[이혼사건] 1심 드합(합의) 드단(단독)
2심(항소) 르 / 3심(상고) 므

[민사 조정 사건] 머 / **[지급명령(독촉 사건)]** 차 / 차전(전자독촉 사건)

[가압류·가처분 사건] 카합(합의부) 카단(단독) / **[부동산경매 사건]** 타경

[파산 사건] 하합(합의부) 하단(단독) / **[개인회생 사건]** 개회

[과태료 사건] 과

알아두기
- 모든 재심사건은 사건부호 앞에 '재'를 붙인다. 예컨대 '2023재나○○'은 2023년 에 접수된 민사 항소사건의 재심사건을 뜻한다.
- 소액사건은 민사에서 청구금액 3000만 원 이하의 사건을 말하며, 약식 사건은 벌 금형 등 비교적 가벼운 형사사건에 대해 정식재판보다 간소하게 서류만으로 재판 하는 사건을 말한다.
- 2심은 사건 비중에 따라 지방법원 합의부나 고등법원 사건으로 나뉘며, 3심은 대법 원 사건을 뜻한다.
- '합의부'란 판사 3명이 한 재판부를 구성하는 형태를 말하고, '단독'은 1명의 판사가 재판하는 사건을 말한다. 법원은 사건의 비중에 따라 합의부 사건과 단독판사 사건 으로 나누고 있다(자세한 내용은 9장 6절을 참고하기 바란다).

03 채권자가 돈 받기를 거절한다면 ○○을 하라!

알아두면 유용한 공탁, 절차와 방법

사례 1

A씨는 병원비 마련을 위해 사채업자 B씨에게 연 20%의 이자를 주는 조건
으로 5000만 원을 빌렸다. 다행히도 A씨는 건강을 회복했고, 1년이 되어갈
무렵 6000만 원(원금 5000만 원과 이자 1000만 원)을 마련했다.

A씨는 B씨에게 연락을 취했으나 B씨는 전화나 문자메시지를 전혀 받지 않
았다. B씨는 이미 사무실을 옮긴 상태였고, 행방을 알 수도 없었다. 하루하
루 불어가는 이자 생각에 초조해진 A씨에게 다른 방법이 없을까.

빌린 돈을 갚으려고 하는데 채권자와 연락이 되지 않거나, 채권자가 받
기를 거부하는 난감한 상황이 된다면 어떻게 해야 할까. 이럴 때 유용한
제도가 공탁이다. 공탁이란 금전, 유가증권, 물품을 법원(공탁소)에 맡기
고, 채권자 등이 공탁물을 찾아감으로써 법률문제를 해결하는 제도다.

대부분의 공탁은 금전, 즉 돈을 맡기는 공탁이다. 우리나라 전체 1년 공탁 금액은 10조 원이 넘는다.

'변제공탁'하면 원금과 이자까지 채무 전부 소멸

사례에서 A씨가 B씨를 피공탁자로 하여 원금과 이자를 계산한 돈을 공탁하게 되면 A씨와 B씨 사이의 채권·채무 관계는 종결이 된다. 공탁 이후엔 이자도 더 이상 불지 않는다.

공탁은 단지 채권자를 대면하기 싫다거나, 시간이 없다거나, 채무자의 편의를 위한다는 이유로는 할 수 없다. 법령에 근거가 있어야 한다. 예컨대 민법에 나오는 공탁사유는 채무자의 수령거절, 수령불능이 있다. 채권자가 갚아야 할 돈을 받지 않거나, 연락이 두절된 경우 등인데 이를 소명할 자료가 있으면 함께 첨부하여 법원에 공탁을 신청한다.

또한 채무를 해결하긴 해야 하는데 권리자가 누군지 확실치 않다거나 누구에게 권리가 있는지 알기 어려운 경우도 공탁이 가능하다. 대표적인 것이 채권양도를 했다고 연락을 받았는데 실제 양도가 이루어졌는지 효력이 의심스러운 경우 등이다.

정리하자면 채권자가 금전을 고의로 받지 않거나 받을 수 없는 상황인 경우, 금전을 받을 권리가 법적으로 누구에게 있는지 확실하지 않은 경우 등에 주로 공탁을 하게 된다. 이런 공탁을 '변제공탁'이라고 한다. 변제공탁을 하는 순간, 채무가 소멸되는 효과가 발생한다. 따라서 이자 지급 의무도 없어진다. 대신 채권자는 공탁물을 찾아갈 수 있는 권리가 생기게 된다. 다만 공탁은 현재 존재하는 채무만 가능하기 때문에 장래에 지급해야 할 월세나 사용료 등을 미리 공탁할 수는 없다.

부동산 매수인이 매도인에게 '등기 이행' 조건부 공탁도 가능

공탁을 하면서 조건을 붙이는 것도, 사안에 따라 가능하다. 이것을 반대급부라고 한다. 예를 들어 부동산 매매를 했는데 현 소유자(매도인)가 소유권이전등기에 전혀 협조를 안 해주는 경우다. 이때 매수인은 잔금 지급일에 잔금을 공탁하면서 매도인에게 소유권이전등기서류를 교부하라는 조건을 내걸 수 있다.

또한 전세금을 공탁하면서 전세권등기말소를 동시이행하는 조건으로 공탁금을 찾아가게 할 수도 있다. 법원은 조건이 이행되었을 때만 공탁금을 내주게 된다. 또한 세입자에게 돌려줘야 할 보증금에 가압류나 압류가 걸린 경우 집주인은 돈을 누구에게 돌려줘야 할지 난감하다. 이때 집주인은 압류된 금액 혹은 보증금 전액을 공탁할 수 있다. 집주인은 공탁 후 압류법원에 서면으로 사유신고를 해서 공탁사실을 알려야 한다. 이러한 공탁을 '집행공탁'이라고 한다.

그러면 공탁 신청은 어디에 어떤 방법으로 해야 할까. 일단 우편으로는 할 수 없다. 서류를 보완하거나 신분을 확인하기 어렵고 사고 염려도 있기 때문이다.

관할은 채무를 이행해야 하는 장소의 소재지 법원이 기본이다. 그러니까 대전시에 사는 채권자의 채무를 갚기 위해 공탁한다면 돈을 갚아야 할 장소인 채권자의 주소, 대전지방법원이 관할이다.

최근에는 전자공탁시스템이 가능해졌다. 일정한 절차를 거쳐서 사용자등록을 한 다음에 개인이나 법인이 법원을 방문하지 않고 인터넷으로 공탁을 할 수 있고, 5000만 원 이하까지는 공탁금 출급도 가능하다.

토지수용보상금 공탁과 형사사건 공탁

공탁은 상당히 광범위하고 복잡해서 일반인들에겐 어려운 분야긴 하지만, 유용하게 쓰일 수 있는 2가지 공탁을 더 소개한다. 먼저 토지수용 보상금 공탁이다. 토지수용은 공익사업에 필요한 토지 등을 공익적인 목적을 위해서 강제적으로 취득하는 절차다. 사업시행자가 토지 소유자와 협의가 되지 않으면 재결절차(협의 불성립 시 토지수용위원회가 보상금을 결정하는 제도)를 거치고, 그 뒤에도 소유자가 보상금을 받지 않거나 소유자가 불분명한 경우 공탁을 하게 된다. 소유자는 공탁소에서 보상금을 찾을 수 있다. 이때 소유자가 아무 말 없이 공탁소에서 돈을 찾아갔다면 토지보상금액을 인정하는 셈이 되어서 사업시행자에게 추가로 청구를 할 수 없다.

소유자 입장에서 보상금액이 예상보다 낮거나 금액 산정에 대해 다툼이 있다면 반드시 공탁소에 이의유보 의사표시를 해야 한다. 쉽게 설명하자면 '내가 돈을 찾아가긴 하지만 보상금액을 인정한다는 뜻은 아니고, 추가로 청구할 예정이다'라는 뜻을 밝히는 것이 이의유보 의사표시다. 공탁금 청구서에 이의를 유보한다는 내용을 기재하면 나중에 소송이나 이의절차 등을 통해 다투는 금액을 추가로 청구할 수 있다.

두 번째로 형사사건의 공탁이다. 성범죄, 폭행, 사기, 횡령, 교통사고 사건 등을 생각해보자. 피해자는 가해자에게 좋은 감정을 가질 리가 없다. 사과 수용이나 합의 요청을 거절하거나 합의금액을 놓고 의견 차를 보일 수도 있다. 그렇다고 가해자 입장에서 손을 놓고 있으면, 형사재판에서 '피해자와의 합의나 피해회복이 되지 않았다'는 이유로 중형을 선고받게 될 가능성이 높다.

이때 유용한 제도가 형사사건을 위한 금전공탁이다. 공탁을 한 뒤 공탁서를 형사 재판부에 제출하면 판사는 양형에 반영한다. 제일 바람직한 것은 피해자와의 합의겠지만 그것이 어렵다면 차선책으로 공탁을 고려해볼 만하다(하지만 피해회복이나 진지한 반성 없이 무작정 공탁만 한다고 해서 형이 깎이지는 않는다는 점을 기억하라).

피해자 입장에서 만일 합의금이 만족스럽다면 그냥 수령해도 무방하다. 그러나 가해자에게 추가로 피해보상 등을 청구할 의사가 있다면, 토지수용보상금 공탁과 마찬가지로 이의유보 의사표시가 필요하다. 쉽게 말해서 '합의금은 받아가지만, 이것은 손해배상의 일부고 부족한 부분은 나중에 가해자에게 따로 청구하겠다'는 뜻을 밝히는 것이다. 그러면 이후 민사소송을 제기해서 추가로 손해배상 등을 청구할 수 있다.

2022년 12월부터 형사공탁 특례제도가 시행됐다. 기존엔 형사공탁을 할 때 피해자의 성명, 주민등록번호 등 인적 사항을 알아야만 가능했지만 법 개정으로 형사 사건번호 등을 기재하는 방식으로도 공탁이 가능하게 되었다. 가해자가 피해자의 정보를 알아내는 과정에서 2차 가해가 발생할 가능성을 차단하기 위해서다. 피해자는 법원이나 검찰에서 동일인 확인 증명서를 발급받아 공탁금을 찾아갈 수 있다.

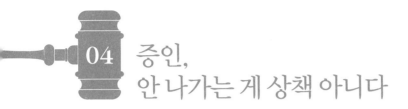

04 증인,
안 나가는 게 상책 아니다

"아니, 당신들이 뭔데 사람을 오라 가라 해? 법원에 있으면 다야?"

"선생님, 진정하시고요. 증인은 사건의 진실을 밝히기 위해서…."

"좌우지간 난 증인으로 나갈 수 없으니까 알아서 해!"

증인 출석요구서를 보낸 후 가끔 이렇게 거친 '항의'를 받기도 한다. 사람들은 남의 일에 끼어들기를 싫어한다. 더구나 양쪽이 팽팽하게 맞서는 재판에 개입했다가는 득 될 것이 없기 때문에 증인으로 나와달라는 요청에 십중팔구는 일단 거절부터 한다. 그런데 한 번 더 생각해보면 거절만이 능사는 아니라는 걸 알 수 있다.

예를 들어보자. 30년 지기인 A씨와 B씨가 원고와 피고로 법정에 섰다. A씨의 사연인즉, "나는 B씨가 사업을 한다기에 1억 원을 빌려줬다. B씨는 성공하면 이자까지 얹어서 2배로 갚고, 실패하더라도 2년 안에 원금은 돌려주겠다고 했다. 그런데 한 푼도 주지 않고 있다."

하지만 B씨의 주장은 전혀 달랐다. "A씨는 나에게 돈을 빌려준 것이 아니라 사업에 투자한 것이다. 사업이 잘되면 투자한 비율만큼 이익금을 주기로 했지만 사업이 완전히 실패했기 때문에 돌려줄 돈이 없다. A씨는 위험 부담을 감수하고 투자하겠다고 약속했다."

양측의 주장은 평행선을 달렸다. 하지만 이들에게는 차용증이나 계약서 등 아무런 증거서류가 없었다. 그런데 이 내막을 잘 알고 있는 유일한 사람이 있었으니, 또 다른 고향 친구 C씨였다. 법원은 진실을 밝히기 위해 당연히 친구 C씨를 불러야 하지 않을까?

증거는 서증(서류 증거)과 인증(인적 증거)으로 나뉜다. 대체로 서증이 인증보다 더 큰 효력을 발휘한다. 문서로 기록된 것이 사람의 말보다 신뢰성이 높다는 건 상식적으로 보더라도 맞다. 하지만 서증이 없다면 증인은 상당히 중요한 역할을 하게 된다. 앞의 사례에서처럼 친구 C씨의 증언이 거의 유일한 증거라면 더 말할 것도 없다.

우리나라에 사는 사람이라면 원칙적으로 모두 증인으로 나와야 할 의무가 있다. 이는 공정한 판결을 하기 위하여 국민에게 부여된 공법상의 의무다. 따라서 C씨가 법원이 보낸 출석 통지서를 받았다면 출석하는 것이 도리다.

"양심에 따라 숨김과 보탬이 없이 사실 그대로 말하고, 만일 거짓말이 있으면 위증의 벌을 받기로 맹세합니다."

만일 법정에서 이렇게 선서했다면 그때부터는 정말로 말조심해야 한다. 어느 한쪽을 편들기 위해서 거짓말을 했다가는 전과자가 될 수도 있다. 위증이란 법정에서 진실을 말하겠다고 선서한 증인이 자신의 기억과 어긋나게 거짓 진술을 한 것을 말한다. 위증은 최고 징역 5년, 벌금 1000만 원까지 처벌받는다.

앞의 사례에서 만일 C씨가 B씨의 부탁을 받고서 자신이 보고 들은 것과 다르게 B씨에게 유리한 증언을 했다면 어떻게 될까? C씨는 위증죄로 처벌받을 수 있다. B씨도 위증교사죄의 책임에서 벗어날 수 없다. 따라서 법정에서는 사실만을 말해야 하고, 확실하지 않은 부분은 추측해서 답하지 말고 "기억나지 않는다"고 해야 한다.

한편 이보다 더 센 범죄가 모해위증죄다. 모해위증은 상대방이 형사처벌이나 징계를 받게 할 목적을 갖고 위증을 한 경우다. 모해위증은 벌금형이 없고 징역형(10년 이하)만 있는 무시무시한 범죄다.

그렇다면 아예 법정에 나가지 않는 것이 상책일까? 그것도 좋은 방법은 아니다. 앞서 말한 대로 증인으로 나가는 것은 공법상 의무이기 때문에 누구든지 증인으로 채택되면 출석할 의무가 있다. 따라서 법원의 출석 통지를 받고도 나가지 않았다가는 예기치 않은 불상사를 당할 수도 있다.

형사소송법 제151조와 민사소송법 제311조는 "증인이 정당한 사유 없이 출석하지 아니한 때는 불출석으로 인한 소송비용을 증인이 부담하도록 명하고, 500만 원 이하의 과태료를 부과할 수 있다"고 규정하고 있다. 또한 과태료 처분을 받고도 증인이 나오지 않으면 최대 7일까지 경찰서나 교도소에 감치할 수도 있다. 법원이 강제구인장을 발부하여 법정으로 증인을 부르는 경우도 있다. 혹시 증인으로 나가지 못할 사정이 있다면 법원에 불출석사유 신고서를 미리 제출하는 것도 하나의 방법이다.

만일 증언 때문에 자기나 친족이 형사처벌을 받거나 치욕을 받을 염려가 있을 때는 증인으로 법정에 나갔더라도 예외적으로 증언을 거부할 수 있다. 위증죄로 처벌받는 사람의 숫자도 적지 않아 한 해 1000명 안팎에 달한다. 증인석에 서는 순간 거짓말 한마디가 천 냥 빚을 지게 할 수도 있다.

이와 달리, 피의자·피고인 또는 참고인의 허위진술은 처벌할 수 없다. 피의자나 피고인은 자기에게 불리한 진술을 강요당하지 않는 진술거부권이 있다. 적극적으로 허위진술을 하더라도 그 자체를 처벌할 수는 없다(다만 형량에 영향을 미칠 수는 있다).

또한 위증은 법정에서 선서한 증인에게만 해당하므로 수사기관에서 참고인 등이 거짓말을 하더라도 법적인 제재를 가할 수는 없다.

05 판결·결정·명령, 뭐가 다르지

판결, 결정, 명령.

일반인이 이것을 구분하기란 쉽지 않다. 아니 구분할 필요를 못 느낄지 도 모르겠다. 재판이라고 하면 법원의 소송과 관련한 일련의 절차를 떠 올리게 된다. 좁은 의미로 재판은 법원의 판단이라고 할 수 있는데 재판 을 형식에 따라 분류하면 판결, 결정, 명령의 세 가지로 나눌 수 있다.

판결

재판의 최종적인 방식이다. 각 심급(1심, 2심, 3심)에서 재판을 마무리하 는 의미를 지닌다. 민사에서는 원고 승소, 일부 승소, 패소 등이 나오고 형 사에서는 유죄, 무죄 등의 판단이 판결에서 나온다. 보통 '재판을 받는다'

고 하면 '판결을 받는다'는 말과 같다고 생각하면 된다. 판결을 하려면 원칙적으로 법정에서 변론을 열어야 하고, 서면(판결문)을 통해야 하며, 이유를 밝혀야 한다. 판결에 대한 불복수단은 항소(2심), 상고(3심)다.

결정

소송 중 절차와 관련된 재판, 비교적 가벼운 사항에 관한 재판은 대부분 결정에 의한다. 민사에서 변론재개·감정인 지정, 형사에서 보석 허가·공소장 변경 허가 등은 결정으로 이루어진다. 판결과 달리 결정을 하기 위해서 반드시 변론을 열 필요는 없으며, 불복 방법으로는 항고와 재항고가 있다. 가압류와 가처분도 판결이 아닌 결정으로 재판을 한다.

명령

법원이 아닌 재판장, 수명법관(재판장의 명을 받아 소송을 진행하는 판사)이 하는 재판이다. 기일변경명령, 보정명령 등이 있다.

이런 구분이 어렵다고 생각된다면 다음과 같이 정리해보자. 판결은 가장 중요한 사항을 놓고 법원이 변론을 통해 최종적으로 내리는 결론이고, 결정·명령은 비교적 가벼운 사안이나 절차에 관해 법원 또는 판사가 재판하는 방식이다.

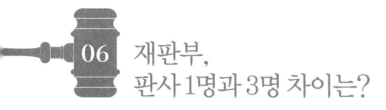

06 재판부, 판사 1명과 3명 차이는?

"어떤 재판부는 판사가 1명이고 또 다른 재판부는 판사가 3명이던데요. 무슨 차이가 있는 거죠?"

가끔 민원인들로부터 이런 질문을 받는다. 각 법원에는 수많은 재판부가 있다. 가장 규모가 큰 서울중앙지법에는 약 240개의 재판부가 있다. 이 중에서 민사재판과 가압류, 조정 사건 등을 담당하는 민사재판부는 180개 안팎이다. 그중 판사 혼자서 사건을 담당하는 곳이 130개가 조금 넘고, 판사 3명이 속해 있는 재판부가 40~50개다. 형사사건만을 다루는 형사재판부도 약 60개나 된다. 재판부는 각각 독립되어 있어 서로 다른 재판부의 판결에 관여할 수 없는 구조로 되어 있다.

판사 1명이 재판하는 경우 단독판사라고 하는데 편의상 숫자를 붙여

'제1민사단독', '제2민사단독' 하는 식으로 부른다. 판사 3명이 재판부를 구성하면 합의부라고 한다. '제1형사부', '제2형사부'가 합의부의 명칭이 된다. 합의부는 보통 경력이 많은 부장판사가 재판장이고 2명의 배석판사가 있다. 최근에는 경력이 비슷한 판사 3명으로 구성된 합의부가 늘었다. 이를 대등재판부라고 한다. 합의부에서 사건별로 판결을 주도해서 작성하는 판사를 주심판사라고 한다. 합의부의 판결은 판사 3명의 '합의'를 거쳐 주심판사가 작성하는 방식이 일반적이다. 합의 과정에서 소속 판사 3명의 의견이 일치하지 않으면 과반수로 결정한다.

그렇다면 단독과 합의부를 나누는 기준은 무엇일까? 먼저 민사사건은 청구금액에 따라 달라진다. 5억 원을 기준으로 5억 원까지는 단독판사가 담당하고, 5억 원을 넘어서면 합의부가 맡는다. 단, 5억 원을 넘더라도 수표·어음금 청구사건, 금융기관의 대여금·보증채무금 사건은 비교적 간단하기 때문에 단독판사가 재판한다.

형사사건의 경우 형량이 사형, 무기 또는 단기 1년 이상의 징역·금고에 해당하는 중범죄(병역법 위반이나 형법상 특수절도 등은 제외)는 원칙적으로 합의부 관할이다. 강도, 강간, 살인, 미성년자 성범죄 등이 대표적이다. 나머지 형사사건은 단독판사 담당이다.

이혼사건은 단독판사가 맡게 되나 이혼에서 다투는 금액이 5억 원을 넘는다면 합의부 사건이 된다. 또한 가사사건 중에서 상속재산 분할, 친권상실 회복도 합의부 관할이다. 특허법원과 행정법원은 합의부가 원칙이나 운전면허 관련 사건, 양도소득세 사건 등은 단독판사가 담당하고 있다. 2심인 항소심은 항상 합의부에서 재판을 한다. 따라서 지방법원 항소부나 고등법원으로 올라간 사건은 예외 없이 합의부 관할이다.

여기까지 보면 단독판사와 합의부 관할의 차이점은 사건 비중에 따른 것이라고 알 수 있다. 비중 있는 사건을 좀 더 충실히 심리하기 위해서다.

한편 대법원은 조금 다르다. 법원조직법에 따르면, 대법원의 재판은 ① 전원합의체(대법관 전원의 3분의 2이상의 합의체)가 원칙이며 ② 부(部, 대법관 3명 이상으로 구성)에서 먼저 사건을 심리하여 의견이 일치한 경우에 한하여 '부'에서 재판할 수 있다. 하지만 현실은 조금 다르다. 대법원에 올라오는 상고 사건은 한 해 5만 건이 넘는다. 모든 사건을 모든 대법관이 모여 합의하기란 물리적으로 불가능하다. 일반적으로 대다수의 상고 사건은 대법원장과 법원행정처장을 제외한 12명의 대법관이 4명씩 3개의 부를 구성하여 재판을 담당한다. 다만 ▲종전의 판례를 바꾸어야 할 때 ▲각 부 안에서 의견이 일치하지 않거나 ▲각 부에서 재판함이 적당하지 않을 경우 등에는 대법관 전원(법원행정처장을 제외한 13명)이 모여서 재판을 하게 된다. 이를 전원합의체라고 한다. 전원합의체는 대법원장이 재판장이 되며, 전원합의체 판결은 전체 대법관의 3분의 2 이상이 참여하여 다수결에 따라 결론을 내린다. 대법원 판결문에는 모든 대법관의 의견을 표시해야 하므로, 소수의견도 공개된다.

참고로, 대법원에는 대법관만 있는 것은 아니다. 대법관 한 명이 부담하는 사건이 한해 4000건이 넘기 때문이다. 대법관이 판결을 작성하기 전에 사건 기록을 검토하고 자료조사, 판례연구 등을 하며 대법관을 돕는 판사들이 있는데 이들을 재판연구관이라고 한다. 재판연구관은 대법관별로 2명이 배정되고, 공동재판연구관도 90여 명이 있다. 판사가 아닌 분야별 전문가 중에서 선발한 재판연구관 30명 정도까지 포함하면 총 130여 명이나 된다.

07 채무자 재산 파악해서 강제집행하는 법

사례 1

A씨는 작년에 빌려준 돈을 갚지 않는 B씨를 상대로 민사소송을 제기, 승소 판결을 받았다. 어렵게 재판을 이겼는데도 B씨는 돈을 갚을 뜻이 전혀 없다. 그렇다면 강제집행을 해야겠는데 B씨에게 어떤 재산이 얼마나 있는지 몰라서 A씨는 답답하다. 합법적으로 채무자의 재산을 파악할 수 있는 방법은 없을까?

A씨처럼 확정판결을 받고도 채무자의 재산을 파악하지 못해 어려움을 겪는 사람들이 있다. 이때 유용하게 활용되는 제도가 재산명시·재산조회 신청절차다. 이와 함께 채무자의 재산에 강제집행하는 방법도 알아보자.

채무자 재산 알려면 재산명시·재산조회 신청

재산명시신청이란 채무 이행 확정판결을 받은 채무자에게 스스로 자신의 재산 내역을 밝혀달라고 채권자가 법원에 신청하는 제도다. 법원은 채권자의 신청이 이유 있다고 인정되면 채무자에게 현재의 재산 상황 및 일정 기간의 재산 이전 상황을 기재한 재산목록을 제출하게 한다. 채무자는 재산명시기일에 법정에 출석하여 선서를 하고 재산목록을 제출한다. 그러면 채권자는 재산목록을 열람·복사하여 재산 내역을 파악할 수 있다.

채무자가 명시기일에 나오지 않거나, 재산목록 제출을 거부하는 경우 법원은 20일 이내의 감치결정을 할 수 있고, 허위로 재산목록을 낼 때는 3년 이하의 징역 또는 500만 원 이하의 벌금에 처할 수 있다. 다만 채무자가 법원 결정문을 받지 못했다면 재산목록을 내지 않더라도 불이익을 줄 수는 없다.

재산명시신청은 채무자의 보통재판적(주민등록상 주소지)이 관할법원이 된다. 예컨대 채무자가 서울 서초구에 거주한다면, 서울중앙지법에 신청하면 된다. 채권자는 확정판결(화해조서, 조정조서, 지급명령, 공정증서 등의 확정판결과 동일한 효력이 있는 문서 포함), 판결의 송달·확정증명원을 신청서와 함께 제출한다.

만일 재산명시절차로도 만족하지 못했다면 재산조회절차가 있다. 재산조회란 법원의 결정으로 공공기관, 금융기관, 단체 등에 채무자 명의의 재산을 조회하는 제도다. 채무자의 재산을 파악하기 위해 대법원(부동산 소유), 지방자치단체(자동차 소유), 은행, 보험사, 증권사 등에 자료 제출을 법원이 직접 의뢰한다. 재산조회는 ▲채무자가 재산명시결정문을 받

지 못했거나 ▲재산명시기일에 출석하지 않았거나 ▲재산명시절차만
으로 채권자가 만족을 얻기에 부족한 경우에만 가능하다.

재산조회는 재산명시절차를 실시했던 법원이 관할법원이 된다. 신청
서에는 수입인지 1000원과 송달료, 재산조회비용 납부 확인서를 첨부한
다. 재산조회비용은 각 기관당 5000원부터 2만 원 수준으로 조회기관 수
에 따라 통상 10만~20만 원 정도가 든다.

한편 이혼에 따른 재산분할 청구사건이나 부양료, 양육비 청구사건 등
가사사건에서도 재산명시신청이 가능하다. 관할법원은 사건이 계속 중
인 가정법원이며, 재산명시 당사자가 정당한 재산목록의 제출을 거부하
거나 거짓 목록을 제출한 때는 1000만 원 이하의 과태료가 부과된다. 재
산명시절차만으로 해결이 곤란한 경우에 재산조회신청이 가능한 것도
민사와 동일하다.

채무자를 압박하는 수단으로 채무불이행자명부에 올리는 방법도 있
다. 채무자가 판결확정 후 6개월 내에 채무를 이행하지 않거나 재산명시
절차에 비협조적인 경우(정당한 사유 없이 재판명시기일 불출석·재산목록 제
출 거부, 허위 재산목록 제출 등) 채권자는 법원에 채무불이행자명부 등재신
청을 할 수 있다. 법원이 등재결정을 하면 명부가 법원에 비치되어 열람
이 가능하고, 시·구·읍·면이나 한국신용정보원 등에 보내게 되므로 금
융거래 시 제약이 따르게 된다.

재산 몰래 빼돌린 채무자에겐 사해행위취소소송

재산명시·재산조회 제도로는 채무자 명의로 된 재산만을 확인할 수 있
다. 만일 채무자가 돈을 갚지 않기 위해서 자신의 재산을 다른 사람 명의

로 돌려놓았다면 별 도움이 되지 않는다. 이때는 어떻게 해야 할까?

사해행위취소소송을 제기해야 한다. 민법 제406조 1항은 "채무자가 채권자를 해함을 알고 재산권을 목적으로 한 법률행위를 한 때는 채권자는 그 취소 및 원상회복을 법원에 청구할 수 있다"고 정하고 있다. 쉽게 말해 채무자가 빚을 갚지 않기 위해 다른 사람에게 넘긴 재산을 다시 채무자에게 돌아가도록 만드는 소송이 사해행위취소소송이다. 하지만 채권자 쪽에서 입증을 해야 하고, 인정되는 요건이 아주 까다롭기 때문에 소송 전에 전문가의 도움을 얻는 편이 낫다. 사해행위취소소송은 원인을 안 날로부터 1년, 행위가 있은 날로부터 5년 내에 제기해야 한다.

간혹 채무자의 배우자, 자녀, 부모 등에게 빚 독촉을 하는 경우가 있다. 법적으로는 가족들이 보증을 서지 않았다면 대신 갚아야 할 의무가 없다. 따라서 채무자의 가족이나 지인에게 찾아가서 빚 독촉을 하는 경우는 불법추심으로 몰릴 수도 있으니 주의해야 한다. 예외적으로, 부부의 경우 생활비, 주거 관련 비용, 병원비, 자녀 교육비 등으로 사용된 채무는 일상가사채무로 보아 공동으로 연대책임을 진다.

채무자 재산 파악했다면 강제집행 단계로

채무자 명의의 재산(부동산과 동산, 예금, 보증금, 월급 등)을 파악했다면 판결문에 집행문을 받아서 강제집행을 할 수 있다. 강제집행은 재산 종류에 따라 절차가 다르고 복잡하므로 사전준비가 필수다.

채무자가 재산을 빼돌릴 위험이 있다면 판결을 받기 전에 가압류나 가처분 등을 해둘 필요가 있다. 재판이 끝나기 전에 채무자가 재산을 다 빼돌려 정작 판결 후에 강제집행을 할 수 없다면 판결문은 무용지물이 될 수도 있다. 가압류나 가처분은 판결 전에 재산을 동결하는 절차다. 상대방의 동의도 필요 없고 상대방 몰래 할 수도 있다. 법원은 가압류·가처분 조건으로 채권자에게 담보제공을 명하게 되니 비용이 발생할 수 있다.

강제집행을 재산종류별로 나누면 크게 부동산, 동산, 금진채권에 대한 집행이 있다. 동산집행은 집행관 사무실에 신청한다. 집행관은 경매 등을 통해 동산을 돈으로 바꾸어 채권자에게 넘겨준다. 단, 고가의 기계나 귀중품 등이 아닌 이상 가재도구(냉장고, 세탁기, TV 등)는 재산적 가치가 낮아서 큰 금액을 기대하기는 어렵다.

부동산집행은 법원이 경매를 거쳐 낙찰대금을 채권자들에게 나누어 주는 절차다. 주의할 점이 있다. 강제집행을 신청한 채권자라고 하더라도 우선순위에 밀려서 배당금을 적게 받거나 아예 받지 못하는 일이 생긴다. 가령 대여금 채권자는 소액 임차인, 전세권자, 근저당권자보다 후순위다. 채권자는 경매신청을 통해 만족을 얻을 수 있을지 사전에 검토해야 한다.

마지막으로 금전채권 집행이다. 예금, 보증금, 급여 등 금전은 법원에 압류 및 추심명령(또는 전부명령)을 신청하여 현금화한다. 추심명령은 압류한 채권자가 여럿이 경합되면 비율대로 나눠서 가져간다. 반면, 전부명령은 일단 확정이 된 이후에는 다른 채권자를 배제하고 우선변제 받을 수 있으나 그전에 다른 압류가 있어서 경합이 되면 무효가 된다. 위험 부담을 줄이려면 추심명령을 신청할 것을 권한다.

08 사람은
언제부터 언제까지 사람일까

법적 관점에서 본 사람의 출생과 사망, 그리고 안락사

법의 시각으로 본 사람의 '출생'과 '사망'은?

사람은 언제부터 언제까지 사람일까. 우문일지 모르겠다. 하지만 법적인
관점에서 보면 어렵고도 민감한 문제다. 사람으로 인정받아야 "인간으로
서의 존엄과 가치를 가지며, 행복을 추구할 권리"를 가지는 존재가 된다
(헌법 제10조). 그뿐 아니다. 권리, 의무의 주체가 되고 생명과 신체를 침해
받지 않을 존재로 인정받는 것도 사람으로 태어나서 사망하기 전까지다.

　개인 간 일상생활을 규율하는 민법(제3조)에 따르면 "사람은 생존한 동
안 권리와 의무의 주체가 된다." 형벌권 행사의 근거가 되는 형법은 "사람
을 살해한 자는 사형, 무기 또는 5년 이상의 징역에 처한다"(제250조 제1
항)고 경고한다. 법전을 찾아보면 '사람'이라는 표현은 수도 없이 나오지
만, 언제부터 언제까지 사람인지 명시적으로 언급한 곳은 거의 없다. 법

의 시각으로 민사와 형사를 나누어 사람의 삶과 죽음에 대한 해답을 찾아가보자.

민법 "생존한 동안 권리, 의무 주체"… 출생시점은?

먼저, 민사 영역이다. 민법은 "생존한 동안" 권리와 의무의 주체가 된다고 했다. 사람은 태어나면서 인격권, 재산권과 같은 권리를 갖게 되고 생명으로서 보호받는다. '사망'을 통해서는 상속이나 유언과 같은 법률효과가 발생한다. 사람의 '시기(始期)'와 '종기(終期)'가 중요한 까닭이다.

그렇다면 사람은 언제 태어난 것으로 봐야 할까. 학자들은 그동안 여러 학설을 내놓았다. 대표적인 것 4가지는 ① 산모가 진통을 시작할 때 (진통설 또는 분만개시설), ② 태아의 신체 일부(특히 머리)가 노출된 때(일부노출설), ③ 태아가 모체에서 완전히 나왔을 때(전부노출설), ④ 태반에 의한 호흡을 그치고 독립해서 폐로 호흡을 할 때(독립호흡설)이다.

민사에선 ③ 전부노출설로 보는 것이 일반적이다. 쉽게 말해서 태아가 엄마 몸으로부터 분리되는 순간부터 사람으로서 권리를 갖고, 재산권도 행사할 수 있다. 출생신고라는 제도가 있지만 그것은 하나의 절차에 불과하다. 법이 이렇게 엄격하게 시점을 따지는 것은 재산을 둘러싼 분쟁을 없애기 위해서다.

단, 예외가 있다. 아직 태어나지 않은 태아에게도 상속권과 손해배상청구권이 있다. 가령, 어머니가 태아 A를 임신한 상태에서 A의 아버지가 세상을 떠났다고 가정해보자. A를 '사람'으로 보지 않는다면 상속인이 될 수 없어 불이익을 받게 된다. 민법은 예외적으로 태아도 (앞으로 태어날 것을 전제로 해서) 사람으로 인정해준다. 태아는 상속순위에서는 "이미 출생한 것으로 본다"(제1000조3항). 그러니까 태아도 상속받을 수 있고, 더 나아가 유류분을 청구할 수 있고, 유언으로 태아에게 재산을 남기는 것(유증)도 가능하다.

태아는 손해배상청구권도 갖는다. 위의 사례에서 태아 A의 아버지가 교통사고 가해자 때문에 사망했다면, A는 상속을 받는 것은 물론, 가해자에게 위자료를 청구할 수도 있다. 또한 어머니가 임신상태에서 타인에게 폭행을 당해서 A나 A의 어머니의 건강에 이상이 생겼다면 손해배상청구를 할 수도 있다.

정리하자면, 민사상으로는 사람은 세상에 나올 때부터 인간으로서 권리를 갖게 되며, 예외적으로 상속 등에선 태아에게도 권리를 인정해준다.

이번엔 생명과 신체의 자유에 대해 민사의 영역보다 조금 더 엄격한 형사분야를 보자. 이때의 출생시점은 조금 다르다. 법원과 학자들은 ① 진통설을 따르고 있다. 과거 판례를 보면, 난산으로 정상 분만이 어려운데도 의사의 진찰도 없이 무리하게 출산을 시도하다가 태아를 질식사에 이르게 한 조산사를 낙태죄가 아닌 업무상 과실치사죄로 처벌한 사례가 있다. 즉 '출산 중인 태아'를 사람으로 보기 때문에 그렇다. 사람의 생명이나 신체의 침해를 보호하기 위해서 민사보다 형사의 영역이 조금 더 신중하고, 보수적으로 접근한다고 볼 수 있다.

사람의 사망시기 '뇌사'인가, '심장사'인가

인간은 누구나 한 번 태어나면 세상과 작별한다. 이것이 많은 법률관계를 발생시키기 때문에 사망 시점이나 사망 여부를 두고도 다양한 논의가 있다. 특히 최근에 의학이 발달하면서 심장은 살아 있는데 뇌의 기능이 정지된 뇌사를 어떻게 볼 것인지 논의가 활발하다.

법적으로는 사망으로 유언의 효력이 발생하고, 상속, 연금청구권, 보험금청구권 등이 발생한다. 형법에서 사람의 목숨을 빼앗는 행위는 살인죄나 치사죄 등이 적용되지만, 아직 사망단계가 아니라고 판단한다면 상해죄나 치상죄가 적용되기 때문에 법률의 적용이 아예 달라진다.

'생명이 단절되는 것'을 사망이라고 하면 이론이 없겠지만 말처럼 그리 간단하지 않다. 법률가와 학자들의 견해를 종합하면, 사망 시기는 '사람의 호흡과 심장의 기능이 영구적으로 정지된 때(심장사)'로 보는 것이 일반적이다.

그런데 과학이 발달하면서 '뇌사'를 두고 치열한 논의가 있다. 호흡은 하고 있지만, 뇌가 기능을 상실한 상태를 어떻게 보아야 할 것인가. 최근엔 뇌 기능이 완전히 정지된 상태인 뇌사를 사망 시점으로 봐야 한다는 의견이 강하게 대두되고 있다. '장기이식법'에 따르면 뇌사판정을 받은 뇌사자의 경우, 일정한 요건에 따라 장기이식을 허용하고 있다. 이것은 뇌사상태를 사망으로 볼 때 가능한 일이다. 뇌사가 사망이 아니라면, 아직 살아 있는 사람의 장기를 이식한다는 결론에 이르기 때문이다(참고로, 이 법률에 따르면 "뇌사자가 장기 등의 적출로 사망한 경우에는 뇌사의 원인이 된 질병 또는 행위로 인하여 사망한 것으로 본다", "뇌사자의 사망시각은 뇌사판정위원회가 뇌사판정을 한 시각으로 본다"는 조항이 있다).

뇌사상태에서도 장기의 기능은 유지될 수 있기 때문에 우리 전통적인 사고방식으로는 사망으로 보기엔 조금 냉정한 측면도 있다. 또한 뇌사를 사망으로 인정한다면, 뇌사상태에 있는 사람의 장기 매매·적출 등 비윤리적인 사건이 양산되는, 예상치 못한 결과를 빚을 수도 있다. 민사나 형사재판의 판례로 볼 때도 '뇌사=사망'의 등식이 성립하지 않는다. 뇌사자도 여전히 살아 있는 사람이다. 뇌사상태에 빠진 사람의 인공호흡기를 빼거나 숨을 못 쉬게 하는 행위는 살인죄가 성립할 수 있다.

일반적으로 우리 법에서 사망은 심장과 호흡이 멈춘 때, 즉 심장사를 기준으로 하고 있다. 다만 예외적으로 장기이식법 등에서 뇌사판정을 받은 때를 사망으로 본다. 삶과 죽음은 법에서도 민감한 사안이다.

안락사와 존엄사, 품위 있게 죽을 권리일까

"I'm sick, I want to die, I will die(나는 아프고, 죽기를 원하며, 죽을 것이다)."

2021년 8월, 말기암으로 시한부 선고를 받은 한국 동포가 이번 생에 마지막으로 남긴 말이다. 조력사가 합법인 스위스에서 그가 스스로 생을 마감했다는 소식은 우리에게 충격을 주었다. 잘 사는 것 못지않게 고통 없이 품위 있게 세상을 마감하는 것도 고민해야 하는 시대가 되었다. 이와 관련해 안락사와 존엄사에 대해 알아보자.

안락사는 폭넓은 개념이다. 일반적으로 안락사는 심한 고통에 시달리는 불치 또는 말기 환자의 고통을 제거하거나 덜기 위해 인위적인 방법으로 죽음에 이르게 하는 것을 말한다.

환자의 생명을 끊어 죽음을 앞당김으로써 고통을 해결해주는 방식을 적극적 안락사라고 한다. 이에 반해 죽음에 임박한 환자의 무의미한 연명장치를 제거하거나 영양 공급·치료를 중지하는 것을 소극적 안락사라고 한다. 존엄사란 인간으로서 최소한의 품위를 지키면서 죽을 수 있게 하는 행위다. 회복이 불가능한 사망의 단계에 처했을 때, 무의미한 연명치료를 중단하고 자연적인 죽음을 받아들이는 방식이다. 통상 소극적 안락사와 존엄사를 같은 의미로 사용하기도 한다.

여기에 더해 (의사)조력사가 있다. 의사의 처방에 따라 약물 혹은 주사제를 이용하여 신체적·심리적 고통을 불러오는 치유 불가능한 질병상태에 있는 환자 본인이 직접 죽음을 실행하는 방식이다. 스위스 등 일부 국가에서만 허용된다.

한국, '안락사'는 범죄… '연명치료 중단'만 예외적 허용

우리나라는 어떨까. 생명 단축을 불러오는 적극적 안락사나 (의사)조력사는 허용되지 않을 뿐 아니라 명백한 범죄행위(살인이나 자살방조 등)가 된다. 다만 죽음에 임박한 환자에 한해 엄격한 요건을 갖춘 경우 무의미한 연명치료를 중단하는 것만 가능하다.

2004년 이른바 '보라매병원 사건'은 안락사 문제를 공론화하는 계기가 되었다. 사건의 골자는 이렇다. 인공호흡기를 부착한 중환자 B씨의 보호자 C씨가 병원 측에 경제적 이유로 퇴원을 요구한다. 의사 D씨는 몇 차례 만류했으나 C씨가 간청하자 마지못해 B씨의 치료중단과 퇴원을 허용한다. B씨는 퇴원 직후 호흡곤란으로 숨을 거둔다. 그 결과 C씨는 살인죄로, D씨는 살인방조죄로 처벌받는다. '회복 가능성이 있는 환자에 대한 치료 중단은 살인'이라는 것이 당시 법원의 판결이다. 의료계는 반발했고, 불치병 환자에 대해 효과 없는 연명치료를 계속해야 하는지도 논란이 되었다.

그로부터 몇 년 후 존엄사와 안락사를 정면으로 다루는 사건이 등장한다. 바로 2009년 '무의미한 연명치료 거부 사건'이다. 70대 김○○할머니는 지속적 식물인간 상태에서 항생제 투여, 수액공급 등의 치료를 받아왔는데 의사들은 인공호흡기를 제거하면 곧 사망한다고 진단했다. 가족들은 할머니의 평소 소신대로 자연스런 사망을 원한다며 병원 측에 치료 중단을 요청했다. 그러나 병원 측은 진료를 포기할 수 없다며 거부했다. '최소한의 품위를 지키면서 생을 마감할 권리(환자의 자기결정권)'와 '환자의 생명을 보호할 의무'가 법정에서 맞섰다.

이 사건에서 대법원은 최초로 존엄사를 인정했다. 대법원은 "인간의 생명은 인간의 존엄성이라는 근원 가치에 부합하는 방식으로 보호되어야 한다"며 "이미 회복 불가능한 사망의 단계에 이른 후에는 연명치료를 환자에게 강요하는 것이 오히려 인간의 존엄과 가치를 해친다"고 판시했다. 그러면서도 존엄사의 엄격한 단서를 강조했다. 법원은 ▲'회복 불가능한 사망 단계'에 진입한 환자에 대해서만 ▲연명치료 거부·중단에 대해, 환자가 미리 의사를 밝혔거나 평소 가치관으로 보아 선택했을 것으로 인정되는 경우 ▲전문의사 등으로 구성된 위원회의 판단을 거친 뒤 허용한다는 기준을 제시했다.

이 판결을 계기로 국회는 사회적 논의 끝에 연명의료결정법을 만들었다. 이 법에 따르면 연명의료결정제도는 ▲'임종 과정(회생 가능성 없고 증상이 급속도로 악화되어 사망 임박상태)'에 있는 환자에게 치료 효과 없이 임종 과정만을 연장하는 연명의료를 시행하지 않거나 중단할 수 있도록 만든 제도다. ▲임종 과정에 있는지는 윤리위원회가 있는 의료기관의 담당 의사와 전문의 1인이 판단해야 하고, ▲환자의 의사 확인 또는 가족 전원의 합의 등이 있어야 한다. ▲연명치료를 중단하더라도 통증완화를 위한 의료행위와 영양분, 물, 산소의 단순 공급은 지속해야 한다.

기억할 점은 '말기환자(수개월 내 사망 예상 진단을 받은 환자)'인 경우라도 '임종과정에 있는 환자'로 확인되지 않은 이상 연명의료를 중단할 수는 없다는 것이다.

용어설명	정의	비고
말기환자	적극적 치료에도 불구하고 근원적인 회복 가능성이 없고 점차 증상이 악화되어 수개월 내 사망할 것으로 예상되는 진단을 받은 환자	담당의사(직접 진료 의사)와 해당 분야 전문의 1명의 진단
임종과정	회생 가능성이 없고 치료에도 불구하고 회복되지 아니하며 급속도로 증상이 악화되어 사망에 임박한 상태	담당의사와 해당 분야 전문의 1명의 판단
연명의료	임종과정의 환자에게 하는 심폐소생술, 인공호흡기 착용, 혈액투석, 항암제 투여 등 의학적 시술로서 치료효과 없이 임종과정만을 연장하는 것(엄격한 기준을 거쳐 연명의료를 중단할 수 있음)	연명의료중단결정 때도 통증 완화를 위한 의료행위, 영양분·물 공급·산소의 단순 공급은 중단 금지

임종 과정에서 무의미한 연명의료를 받지 않겠다는 법적 의사를 미리 밝혀두기 위해서는 등록기관을 통해 '사전연명의료의향서'를 직접 작성해야 한다. 제도에 대한 인지도가 높아져서 사전연명의료의향서를 작성한 인원이 2021년 8월 기준 100만 명을 넘어섰다. 제도 시행 3년 6개월만이다.

최근에는 환자의 자기결정권을 지금보다 더 강화해야 한다는 목소리도 커지고 있다. 2019년 〈서울신문〉이 난치병 환자와 가족, 전공의, 사법연수원생 등을 상대로 조사한 결과에 따르면 88.5%가 소극적 안락사에 찬성했다. 자신이 회생 불가능한 불치병으로 고통받는다면 안락사를 선택하겠다는 응답도 91.1%에 달했다. 난치병 환자 중 절반 이상(58.7%)은 적극적 안락사의 법적 허용을 찬성했다. ▲고통을 덜어 줄 수 있고

(56.9%) ▲죽음 선택도 인간의 권리이며(20.8%) ▲회생 불가능한 병에 대한 치료는 무의미하다(14.9%)는 이유에서다. 반면 전공의 등은 생명경시 풍조 등을 들어 반대 의견이 높았다.

2021년 3~4월 국민 1000명을 대상으로 한 안락사, 의사조력사에 대한 설문(윤영호 서울대병원 가정의학과 교수팀)에서도 76.3%가 안락사 입법화에 찬성한다고 답했다. 하지만 '생명존중', '악용과 남용', '의사의 오진 위험' 등을 이유로 반대하는 목소리도 만만찮다. 생명권 보호와 환자의 자기결정권 존중이 조화를 이루는 사회를 기대해본다.

일상생활에서 꼭 알아야 할 각종 기간

기간	내용
1일	[형사] 기간계산: 공소시효, 구속기간은 시간 관계없이 1일 [민사] 오전 0시부터 시작되어야 1일(나머지는 첫날 불산입)
7일	[형사] 항소·상고장 제출(판결을 선고한 날부터) 　　　　약식명령 정식재판 청구(서류 받은 날부터)
10일	[형사] 경찰 구속기간 　　　　검찰 구속기간(법원 허가로 10일 연장 가능)
14일	[민사] 항소·상고장 제출(판결문을 받은 날부터)
20일	[형사] 항소·상고이유서 제출(소송기록접수 통지를 받은 날부터)
30일	[민사] 답변서 제출(소장 받은 날부터), 재심소장 제출(재심사유를 안 날부터) [형사] 벌금납부(판결 확정 후)
40일	[민사] 항소이유서 제출(항소기록접수통지를 받은 날부터, 단 항소인의 신청으로 1개월 연장 가능)
3개월	[민사] 상속포기와 한정승인(상속 개시 있음을 안 날부터)
6개월	[형사] 모욕, 비밀침해 등 친고죄 고소기간(범인을 안 후)
1년	[민사] 단기소멸시효(숙박료, 음식값, 술값, 교육비 등)
2년	[민사] 이혼 재산분할청구(이혼한 때로부터)
3년	[민사] 손해배상청구(손해 및 가해자를 안 날부터) 　　　　이혼 위자료 청구(이혼 후) 　　　　단기소멸시효(임금, 퇴직금, 공사비, 생산물 대가 등) [형사] 형사보상(무죄판결 확정 후)
10년	[민사] 일반 채권, 판결의 소멸시효
30년	[형사] 유기 징역·금고의 상한(단, 형을 가중하는 때는 50년까지 가능)

법률용어·시사용어로 찾아보기

당하기 전에 꼭 알아야 할
생활법률 상식사전 –제5차 개정판

초판 1쇄 발행 2010년 1월 11일
개정판 1쇄 발행 2013년 3월 20일
전면 개정판 1쇄 발행 2016년 9월 13일
전면 개정2판 1쇄 발행 2018년 9월 27일
10주년 기념 개정3판 1쇄 발행 2020년 1월 22일
제5차 개정판 1쇄 발행 2023년 3월 15일
제5차 개정판 4쇄 발행 2024년 8월 30일

지은이 김용국
펴낸이 최순영

출판2 본부장 박태근
W&G 팀장 류혜정

펴낸곳 ㈜위즈덤하우스 **출판등록** 2000년 5월 23일 제13-1071호
주소 서울특별시 마포구 양화로 19 합정오피스빌딩 17층
전화 02) 2179-5600 **홈페이지** www.wisdomhouse.co.kr

ⓒ 김용국, 2010, 2013, 2016, 2018, 2020, 2023

ISBN 979-11-6812-603-9 03360